KEXUE FAZHANGUAN LILUN TIXI YANJIU

科学发展观
理论体系研究

周卫东◎著

人民出版社

责任编辑:孙兴民
装帧设计:徐 晖
责任校对:杨雅丽

图书在版编目(CIP)数据

科学发展观理论体系研究/周卫东 著. -北京:人民出版社,2011.6
ISBN 978-7-01-009925-5

Ⅰ.①科… Ⅱ.①周… Ⅲ.①社会主义建设模式-研究-中国
Ⅳ.①D616

中国版本图书馆 CIP 数据核字(2011)第 094755 号

科学发展观理论体系研究

KEXUE FAZHANGUAN LILUN TIXI YANJIU

周卫东 著

人民出版社 出版发行
(100706 北京朝阳门内大街 166 号)

保定市北方胶印有限公司印刷 新华书店经销

2011 年 6 月第 1 版 2011 年 6 月北京第 1 次印刷
开本:880 毫米×1230 毫米 1/32 印张:15.75 字数:393 千字

ISBN 978-7-01-009925-5 定价:42.00 元

邮购地址 100706 北京朝阳门内大街 166 号
人民东方图书销售中心 电话 (010)65250042 65289539

目　录

代序:科学发展观是马克思主义中国化的最新成果 / 1

前言:科学发展观开创了人类社会共同缔造和谐世界的新纪元 / 1

第一章　科学发展观是引领和谐中国永续发展的马克思主义 / 6

第一节　科学发展观是中国特色社会主义理论体系的最新成果 / 8
一、深刻揭示中国特色社会主义理论体系的创立发展进程 / 9
二、发展中国特色社会主义必须坚持科学社会主义的原则 / 24
三、要求天津滨海新区成为贯彻落实科学发展观的排头兵 / 25

第二节　科学发展观是开拓中国更为广阔发展前景的普遍真理 / 33
一、中国特色社会主义要求开拓马克思主义中国化新境界 / 34
二、坚持理论创新为全党全军全国各族人民提供精神动力 / 37
三、不断解决好关系党和国家长治久安的两大历史性课题 / 40
四、在本世纪重要战略机遇期深化对三大规律的科学认知 / 44

第三节　科学发展观让马克思主义放射出更加灿烂的真理光芒 / 47
一、科学制定了衡量发展中国特色创新型国家的价值标尺 / 47
二、指出党在实现三大历史任务中必须始终走在时代前列 / 53

三、深化社会主义核心价值体系巩固马克思主义指导地位 / 57
四、和平发展的世界历史趋势需要科学的世界观和方法论 / 61

第四节 科学发展观在引领缔造和谐世界中推进人类发展进程 / 67
一、用和谐世界的理念集中体现当代中国和平发展的思想 / 68
二、当今人类社会面临全球性问题需要凝聚新的全球共识 / 73
三、为世界各国落实联合国千年发展目标奠定了理论基础 / 78
四、阐明了马克思主义执政党的崇高历史使命和历史任务 / 83

第二章 科学发展观让伟大的中国永远巍然屹立在世界东方 / 90

第一节 科学发展观是伟大的民族精神在当代中国的生动体现 / 92
一、揭示出伟大而自强不息中华民族精神的思想理论实质 / 94
二、深刻指出必须使三个离不开的思想观念更加深入人心 / 97
三、高度强调要抓住主题巩固各民族大团结是根本和关键 / 101
四、必须要切实提高驾驭和解决各种民族问题的实践能力 / 106

第二节 科学发展观是全球化进程中开展和谐外交的根本指针 / 111
一、经济全球化背景下维护国家利益的世情国情党情需要 / 112
二、使中国坚定不移地走和平发展的道路赢得全世界尊敬 / 114
三、全面倡导并且积极推动世界多极化和国际关系民主化 / 119
四、始终在为建立公平合理的国际政治经济新秩序而努力 / 123

第三节 科学发展观是当代中国能够实现完全统一的坚定基石 / 126
一、科学体系中高度阐明爱国主义和祖国统一的时代主题 / 128
二、指出台湾同胞和祖国大陆人民是同根同源并血脉相连 / 133
三、强调要实现祖国完全统一是全体中华儿女的共同心愿 / 139
四、两岸共享祖国尊严必然迎来民族伟大复兴的锦绣前程 / 143

第四节　科学发展观是新时期国防和军队建设的重要指导方针 / 147
一、在为党的军事指导思想创新中实现富国和强军的统一 / 149
二、经典阐明人永远是一切军事理论实践关系的最高总和 / 153
三、深刻揭示世界新军事变革的科学发展规律和应对措施 / 155
四、明确指出实现核能完全和平利用是全人类的共同愿望 / 160

第三章　科学发展观体现出领袖和人民血脉相连的深厚情节 / 166

第一节　科学发展观认为要始终坚持马克思主义的群众观点 / 167
一、科学阐述无产阶级领袖在人类历史进程中的伟大作用 / 168
二、人民群众是无产阶级执政党领袖政治智慧的不竭源泉 / 172
三、马克思主义执政党领袖和人民群众历来就是血脉相连 / 177
四、无产阶级政党和领袖是民族国家人民的坚强领导核心 / 180

第二节　科学发展观核心思想是牢记宗旨永远和人民在一起 / 185
一、人民群众是党最牢固的政治基础和最深厚的力量源泉 / 186
二、高度强调必须始终自觉坚持和不断发展党的群众路线 / 191
三、切实在转变作风中树立体现科学发展的权力观政绩观 / 194
四、继续发挥社会主义制度能集中力量办大事的政治优势 / 198

第三节　科学发展观要求权为民所用情为民所系利为民所谋 / 203
一、认识和谐文化的强大力量积极推动文化大发展大繁荣 / 204
二、全力以赴地将就业再就业工作抓紧抓实抓细抓好抓深 / 209
三、深刻指出必须要采取切实有效措施继续减少贫困人口 / 212
四、要在建立健全社会保障体系中积极促进社会更加和谐 / 218

第四节　科学发展观强调突破人才工作和谐创新的瓶颈制约 / 222
一、深化认识对科教兴国战略和人才强国战略的实践意义 / 224

二、树立以用为本的科学人才观坚持人才资源是第一资源 / 229
三、确立人才优先发展战略布局必须科学化整合人才资源 / 232
四、指出在人才工作实践中始终自觉坚持党管人才的原则 / 236

第四章 科学发展观从根本上开拓弘扬了马克思主义新境界 / 240

第一节 科学发展观集中体现对共产党执政规律的真理认知 / 241
一、提高党的执政能力要继续推进党的建设新的伟大工程 / 242
二、始终保持党的先进性直接决定着党和国家的兴衰成败 / 248
三、高度强调必须要长期坚持和实行依法治国的基本方略 / 252
四、三农思想彰显出国家兴旺发达和长治久安的根本大计 / 257

第二节 科学发展观强调要坚决反腐败党才能立于不败之地 / 263
一、要深刻认识党章对党和国家事业科学发展的指导意义 / 264
二、明确指出两个务必对于党风廉政建设的深远历史影响 / 268
三、在坚决反对形式主义和官僚主义中始终做到求真务实 / 270
四、健全与社会主义市场经济体制相适应的预防腐败体系 / 273

第三节 科学发展观指出要巩固好发展好最广泛的统一战线 / 281
一、马克思主义经典作家对于统一战线的思考和理论阐述 / 282
二、中国共产党领导的统一战线的历史形成及其科学发展 / 286
三、必须坚持完善共产党领导的多党合作和政治协商制度 / 293
四、统一战线对构建和谐社会与缔造和谐世界的重要作用 / 298

第四节 科学发展观全面吸取人类文明进步成果的合理内核 / 304
一、在考察我国古代发展思想的价值取向中把握发展规律 / 305
二、在分析中国传统朴素民本思想的内核中创新发展理念 / 309
三、在审视西方经济发展思想的历史嬗变中转变发展方式 / 313
四、在把握当代西方发展思想的演进脉络中破解发展难题 / 317

第五章 科学发展观开创了当代中国实现科学发展的新局面 / 324

第一节 科学发展观集中体现对社会主义建设规律的真理认知 / 325
一、科学社会主义的本质就是大力解放和发展社会生产力 / 326
二、在保持长期的艰苦奋斗中不断发展创新初级阶段理论 / 334
三、实现国民经济又好又快发展关键是转变经济发展方式 / 339
四、坚持经济建设为中心为人类社会创造雄厚的物质基础 / 344

第二节 科学发展观高度强调发展是解决中国所有问题的关键 / 348
一、从牢记党的宗旨出发正确处理好改革发展稳定的关系 / 349
二、必须紧紧抓住本世纪头二十年的重要战略发展机遇期 / 353
三、始终用科学发展和改革创新的办法解决前进中的问题 / 357
四、在实现奋斗目标中使物质精神政治社会文明协调发展 / 361

第三节 科学发展观明确提出人与自然和谐发展的实践性原则 / 365
一、高度重视并明确强调人与自然和谐发展的极端重要性 / 366
二、深刻指出我国人口资源环境工作仍然面临着严峻挑战 / 370
三、科学揭示解决好我国人口资源环境问题的战略性对策 / 375
四、始终要求深化认识人与自然和谐发展的深远历史意义 / 380

第四节 科学发展观是中国制定国家发展规划的理论实践依据 / 383
一、科学发展永远是党科学制定国家发展规划的第一要义 / 384
二、坚持以人为本是党科学制定国家发展规划的核心理念 / 388
三、全面协调可持续是党科学制定国家发展规划基本要求 / 390
四、统筹兼顾必然是党科学制定国家发展规划的根本方法 / 392

第六章 科学发展观将贯穿于经济社会发展的整个历史过程 / 397

第一节 科学发展观集中体现对人类社会发展规律的真理认知 / 397

一、更加明晰了马克思主义关于人的全面发展的思想轨迹 / 398
二、科学揭示出人的全面发展是社会发展进步的必然要求 / 403
三、高度强调社会主义的本质就是实现人的自由全面发展 / 407
四、深刻阐明要达到人的全面发展的实现条件和根本途径 / 410

第二节 科学发展观必然是构建社会主义和谐社会的历史选择 / 413
一、经典作家之前的东西方思想家对和谐问题的理性思考 / 414
二、无产阶级领袖和新中国领袖关于和谐思想的精神演进 / 418
三、社会主义只有实现和谐才能顺利迈进更高的发展阶段 / 422

第三节 科学发展观是实现马克思主义最高纲领的根本性指南 / 427
一、深入学习和了解党的纲领产生的历史背景和实践基础 / 429
二、党的发展方向就是建设团结和谐的马克思主义执政党 / 435
三、始终以脚踏实地的精神努力实现党在现阶段的基本纲领 / 438
四、永远坚定马克思主义最高纲领必然会实现的理想信念 / 443

第四节 科学发展观倡导各国人民携手建设共同缔造和谐世界 / 449
一、高举和平发展合作旗帜已经成为当今世界的时代潮流 / 450
二、倡导学习型创新型社会必将推动建设和谐世界的进程 / 454
三、始终认为人类文明要在相互交流借鉴中促进共同繁荣 / 459
四、在共同缔造和谐世界中使全球经济转入科学发展轨道 / 464

后 记 / 469

代序：科学发展观是马克思主义中国化的最新成果

方　立

中共中央政策研究室副主任
马克思主义理论研究和建设工程首席专家

中国共产党是一个善于用科学理论指导实践、并在实践基础上不断理论创新的马克思主义政党。中国共产党成立以来的80多年，在领导中国人民进行新民主主义革命、社会主义革命、改革开放新的伟大革命三次革命实践中，始终把坚持马克思主义基本原理同推进马克思主义中国化结合起来，探索开辟了独具中国特色的新民主主义革命道路、社会主义革命道路和中国特色社会主义道路，形成了毛泽东思想、邓小平理论、"三个代表"重要思想和科学发展观等重要理论成果，实现了马克思主义基本原理同中国具体实践结合的一次次理论飞跃。科学发展观是党的十六大以来以胡锦涛同志为总书记的中央领导集体推进马克思主义中国化的最新理论成果，是马克思列宁主义、毛泽东思想、邓小平理论和"三个代表"重要思想的继承和发展。在当代中国，坚持科学发展观就是坚持马克思主义；坚持中国特色社会主义理论体系，最重要的就是坚持科学发展观。

一、科学发展观是坚持党的思想路线的重要成果

我们党成立以来80多年的经验告诉我们，坚持解放思想、实事求是的思想路线，弘扬与时俱进、求真务实的精神，是我们党坚持把马克思主义的基本原理同中国具体实际相结合，不断丰富和发展马克思主义，保持先进性和创造力的决定性因素。没有与时俱进、求真务实的精神状态，就没有马克思主义在中国的丰富和发展，就没有中国革命的成功，就没有社会主义建设事业的胜利。科学发展观是我们党坚持与时俱进、求真务实，从新的实际出发，为了适应国际国内的大变革而提出来的思想武器，其着眼点就是要解决新的历史条件下坚持马克思主义基本原理同中国具体实践相结合的重大课题，解决中国经济社会又好又快地持续发展和永葆党的先进性问题，使党和国家的全部理论和工作体现时代性，把握规律性，充满创造性，是以胡锦涛同志为总书记的中央领导集体坚持和发展马克思主义的生动体现。

毛泽东同志坚持解放思想、实事求是的一个突出特点，是把马克思列宁主义的普遍原理同中国的具体实际相结合，从本本主义和教条主义的束缚中解放出来。中国共产党从成立之日起，就存在着教条主义和实事求是的对立。大革命失败后，在20世纪20年代后期和30年代前期，共产国际在中国共产党内推行把马克思主义教条化、把苏联经验神圣化的错误倾向，在王明"左"的错误路线指导下形成的教条主义、宗派主义和"残酷斗争、无情打击"的错误方针，严重破坏了党的作风建设，给中国革命造成极大伤害。以毛泽东为代表的中国共产党人对此进行了坚决的反对和抵制。在《古田会议决议》中第一次提出要反对主观主义，肃清唯心

观念,以实现对革命的正确领导。在1930年5月,毛泽东同志又写了《反对本本主义》这篇重要著作,进一步发挥了这个思想。他指出:我们的斗争需要马克思主义,马克思的“本本”是要学习的,但同时必须同我国的实际情况相结合,中国革命斗争的胜利要靠中国同志了解情况;盲目地表面上完全无异议地执行上级的指示,这不是真正执行上级指示。文章针对教条主义者的行为大声疾呼:要坚持理论联系实际的优良作风,到群众中作实际调查。这篇文章从理论和实际的结合上批判了教条主义的坏作风,从对共产国际和苏联经验的盲目迷信中解放出来,为坚持马克思主义的普遍原理同中国革命具体实际相结合的原则,独立自主地解决中国革命问题指明了方向。1938年,毛泽东在中共中央六届六中全会上明确提出了“马克思主义中国化”的历史任务,使马克思主义中国化进一步成为中国共产党的自觉实践。1942年,以反对主观主义以整顿学风、反对宗派主义以整顿党风、反对党八股以整顿文风为主要内容的延安整风运动,深入批判了理论和实践脱节的主观主义特别是教条主义,对全党坚持马克思主义学风,推进马克思主义的中国化产生了深远影响。毛泽东对马克思主义中国化的突出贡献,是创立了适合中国特点的新民主主义革命和社会主义革命的理论,成功地实现了近代以来几代人所渴望的国家独立、民族解放,建立了社会主义新中国,并对适合中国特点的社会主义道路进行了有益的探索,实现了马克思主义基本原理同中国具体实际相结合的历史性飞跃,产生了毛泽东思想这样一个伟大的理论成果。

邓小平同志坚持解放思想、实事求是思想路线的一个突出特点,是把马克思主义的基本原理同中国社会主义初级阶段的具体实际相结合,从“两个凡是”的束缚中解放出来。“文化大革命”结束以后,马克思主义在中国的发展面临着严峻形势。是坚持“两个凡是”,继续沿着毛泽东晚年的错误道路走下去,还是继承毛泽东思想的科学体系,又纠正毛泽东晚年的错误,在新的实践中坚持和发展马克思主义？中国处于一个历史的紧要关头。针对“两个凡是”的错误主张，邓小平指出：如果一切从本本出发，思想僵化，就要亡党亡国。邓小平同志鲜明地提出，要完整准确地理解毛泽东思想。1985年5月，邓小平进一步指出：“列宁所以是一个真正的伟大的马克思主义者，就在于他不是从书本里，而是从实际、逻辑、哲学思想、共产主义思想上找到革命道路，在一个落后国家干成了十月社会主义革命。中国伟大的马克思列宁主义者毛泽东，并不是在马克思、列宁的书本里寻求在落后的中国夺取新民主主义革命胜利的途径。”邓小平把一切从实际出发，作为马克思主义中国化的根本依据和逻辑起点，抓住什么是社会主义、怎样建设社会主义这个根本问题，拨乱反正，正本清源，使我们党解决了如何对待马克思列宁主义、毛泽东思想的最为关键的问题，并对社会主义获得了全新的认识，开辟了马克思主义认识的新境界，又一次实现了马克思主义基本原理同中国具体实际相结合的历史性飞跃，形成了邓小平理论。

江泽民同志坚持解放思想、实事求是是思想路线的一个突出特点，是坚持把马克思主义的基本原理同改革开放和发展社会主义市场经济的实践相结合，与时俱进，开拓创新。我们党执政以来的50多年、十一届三中全会以来的20多年、特别是党的十三届四中全会以后的13年，世界、中国和我们党自身都发生了深刻变化。如何根据新的实践，坚持和发展马克思主义，是摆在全党和全国人民面前的重大课题。江泽民同志坚持用发展的眼光看待马克思主义、毛泽东思想和邓小平理论，强调既要毫不动摇地坚持马克思主义的立场、观点和方法，又要解放思想，结合新的实际，推进理论创新。他指出，把马克思主义的普遍真理同我国的具体实际结合起来，走自己的道路，建设有中国特色社会主义，是新时期指明我们前进方向的基本口号。强调要善于把思想认识从那些不合时宜的观念、做法和体制中解放出来，从对马克思主义的错误的和教条式的理解中解放出来，从主观主义和形而上学中解放出来。“坚持马克思列宁主义、毛泽东思想，关键要坚持用邓小平理论去观察当今世界、观察当代中国，不断总结实践经验，不断作出新的理论概括，不断开拓前进。”在十五大报告中又进一步明确：邓小平理论是贯通各个领域，涵盖各个方面的比较完善的科学体系，又是需要从各个方面进一步丰富和发展的科学体系。在建党80周年的讲话中特别强调了要立足于新的实践，把握时代特点，运用马克思主义基本原理研究现实中的重大问题，不断深化对共产党执政的规律、对社会主义建设的规律、对人类社会发展的规律的认识，不断吸取一切科学的新经验、新思想、新成果，为丰富和发展马克思主义作出新的贡献。“三个代表”重要思想正是江泽民同志在用马克思主义的立场、观点和方法研究新情况，解决新问题的实践中提出来的，是对当代世界和中国深刻变动的社会现状的敏锐把握和理论说明。

胡锦涛同志坚持解放思想、实事求是是思想路线的一个突出特点，是坚持马克思主义基本原理同新世纪新阶段我国全面建设小康社会新的实践和时代特征相结合，大力弘扬求真务实、开拓进取精神，坚持理论创新和实践创新，着力推动科学发展、促进社会和谐。进入新世纪，世界继续在深刻变化之中，我们党自身也在深刻变革之中。社会主义新的实践呼吁新的思想解放，人类社会发展层出不穷的新情况期待新的理论创新。面对风云激荡、瞬息万变的世界，面对当代世界各种错综复杂的矛盾，面对世界社会主义提出的一系列新课题，面对我国社会主义现代化建设的新形势新任务，面对社会主义市场经济条件下执政党建设的新情况，以胡锦涛同志为总书记的党中央团结和带领全党和全国人民在理论和实践上进行双重的包括各个方面的开拓创新。胡锦涛同志强调，求真务实，是辩证唯物主义和历史唯物主义一以贯之的科学精神，是我们党思想路线的核心内容，也是党的优良传统和共产党人应该具备的政治品格。要求全党同志牢记,越是形势好,越是群众加快发展的积极性高,越要坚持求真务实,越要坚持好的工作作风,一步一个脚印地做好工作,扎扎实实地把改革开放和现代化建设推向前进。他倡导并坚持学习理论和指导实践相结合、坚持改造客观世界和改造主观世界相结合、坚持运用理论和发展理论相结合,为我们党在新的历史条件下坚持和发展马克思主义作出了新的重大贡献。他科学分析新世纪新阶段我国发展的阶段性特征和全面建设小康社会的新情况新问题,深入研究世界局势的新变化新形势,对中国和人类的发展问题进行深入思考和总结,提出了以人为本、全面协调可持续的科学发展观,并在关于发展问题的看法的基础上,提出了构建社会主义和谐社会,建设资源节约型、环境友好型社会建设创新型国家和社会主义新农村,树立社会主义荣辱观,走和平发展道路、建设和谐新世界、加强党的执政能力和先进性建设等一系列重大战略思想。科学发展观是我们党根据中国和世界发展的新情况新问题,对什么是马克思主义,怎样对待马克思主义、什么是社会主义、怎样建设社会主义、建设什么样的党、怎样建设党,实现什么样的发展、怎样发展等关系党和国家全局和长远的重大理论和实际问题新的哲学思考和理论概括,是马克思主义基本原理同中国具体实际相结合的又一次飞跃,同马克思列宁主义、毛泽东思想、邓小平理论和"三个代表"重要思想既一脉相传又与时俱进的科学理论,是我国经济社会发展的重要指导方针,是发展中国特色社会主义必须坚持和贯彻的重大战略思想。科学发展观赋予马克思主义以崭新的时代内涵和实践要求,为党和国家工作的指导思想注入了新的内涵,进一步巩固和发展了全党全国各族人民继续团结奋斗的共同思想基础。

纵观历史,我们党的三代领导集体和以胡锦涛同志为总书记的党中央都是在实践基础上推进理论创新,通过理论创新指导实践的典范。同历史上毛泽东思想、邓小平理论、"三个代表"重要思想的形成和发展指引中国革命、建设、改革不断从胜利走向胜利一样,科学发展观的形成和发展,必将迎来中华民族沿着中国特色社会主义道路实现伟大复兴的更加光辉前景。纵观全局,21 世纪头 20 年,对中国来说,是必须紧紧抓住并且可以大有作为的战略机遇期,是我们实现祖国富强、人民富裕、社会和谐、民族复兴的关键时期。在科学发展观的指引下,中国共产党坚持立党为公、执政为民的政治立场,以人为本、全面协调可持续发展的价值取向,统筹兼顾的根本方法,和谐发展的哲学理念,求真务实的创新精神,一定能够带领全国各族人民沿着中国特色社会主义道路,为中华民族的伟大复兴进一步奠定坚实的基础。

二、科学发展观的实践基础

科学发展观是中国特色社会主义实践的最新理论概括,来自于实践并在实践的检验中焕发出真理的灿烂光芒,既坚持了马克思主义基本原理,又为发展中国特色社会主义提供了鲜活的世界观和方法论,既具备完备的科学品质,又充满深厚的人文精神,还蕴含哲理的和谐之美,集中体现了中国化马克思主义的实践特色、民族特色、时代特色,是我们时代的哲学,是时代的精华。

科学发展观是以胡锦涛同志为总书记的党中央在实践基础上提出的发展的科学理论。2003 年 4 月,胡锦涛同志在广东视察工作,强调要坚持全面的发展观,积极探索加快发展的新路子。首次从发展中国特色社会主义全局明确提出全面的发展观问题。

2003 年 7 月 28 日,在全国防治"非典"工作会议上,胡锦涛同志进一步提出了科学发展观的全面协调可持续的基本要求。他指出,我们讲发展是党执政兴国的第一要务,绝不只是指经济增长,而是要坚持以经济建设为中心,在经济发展的基础上实现社会全面发展。要更好地坚持全面发展、协调发展、可持续发展的发展观。

2003年8月,胡锦涛同志在江西视察期间,明确提出了科学发展观的概念,强调要牢固树立新的发展观的问题。他指出:随着我国现代化建设的推进,要更好地促进发展、加快发展,必须树立协调发展、全面发展、可持续发展的科学发展观。这对于我们更好地坚持发展才是硬道理的战略思想具有重大意义。胡锦涛同志在江西的这次讲话,比较系统地论述了科学发展观的背景、内涵、要求和重大意义。

2003年10月14日,党的十六届三中全会通过的《中共中央关于完善社会主义市场经济体制若干问题的决定》,进一步对科学发展观进行了概括,提出要坚持以人为本,树立全面、协调、可持续的发展观,促进经济社会和人的全面发展。这标志着科学发展观的确立并成为我们党指导经济社会发展的重大战略思想。

2004年1月27日,胡锦涛在法国国民议会发表演讲时,进一步概括了科学发展观的基本内涵,指出:坚持以人为本,树立全面、协调、可持续的发展观,统筹城乡发展,统筹区域发展,统筹经济社会发展,统筹人与自然和谐发展,统筹国内发展和对外开放,继续发展社会主义市场经济、社会主义民主政治和社会主义先进文化,促进经济社会和人的全面发展。

科学发展观在总结我国革命、建设、改革各个历史时期经验的基础上,集中反映了我们党对新世纪新阶段全面建设小康社会的新情况新任务的科学认识。我国革命和建设的历史经验是科学发展观形成的历史依据,我国改革开放的实践经验是科学发展观形成的现实依据,党的十六大以来,党领导全国各族人民全面建设小康社会、加快推进社会主义现代化的伟大实践,是科学发展观形成的新的实践基础。

科学发展观是科学分析我国发展阶段特征作出的战略选择。

这是实践基础问题。科学发展观,是党的十六大以来适应新世纪新阶段新的发展要求提出来的,进入新世纪新阶段,我国发展站在了一个新的历史起点上,我国发展呈现了一系列新的阶段性特征。这些阶段性特征,表现在经济、政治、文化、社会、外交等各个领域。既有作为主导方面的成绩和进步,又有存在的问题,特别是形势发展提出了许多新的课题。其中重要的特征,是一个重大变化和两个没有变:一个重大变化,是新中国成立以来特别是改革开放以来,我国取得了举世瞩目的发展成就,我国社会从生产力到生产关系、从经济基础到上层建筑都发生了意义深远的重大变化,中国人民的面貌、社会主义中国的面貌、中国共产党的面貌发生了历史性变化。这是必须看到和充分肯定的一个历史性的巨变。两个没有变:首先是我国仍处于并将长期处于社会主义初级阶段的基本国情没有变,与此相应,人民日益增长的物质文化需要同落后的社会生产之间的矛盾这一主要矛盾没有变。因此,当前我国发展的阶段性特征,并没有超出、也没有改变社会主义初级阶段这个基本的判断和立足点,从根本上来说,恰恰都是社会主义初级阶段基本国情在新世纪新阶段的具体表现。

当前我国发展的阶段性特征,既说明我们党立足于社会主义初级阶段指定的基本路线、基本纲领和各项方针政策是完全正确的;同时,又向我们提出了新课题、新任务,要求我们始终保持清醒头脑,迎接新的挑战,着力解决新形势下更加凸显出来的问题,推动理论和实践的进一步发展和创新。以胡锦涛同志为总书记的党中央在科学分析我国经济社会发展的新趋势新特点的基础上强调,推动科学发展、促进社会和谐,是我们抓住和用好重要战略机遇期、实现全面建设小康社会宏伟目标的必然要求。站在新的历史起点上,更加自觉地走科学发展道路,才能奋力开拓新中国特色社会主义更为广阔的发展前景。

科学发展观是同马克思列宁主义、毛泽东思想、邓小平理论和

“三个代表”重要思想既一脉相传又与时俱进的科学理论。这是理论来源问题。科学发展观首先是对马克思主义立场、观点、方法和关于发展思想的继承和发展。发展马克思主义最基本的范畴之一。马克思、恩格斯和列宁从哲学、政治经济学、科学社会主义等不同领域和层面,深刻论述过人类社会的发展问题,形成了关于发展问题系统而丰富的思想。马克思主义主义诞生以来无产阶级的解放斗争、世界社会主义运动的不断推进,从根本上说,都是在推动人类社会朝着更加繁荣、文明、进步的方向发展。

科学发展观也是对几代中国共产党人关于发展实践和理论的科学总结和发展。中国共产党在把马克思主义基本原理同中国实际相结合的过程中,不断推进实践基础上的理论创新和其他方面创新,丰富和发展了马克思主义的发展观。新中国成立以后,以毛泽东同志为代表的中国共产党人,提出建设社会主义现代化强国的目标和战略设想,并努力探索符合中国国情的发展道路,提出了关于发展问题的很多重要思想。但由于种种复杂的原因,在发展问题上也曾经走了很大的弯路。党的十一届三中全会以后,以邓小平同志为代表的中国共产党人,制定“一个中心、两个基本点”的基本路线,通过改革开放建设和发展中国特色社会主义,制定了分“三步走”基本实现社会主义现代化的发展战略,提出了社会主义的根本任务是解放和发展生产力,发展才是硬道理、解决中国所有问题的关键在于发展“两手抓、两手都要硬”等一系列重要思想,使我们党的发展观发生了一次重大的飞跃,推动了改革开放和现代化建设事业的迅速发展。党的十三届四中全会以后,以江泽民同志为代表的中国共产党人,创立了“三个代表”重要思想,提出了把发展作为党执政兴国的第一要务,坚持用发展的办法解决前进中的问题,建立社会主义市场经济体制,实施依法治国、科教兴国、可持续发展、西部大开发等重大战略,不断推进社会主义物质文明、政治文明和精神文明建设,促进人的全面发展,使我们党的发展观得到了进一步丰富和发展。

进入新世纪新阶段,随着改革开放的不断深入,发展环境、条件发生变化,发展的质量要求更高。科学发展观站在时代高度,既坚持了党的三代中央领导集体关于发展的重要思想,又深刻总结国内外在发展问题上的经验教训,科学分析我国发展进程中面临的各种新情况新问题,在继续坚持以经济建设为中心的前提下,更加突出强调城乡、区域、经济社会协调发展,强调可持续发展,强调以人为本;更加突出地坚持经济建设、政治建设、文化建设、社会建设协调发展,强调促进社会全面进步和人的全面发展;更加注重宏观调控、注重统筹兼顾、注重改革创新,着力解决经济社会发展中的突出矛盾,解决关系人民切身利益的突出问题。科学发展观密切结合新的发展实践,用一系列紧密联系和相互贯通的新观点、新论点、新思想,进一步回答了实现什么样的发展、怎样发展等重大问题,是对共产党执政规律、社会主义建设规律、人类社会发展规律作出的新探索和新概括,开拓了中国特色社会主义理论发展的新境界。

科学发展观是在把握时代特征和总结借鉴国外发展经验上提出来的。这是科学发展观的国际背景问题。科学发展观建立在对当今时代特征和国际局势科学判断的基础之上。第二次世界大战结束以后,人类创造了经济增长奇迹,但发展也带来资源、环境、社会等许多方面的问题。进入新世纪新阶段,以胡锦涛同志为总书记的党中央科学分析和判断国际局势,认为和平与发展仍是当今时代的主题,但国际形势继续处于深刻复杂的变化之中。世界处于向多极化发展的重要时期,经济全球化趋势不断深入发展,科技进步突飞猛进,区域经济一体化进程加速。从总体上看,我国改革发展面临难得机遇和有利条件,但影响和平与发展的不稳定不确定因素依然存在。坚持科学发展、促进社会和谐,是我们把握复杂多变的国际形势、应对来自国际环境的各种挑战和风险的必然要求。科学发展观依据当今世界和平与发展的主题,总结各国发展的经验教训,顺应了世界发展潮流,反映了世界最新最先进的发展理念。

三、科学发展观的重大意义

在当代中国,中国共产党人全部理论和实践的主题只有一个,这就是建设中国特色社会主义;我们党推进马克思主义中国化所形成的理论成果都属于一个科学体系,这就是中国特色社会主义理论体系。但由于实践发展的阶段性,在不同的阶段必然会有相应的理论成果。邓小平理论、“三个代表”重要思想、科学发展观,都是在不同阶段的中国特色社会主义实践中产生的理论成果。因此,从根本上来说,它们的一脉相传,是在中国特色社会主义这个主题上的一脉相传;它们的与时俱进,是与随着中国特色社会主义实践发展相一致的与时俱进,是与时代发展同步伐的与时俱进。在当代中国,坚持社会主义就必须坚持中国特色社会主义;坚持中国特色社会主义理论体系,就必须坚持和贯彻科学发展观。

科学发展观是对社会主义初级阶段国情认识的深化。从新世纪开始,我国进入全面建设小康社会、加快推进社会主义现代化的新的发展阶段。在全面建设小康社会阶段,坚持科学发展、促进社会和谐,既反映了我国国情和现代化建设的实际需要,也反映了广大人民的强烈愿望。改革开放 30 年来,我们坚持党的基本路线不动摇,经济持续快速健康发展,社会全面进步,国家面貌发生了深刻变化,经济社会发展呈现出一系列新的阶段性特征。我国已进入发展的关键时期、改革的攻坚时期和社会矛盾凸显时期。我国发展既具有巨大潜力和广阔空间,也承受着来自人口资源环境等方面的巨大压力;发展既面临着前所未有的机遇,也面临着严峻挑战。要适应当前我国发展的阶段性特征，奋力开拓中国特色社会主义更为广阔的发展前景，就必须科学分析我国全面参与经济全球化的新机遇新挑战，全面认识工业化、信息化、城镇化、市场化、国际化深入发展的新形势新任务，深刻把握我国发展面临的新课题新矛盾，以新的思路、新的方法推进现代化建设，更加自觉地走科学发展道路。科学发展观正是在这样的现实基础上孕育和诞生的，反映了建设富强民主文明和谐的社会主义现代化国家的内在要求，体现了全党全国各族人民的共同愿望，进一步丰富了社会主义初级阶段理论和党的基本路线。

科学发展观是社会主义本质认识的深化。社会主义的本质，是解放生产力，发展生产力，消灭剥削，消除两极分化，最终达到共同富裕。物质生产力的发展是人类社会发展的本质。生产力是社会发展中最活跃的革命因素，是社会发展的最终决定力量，不论是生产关系还是上层建筑，都要适应生产力的发展而发展。但是，生产力发展必然受到生产关系、上层建筑和自然环境等因素的影响和制约。由于人与自然、人与人关系的长期性、复杂性，所以正确处理人与自然、人与人的相互关系，成为人类社会发展的一个永恒的历史课题，更成为推动科学发展、促进社会和谐的不可回避的课题。必须建立同生产力相适应的经济基础和上层建筑，保证人民群众创造历史的力量得到充分发挥，保证人民群众共享发展成果，使经济关系、政治关系、文化关系、社会关系本身及相互之间和谐协调，在经济发展的基础上促进社会全面进步和人的全面发展，促进“人和自然之间、人和人之间矛盾的真正解决”，形成一个全体人民各尽其能、各得其所而又和谐相处的社会。这是社会主义的本质要求，是社会主义的生命力和优越性之所在，是中国特色社会主义充满活力的重要源泉。我们党关于坚持科学发展、促进社会和谐的重大战略思想，是马克思主义真理观和价值观的统一，进一步深化了对社会主义本质的科学认识。

科学发展观是对中国特色社会主义总体布局认识的深化。我们党在总结我国社会主义现代化建设经验的基础上,从中国特色社会主义事业的战略全局,强调构建社会主义和谐社会是现代化建设的重要目标,从而使中国特色社会主义事业的总体布局,由经济建设、政治建设和文化建设这样的三位一体,扩展为包括社会建设在内的四位一体,社会主义现代化建设的总体目标由发展社会主义物质文明、政治文明、精神文明这样三位一体,扩展为包括构建社会主义和谐社会的四位一体。这个重大理论成果,标志着我们党对中国特色社会主义认识的深化,对什么是社会主义、怎样建设社会主义认识的发展。正确认识和把握四大建设的本质关系对于实现科学发展,推动社会主义物质文明、政治文明、精神文明、社会文明的相互协调、相互促进具有重要意义。

科学发展观是对人类社会发展规律认识的深化。推动科学发展,促进社会和谐,建设美好社会,始终是人类孜孜以求的一个社会理想。科学发展观强调经济社会协调发展,建设社会主义和谐社会,进一步回答了实现什么样的发展、怎样发展的重大问题,坚持和发展了马克思主义关于社会建设的基本原理,吸收和借鉴了人类文明中关于社会和谐的有益成果,揭示了社会主义社会发展的美好前景,反映了人类社会发展的历史趋势,不仅对中华民族的发展和振兴产生深刻影响,也将对人类的进步事业产生积极而深远的影响。

科学发展观是对共产党执政规律认识的深化。在当代,经济全球化、政治格局多极化,科技进步日新月异,综合国力竞争空前激烈,政党执政环境复杂多变,巩固执政的社会基础、实现党和国家的长治久安,是一个执政党特别是长期执政的马克思主义政党必须始终高度重视的问题。科学发展观深刻分析了我们党的历史方位、历史任务和历史责任,强调要加强党的执政能力和先进性建设,以改革创新精神全面推进党的建设新的伟大工程,进一步回答了在新的历史条件下建设一个什么样的党、怎样建设党的重大问题,为不断巩固和扩大党的执政基础、提高党的执政能力、永葆党的先进性指明了方向,深化了对共产党执政规律的认识。

总之,科学发展观是对我国社会主义现代化建设经验和人民群众伟大实践的科学总结,是全党全国人民集体智慧的结晶,是对马列主义、毛泽东思想、邓小平理论、"三个代表"重要思想的继承和发展,是指导当代中国发展的世界观和方法论,是发展中国特色社会主义的强大思想武器。

四、科学发展观的理论品质

科学发展观是中国特色社会主义实践经验的最新总结,是中国特色社会主义理论体系的重要内容和最新成果。科学发展观以严密的逻辑结构和范畴阐明一系列新思想新论断新概念,既坚持了马克思主义基本原理,又进一步揭示了中国特色社会主义发展的客观规律,形成了一个既相对独立完整又包容开放的科学理论体系,具有概括性、全局性、实践性、前瞻性等特点,是马克思主义中国化的最新成果,是发展着的马克思主义。

第一,从理论形态看,科学发展观具有概括性、包容性。科学发展观以我国进入新世纪新阶段全面建设小康社会、加快推进社会主义现代化面临的实际问题为中心,着眼于新的实践和新的发展,用一系列新思想新论断新概念进一步回答了什么是马克思主义、怎样对待马克思主义,什么是社会主义、怎样建设社会主义,建设一个什么样的党、怎样建设党,实现什么样的发展、怎样发展等基本问题,这个理论所采取的逻辑、范畴、方法等同马列主义、毛泽东思想、邓小平理论、"三个代表"重要思想一样,都具有很强的概括性、包容性。一是都有共同的研究主题,即什么是社会主义、怎样建设社会主义,是理论逻辑同现实历史发展的一致。二是都有共同的立场、观点、方法,即坚持辩证唯物主义和历史唯物主义的世界观、方法论。三是都有共同的社会理想,即坚持党的最高纲领和最低纲领的统一。四是都有共同的政治立场,即坚持代表最广大人民群众的根本利益。五是都有共同的理论品质,即坚持解放思想、实事求是、与时俱进、求真务实。因此,这个理论,不仅反映了我国经济社会发展的客观必然性,也体现了同马列主义、毛泽东思想、邓小平理论、"三个代表"重要思想既一脉相承又与时俱进的内在联系。

第二,从理论内涵看,科学发展观具有全局性、系统性。科学发展观是我们党对发展问题的新认识,既反映了人类社会发展的一般规律,又反映了社会主义社会发展的特殊规律,既反映了当今世界经济社会发展的新情况,又反映了我国经济社会发展进入关键时期的新要求,内涵非常丰富。其中最主要的内容包括:一个主题,即坚持把发展作为党执政兴国的第一要务;一个核心,即坚持以人为本;两个价值目标,即坚持经济社会协调发展和人的全面发展;三个发展理念,即坚持全面协调可持续发展;四位一体的总体布局,即坚持经济建设、政治建设、文化建设、社会建设全面推进;四个根本要求,即贯彻落实科学发展观,必须始终坚持党的基本路线,积极推进社会主义和谐社会建设,继续深化改革开放,切实加强和改进党的建设;五个统筹的要求,即坚持统筹城乡发展、统筹区域发展、统筹经济社会发展、统筹人与自然和谐发展、统筹国内发展和对外开放。这些内容,不仅系统地反映了现阶段我国社会主义现代化建设的一系列重大理论和实践问题,也在很大程度上反映了建设中国特色社会主义全过程的一系列重大理论和实践问题。因此,科学发展观具有全局性、系统性的意义。

第三,从我国的文化传统看,科学发展观具有实践性、操作性。在我国,历来有"天人合一"的民族传统,追求人际和谐、天人和谐、身心和谐是中华传统的优秀品质。所谓“和”，就是事物多样性的统一，是在不断解决矛盾过程中实现的和谐发展。把我国传统文化倡导的科学发展、社会和谐赋予崭新的内容，引用到马克思主义理论创新中来，推广到社会主义现代化建设的实践中去，体现了马克思主义中国化的中国风格、中国气派，容易为广大人民群众理解和接受，有利于动员和组织广大人民群众参与科学发展、和谐社会的建设。

第四，从人类社会的发展看，科学发展观具有前瞻性、战略性。科学发展、社会和谐是在古今中外人类社会长期发展中逐步形成的崇高理想和追求目标。在当代，如何实现科学发展、促进社会和谐，都是各国政府和思想界高度重视的问题。随着人类社会的发展进步，科学发展、社会和谐将越来越成为全人类共同关注的问题。科学发展观反映了当代最新的发展理念，顺应了当今世界发展潮流，是对人类社会发展经验的深刻总结和高度概括。努力实现科学发展、促进社会和谐，不仅反映了我国社会主义社会发展的客观趋势，也反映了人类社会发展的客观要求，有利于体现社会主义制度的优越性，有利于展现社会主义中国的国际形象，有利于增强国家的软实力。

可见，党的十六大以来的理论创新，不仅内容非常丰富，而且相互之间都有内在的密切联系。其中，科学发展观是最重要也最具有世界观方法论意义的理论创新，其他理论创新成果包括构建社会主义和谐社会，建设资源节约型、环境友好型社会，建设社会主义新农村，坚持社会主义荣辱观，建设和谐世界，加强党的执政能力和先进性建设等，都可以概括到这个理论体系中去。

四、科学发展观的科学体系和精神实质

坚持以人为本、全面协调可持续发展的科学发展观，是辩证唯物主义和历史唯物主义在社会主义现代化建设中的具体运用和发展。科学发展观围绕发展任务、发展目标、发展道路、发展战略、发展动力、发展方向、发展环境、发展保障等，科学回答了发展中国特色社会主义的一系列重大理论和实践问题，内涵丰富，博大精深。这些内容体现在改革发展稳定、内政外交国防、治党治国治军等各个方面，由一系列紧密联系的新思想新观点新论断构成。党的十七大报告指出："科学发展观，第一要义是发展，核心是以人为本，基本要求是全面协调可持续，根本方法是统筹兼顾。"这一精辟概括，深刻揭示了科学发展观的科学内涵和精神实质。

一是科学发展观的思想路线。科学发展观坚持历史唯物主义和辩证唯物主义，坚持人民是推动历史发展的主题，强调求真务实，丰富和发展了党的思想路线，具有与时俱进的理论品质，是科学主义和人文主义的完美结合，为推进理论创新和实践创新、发展中国特色社会主义提供了正确的世界观和方法论。要坚持学习理论和指导实践相结合、坚持改造客观世界和改造主观世界相结合、坚持运用理论和发展理论相结合，不断在新的实践基础上推进马克思主义中国化进程。着力转变不适应不符合科学发展的思想观念，着力解决影响和制约科学发展的突出问题。坚持包括理论、制度、科技和文化等内容的全面创新，发挥理论创新在各种创新中具有先导性的作用，用发展着的马克思主义指导新的实践。

二是科学发展观的鲜明主题。科学发展观坚持以发展为第一要务，阐明了发展中国特色社会主义的鲜明主题。发展对于全面建设小康社会、加快推进社会主义现代化，具有决定性意义。抓住发展，就抓住了社会主义现代化建设的根本任务和主要内容，抓住了中国特色社会主义事业的关键。在新的历史起点上的发展，是在科学发展观指引下的科学发展、和谐发展、和平发展的有机统一，即努力实现以人为本、全面协调可持续的科学发展，实现各方面事业有机统一、社会成员团体和睦的和谐发展，实现在发展中维护世界和平、在维护世界和平中发展自己和和平发展。为此，必须坚持以经济建设为中心，聚精会神搞建设、一心一意谋发展，不断解放和发展生产力。实施科教兴国战略、人才强国战略、可持续发展战略、自主创新战略,把握发展规律、创新发展理念、转变发展方式、破解发展难题,提高发展质量和效益,为中国特色社会主义事业的科学发展、和谐发展、和平发展打下坚实基础。

三是科学发展观的实质和核心。科学发展观以人为本的本质和核心,阐明了发展中国特色社会主义的根本指导原则。认识社会发展的主体。人的解放和全面而自由发展是社会进步的最高目标。以人为本是马克思主义历史唯物论的基本原理,是我们党全心全意为人民服务根本宗旨的集中体现,是社会主义制度本质特征的集中体现,是促进经济社会全面发展和促进人的全面发展相统一的集中体现。中国特色社会主义事业是全国各族人民实现自己利益、创造美好生活的共同事业,是亿万人民群众广泛参与的创造性事业。一切奋斗和工作都是为了造福人民。坚持以人为本,就要坚持人民在中国特色社会主义事业中的主体地位,尊重劳动、尊重知识、尊重人才、尊重创造,发挥人民首创精神,充分调动人民群众的积极性、主动性、创造性;就要按照立党为公、执政为民的要求,坚持权为民所用、情为民所系、利为民所谋,始终把实现好、维护好、发展好最广大人民的根本利益作为党和国家一切工作的出发点和落脚点;就要把解决民生问题放在首位,切实解决广大人民群众最关心最直接最现实的利益问题,保障人民经济、政治、文化、社会权益,走共同富裕道路,促进人的全面发展。集中起来,就是做到发展为了人民、发展依靠人民、发展成果由人民共享。要在依靠包括知识分子在内的工人阶级、广大农民推进中国特色社会主义建设的同时,最大限度地激发社会活力,促进政党关系、民族关系、宗教关系、阶层关系、海内外同胞关系的和谐,巩固全国各族人民的大团结,巩固海内外中华儿女的大团结,形成万众一心、共创伟业的生动局面。科学发展观因体现了马克思主义以人为本的根本精神而更具活力,马克思主义以人为本的根本精神因科学发展观在中国付诸实践而更具生命力。

四是科学发展观的发展理念。科学发展观强调全面协调可持续发展，阐明了中国特色社会主义的发展理念。坚持走科学发展的主要之点是：沿着中国特色社会主义道路，以科学发展观统领经济社会发展全局，切实抓好发展这个党执政兴国的第一要务，走全面协调可持续发展之路，走社会主义物质文明、政治文明、精神文明、和谐社会全面推进的发展之路，走经济效益、社会效益、生态效益相统一的发展之路，走节约发展、清洁发展、安全发展相结合的发展之路。全面，就是以经济建设为中心，全面推进经济、政治、文化、社会建设，实现经济发展和社会全面进步。协调，就是坚持"五个统筹"，促进现代化建设各个环节、各个方面相协调，促进生产关系与生产力、上层建筑与经济基础相协调。可持续，就是坚持生产发展、生活富裕、生态良好的文明发展道路，建设资源节约型、环境友好型社会，促进人与自然的和谐，使人民在良好生态环境中生产生活，实现经济社会永续发展。全面协调可持续发展，是经济、政治、文化、社会等各个方面发展与人的全面发展的辩证统一，是发展目的和途径、经济基础和上层建筑、内部条件和外部环境的统一，是发展的速度和结构质量效益相统一，是经济发展与人口资源环境相协调。

五是科学发展观的根本方法。统筹兼顾，是我们党长期执政中一条行之有效的重要经验，也是在新的历史条件下发展中国特色社会主义的根本方法。统筹兼顾，就是要从中国发展全局和最广大人民的根本利益出发，正确反映和兼顾不同方面群众的利益，调动一切积极因素，调节并处理好各种具体的利益关系，促进整个社会协调发展，使全体人民朝着共同富裕的方向稳步前进。坚持统筹兼顾，关键是坚持科学的思想路线和思想方法，用发展的而不是静止的、联系的而不是孤立的、全面的而不是片面的观点看问题、抓发展。坚持统筹兼顾，就要正确认识和妥善处理中国特色社会主义事业中的重大关系，统筹城乡发展、区域发展、经济社会发展、人与自然和谐发展、国内发展和对外开放；就要统筹中央和地方关系，统筹个人利益和集体利益、局部利益和整体利益、当前利益和长远利益，充分调动各方面积极性；就要统筹国内国际两个大局，树立世界眼光，加强战略思维，善于从国际形势发展变化中把握发展机遇、应对挑战风险，营造良好国际环境；就要处理好政府与市场的关系，既要积极发挥政府作用，适当运用行政手段，又要尊重和遵循市场规律，更大程度地发挥市场在资源配置中的基础性作用，增强发展的活力和效率。就是要始终站在战略的高度，在工作的部署和安排上，处理各种复杂的矛盾和问题，既要总揽全局、统筹规划，又要抓住牵动全局的主要工作、事关群众利益的突出问题，着力推进、重点突破。

六是科学发展观的战略布局。科学发展观强调要全面推进经济、政治、文化、社会建设，明确了发展中国特色社会主义四位一体的总体布局。在这个总体布局中，经济建设提供物质基础，政治建设提供政治保障，文化建设提供精神动力和智力支持，社会建设提供有利的社会环境和条件，它们统一于中国特色社会主义的伟大实践中。在此基础上，对经济、政治、文化、社会、生态以及军队、国防、外交、党的建设等各方面工作作出战略部署，阐明了中国特色社会主义事业各个领域的发展方略。

七是科学发展观的经济方略。在加快转变经济发展方式、完善社会主义市场经济体制方面取得重大进展，努力实现经济又好又快发展，切实提高我国经济的国际竞争力和抗风险能力。坚持走中国特色自主创新道路，把增强自主创新能力贯彻到现代化建设各个方面，进入创新型国家行列。坚持走中国特色新型工业化道路，坚持扩大国内需求特别是消费需求的方针，推动产业结构升级，形成消费、投资、出口协调拉动增长的格局。坚持走中国特色农业现代化道路，统筹城乡发展，以工促农、以城带乡，建设社会主义新农村。坚持走中国特色区域发展之路,实施区域发展总体战略,引导生产要素跨区域合理流动,推动区域协调发展,优化国土开发格局。走中国特色城镇化道路,促进大中小城市和小城镇协调发展。围绕推进基本公共服务均等化和主体功能区建设,完善公共财政体系。坚持对外开放的基本国策,拓展对外开放的广度和深度,提高开放型经济水平,形成经济全球化条件下参与国际经济合作和竞争新优势。

八是科学发展观的政治方略。坚持中国特色社会主义政治发展道路,坚持党的领导、人民当家做主、依法治国有机统一,坚持和完善人民代表大会制度、中国共产党领导的多党合作和政治协商制度、民族区域自治制度以及基层群众自治制度,不断推进社会主义政治制度自我完善和发展。坚持党总揽全局、协调各方的领导核心作用,提高党科学执政、民主执政、依法执政水平,保证党领导人民有效治理国家;坚持国家的一切权力属于人民,从各个层次、各个领域扩大公民有序政治参与,最广泛地动员和组织人民依法管理国家事务和社会事务、管理经济和文化事业;坚持依法治国基本方略,树立社会主义法治理念,实现国家各项工作法治化,保障公民合法权益;坚持社会主义政治制度的特点和优势,推进社会主义民主政治制度化、规范化、程序化,为党和国家长治久安提供政治和法律制度保障。

九是科学发展观的文化方略。坚持社会主义先进文化前进方向,兴起社会主义文化建设新高潮,激发全民族文化创造活力,提高国家文化软实力,使人民基本文化权益得到更好保障,是社会主义文化更加丰富多彩,使人民精神风貌更加昂扬向上。建设社会主义核心价值体系,增强社会主义意识形态的吸引力和凝聚力。建设和谐文化,培育文明风尚。弘扬中华文化,建设中华民族共有精神家园。推进文化创新,增强文化发展活力。

十是科学发展观的社会方略。社会和谐是中国特色社会主义的本质属性，是实现科学发展的重要内容和标志。发展，不仅需要和谐的社会环境和条件，而且发展的目的和要求本身就包括社会和谐，进而包括更广阔领域内人与人、人与社会、人与自然的整体和谐。要把贯彻落实科学发展观同构建社会主义和谐社会有机结合起来，通过发展增加社会物质财富、不断改善人民生活，又通过发展保障社会公平正义、不断促进社会和谐与人的全面发展。要按照民主法治、公平正义、诚信友爱、充满活力、安定有序、人与自然和谐相处的总要求和共同建设、共同享有的原则，着力推进和谐社会建设，努力形成全体人民各尽其能、各得其所而又和谐相处的局面。要最大限度地鼓励人们发挥创新、创业、创优的积极性，最大限度地保证社会的平衡、和谐与稳定，坚持在科学发展的基础上促进社会和谐，在促进社会和谐中推动科学发展。在经济发展的基础上，更加注重社会建设，着力保障和改善民生，推进社会体制改革，扩大公共服务，完善社会管理，促进社会公平正义，努力使全体人民学有所教、劳有所得、病有所医、老有所养、住有所居，推动建设和谐社会。

十一是科学发展观的生态方略。坚持节约资源和生态环境保护的基本国策，建设生态文明，形成节约能源资源和保护生态环境的产业结构、增长方式、消费模式。完善有利于节约能源资源和保护生态环境的法律政策，加快形成可持续发展体制机制，实现人与自然的和谐。

十二是科学发展观的动力源泉。改革开放是社会主义社会发展的动力，也是发展中国特色社会主义的强大动力和重要保障。制度对科学发展、社会和谐起着基础、引导、保障的作用，对发展中国特色社会主义更带有根本性、全局性、稳定性和长期性。要坚持社会主义市场经济的改革方向，深化改革，扩大开放，建立健全充满活力、富有效率、更加开放的体制机制，推动制度建设和创新型国家建设。要在不断推进社会主义制度的自我完善和发展的进程中,加紧建立和完善保障科学发展的体制机制。要把改革创新精神贯彻到治国理政各个环节,凝聚改革共识,坚定改革决心,坚持改革方向,坚持用科学发展和深化改革的办法解决前进中的问题。要完善社会主义市场经济体制,推进各方面体制改革创新,加快重要领域和关键环节改革步伐,全面提高开放水平,着力构建充满活力、富有效率、更加开放、有利于科学发展的体制机制,为发展中国特色社会主义提供强大动力和体制保障。要提高改革决策的科学性,增强改革措施的协调性,坚持把改善人民生活作为正确处理改革发展稳定关系的结合点,建设和完善对保障社会公平正义具有重大作用的制度,使改革始终得到人民拥护和支持。

十三是科学发展观的国际战略。科学发展观强调走和平发展道路,同世界各国一道努力建设和谐世界,阐明了发展中国特色社会主义的国际战略。坚持独立自主的和平外交政策,走和平发展道路,营造良好的外部环境。按照和平共处五项原则和其他公认的国际关系准则同世界各国发展友好关系,推动建设持久和平、共同繁荣的和谐世界。

十四是科学发展观的政治保证。科学发展观是在坚持党的基本路线实践基础上形成的,是党的基本路线在发展中国特色社会主义实践中的丰富和发展。党的基本路线是党和国家的生命线,是科学发展的政治保证。以经济建设为中心是兴国之要,是科学发展的物质基础。四项基本原则是立国之本,是科学发展的政治基石。改革开放是强国之路,是科学发展的活力源泉。要把一个中心、两个基本点的基本路线,统一于发展中国特色社会主义伟大实践,统一于科学发展的伟大实践。

十五是科学发展观的组织保证。党是中国特色社会主义事业的领导核心。科学的发展道路是党领导开辟的,伟大的发展事业要靠党来领导实施。要以改革创新精神全面推进党的建设新的伟大工程,提高党领导和驾驭发展全局的水平和能力。要围绕建设中国特色社会主义的历史使命，加强党的执政能力建设和先进性建设。要从中国特色社会主义事业全局的高度，深刻认识科学发展观的重大意义，增强贯彻落实科学发展观的自觉性和坚定性，进一步转变发展理念，改进执政方式，自觉地用科学发展观指导治国理政的各项工作。把提高党的执政能力、保持和发展党的先进性，体现到领导科学发展、促进社会和谐上来，落实到引领中国发展进步、更好地代表和实现最广大人民的根本利益上来，在党的思想、组织、作风、制度、反腐倡廉等建设中全面贯彻科学发展观的要求，为深入贯彻落实科学发展观提供可靠的政治和组织保障。要发扬求真务实的精神，切实改进思想作风和工作，锐意进取，开拓创新，着力转变不适应不符合科学发展的思想观念，着力解决影响和制约科学发展的突出问题，把科学发展观贯彻落实到经济社会发展各个方面。坚持立党为公、执政为民，以党的执政能力建设和先进性建设推动社会主义和谐社会建设，以党内和谐促进社会和谐，使推进党的建设新的伟大工程和推动中国特色社会主义伟大事业相互渗透、相互促进、相互结合。

科学发展观是马克思主义中国化的最新成果，是全党全国人民集体智慧的结晶。在新的历史条件下，只有把贯彻落实科学发展观作为坚持中国特色社会主义伟大旗帜来高举、作为科学理论来运用、作为共同信仰来追求、作为世界观和方法论来实践，不断推进理论和实践的双重创新，才能不断开拓中国特色社会主义事业和发展马克思主义的新境界。

前言：科学发展观开创了人类社会共同缔造和谐世界的新纪元

在迄今以来人类社会漫长的历史进程中，科学发展观作为马克思主义一脉相承、与时俱进而又永续发展的科学理论体系，“是马克思主义关于发展的世界观和方法论的集中体现”[①]。它的创立、形成和诞生，对于坚持和发展中国特色社会主义，“为推动科学发展、加快转变经济发展方式提供强大动力。”[②]对于各国人民共同缔造持久和平、共同繁荣的和谐世界，对于当今整个人类社会实现以人为本，全面协调可持续发展，特别是在后金融危机时期国际经济环境更加复杂的情况下，采取有效措施，对于果断制止这场金融危机由经济领域向政治领域蔓延，对于全球经济实现和谐发展与包容性增长，都具有重要的思想意义。它所深刻蕴涵的和谐历史、和谐思维、和谐创新、和谐文明、和谐社会、和谐中国、和谐世界、和谐人类、和谐未来的崇高思想境界相互渗透、相互激荡、相互促进、相互圆融、相互完善，不仅集中体现了人类历史发展进程中的基本规律和基本法则——即科学发展观理论体系的本身[③]；不

① 胡锦涛：《在中国共产党第十七次全国代表大会上的报告》，2007 年 10 月 15 日。

② 胡锦涛：《在参加内蒙古代表团审议时的讲话》，2011 年 3 月 8 日。

③ 进入新世纪新阶段，胡锦涛从人类只有一个地球，各国人民共同生活在一个“地球村”里的基本层面着眼，从针对当今人类社会仍然共同面临着影响和平发展的不

仅从科学实践和理论创新彻底打通涉及经济社会发展和社会形态、自然形态的大系统之间,涉及经济社会发展的方方面面,涉及经济活动、社会活动和自然界的复杂关系之间,涉及人与经济社会环境、自然环境相互作用之间的辩证关系。而且,它作为马克思主义关于发展的世界观和方法论的集中体现,作为中国特色社会主义理论体系的最新成果,必然也是积极促进各国人民共同缔造和谐世界的理论基础,是人类文明成果和科学文化知识的最高总和,是无产阶级革命事业进入和谐发展阶段的显著标志,是当今人类由相对真理通向绝对真理道路上的思想指南,因而它必然使人类社会的“发展质量越来越高、发展空间越来越大、发展道路越走越宽”,②必然会永久贯穿于当今人类社会在未来发展的全过程。

这是因为,我们从站在马克思主义的辩证唯物史观③和科学发展史观的战略高度,再次回顾人类社会的历史变迁过程,可以深刻感受到,世界各国人民普遍进入文明社会后,全人类在不断推动经济社会发展的进程中,始终遭受战争、贫困、疾病、自然灾害等各种苦难现象的煎熬,特别是20世纪的两次大战,更使全人类两度身历惨不堪言之战祸。而且,二战至今在全球范围内,影响世界和

稳定不确定因素增加,传统安全威胁和非传统安全威胁的因素交织在一起,恐怖主义危害上升,单边主义倾向抬头,地区冲突时起时伏,南北差距仍在扩大的全球性突出问题的实际情况入手,从引领各国人民共同缔造和谐世界的重大战略课题出发,在准确把握和平发展趋势并紧密结合时代特征,创造性地将马克思列宁主义、毛泽东思想、邓小平理论、“三个代表”重要思想与中华民族的优秀传统文化和世界各国的先进成果结合起来,开拓了马克思主义中国化新境界,创立形成了科学发展观理论体系。党的十六届一中全会以来特别是党的十七大以来的伟大实践已经充分证明,科学发展观理论体系的创立、形成和诞生,标志着当今人类社会实现了对三大规律的真理认知。

② 胡锦涛:《在省部级主要领导干部深入贯彻落实科学发展观加快经济发展方式转变专题研讨班上的讲话》,2010年2月3日。

③ 恩格斯极其深刻地指出:“这两个伟大的发现——唯物主义历史观和通过剩余价值揭破资本主义生产的秘密,都应当归功于马克思。由于这些发现,社会主义已经变成了科学。”《马克思恩格斯选集》第3卷,第424页。

平发展的不稳定不确定因素在增加，传统安全威胁和非传统安全威胁相互交织，因各种原因导致的局部冲突时起时伏，地区热点问题错综复杂，全球经济失衡加剧，南北差距拉大，国际恐怖势力、民族分裂势力、极端宗教势力在一些地区还相当活跃，环境污染、毒品走私、跨国犯罪、严重传染性疾病等全球性问题日益突出，给人类社会的发展带来诸多威胁和挑战。另外，由于单边主义倾向抬头，强权政治与霸权主义危害迅速上升，有个别西方大国总是希望将自己的政治制度、经济模式和价值观念强加于别国，在外交上横行霸道，还到处插手别国内部事务，大肆扩张其政治、经济势力范围，强行推销其新殖民和新帝国主义，不仅无时不在世界各国间干戈扰攘，不断对各国特别是广大发展中国家实行政治施压、经济制裁和思想文化渗透，有时为了攫取战略资源，甚至不惜大打出手，而惨遭其侵略的国家在战火后也必然是断壁残垣、哀鸿遍野。这些国家的人民在其极为野蛮粗暴的侵略行径中，不用说是人权，甚至连最基本的生存和生命安全都得不到保障。这种严重践踏联合国宪章和国际关系基本准则，这种严重违背人类社会的和平发展规律，这种乐此不疲地纠集人类历史上迄今以来所有假、恶、丑现象的新法西斯行径，使当今人类所处的这个本来就很不太平的星球更加动荡不安。可以说，人类社会进入 21 世纪后，和平与发展这两大问题还没有得到根本解决，在维护世界和平、促进共同发展等方面，仍然共同面临严峻挑战，离实现普遍和平、共同发展的理想还任重道远。但是，要和平、促发展、谋合作、求和谐毕竟是时代的主旋律，和平、发展、合作已经成为当今世界的时代潮流，和平与发展仍然是当今世界的时代主题。维护世界和平、促进共同繁荣发展，携手建设一个持久和平、共同繁荣的和谐世界，也是整个人类社会和各国人民的共同愿望。

为此，党的十六大以来，以胡锦涛同志为总书记的党中央，始终高举马克思列宁主义、毛泽东思想、邓小平理论和“三个代表”

重要思想伟大旗帜，在经济全球化、国际关系民主化、发展模式多样化以及国际形势已经发生深刻变化的大背景下，从人类只有地球一个共同家园，世界各国人民共同生活在一个“地球村”的基本层面着眼，从站在对当今人类社会历史命运深切关注的战略高度，从站在倡导引领各国人民携手建设、共同缔造和谐世界的战略高度，并站在当代人类理论思维和创造思维的时代实践高峰，准确把握和平发展的历史趋势并紧密结合时代特征，创造性地将马克思主义的文明成果、灿烂辉煌的中华文明成果和世界各国的文明成果紧密结合起来，创立了科学发展观科学理论体系。

实践证明，科学发展观的创立、形成和诞生，对于中国共产党和整个人类社会来说，具有重大的思想理论意义。从实践创新和理论创新的战略视野看，科学发展观的形成，标志着马克思主义科学发展史观的诞生。就是说，在马克思主义的科学发展史上，自马克思主义辩证唯物史观的诞生，人类在第一次对自身赖以生存的社会形态和历史发展规律进行了研究和探寻，进而发现了每个社会形态之间进行更迭交替的历史规律后；人类又在第二次对人类社会实现什么样的发展、怎样发展的重大课题进行研究和探寻后，得出以人为本，全面协调可持续发展的实践性认知，进而产生了科学发展观的科学理论体系。

我们从科学发展观理论体系形成对于坚持和发展中国特色社会主义现代化事业的意义看，当前，我国发展仍处于可以大有作为的重要战略机遇期，既面临难得的历史机遇，也面对诸多可以预见和难以预见的风险挑战。这就需要坚持以科学发展观为指导，“深入贯彻落实科学发展观，紧紧围绕全面建设小康社会的总目标”，①科学制定“十二五”规划，科学把握发展规律，主动适应国内

① 胡锦涛：《在省部级主要领导干部社会管理及其创新专题研讨班开班式上的讲话》，2011 年 2 月 19 日。

外形势新变化，顺应各族人民过上更好生活新期待，以推动科学发展、促进社会和谐为主题，以加快转变经济发展方式为主线，深化改革开放，保障和改善民生，巩固和扩大应对国际金融危机冲击成果，促进经济长期平稳较快发展和社会和谐稳定，为全面建成小康社会打下具有决定性意义的基础。“十二五”时期，是全面建设小康社会的关键时期，是深化改革开放、加快转变经济发展方式的攻坚时期，深刻认识并准确把握科学发展观的实践特色和指导作用，对于继续抓住和用好我国发展的重要战略机遇期、促进经济长期平稳较快发展，对于夺取全面建设小康社会新胜利、推进中国特色社会主义伟大事业，具有十分重要的现实意义。

我们从科学发展观理论体系形成的世界历史意义看，它标志着人类社会在经历漫长的文明发展后，最终谱写出关于人类自身最伟大的“人权宣言”。这充分说明人类在认识世界、改造世界和认识自身、改造自身的伟大进程中，终于找回了属于人、属于人类自身的历史理性尊严，尤其是当它的科学、包容、美好与当今人类灵魂血脉和谐共融的时候。因此，科学发展观作为马克思主义关于发展的世界观和方法论的集中体现，作为全人类最可宝贵的政治和精神财富，它不仅是坚持和发展中国特色社会主义的根本指南，而且实现既通过维护世界和平发展自己、又通过自身发展维护世界和平的和平发展，对于各国人民为共同缔造和谐世界具有积极的促进作用，必然会永久贯穿于当今人类社会在未来发展的整个过程。

第一章　科学发展观是引领和谐中国永续发展的马克思主义

在人类社会发展史上，马克思列宁主义、毛泽东思想、邓小平理论、“三个代表”重要思想、科学发展观，作为一脉相承而又与时俱进的科学理论体系①，揭示了人类社会发展的普遍规律，是人类历史上一切文明成果和科学知识的最高总和。同时，作为人类科学实践和理论创新的典范，它们不仅以透彻鲜明的笔调叙述了新的世界观，“即包括社会生活在内的彻底的唯物主义、最全面最深刻的发展学说辩证法以及关于阶级斗争、关于共产主义新社会的创造者无产阶级所负的世界历史革命使命的理论”②，是各国人民

① 马克思主义作为一脉相承而又与时俱进的科学理论体系，它包含马克思、恩格斯、列宁、毛泽东、邓小平、江泽民、胡锦涛等马克思主义经典作家的科学理论。自《共产党宣言》的发表，标志着马克思主义诞生以来，列宁主义、毛泽东思想、邓小平理论、“三个代表”重要思想、科学发展观，作为对马克思主义的继承、丰富、发展和创新，是马克思主义不同阶段的理论成果，也是从全部人类知识中产生出来的完美结晶和创新典范，它们共同构成一个完备严整的马克思主义科学体系。因此，这个由一整块钢铁铸成的马克思主义科学理论体系，决不可去掉任何一个基本前提、任何一个重要部分，不然就会离开真理，就会离开以人为本，全面协调可持续发展的科学发展轨道。可见，在人类历史进程中，马克思、恩格斯、列宁、毛泽东、邓小平、江泽民、胡锦涛等马克思主义经典作家，他们根据马克思主义原理并紧密结合各国实践和时代特征所创立形成的科学理论体系，是全人类共同缔造和谐世界的伟大旗帜，必然会永久地贯穿于人类历史发展的整个过程。

② 《列宁选集》第2卷，第578页。

携手建设共同缔造和谐世界“活的行动理论”①。它们“把伟大的认识工具给了人类”②，是人类认识世界和改造世界的强大思想武器，是我们党最可宝贵的政治和精神财富，是凝聚全党全军全国各族人民团结奋斗的共同思想基础、强大的精神动力，是马克思主义执政党在经济建设、政治建设、文化建设、社会建设和党的建设中，必须要长期坚持的指导思想，也是我们党必须要始终坚持高举的伟大旗帜。

其中，在马克思主义一脉相承又与时俱进的科学理论体系中，科学发展观作为对马克思主义、毛泽东思想、邓小平理论、“三个代表”重要思想的继承、丰富、发展和创新的理论成果，“揭示的是发展的普遍规律”③，是“马克思主义关于发展的世界观和方法论的集中体现”④，是中国特色社会主义理论体系的最新成果。科学发展观理论体系的形成，不仅集中体现了以胡锦涛为杰出代表的当代中国共产党人，在风云变幻的国际大形势下凝聚全党、驾驭全局、与时俱进和开拓创新的能力，“使党的理论和路线方针政策顺应时代发展的潮流和我国社会发展进步的要求、反映全国各族人民的利益和愿望。”⑤同时，在新世纪新阶段，既始终“坚持马克思主义基本原理同中国具体实践相结合，不断在实践的基础上推进理论创新”⑥，不断通过实践创新和理论创新展现马克思主义的理论品质和真理力量，不断用发展着的马克思主义来指导新的伟大

① 《马克思恩格斯全集》第38卷，第93页。

② 《列宁选集》第2卷，第311页。

③ 胡锦涛：《在中央人口资源环境工作座谈会上的讲话》，2004年3月10日。

④ 胡锦涛：《在中国共产党第十七次全国代表大会上的报告》，2007年10月15日。

⑤ 胡锦涛：《在新时期保持共产党员先进性专题报告会上的讲话》，2005年1月14日。

⑥ 胡锦涛：《在中共中央政治局第二十六次集体学习时的讲话》，2005年11月25日。

实践。同时,又集中体现在当前经济全球化的国际大背景下,在积极倡导各国人民共同缔造和谐世界的伟大历史进程中,始终坚持为包括13亿中国人民在内的全人类谋和平、谋合作、谋发展、谋利益,开创了马克思主义新境界。

因此,我们在当前世情、国情、党情发生深刻变化的新形势下,全党全国特别是各级领导干部,就必须要深刻领会和准确把握科学发展观的历史地位、时代背景、科学内涵、精神实质、根本要求,进一步推动学习实践科学发展观活动向深度和广度发展,对于始终坚持以科学发展观为指导,深入贯彻落实科学发展观,继续巩固应对国际金融危机成果,进一步加快转变经济发展方式,进一步优化调整经济结构,提高经济发展质量,不断增加社会财富,进一步促进和保持经济社会又好又快发展,"以改革创新精神加强和改进新形势下党的建设,不断夺取全面建设小康社会新胜利、开创中国特色社会主义事业新局面,具有十分重要的意义"①。

第一节　科学发展观是中国特色社会主义理论体系的最新成果

新世纪新阶段,胡锦涛指出:"中国特色社会主义理论体系,就是包括邓小平理论、'三个代表'重要思想以及科学发展观等重大战略思想在内的科学理论体系。"他进一步强调:"改革开放以来我们取得一切成绩和进步的根本原因,归结起来就是:开辟了中国特色社会主义道路,形成了中国特色社会主义理论体系。高举中国特色社会主义伟大旗帜,最根本的就是要坚持这条道路和这

① 胡锦涛:《在全党深入学习实践科学发展观活动总结大会上的讲话》,2010年4月6日。

个理论体系。这个理论体系，坚持和发展了马克思列宁主义、毛泽东思想，凝结了几代中国共产党人带领人民不懈探索实践的智慧和心血，是马克思主义中国化最新成果，是党最可宝贵的政治和精神财富，是全国各族人民团结奋斗的共同思想基础。”①

一、深刻揭示中国特色社会主义理论体系的创立发展进程

党的十七大提出的中国特色社会主义理论体系新命题，对改革开放以来我们党的一系列理论创新的重大成果进行高度概括，科学阐述了马克思主义中国化的理论内涵和实践特色，为坚持和发展中国特色社会主义指明了前进方向。对此，马克思主义认为，“一切划时代的体系的真正的内容都是由于产生这些体系的那个时期的需要而形成起来的。所有这些体系都是以本国过去的整个发展为基础的，是以阶级关系的历史形式及其政治的、道德的、哲学的以及其他的结果为基础的。”②同样，中国特色社会主义理论体系，作为是对马克思列宁主义、毛泽东思想既一脉相承而又与时俱进的科学理论，它的创立、形成与诞生，也必然有着极为深刻的人类世界历史背景。

(一)马克思主义是中国共产党的行动指南

在人类社会的历史演进中，马克思主义科学体系的创立、形成和诞生，极富思想意义和实践意义。它不仅“是人类在十九世纪所创造的优秀成果”③，是从当时全部人类知识中产生出来的光辉典范，也是国际共产主义运动的伟大旗帜。而且，马克思还通过对人类社会发展规律的研究，他“了解到资本主义的发展必然会走

---

① 胡锦涛:《在中国共产党第十七次全国代表大会上的报告》，2007 年 10 月 15 日。

② 《马克思恩格斯全集》第 3 卷，第 544 页。

③ 《列宁选集》第 2 卷，第 442 页。

向共产主义，更主要的是他完全依据对资本主义所作的最确切、最缜密和最深刻的研究，借助于充分领会以往的科学所提供的全部知识而证实了这个结论。"①同时，马克思主义与时俱进和永续发展的科学理论品质，也对以后的无产阶级领袖列宁和新中国领袖毛泽东、邓小平、江泽民、胡锦涛等马克思主义经典作家产生了极其深远的影响，是列宁主义、毛泽东思想、邓小平理论、"三个代表"重要思想、科学发展观博大恢弘科学体系的思想渊源和理论基础。

马克思主义是由无产阶级革命导师马克思和恩格斯，在19世纪40年代创立的科学理论体系。1848年《共产党宣言》的发表标志着马克思主义的诞生。它科学阐明了自然界、人类社会和思维发展的普遍规律，正确地揭示了人类社会的客观规律，特别是深刻揭示了资本主义社会生产方式的内在矛盾及其特殊运动规律，并科学指出了资本主义必然为社会主义所代替的历史趋势，论述了无产阶级的历史使命和历史任务。马克思主义代表了整个无产阶级的根本利益，是无产阶级的世界观和方法论，是人类先进思想的结晶，也是全世界无产阶级及其政党的指导思想。这正如列宁所说："马克思学说具有无限力量，就是因为它正确。它完备而严密，它给人们提供了决不同任何迷信、任何反动势力、任何为资产阶级压迫所作的辩护相妥协的完整世界观。"②

可见，辩证唯物主义和历史唯物主义要求人们辩证科学地认识自然和社会，并揭示其内在的规律，在指导我们改造客观世界和主观世界的同时，达到推动人类社会由低级向高级迈进的目的。列宁继续发展了辩证唯物主义和历史唯物主义，成功推进了马克思主义俄国化，并产生了列宁主义。俄国十月革命胜利后，马克思

① 《列宁选集》第4卷，第347页。

② 《列宁选集》第2卷，第309页。

列宁主义传入中国,对长期以来中国的革命和建设产生了巨大影响,正如毛泽东所言:“十月革命一声炮响,给我们送来了马克思列宁主义”①,“中国的面目就起了变化了”②。

因此,中国共产党在领导全国各族人民取得革命胜利以后,马克思主义仍然是我们认识世界和改造世界的强大思想武器,是指导中国革命建设改革的行动指南,是中国共产党立党立国的根本指导思想,是全国各族人民团结奋斗的共同思想基础。新中国革命建设和改革的历史经验已经证明,对于当代的中国共产党人来说,马克思主义永远是中国共产党的指导思想,这些思想理论观点已被新中国领袖们一再肯定,是被我们党领导的革命建设和改革实践所检验过的、毋庸置疑的真理。毛泽东在阐述这个问题时说:“马克思列宁主义”是“根据实际创造出来的理论,从历史实际和革命实际中抽出来的总结论。”③邓小平认为,无产阶级政党在取得执政地位后,为什么还要坚持马克思主义?这是因为马克思主义是颠扑不破的真理,是科学,因为马克思主义是无产阶级政党的指导思想。江泽民指出:“马克思主义揭示了世界发展的普遍规律特别是人类社会历史发展的普遍规律,揭示了社会主义必然代替资本主义和建设社会主义,最终实现共产主义的普遍规律,是无产阶级和劳动人民认识世界和改造世界的强大思想武器,中国革命和建设必须以马克思主义为指导。”④

新世纪新阶段,胡锦涛进一步强调指出:“我们要继续坚持以马克思主义基本原理为指导,不断研究新情况、解决新问题,不断在新的实践基础上推进理论创新”,“以顺应时代潮流不断与时俱

① 《毛泽东选集》第 4 卷,第 1471 页。
② 《毛泽东选集》第 4 卷,第 1470 页。
③ 《毛泽东选集》第 3 卷,第 814、817、1093 页。
④ 《中共中央文件选编》,第 703、704 页。

进的创造精神为理论创新的动力，以研究和解决我们在前进中面临的突出问题为理论创新的着力点，不断打开理论创新的新视野，不断取得马克思主义基本原理同中国具体实际相结合的新进展，不断丰富和发展马克思主义"①，"就必须进一步高扬马克思主义理论的伟大旗帜。"②"我们要坚定不移地坚持马克思列宁主义……，以我国改革开放和现代化建设的实际问题为中心，着眼于马克思主义理论的运用，着眼于对实际问题的理论思考，着眼于新的实践和新的发展，不断丰富和发展马克思主义"③，"不断把马克思主义中国化推向前进，不断把中国特色社会主义事业推向前进"④，"要毫不动摇地坚持马克思主义的指导地位，……使马克思主义在当代中国焕发出强大生命力。"⑤进入"新世纪新阶段，我们要抓住重要战略机遇期，全面建设小康社会、加快推进社会主义现代化，必须加强马克思主义理论研究和建设，不断开辟马克思主义发展的新境界。"⑥

（二）毛泽东思想是马克思主义的理论成果

胡锦涛深刻指出："毛泽东同志是伟大的马克思主义者，伟大的无产阶级革命家、战略家和理论家，是近代以来中国伟大的爱国

---

① 胡锦涛：《在纪念毛泽东同志诞辰110周年座谈会上的讲话》，2003年12月26日。

② 胡锦涛：《在会见中央实施马克思主义理论研究和建设工程工作会议代表时的讲话》，2004年4月27日。

③ 胡锦涛：《在邓小平同志诞辰100周年纪念大会上的讲话》，2004年8月22日。

④ 胡锦涛：《在新时期保持共产党员先进性专题报告会上的讲话》，2005年1月14日。

⑤ 胡锦涛：《在全国政协十届三次会议社科界联组讨论会上的讲话》，2005年3月7日。

⑥ 胡锦涛：《在中共中央政治局第二十六次集体学习时的讲话》，2005年11月25日。

者和民族英雄，是领导中国人民彻底改变自己命运和国家面貌的一代伟人。他早年投身革命，在长期艰苦的革命斗争中成长为党的第一代中央领导集体的核心。他为中国新民主主义革命的胜利、社会主义革命的成功和社会主义建设的进行，为实现中华民族的独立和振兴、中国人民的解放和幸福，作出了彪炳史册的贡献。毛泽东同志毕生最突出最伟大的贡献，就是领导我们党和人民找到了新民主主义革命的正确道路，完成了反帝反封建的任务，建立了中华人民共和国，确立了社会主义基本制度，并从中国实际出发探索社会主义建设的道路，为古老的中国赶上时代发展潮流、阔步走向繁荣昌盛创造了根本前提，奠定了坚实的理论和实践基础。"①

毛泽东思想是在20世纪初中期，中国共产党运用马克思主义基本原理解决中国革命一系列基本问题过程中，逐步形成发展起来的，是马克思主义与中国实际相结合的第一次历史性飞跃的理论成果。中国共产党人通过俄国的十月社会主义革命，终于找到了马克思主义的普遍真理。《共产党宣言》发表以来的实践证明，马克思列宁主义的科学理论是正确的，是各国无产阶级政党在进行革命建设时，都必须坚持的指导思想和一切行动的科学指南。然而，在中国这样一个半殖民地半封建社会，以农民作为主要力量，以反对帝国主义、封建主义和官僚资本主义为直接任务的国家，要完成民族民主革命，并向社会主义、共产主义社会迈进，这是马克思主义者都没有遇到过的、特殊而困难的任务。这些任务的解决方法，中国共产党人不可能从马克思列宁主义的原著中，找到有关中国革命面临的每个基本问题全部现成答案，这需要中国共产党人要将马克思列宁主义基本原理，同中国革命具体实际和时

① 胡锦涛：《在纪念毛泽东同志诞辰110周年座谈会上的讲话》，2003年12月26日。

代特征紧密地结合起来，并根据自己的经验不断加以创造。

以毛泽东为杰出代表的中国共产党人，在长期的革命实践中，创造性地将马克思主义与中国革命具体实际结合起来，系统地回答了中国革命的一系列基本问题，从而实现了马克思主义中国化的第一次历史性飞跃，形成了毛泽东思想。中国革命斗争的最后胜利表明，毛泽东思想是马克思列宁主义与中国革命具体实践相结合的产物，是马克思列宁主义在中国的科学运用和发展，是被实践证明了的关于中国革命的正确理论原则和经验总结，是中国共产党集体智慧的结晶，是我们党的宝贵精神财富，它将长期指导我们的行动。毛泽东同志的重要著作，有许多是在新民主主义革命时期和社会主义改造时期写的，但仍然是我们必须经常学习的。这不但因为历史不能割断，如果不了解过去，就会妨碍我们对当前问题的了解；而且因为这些著作中包含的许多基本原理、原则和科学方法，是有普遍意义的，现在和今后对我们具有重要指导作用。

新中国成立以后，以毛泽东同志为核心的党中央带领全国人民，在迅速医治战争创伤、恢复国民经济的基础上，不失时机地提出了过渡时期总路线，创造性地完成了由新民主主义革命向社会主义革命的转变，使中国这个占世界人口四分之一的东方大国进入了社会主义社会，实现了中国历史上最深刻、最伟大的社会变革。社会主义改造基本完成以后，我们党带领人民转入全面的大规模的社会主义建设。毛泽东同志和党中央带领全党全国人民对适合中国国情的社会主义道路进行了艰苦探索，并取得了重要的理论成果。我们不仅建立起独立的比较完整的工业体系和国民经济体系，为社会主义现代化建设奠定了重要的物质技术基础，而且积累了在中国这样的社会生产力水平十分落后的东方大国进行社会主义建设的重要经验。

对此，胡锦涛指出："我们要永远铭记，改革开放伟大事业，是在以毛泽东同志为核心的党的第一代中央领导集体创立毛泽东思想，带领全党全国各族人民建立新中国、取得社会主义革命和建设伟大成就以及艰辛探索社会主义建设规律取得宝贵经验的基础上进行的。新民主主义革命的胜利，社会主义基本制度的建立，为当代中国一切发展进步奠定了根本政治前提和制度基础。"①党的十二大、十三大、十四大、十五大、十六大、十七大通过的《中国共产党章程》中，都始终坚持和明确了毛泽东思想是党的指导思想。因此，我们当前新的历史时期和新的历史条件下，就必须要始终坚持毛泽东思想，认真学习和运用它的立场、观点和方法，来研究和解决在新的实践中出现的新情况与新问题，这对于当前全面推动经济建设、政治建设、文化建设、社会建设和党的建设，具有重要的思想意义和深远的历史意义。

（三）邓小平理论是当代中国的马克思主义

胡锦涛指出："邓小平理论是马克思列宁主义基本原理与当代中国实际和时代特征相结合的产物，是毛泽东思想的继承和发展，是当代中国的马克思主义，是马克思主义在中国发展的新阶段，是全党全国人民集体智慧的结晶。邓小平理论是指导中国人民胜利实现社会主义现代化的科学理论，是我们党必须长期坚持的指导思想。"②实践证明，邓小平建设中国特色社会主义理论，是马克思列宁主义基本原理与当代中国实际和时代特征相结合的产物，是毛泽东思想的继承和发展，是当代中国的马克思主义，是我们党在新时期各项工作中的根本指针和中华民族振兴的强大精神支柱。它作为一个博大精深的科学体系，对社会主义现代化建设中许多客观的基本规律作出了比较全面完整的回答。这正如党的

① 胡锦涛：《在中国共产党第十七次全国代表大会上的报告》，2007年10月15日。

② 胡锦涛：《在邓小平同志诞辰100周年纪念大会上的讲话》，2004年8月22日。

十四大报告中所指出的:邓小平理论第一次比较系统地初步回答了在中国这样的经济文化比较落后的国家如何建设社会主义,如何巩固和发展社会主义的一系列基本问题,用新的思想、观点,继承、发展和创新了马克思主义。

党的十一届三中全会以来,以邓小平为杰出代表的中国共产党人,开创了社会主义事业发展的新时期,形成了建设中国特色的社会主义理论,我们党把这称为邓小平理论。邓小平理论是对毛泽东思想的继承、发展和创新,是中国共产党集体智慧的结晶,是马克思主义在中国发展的新阶段。党的十四大报告从九个方面,对这一理论体系所包含的主要内容进行了科学概括。党的十五大把邓小平理论确立为我们党的指导思想,在党章中规定:"中国共产党以马克思列宁主义、毛泽东思想、邓小平理论作为自己的行动指南。"我们党把邓小平理论作为中国共产党的指导思想是完全正确的,这充分表明我们党把邓小平开创的建设中国特色的社会主义事业全面推向新世纪的决心和信心,也反映了全国人民的共识和心愿。邓小平理论大致经过三个阶段的发展,进而形成了一个建设中国特色社会主义的科学理论体系。它用解放思想和实事求是的方法论,围绕着"什么是社会主义,怎样建设社会主义"的根本问题,全面系统地、科学地回答了当代中国社会主义的发展道路、发民阶段、根本任务、发展动力、外部条件、政治保证、战略步骤、党的党的建设、统一战线以及祖国统一等一系列基本问题,从而成为我们党的思想指南。

改革开放以来的实践已经充分证明,邓小平理论是指引中国特色社会主义现代化建设的伟大旗帜。"我们要永远铭记,改革开放伟大事业,是以邓小平同志为核心的党的第二代中央领导集体带领全党全国各族人民开创的。面对十年'文化大革命'造成的危难局面,党的第二代中央领导集体坚持解放思想、实事求是,以巨大的政治勇气和理论勇气,科学评价毛泽东同志和毛泽东思想，彻底否定‘以阶级斗争为纲’的错误理论和实践，作出把党和国家工作中心转移到经济建设上来、实行改革开放的历史性决策，确立社会主义初级阶段基本路线，吹响走自己的路、建设中国特色社会主义的时代号角，创立邓小平理论，指引全党全国各族人民在改革开放的伟大征程上阔步前进。”①

因此，我们在坚持和发展中国特色社会主义的伟大实践中，必须认真学习邓小平理论的思想精髓，不断总结新经验，形成新认识，用邓小平理论中的科学观点和方法，来解决在建设社会主义过程中遇到的各种新问题，不断充实、丰富、发展和创新邓小平理论。其中最根本和最关键的一条，就是要进一步发扬邓小平理论中，关于“应当把发展问题提到全人类的高度来认识，要从这个高度去观察问题和解决问题。只有这样，才会明了发展问题既是发展中国家自己的责任，也是发达国家的责任”②的思想精髓，这应该是我们党在推动党和国家事业科学发展的伟大历史进程中，在积极倡导各国人民携手建设、共同缔造和谐世界的伟大历史进程中，必须要历史承担的庄严崇高责任。

（四）“三个代表”重要思想是马克思主义的最新理论成果

胡锦涛强调指出：“十三届四中全会以来，以江泽民同志为主要代表的当代中国共产党人，高举邓小平理论伟大旗帜，正确把握时代特征，科学判断我们党所处的历史方位，围绕建设中国特色社会主义这个主题，集中全党智慧，以马克思主义的巨大理论勇气进行理论创新，逐步形成了‘三个代表’重要思想这一系统的科学理论。”③“‘三个代表’重要思想同马克思列宁主义、毛泽东思想、邓

① 胡锦涛：《在中国共产党第十七次全国代表大会上的报告》，2007 年 10 月 15 日。

② 《邓小平文选》第 3 卷，第 282 页。

③ 胡锦涛：《在“三个代表”重要思想理论研讨会上的讲话》，2003 年 7 月 1 日。

小平理论是一脉相承而又与时俱进的科学体系，是马克思主义在中国发展的最新成果，是新世纪新阶段全党全国人民实现全面建设小康社会宏伟目标的根本指针"，"是指引我们胜利前进的伟大旗帜。"①

党的十三届四中全会以来，以江泽民为杰出代表的当代中国共产党人，始终高举马克思列宁主义、毛泽东思想和邓小平理论伟大旗帜，围绕建设中国特色社会主义这个主题，在建设中国特色社会主义的伟大实践中，在深刻总结中外历史经验教训的基础上，创造性地将马克思主义、毛泽东思想和邓小平理论，同我国新时期改革开放和现代化建设的具体实践结合起来，并集中全党和全国各族人民的智慧，形成了"三个代表"重要思想。它面对国际国内的新形势，准确把握当今世界的时代特征，科学判断我们党所处的历史方位，回答了建设什么样的党，怎样建设党的重大问题。实践证明，"三个代表"重要思想是中国共产党集体智慧的结晶，是加强和改进党的建设的强大思想武器，是我们党必须长期坚持的指导思想。

在人类文明史、思想史和发展史上，"三个代表"重要思想的创立和形成，具有重大的理论意义、现实意义和极为深远的历史意义。我们从它形成的科学理论形态来考察，它是由中国共产党必须始终代表中国先进生产力的发展要求，始终代表中国先进文化的前进方向，始终代表中国最广大人民的根本利益等一系列相互联系、相互促进和具有丰富科学内涵的观点，共同构成了"三个代表"重要思想的科学体系。我们从它形成的社会历史形态来考察，"三个代表"重要思想，它创造性地把党的建设同当今世界和当代中国发展趋势，同实现中华民族伟大复兴的历史使命联系起

① 胡锦涛：《在邓小平同志诞辰100周年纪念大会上的讲话》，2004年8月22日。

来，把党的建设新的伟大工程，同建设中国特色社会主义伟大事业紧密联系起来，从根本上回答了在新的历史条件下怎样建设党的重大问题，赋予党的性质、宗旨、指导思想和任务以丰富的时代内容，并科学确定了党的建设的总体战略部署，是面向新世纪党的建设的伟大纲领，为我们党在新世纪新阶段加强和改进党的建设指明了前进方向。

我们从它形成的世界历史意义来考察，“三个代表”重要思想作为马克思主义一脉相承的博大恢弘的科学思想体系，它的一切出发点仍然是站在解放全人类的战略思想高度，是创造性地对1885年恩格斯在《关于共产主义者同盟的历史》一文中，关于科学社会主义“已不再意味着凭空设想一种尽可能完善的社会理想，而是意味着深入理解无产阶级所进行的斗争的性质、条件以及由此产生的一般目的”①的思想论断，作出了最科学、最全面、最完整、最深刻、最谨严的阐述。它的伟大精神实质在于，在经济全球化的国际大环境大背景下，再次科学地阐明了无产阶级及其政党的解放运动，仍然是为全人类谋利益的运动，是消灭资本主义和建设社会主义与共产主义的运动，是马克思主义执政党代表全人类最根本利益的体现。马克思主义执政党要最终实现共产主义的远大理想，不能靠垄断资产阶级的恩赐，更不能靠人们的主观幻想，而是必须采取正确的途径和道路，要使全世界无产者联合起来，建立共产党的领导，制定正确的战略策略，要有高度的社会生产力的发展，逐步以至彻底消灭一切剥削阶级，无产阶级和全人类才能获得最终的和最彻底的解放，才能够最终实现共产主义，这是由人类社会历史发展的客观规律所决定的，也必然是人类社会历史发展的必然结果。因而，“三个代表”重要思想作为当代人类先进思想

① 《马克思恩格斯选集》第4卷，第193页。

的完美结晶，是马克思主义科学的世界观和方法论，它把怎样建设好社会主义、怎样认识共产主义、怎样实现共产主义的伟大的认识工具和思想工具给了当今人类，特别是给了整个马克思主义执政党及其领导的政权。这标志着以江泽民为核心的党中央第三代领导集体，在领导全党和全国各族人民在不断认识世界和改造世界的伟大历史进程中，对共产党执政规律、社会主义建设规律和人类社会发展规律的科学认知取得了重大成果。

对此，胡锦涛明确强调："在长期的实践中，我们对共产党执政规律、社会主义建设规律和人类社会发展规律的认识取得了重大成果。这些成果深刻地体现在毛泽东思想、邓小平理论和'三个代表'重要思想之中，体现在党的基本路线、基本纲领和基本经验之中，体现在十一届三中全会以来党和国家的一系列方针政策之中。我们要坚持用这些宝贵成果教育党员干部，使大家在推进各项工作时能够更好地把握规律性、增强主动性、减少盲目性、克服片面性。"①"我们要永远铭记，改革开放伟大事业，是以江泽民同志为核心的党的第三代中央领导集体带领全党全国各族人民继承、发展并成功推向二十一世纪的。从十三届四中全会到十六大，受命于重大历史关头的党的第三代中央领导集体，高举邓小平理论伟大旗帜，坚持改革开放、与时俱进，在国内外政治风波、经济风险等严峻考验面前，依靠党和人民，捍卫中国特色社会主义，创建社会主义市场经济新体制，开创全面开放新局面，推进党的建设新的伟大工程，创立'三个代表'重要思想，继续引领改革开放的航船沿着正确方向破浪前进。"②可见，"三个代表"重要思想是同马克思主义一脉相承而又与时俱进的科学体系，它集中反映了新形

① 胡锦涛:《在中纪委第三次全会上的讲话》,2004年1月12日。

② 胡锦涛:《在中国共产党第十七次全国代表大会上的报告》,2007年10月15日。

势、新任务对党的建设提出的新要求，为党的建设指明方向。

（五）科学发展观是马克思主义关于发展的世界观和方法论的集中体现

党的十六大以来，以胡锦涛为杰出代表的当代中国共产党人，始终高举马克思列宁主义、毛泽东思想、邓小平理论和“三个代表”重要思想伟大旗帜。胡锦涛以无产阶级革命家、政治家、思想家、战略家和理论家的博大胸襟、恢弘气度与远见卓识，在发展中国特色社会主义事业蓬勃发展的新时期，从新世纪新阶段党和国家事业发展的战略全局出发，从站在积极倡导各国人民共同缔造和谐世界的战略高度，从站在对当今人类历史命运的深切关注和切实保证全人类世世代代永续发展的战略高度，从站在经济全球化背景下维护中华民族尊严和国家利益的战略高度，从站在进一步加强党的建设和党的执政能力建设的战略高度，他始终以无产阶级领袖和新中国领袖所特有的、宽广深邃的宏大战略视野，并站在当代人类理论思维和创造思维的时代高峰，以其渊博的马克思主义学识和丰富的领导无产阶级执政党进行治党治国的革命经验，极富开拓性和创造性地把自然科学、人文科学、社会科学等方方面面的知识、方法、手段协调并集成起来，在科学汲取迄今以来人类社会一切文明成果的基础上，从全方位、多层次、宽领域入手研究经济社会发展和社会形态、自然形态的大系统的基础上，在科学解决了涉及经济社会发展的方方面面，涉及经济活动、社会活动和自然界的复杂关系，涉及人与经济社会环境、自然环境的相互作用的基础上，在实现对共产党执政规律、社会主义建设规律和人类社会发展规律真理认知的基础上，在世界多极化、经济全球化、国际关系民主化趋势深入发展和世界形势发生深刻变化的国际大环境下，科学把握了当今世界的和平发展走向，在领导全党全军全国各族人民沿着中国特色社会主义道路，向着全面建设小康社会、全面建设社会主义和谐社会、全面建设社会主义创新型国家的宏伟目标,向着全面实现中华民族伟大复兴的伟大历史进程中,他以五千年自强不息的中华民族精神和优秀传统文化,作为理论创新的深厚思想底蕴,创造性地将马克思列宁主义、毛泽东思想、邓小平理论和"三个代表"重要思想,同我国改革开放和社会主义现代化建设中的新形势新任务,以及世情国情党情紧密结合起来,创立形成了符合当代中国实际和世界发展潮流的科学发展观科学理论体系。

科学发展观科学体系的创立、形成和诞生,充分显示出以胡锦涛为杰出代表的当代中国共产党人,在经济全球化和风云变幻的国际大形势下凝聚全党、驾驭全局、与时俱进和开拓创新的能力,并进一步"使党的理论和路线方针政策顺应时代发展的潮流和我国社会发展进步的要求、反映全国各族人民的利益和愿望"①,为马克思主义执政党的思想理论宝库增写了新的内容。科学发展观,"揭示的是发展的普遍规律"②,"是马克思主义关于发展的世界观和方法论的集中体现。"③它既是对人类社会发展规律的一种新的总结,又深深植根于当代中国特色社会主义现代化建设的伟大实践之中,它既是和马克思主义一脉相承的科学理论成果,又是用马克思主义立场、观点、方法对当今人类社会在未来发展问题的最新认识和永久回答。它既凝聚着中华民族自强不息的民族精神和求真务实的民族性格,也是人类世界历史进步的先进产物,是向往和平发展的世界各国人民宝贵的政治和精神财富,特别是各国人民共同缔造和谐世界的历史抉择。同时,科学发展观科学理论体系的创立、形成和诞生,也充分说明我们中华民族是具有非凡智

① 胡锦涛:《在新时期保持共产党员先进性专题报告会上的讲话》,2005 年 1 月 14 日。

② 胡锦涛:《在中央人口资源环境工作座谈会上的讲话》,2004 年 3 月 10 日。

③ 胡锦涛:《在中国共产党第十七次全国代表大会上的报告》,2007 年 10 月 15 日。

慧和伟大创造力的民族,是勤劳勇敢、有着自强不息精神的伟大民族;我们的国家是有着几千年悠久文明历史的伟大国家;中国人民是创造了灿烂文化的伟大人民。我们有志气、有信心、有能力屹立于世界民族之林,我们的国家为人类和平与发展的崇高事业,不管现在还是将来,中国永远都是积极倡导携手共建持久和平与共同繁荣和谐世界的坚定力量,中国永远都是维护世界和平、促进共同发展的坚定力量,中国永远都是积极推动全球经济朝着平衡有序方向进行科学发展的坚定力量,并不断作出新的更大的贡献。

可见,科学发展观科学体系的创立、形成与诞生,也充分说明在整个无产阶级革命事业的伟大历史进程中,经过马克思、恩格斯、列宁、毛泽东、邓小平、江泽民、胡锦涛等马克思主义经典作家的辛勤探索、反复思考、科学实践和不懈努力后,马克思主义执政党依靠自己的卓越智慧和伟大力量,根据马克思主义的基本原理,在全面科学汲取人类一切文明成果的基础上,最终实现了对共产党执政规律、社会主义建设规律和人类社会发展规律的真理认知,这不仅前所未有地提高了当今人类认识和把握宏观世界与微观世界的能力,达到了迄今以来人类社会前所未有的思想深度和理论高度。同时,它也使人类社会几千年来追求世世代代永续发展的美好夙愿和梦想,终于在人类社会历史发展的新的千年之初变成了现实,并永久成为当代向往和平发展的世界各国人民最可宝贵的政治和精神财富。

因此,科学发展观作为马克思主义关于发展的世界观和方法论的集中体现,它不仅是我们全面建设小康社会、全面建设社会主义和谐社会、全面建设社会主义创新型国家、全面实现中华民族伟大复兴与最终实现马克思主义最高纲领的永久指南,而且也是各国人民共同缔造和谐世界的历史抉择,必然将永久贯穿于当今人类社会在未来历史发展的全过程。

二、发展中国特色社会主义必须坚持科学社会主义的原则

胡锦涛指出，马克思主义必须是同中国实际相结合的马克思主义，社会主义必须是切合中国实际的有中国特色的社会主义。中国特色社会主义是马克思主义基本原理与中国具体实际相结合的产物，是植根中国大地、反映中国人民愿望、适应中国发展进步要求的社会主义。他在党的十七大报告中明确强调："中国特色社会主义道路之所以完全正确、之所以能够引领中国发展进步，关键在于我们既坚持了科学社会主义的基本原则，又根据我国实际和时代特征赋予其鲜明的中国特色。"①

胡锦涛同志的这一科学论断，是对中国特色社会主义最精辟的概括，深刻揭示了中国特色社会主义的本质属性和基本特征，揭示了中国特色社会主义能够引领中国发展进步的根本原因。科学社会主义是马克思主义创始人在深刻分析人类社会发展规律的基础上创立的，为后人建设和发展社会主义社会指明了正确方向。20世纪初，列宁领导十月革命取得胜利，使社会主义从理论变为现实。新中国成立以后，以毛泽东同志为核心的党的第一代中央领导集体，带领全党和全国人民成功地完成了社会主义改造，开始寻找适合中国国情的社会主义发展道路，探索马克思主义同中国国情相结合，积累了推进社会主义发展的重要经验，为开辟中国特色社会主义道路提供了根本前提和基础。改革开放以后，以邓小平同志为核心的党的第二代中央领导集体，深刻总结我国社会主义建设的理论成果和实践经验，紧紧围绕"什么是社会主义、怎样建设社会主义"，坚持解放思想、实事求是，第一次比较系统地初步回答了中国这样经济文化比较落后的国家如何建设、巩固和发展社会主义的一系列基本问题，开辟了中国特色社会主义道路。

---

① 胡锦涛：《在中国共产党第十七次全国代表大会上的报告》，2007年10月15日。

以江泽民同志为核心的党的第三代中央领导集体，适应当代世界和中国发展变化对党和国家工作的新要求，准确把握时代特征，科学判断党所处的历史方位，把社会主义建设同执政党的建设紧密联系起来，进一步回答了“什么是社会主义、怎样建设社会主义”的问题，创造性地回答了“建设什么样的党、怎样建设党”的问题，不断深化了对中国特色社会主义的认识。党的十六大以来，以胡锦涛同志为总书记的党中央在全面加强社会主义建设和党的建设的实践中，准确把握世界发展趋势，认真总结我国发展经验，深入分析我国发展的阶段性特征，根据建立和完善社会主义市场经济体制的新形势新任务，继承和发展党的三代中央领导集体关于发展的重要思想，提出了科学发展观等重大战略思想，进一步丰富了中国特色社会主义理论。

可见，中国特色社会主义坚持了马克思主义经典作家关于科学社会主义的重要思想，贯穿了马克思主义的立场、观点、方法，在理论和实践上都遵循了科学社会主义的基本原则。而这个基本原则就集中体现在马克思主义之中，集中体现在毛泽东思想之中，集中体现在中国特色社会主义理论体系之中，集中体现在邓小平理论之中，集中体现在“三个代表”重要思想之中，集中体现在科学发展观之中。因此，我们必须深刻认识到，在每个新的历史时期和新的历史条件下，马克思主义应该不断地在继承中进行丰富、发展和理论创新，而马克思主义中国化形成的毛泽东思想、邓小平理论、“三个代表”重要思想、科学发展观，就是马克思主义中国化的理论成果，是马克思主义一脉相承又与时俱进的科学理论，集中体现了马克思主义的真理力量，强大的生命力、吸引力和感召力。

三、要求天津滨海新区成为贯彻落实科学发展观的排头兵

党的十六大以来，以胡锦涛同志为总书记的党中央，在经济全球化深入发展和区域经济一体化进程加快、世界科技进步日新月

异、国际市场竞争更加激烈的新形势下,从对内构建和谐社会,对外推动建设和谐世界的全局出发,从着眼于天津不可替代的国际地缘优势的全球战略视野,将天津滨海新区的开发开放由地区发展战略上升为国家发展战略。对此,胡锦涛深刻指出:"天津滨海新区已进入全面开发开放新阶段,要大胆探索、积极作为,按照国家对滨海新区功能定位的要求,坚持项目集中园区、产业集群发展、资源集约利用、功能集成建设的发展思路,加快推进综合配套改革,全力打好滨海新区开发开放攻坚战,努力使滨海新区成为深入贯彻落实科学发展观的排头兵","牢牢把握国家支持东部地区率先发展,加快推进天津滨海新区开发开放的重大历史机遇,始终坚持科学发展这个主题和加快转变经济发展方式这条主线,把创新精神和务实作风紧密结合起来,注重加快转变经济发展方式,注重深化改革开放,注重保障和改善民生,注重加强干部队伍建设,在新的起点上开创科学发展新局面、描绘人民幸福生活新画卷,以优异成绩迎接中国共产党成立90周年。"①

我们从胡锦涛总书记的重要讲话和国务院批准天津滨海新区为全国综合配套改革试验区,先行试验一些重大的改革开放措施,探索新的发展思路和发展模式,在全国深化改革开放中起到示范和带动作用的文件精神,应该看到,新世纪新阶段,特别是市第九次党代会以来,天津"抓住难得的历史机遇,进一步加快滨海新区开发开放,为实现科学发展和谐发展率先发展,把天津建设成为国际港口城市、北方经济中心和生态城市","建设面向东北亚、辐射中西亚"而努力奋斗。② 正在按照胡锦涛总书记"一个排头兵"、"两个走在全国前列"、"四个着力"和"五个下工夫、见成效"的重

① 胡锦涛:《在天津考察工作时的讲话》,2011年4月30日。

② 张高丽:《在中国共产党天津市第九次代表大会上的报告》,2007年5月29日。

要要求，“以科学发展为主题，以加快转变经济发展方式为主线，以调整优化经济结构为主攻方向，加快实施市委‘一二三四五六’的奋斗目标和工作思路，着力构筑‘三个高地’，全力打好‘五个攻坚战’，推动转变经济发展方式取得实质性进展”，①上下一心，创造性开展工作。因此，按照胡锦涛总书记“大胆探索，积极作为”的重要指示精神，在实际工作中，怎样用足、用好中央给予的综合配套改革“先行先试”政策，真正把服务中国北方、东北亚、中西亚的发展理念落到实处，是我们面临的重大课题。我们必须继续充分发挥天津不可替代的地缘优势，紧紧抓住滨海新区开发开放的历史机遇，借鉴国际区域经济合作与发展的通行做法，紧密结合东北亚区域各国尚未建立国际性经济组织的实际情况，建议争取中央支持，由中国率先倡导在东北亚区域各国间，推动成立一个开放型、永久性的政府间国际合作平台——“天津合作与发展组织”。这不仅可以进一步扩大天津在国内外的政治、经济影响力，为天津实施国家发展战略提供强大动力，而且对于积极推进东北亚经济一体化进程，促进我国和东北亚、中西亚各国间的经贸往来与互利共赢，共同巩固应对国际金融危机冲击的成果，积极推动本区域实现持久和平、共同繁荣，为建设和谐周边、和谐地区、和谐亚洲、和谐世界作出更大贡献，都具有重大现实意义和深远历史意义。

（一）成立“天津合作与发展组织”的必要性

当今世界，经济全球化和区域一体化趋势深入发展，各国、各地区经济相互依存日益紧密。加强政治对话，深化经济合作，谋求更大发展，实现互利共赢已经成为全球发展的大趋势。特别是区域性国际组织的迅猛发展，已经成为推进区域经济一体化进程、协调处理国际事务的重要载体和平台。

---

① 黄兴国：《在天津市第十五届人民代表大会第四次会议上的政府工作报告》，2011 年 1 月 16 日。

天津实施滨海新区开发开放的国家发展战略，充分体现了党中央、国务院对全国发展战略布局的总体构想。我们必须按照中央的要求，把目光放得更远一些，更加突出战略性、全局性和前瞻性，高水平地体现科学发展观，深入研究在国家层面上建立区域经济协调和协作机制问题。当前，在经济全球化和区域经济一体化进程不断加快、国际市场竞争更加激烈的大背景下，适时推动成立"天津合作与发展组织"，具有必要性、紧迫性。对天津来说，这是在新形势下，以科学发展观为指导，针对国际格局酝酿重大调整的新特点，把握国际形势的复杂深刻变化，先行先试有利于科学发展的体制机制，为全国建成更具活力、更加开放的经济体系提供经验，真正在全国深化改革开放中起到示范和带动作用的必要之举。

从长远发展看，如果"天津合作与发展组织"成为一个新的国际经济合作平台，必将引起世界广泛关注，不仅会成为规模很大的区域性国际经济组织，构建与欧盟、北美自由贸易区三足鼎立的宏大经济战略的新格局，也必然会成为推动国际社会携手建设、共同缔造和谐世界的一支重要力量。因此，这一选择有利于推动我国与美、俄、日等世界性大国，在本区域内进行政治、经济、文化、社会等领域的战略合作，也有利于我国积极倡导世界各国携手建设和谐周边、和谐地区、和谐亚洲、和谐世界。

（二）成立"天津合作与发展组织"的可能性

从现实分析，东北亚各国既有经济合作与发展的希望和潜力，也有错综复杂的矛盾和危机。目前，本区域朝核危机的结局难以预料，日本与俄、韩、中在领土上的争端依然存在，区域内各国的经济发展水平差距很大，这是区域合作与发展的不利因素。但也应当看到，东北亚区域各国经济间具有很强的互补性。近年来，随着区域内各国间的双边、多边贸易迅猛发展，交通运输合作、金融合作、科技合作、资源开发合作等正在积极展开，实现东北亚区域经济一体化的呼声也越来越高。特别是本区域的各国政府，日益重视加强推进区域各国经济的合作，积极寻求新时期区域经济合作的新模式，这为推动成立“天津合作与发展组织”，提供了十分重要的现实性和可能性。

（1）推动成立“天津合作与发展组织”，符合东北亚区域经济合作与发展的大趋势。东北亚区域，指中国（包括香港、澳门、台湾地区）、日本、韩国、蒙古国、朝鲜和俄罗斯。其面积为3400万平方公里，占世界总面积的26%，占世界人口的31%，国内生产总值占世界总量的17.5%，贸易额占全球贸易额的20.5%。当前，欧洲、北美和以中、日、韩为核心的东北亚，是世界经济增长最快的地区，被称为世界经济三大中心。这三个区域经济合作与发展的途径和内容不尽相同。在欧洲、北美和亚洲，随着欧盟、北美自由贸易区、亚太经合组织的先后成立，它们作为区域一体化的国际组织，对当今世界经济发展的影响力越来越大。而在东北亚区域，至今尚未建立起全区域性的国际经济组织，说明该区域的经济合作与发展，还有很大的空间。应该看到，东北亚区域历史上地理相连、文化相通、经济互补，有着广泛的共同利益，这为本区域的经济合作提供了有利基础和条件。

综观全局，在世界经济一体化的今天，各国的发展与区域、与全球的发展密不可分。从发展层面上分析，中国率先倡导在东北亚区域各国间，推动成立“天津合作与发展组织”，有利于推动东北亚经济一体化的形成，对促进亚太地区乃至世界经济可持续增长与和谐发展也将作出贡献。

（2）推动成立“天津合作与发展组织”，是东北亚区域各国深化发展经贸往来的必然选择。据国家海关和商务部数据统计，2010年，中国的贸易总额为29727.62亿美元。其中，我国与东北亚区域各国的双边贸易额达到了5709.2亿美元，占我国总贸易额的近20%。进一步加强东北亚区域各国的经济合作，既是各国经济发展的内在需要和主观愿望，也是当今世界经济发展的必然趋势。特别是近年来,随着区域各国间的经贸合作不断深化,中日、中韩、中俄、中朝、中蒙双边贸易额出现了多年来未有的好势头。中国是日本最大贸易伙伴,是韩国第一大出口市场。中俄贸易额2008年已经达到568亿美元。中朝经贸合作稳步快速增长,连续5年刷新纪录。中国连续10年成为蒙第一大贸易伙伴国,2008年中蒙双边贸易总额为28.139亿美元,占蒙对外贸易总额的45.72%。我国与5个国家的贸易总量,由2000年的1259亿美元,增加到2010年的5709.2亿美元。

但也必须看到,目前,由于东北亚区域尚未建立起全区域性的国际经济组织,区域各国经济合作与发展的潜力,远远没有发挥出来。因此,切实加强本区域经济一体化的组织机制建设,推动成立"天津合作与发展组织",必将成为推动本区域经济合作与发展的重大举措。既有利于扩大我国经济发展的市场空间和国际环境,也有利于深化区域各国间的经贸合作,积极促进政治对话、文化交流、民间往来,从而对本区域的稳定与和谐发展产生积极影响,最终形成我国以京津冀为经济核心区、以辽东半岛和山东半岛为两翼的环渤海区域经济与东北亚区域经济紧密联系,整体竞争实力共同提升的经济战略格局。

(3)推动成立"天津合作与发展组织",是落实"'一个排头兵'、'两个走在全国前列'、'四个着力'和'五个下工夫、见成效'的重要要求"①的迫切需要。天津第九次党代会以来,市委、市政府按照党中央、国务院的部署,以科学发展观为指导,全面把握国际国内形势的变化特点,在实施国家发展战略进程中,高标准地提出了"服务中国北方、东北亚、中西亚"的发展理念和发展目标。我们认为,在实施国家发展战略进程中,无论是服务中国北方也

① 张高丽:《在天津市委九届九次全会上的讲话》,2010年12月26日。

好，服务东北亚也好，还是服务中西亚也好，都应当把积极推动成立“天津合作与发展组织”，促进东北亚区域各国间的经济合作，作为一个重要内容。

积极推动成立“天津合作与发展组织”，可以充分发挥天津独特的全球地缘优势。天津滨海新区面向东北亚，是欧亚大陆桥最近的起点，与日本、韩国隔海相望，经贸关系密切，还是蒙古、哈萨克斯坦等邻近内陆国家的出海口。近年来，随着我国与东北亚地区各国的经济联系越来越紧密，滨海新区与东北亚一些国家的往来日益密切，已经成为新形势下我国北方对外开放的门户。因此，天津积极推动成立“天津合作与发展组织”的战略时机已经成熟。

此外，2004 年，由中、日、韩十城市组成了东亚经济推进机构，成立了制造业、环境、物流、旅游四个分会，天津是中、日、韩十城市制造业部会主干事城市，并已开展实质性合作。这可以视为“天津合作与发展组织”的一个雏形。

总之，我们认为，东北亚区域各国都有自己的国家利益，都要促进本国的经济发展，都面临着经济全球化和区域一体化的大趋势，这就为成立“天津合作与发展组织”提供了思想基础和物质基础，关键在于政治条件和中国率先倡导发起成立“天津合作与发展组织”，是适宜的，在政治和经济战略上是主动的，宜早不宜迟。

（三）“天津合作与发展组织”的性质与范围、宗旨原则、组织机构、合作方向、实施步骤的初步设想

（1）“天津合作与发展组织”的性质与范围。“天津合作与发展组织”，就是我国借鉴国际区域经济发展的通行做法，积极倡导在东北亚区域的中国、俄罗斯、日本、韩国、蒙古国、朝鲜之间，通过外交途径磋商，达成共识成立的区域性国际经济合作组织。届时，以《天津合作与发展组织成立宣言》或《天津合作与发展组织宪章》的形式，对“天津发展组织”的性质范围、宗旨原则、组织机构、

合作方向、对外交往等作出具体阐述。

中国是“天津合作与发展组织”的倡导国和《天津合作与发展组织宪章》的保存国，总部设在天津。

(2)宗旨原则。东北亚区域各国在一律平等，相互尊重国家主权、独立、领土完整、不干涉内政，相互理解及尊重每一个成员国意见的基础上，寻求共识，通过成立“天津发展组织”，在多边合作的框架内，加强宏观政策协调，建立平等、互利、合作、共赢的全球经济发展战略伙伴关系。

1. 共同建设可持续发展的世界经济体系，更多倾听彼此的声音和意见，减少双边和多边贸易摩擦，协力保持世界经济全面协调可持续发展。

2. 共同建设包容有序的国际金融体系，推动发展中国家在国际金融机构中的发言权和代表性，增强各国对金融市场特别是短期资本流动和金融创新风险的监督和预警，共同维护国际金融体系的有效性。

3. 共同建设公正合理的国际贸易体系，区域各国共同反对贸易保护主义，支持加强多边贸易体制，共同推动经济全球化朝着均衡、普惠、共赢方向发展。

4. 共同建设公平有序的全球发展体系，区域内各国进一步加强能力建设，在保障发展资源、加大发展投入，加强发展机构、增加援助、减免债务、开放市场、转让技术达成共识，共同推动联合国千年发展目标如期实现。

(3)组织机构。为落实《天津合作与发展组织宪章》的宗旨和任务，组织框架内的机构包括：国家元首会议；政府首脑(总理)会议；外交部长会议；财政部长会议；中央银行行长会议；各部门领导人会议；国家协调员理事会；城市间经济战略联席会议；国际经济总部。

(4)合作方向。共同应对国际经济危机冲击、推动恢复世界经济实现包容性增长、可持续发展与和谐发展；支持和鼓励各种形式的区域经济合作，推动贸易和投资便利化，以逐步实现商品、资本、服务和技术的自由流通；有效使用交通运输领域内的现有基础设施，完善成员国的过境潜力，发展能源体系；保障合理利用自然资源，包括利用地区水资源，实施共同保护自然的专门计划和方案；相互提供援助，为发展本组织框架内的合作，相互交换司法信息；进一步扩大在科技、教育、卫生、文化、体育及旅游领域的相互协作；本组织成员国可通过相互协商扩大合作与发展领域。

（5）实施步骤建议。由天津市委市政府责成有关部门展开深入地研究工作，拿出具体实施方案，成熟后上报中央争取支持，积极推动“天津合作与发展组织”的筹备和成立。

第二节　科学发展观是开拓中国更为广阔发展前景的普遍真理

新世纪新阶段，胡锦涛指出：“《共产党宣言》发表以来近一百六十年的实践证明，马克思主义只有与本国国情相结合、与时代发展同进步、与人民群众共命运，才能焕发出强大的生命力、创造力、感召力。在当代中国，坚持中国特色社会主义理论体系，就是真正坚持马克思主义。实践永无止境，创新永无止境。全党同志要倍加珍惜、长期坚持和不断发展党历经艰辛开创的中国特色社会主义道路和中国特色社会主义理论体系，坚持解放思想、实事求是、与时俱进，勇于变革、勇于创新，永不僵化、永不停滞，不为任何风险所惧，不被任何干扰所惑，使中国特色社会主义道路越走越宽广，让当代中国马克思主义放射出更加灿烂的真理光芒。”①

① 胡锦涛：《在中国共产党第十七次全国代表大会上的报告》，2007 年 10 月 15 日。

一、中国特色社会主义要求开拓马克思主义中国化新境界

在马克思主义的科学发展史上，马克思主义自诞生起，就经受了欧洲1848年革命的洗礼和1871年巴黎公社革命的考验。它不仅科学揭示了人类社会发展的客观规律，特别是深刻揭示资本主义社会生产方式的内在矛盾和特殊规律，指出资本主义必然为社会主义所代替的历史趋势，阐明了无产阶级的崇高使命和历史任务，它代表着无产阶级的根本利益，是全世界无产阶级政党的根本指导思想。但是，马克思主义历来认为，马克思主义不是教条，它是与时俱进又永续发展的科学理论体系。马克思指出："正确的理论必须结合具体情况，并根据现存条件加以阐明和发挥。"①恩格斯也指出："马克思的整个世界观不是教义，而是方法。它提供的不是现成的教条，而是进一步研究的出发点和供这种研究使用的方法。"②马克思主义理论的实际运用，应该是"随时随地都要以当时的历史条件为转移。"③对此，列宁指出："我们决不把马克思的理论看作某种一成不变的和神圣不可侵犯的东西；恰恰相反，我们深信：它只是给一种科学奠定了基础，社会党人如果不愿落后于实际生活，就应当在各方面把这门科学推向前进。我们认为，对于俄国社会主义者来说，尤其需要独立地探讨马克思的理论，因为它所提供的只是一般的指导原理，而这些原理的应用具体地说，在英国不同于法国，在法国不同于德国，在德国又不同于俄国。"④1907年，列宁在《俄国资本主义的发展》第二版序言中又说："只有不可救药的书呆子，才会单单引证马克思关于另一历史时代的某一论述来解决当前发生的独特而复杂的问题。"⑤可见，马克思主义科学理论必须

① 《马克思恩格斯全集》第27卷，第433页。

② 《马克思恩格斯全集》第39卷，第406页。

③ 《马克思恩格斯选集》第1卷，第248页。

④ 《列宁选集》第1卷，第274页。

⑤ 《列宁选集》第1卷，第159页。

与时俱进，必须正确运用于社会实践，并在社会实践中不断加以发展，才能具有强大的生命力。列宁继马克思恩格斯之后，他进一步发展了辩证唯物主义和历史唯物主义，并将马克思主义在俄国的革命实践中推进到一个新的阶段，进而创立产生了列宁主义。

十月革命胜利后，马克思主义传入中国，并对中国革命产生了巨大影响。在中国长期的革命实践中，作为将马克思主义基本原理与中国革命具体实践相结合的毛泽东思想、邓小平理论、“三个代表”重要思想、科学发展观，是对马克思主义的创造性的继承和发展。它们既与马克思主义理论一脉相承，同时又根据中国革命的特点，“不断把马克思主义中国化推向前进，不断把中国特色社会主义事业推向前进”①，不断进行理论创新，不断提出新的执政治国理念。另外，历史的经验已经证明，在长期的中国革命实践中，无产阶级领袖和新中国领袖毛泽东、邓小平、江泽民、胡锦涛等马克思主义经典作家，都形成了一个共同的特点，那就是他们都以改造中国与世界为己任，立志为中国最广大的人民谋利益，为中华民族自立于世界民族之林和对全人类的最终解放而奋斗。他们从不屑于世界上任何霸权主义和强权政治，目光远大，高瞻远瞩，思想解放，不受束缚，高度自信，勇于探索与创新，好独辟蹊径。他们集无产阶级革命家、政治家、思想家、战略家和理论家于一身，既有极为丰富的领导无产阶级执政党进行治党治国的实践经验，又有高度的马克思主义理论修养和中国优秀传统文化素养，具有非凡的胆识和巨大的理论勇气，善于从理论上思考中国革命、建设和发展的根本问题，敢于依据中国革命建设改革的经验并汇集 13 亿中国人民的智慧，不断对马克思主义进行创造性地继承、丰富、发展和创新，并在理论上创立形成了适合于中国环境的毛泽东思想、邓

① 胡锦涛：《在新时期保持共产党员先进性专题报告会上的讲话》，2005 年 1 月 14 日。

小平理论、“三个代表”重要思想、科学发展观的科学理论体系。这些马克思主义中国化的科学体系的创立、形成和诞生，蕴涵着对人类历史经验教训的深刻总结和开辟共产主义美好未来的大政方略，始终为当代中国走在时代发展潮流的前列、阔步走向繁荣昌盛创造了根本前提，奠定了极为坚实的思想基础和实践基础。

我们从马克思主义一脉相承而又与时俱进的特点来看，马克思主义、毛泽东思想、邓小平理论、“三个代表”重要思想、科学发展观，是马克思主义发展史上不同阶段的科学理论形态。它们创立形成于不同的历史时期，需要解决不同的实践问题，因而就必然会彰显出各自的理论特色。但是，这些马克思主义中国化的科学理论成果都有一个共同的特点，就是它们都贯穿了辩证唯物主义和历史唯物主义的世界观和方法论，都代表着维护全人类的最根本利益，都是对人类社会历史发展规律进行科学总结思想理论成果，它们共同的奋斗目标都是最终实现共产主义的远大理想，是我们必须要长期坚持的指导思想，“也是马克思主义政党的生命所系、力量所在。”①因此，经过党的十五大作部分修改的《党章》中明确规定：“中国共产党以马克思列宁主义、毛泽东思想、邓小平理论作为自己的行动指南”。党的十六大也明确指出：“坚持用马克思列宁主义、毛泽东思想、邓小平理论武装全党、教育人民”，“坚持贯彻‘三个代表’重要思想”。党的十六届三中全会、四中全会指出：“树立和落实科学发展观”，党的十七大更是明确强调，科学发展观“是马克思主义关于发展的世界观和方法论的集中体现。”②这些历史决策，都是我们党在坚持和发展中国特色社会主

① 胡锦涛：《在新时期保持共产党员先进性专题报告会上的讲话》，2005 年 1 月 14 日。

② 胡锦涛：《在中国共产党第十七次全国代表大会上的报告》，2007 年 10 月 15 日。

义伟大实践中作出的科学抉择。

二、坚持理论创新为全党全军全国各族人民提供精神动力

马克思主义认为，在人类社会的历史进程中，一部人类文明史、思想史和发展史，实际上就是一部不断解放思想、实事求是、与时俱进和理论创新的基础上，始终朝着实现科学发展方向演进的历史。《共产党宣言》发表以来的实践已经证明，马克思、恩格斯、列宁、毛泽东、邓小平、江泽民、胡锦涛等马克思主义经典作家，在人类历史的演进中，在国际共产主义运动和社会主义革命建设改革的各个历史时期，他们就是始终坚持从人类社会的客观实际出发，能动地反映不断变化和发展着的人类社会的伟大历史实践，并不断作出真理性的总结，而马克思列宁主义、毛泽东思想、邓小平理论、“三个代表”重要思想、科学发展观作为一个完备严整、一脉相承而又与时俱进的科学理论体系，揭示了人类社会发展的普遍规律，并为整个人类社会实现科学发展提供强大的精神动力。这种精神动力，绝“不是短暂的爆发和转瞬即逝的火花，而是持久的、引起重大历史变迁的行动”①，而是在人类社会发展的各个历史阶段，是能够必然引起推动世界范围内生产力、生产方式、生活方式和经济社会发展观发生前所未有的深刻变革，是能够必然引起全球生产要素流动和产业转移加快，经济格局、利益格局和安全格局发生前所未有的重大变化的革故鼎新，并“进一步为人类认知客观规律、推动技术和经济发展展现新的前景”②的强大精神动力。

可见，这既是马克思主义认识论的基本要求，也是马克思主义理论创新的一般规律。因此，我们在当前新的历史条件下，通过科

① 《马克思恩格斯选集》第4卷，第249页。

② 胡锦涛：《在全国科学技术大会上的讲话》，2006年1月9日。

学深入研究马克思主义的思想理论创新和精神动力转换之间的辩证关系，这是能够切实“探讨那些作为自觉的……明显地……直接地或以意识形态的形式……反映在行动着的群众及其领袖，即……伟大人物的头脑中的动因”和“能够引导我们去探索那些在整个历史中……起支配作用的规律的唯一途径。”①这说到底也就是马克思、恩格斯、列宁、毛泽东、邓小平、江泽民、胡锦涛等马克思主义经典作家，他们不仅重视认识客观世界，尤其更加重视改造客观世界，因而在物质与精神的关系上，他们不仅重视物质向精神的转化，重视物质的精神化，也极为重视精神向物质的转化时所带来的强大的精神动力。

因此，无产阶级领袖马克思、恩格斯、列宁、毛泽东、邓小平、江泽民、胡锦涛等马克思主义经典作家，他们在国际共产主义运动和社会主义革命建设改革的各个时期，都从不同的历史条件出发，对马克思主义理论创新和精神动力之间的辩证关系进行科学阐述。马克思早在1843年，在《〈黑格尔法哲学批判〉导言》中，就已经明确提出了关于“理论需要”的概念。他认为：“人是能思想的存在物”②，“真正的人=思维着的人的精神。”③“一个民族要想登上科学的高峰，究竟是不能离开理论思维的。”④并指出：“理论需要是否会直接成为实践需要呢？光是思想力求成为现实是不够的，现实本身应当力求趋向思想。”⑤“批判的武器当然不能代替武器的批判，物质力量只能用物质力量来摧毁；但是理论一经掌握群众，也会变成物质力量。理论只要说服人，就能掌握群众；而理论只要

① 《马克思恩格斯选集》第4卷，第249页。
② 《马克思恩格斯全集》第1卷，第409页。
③ 《马克思恩格斯全集》第3卷，第56页。
④ 《马克思恩格斯选集》第4卷，第285页。
⑤ 《马克思恩格斯选集》第1卷，第11页。

彻底,就能说服人。所谓彻底,就是抓住事物的根本。"①列宁认为,人在社会实践中,"没有革命的理论,就不会有革命的运动。"②毛泽东指出:"人们的社会存在,决定人们的思想。而代表先进阶级的正确思想,一旦被群众掌握,就会变成改造社会、改造世界的物质力量。"③邓小平指出:"我们共产党有一条,就是要把工作做好,必须先从思想上解决问题。"④江泽民则深刻地指出:"按照马克思主义的唯物辩证法观点,在一定条件下,精神可以变物质,精神的力量可以转化为物质的力量。强大的精神力量不仅可以促进物质技术力量的发展,而且可以使一定的物质技术力量发挥出更好更大的作用。"⑤

进入新世纪新阶段,胡锦涛进一步继承、丰富和发展了马克思主义关于理论创新和精神动力的理论,他并将马克思主义理论创新和精神动力之间的辩证关系,进一步上升到科学发展观的战略高度来认识。他深刻地指出:"建设中国特色社会主义,必须坚持以经济建设为中心,不断解放和发展社会生产力,大力发展社会主义物质文明,同时必须大力发展社会主义政治文明和社会主义精神文明,为现代化建设提供有力的政治和法律保障,提供强大的精神动力和智力支持。"⑥

因此,我们要"不断开创中国特色社会主义事业新局面,关键在于坚持和改善党的领导,进一步把党建设好。我们既要通过深化改革、加快发展不断为党的建设注入新的活力,又要通过加强党

① 《马克思恩格斯选集》第1卷,第9页。

② 《列宁选集》第1卷,第311页。

③ 《毛泽东著作选读》下册,人民出版社1986年版,第839页。

④ 《邓小平文选》第1卷,第184页。

⑤ 《毛泽东邓小平江泽民论思想政治工作》,学习出版社2000年版,第14页。

⑥ 胡锦涛:《在首都各界纪念中华人民共和国宪法公布施行二十周年大会上的讲话》,2002年12月4日。

的建设不断推动深化改革、加快发展的进程。要坚持解放思想、实事求是、与时俱进,切实加强干部队伍的思想作风和学风建设,不断推进理论创新、制度创新、科技创新、文化创新以及其他各方面的创新。"①他明确强调:"只有坚持马克思主义基本原理同中国具体实践相结合,不断在实践的基础上推进理论创新,用发展着的马克思主义指导实践,才能保持马克思主义的强大生命力"②,"才能大力弘扬以爱国主义为核心的民族精神和以改革创新为核心的时代精神,提高全民族的思想道德素质和科学文化素质,为改革开放和现代化建设提供强大的思想保证、精神动力和智力支持"③,才能制定正确的路线方针政策,才能凝聚全党全国各族人民的意志共同为崇高理想和伟大目标而奋斗。

三、不断解决好关系党和国家长治久安的两大历史性课题

党的十六大以来,以胡锦涛同志为总书记的党中央,始终强调必须解决好关系党和国家兴旺发达、长治久安的两大历史性课题。当前,"形势在发展,实践在深入,人民群众对反腐倡廉提出了新要求新期待,这些都要求我们及时研究新情况、解决新问题、总结新经验,推进反腐倡廉制度建设创新。要深入研究反腐倡廉建设的突出问题,按照与改革开放伟大实践相适应、重大举措相配套的要求,配合深化行政管理体制改革、干部人事制度改革、司法体制和工作机制改革来进行。"④"要紧紧围绕新世纪新阶段党和国家工作的大局,围绕提高党的领导水平和执政水平、提高拒腐防变和抵御风险能力这两大历史性课题,以坚定不移的态度、坚强有力的

① 胡锦涛:《在广东考察工作时的讲话》,2003年4月15日。

② 胡锦涛:《在中共中央政治局第二十六次集体学习时的讲话》,2005年11月25日。

③ 胡锦涛:《在越南国会的演讲》,2005年11月1日。

④ 胡锦涛:《在十七届中央纪委第五次全体会议上的讲话》,2010年1月12日。

工作和坚持不懈的努力，进一步推进党风廉政建设和反腐败工作，不断以新的工作成效取信于民，保证全面建设小康社会宏伟目标的顺利实现。”①这是胡锦涛在新世纪新阶段，依据我们党所处的历史方位和时代赋予的历史使命，根据全面建设小康社会、和谐社会、创新型国家的新的历史任务，对不断解决好关系党和国家长治久安的两大历史性课题提出的一项新要求，这是带有全局性、制度性、根本性的重大历史课题。

胡锦涛认为，关于加强党的执政能力建设问题，这是马克思主义执政党始终强调需要不断加强建设的一个问题。早在苏维埃政权建立之初，列宁就指出了共产党执政后如何巩固政权，将是新的异常困难的事业，这是一场严峻的考试，并要求每一个共产党员要用人类已创造的全部知识财富丰富自己的头脑，不断提高领导水平和执政水平。我们党早在建党之初和新中国成立前夕，毛泽东就把执政比作进京赶考，就明确提出“两个务必”重要思想，强调必须向一切内行的人们学经济工作，从作风和本领两个方面向全党提出加强党的执政能力问题。党的十一届三中全会以后，邓小平紧密联系改革开放和社会主义现代化建设的任务，强调加强党的领导必须改善党的领导，提出改革党和国家领导制度，对党的执政能力提出了新要求。十三届四中全会以来特别是党的十四大以来，以江泽民为核心的党的第三代中央领导集体，把提高党的执政能力与全面推进中国特色社会主义伟大事业、实现中华民族的伟大复兴的历史使命联系起来，与始终保持党的先进性联系起来，表明我们党对这个问题的认识不断深化，更具有强烈的时代紧迫感。党的执政能力建设关系到巩固和加强党的执政地位、关系到党和国家事业的兴旺发达和长治久安。

① 胡锦涛：《在中纪委第二次全会上的讲话》，2003年2月19日。

胡锦涛指出:“全党同志特别是各级领导干部必须清醒地看到激烈的国际竞争给我们带来的严峻挑战,清醒地看到我们肩负的任务的艰巨性和复杂性,清醒地看到我们工作中存在的困难和风险,增强忧患意识,居安思危”①,要深刻认识在新的历史时期切实加强党的执政能力建设的极端重要性。目前,我国全面建设小康社会的宏伟蓝图已经绘就,中国特色社会主义现代化建设和各项事业在蓬勃发展。我们在前进的征途中,既积累了大踏步前进的坚实基础,又有许多深层次的矛盾和问题需要解决。在新的历史时期和新形势下,提高领导水平和执政水平,提高拒腐防变和抵御风险能力,核心是加强党的执政能力建设,必须“要坚持以党的执政能力建设为重点,着眼于解决提高党的领导水平和执政水平、增强拒腐防变和抵御风险能力这两大历史性课题,坚持党要管党、从严治党,全面推进党的建设新的伟大工程”②,“解决好不断提高领导水平和执政水平、提高拒腐防变和抵御风险的能力这两大历史性课题,不断提高创造力、凝聚力、战斗力,更好地完成执政使命。”③

胡锦涛历来认为,党风廉政建设和反腐败工作的问题,这是一个关系到我们党和国家生死存亡的重大问题,这无论是在马克思主义创始人马克思、恩格斯、列宁在创建马克思主义政党、领导国际共产主义运动的历史过程中,还是新中国领袖毛泽东、邓小平、江泽民等马克思主义经典作家在社会主义制度确立后,领导全国各族人民在中国革命建设改革的各个历史时期,都极为重视开展党风廉政建设和反腐败工作,对于建设和发展社会主义的极端重要性。而且,在马克思列宁主义、毛泽东思想、中国特色社会主义

① 胡锦涛:《在西柏坡学习考察时的讲话》,2002年12月6日。

② 胡锦涛:《在纪念毛泽东同志诞辰110周年座谈会上的讲话》,2003年12月26日。

③ 胡锦涛:《在纪念中国人民抗日战争暨世界反法西斯战争胜利60周年大会上的讲话》,2005年9月3日。

理论体系中，关于党风廉政建设和反腐败的科学论述，也是科学体系的重要内容。因此，党的十六届一中全会以来，以胡锦涛同志为总书记的党中央，始终高度重视党风廉政建设和反腐败工作。胡锦涛对党风廉政建设和反腐败的深刻思考达到了前所未有的程度。实践证明，胡锦涛对党风廉政建设和反腐败的高度重视，不是停留在口头上，做一般号召，而是亲身躬行和以身作则。他对于反腐败的理论与实践方面，既重视理论创新，又重视实践探索，并始终把理论创新当作反腐败实践的思想指南，不断为实践探索提供新的动力，从理论与实践的结合上，积极寻找一条行之有效的反腐倡廉之路。

胡锦涛指出：全党必须正确认识党风廉政建设和反腐败斗争形势，既充分看到反腐倡廉建设已经取得的显著成效，又深刻认识到反腐败斗争的长期性、复杂性、艰巨性，以更加坚定的信心、更加坚决的态度、更加有力的措施、更加扎实的工作，坚定不移把党风廉政建设和反腐败斗争推向前进。各级党委和政府要紧紧围绕新世纪新阶段党和国家工作的大局，围绕提高党的领导水平和执政水平、提高拒腐防变和抵御风险能力这两大历史性课题，以坚定不移的态度、坚强有力的工作和坚持不懈的努力，进一步推进党风廉政建设和反腐败工作，不断以新的工作成效取信于民，保证全面建设小康社会宏伟目标的顺利实现。“当前，要重点抓好以下几方面工作。第一，加强对中央关于推动科学发展重大决策部署执行情况的监督检查，及时发现问题、督促整改。第二，加强对领导干部的教育监督，以党性党风党纪教育为重点，加强对党员干部特别是领导干部的理想信念教育和廉洁从政教育，大力弘扬党的优良作风，继续引导领导干部讲党性、重品行、作表率。第三，认真解决损害群众利益的问题和群众反映强烈的突出问题，严肃查处严重侵害群众利益案件，促进社会和谐稳定。第四，坚决查处违纪违法案件，严肃查处发生在领导机关和领导干部中滥用职权、贪污贿赂、腐化堕落、失职渎职案件,绝不让任何腐败分子逃脱党纪国法惩处。"①

因此,新世纪新阶段,我们必须坚持以科学发展观为指导,全党同志特别是各级领导干部,一定要从政治和全局的战略高度,深刻认识加强党的执政能力建设的重大现实意义和深远历史意义,必须要准确把握在新形势下共产党执政规律的内在要求,不断增强党的执政能力建设的紧迫感、责任感和使命感,不断提高科学判断形势的能力;不断提高驾驭市场经济的能力;不断提高应对复杂局面的能力;不断提高依法执政的能力;不断提高总揽全局的能力,坚持标本兼治、综合治理、惩防并举、注重预防的方针,加强以保持党同人民群众血肉联系为重点的作风建设,加强以完善惩治和预防腐败体系为重点的反腐倡廉建设,抓紧解决反腐倡廉建设中人民群众反映强烈的突出问题,要着力推进反腐倡廉制度建设,围绕中心、服务大局,开拓创新、狠抓落实,不断取得党风廉政建设和反腐败斗争新成效。全面加强党的思想、政治、组织、作风和制度建设,进一步统一思想,形成共识,使我们党始终成为坚持和发展中国特色社会主义的领导核心。

四、在本世纪重要战略机遇期深化对三大规律的科学认知

胡锦涛指出,我们党在"团结带领全国各族人民抓住机遇、迎接挑战,与时俱进、开拓创新,实现全面建设小康社会的宏伟目标"②的历史进程中,必须要不断开创中国特色社会主义事业新局面。当前,"国际局势正发生着深刻的变化,国内改革发展稳定的任务十分艰巨。我们既面临着宝贵机遇和有利条件,也面临着不少新矛盾、新问题和新挑战。我们必须保持清醒头脑,必须保持开

① 胡锦涛:《在十七届中央纪委第五次全体会议上的讲话》,2010 年 1 月 12 日。

② 胡锦涛:《在中共中央政治局第一次集体学习时的讲话》,2002 年 12 月 26 日。

拓进取的精神状态，聚精会神搞建设，一心一意谋发展，集中力量把我们自己的事情办好。”①他明确强调：“本世纪头 20 年，对我国来说，是一个必须紧紧抓住并且可以大有作为的重要战略机遇期”②，“这是党中央在科学分析国内外形势的基础上作出的一个重大战略判断，我们要正确把握并坚持这个重大战略判断”③，“不管国际风云如何变幻，不管发生什么事情”④，必须要牢牢“抓住 21 世纪头 20 年的重要战略机遇期，聚精会神搞建设，一心一意谋发展，为实现全面建设小康社会的宏伟目标而奋斗，这是我们的中心任务。在任何情况下，这一点都不能动摇。”⑤而我们要紧紧抓住并且可以大有作为的重要战略机遇期，就必须坚持以科学发展观为指导，深入贯彻落实科学发展观，不断深化对共产党执政规律、社会主义建设规律和人类社会发展规律的认识，使我们党在团结带领全国各族人民推动全面建设小康社会的历史进程中，切实把经济建设、政治建设、文化建设、和谐社会建设和进一步加强党的建设，真正建立在更加自觉地运用三个规律的基础之上，“不断提高运用马克思主义立场、观点和方法来认识规律、把握规律、指导工作的能力”⑥，我们要从“加深理解和全面落实科学发展观”⑦的战略高度、要从“提高党的执政能力、巩固党的执政地位的战略高度”⑧，要从紧紧抓住重要战略机遇期的战略高度，要始终增强用科学发展观提高驾驭经济社会发展大局本领的极端重要性。

---

① 胡锦涛：《在全国政协新年茶话会上的讲话》，2003 年 1 月 1 日。

② 胡锦涛：《在中共中央政治局第二次集体学习时的讲话》，2003 年 1 月 28 日。

③ 胡锦涛：《在参加十届全国人大一次会议西藏代表团审议时的讲话》，2003 年 3 月 5 日。

④ 胡锦涛：《在广东考察工作时的讲话》，2003 年 4 月 15 日。

⑤ 胡锦涛：《在中共中央政治局第五次集体学习时的讲话》，2003 年 5 月 23 日。

⑥ 胡锦涛：《在中纪委第三次全会上的讲话》，2004 年 1 月 12 日。

⑦ 胡锦涛：《在中央经济工作会议上的讲话》，2005 年 11 月 29 日。

⑧ 胡锦涛：《在中纪委第五次全会上的讲话》，2005 年 1 月 11 日。

对此,胡锦涛明确强调:“无论是从中国社会的发展历程看,还是从世界上其他国家的发展历程看,能不能抓住机遇、加快发展,是一个国家能不能赢得主动、赢得优势、赢得胜利的关键所在。历史一再表明,机遇极为宝贵,稍纵即逝。在历史发展的关键时期,把握住了机遇,落后的国家和民族就有可能实现跨越式发展,成为时代发展的弄潮儿;而丧失了机遇,原本强盛的国家和民族也会不进则退,成为时代发展的落伍者。本世纪头20年,对我国来说,是一个必须紧紧抓住并且可以大有作为的重要战略机遇期。”①可见,我们要紧紧抓住21世纪头20年的重要战略机遇期,必须进一步认清当今世界风云变幻的规律性趋势,深刻认清我国的基本国情和发展大势,深入思考,科学分析,不断提高认识和运用共产党执政规律、社会主义建设规律和人类社会发展规律的水平和能力,紧紧抓住本世纪头20年的重要战略机遇期,积极应对国际环境中的不利因素和可能带来的挑战,趋利避害,不断增强我国的综合国力和国际竞争力,进一步加快转变经济发展方式和优化调整产业结构,不断加快工业化、城镇化、市场化、国际化步伐。

因此,新世纪新阶段,必须坚持以科学发展观为指导,深入贯彻落实科学发展观,这是因为,我们要稳定宏观经济政策,保持经济又好又快发展也好;扎实推进社会主义新农村建设,进一步做好“三农”工作也好;着力增强自主创新能力,加快转变经济发展方式,优化调整产业结构也好;大力节约能源资源,加快建设资源节约型、环境友好型社会也好;进行推动东中西良性互动,促进区域经济协调发展也好;加快推进体制改革,完善落实科学发展观的体制保障也好;积极实施互利共赢的开放战略,进一步提高对外开放

① 胡锦涛:《在中共中央政治局第九次集体学习时的讲话》,2003年11月24日。

水平也好；着力解决人民群众最关心、最直接、最现实的利益问题也好，都需要在科学发展观的指导下，把这三者作为一个有机整体统一起来进行深刻思考和科学认识，不断为推动科学发展、促进社会和谐，不断为促进社会主义物质文明、政治文明、精神文明、社会文明的协调发展，进一步提供强有力的马克思主义的科学理论指导。

第三节　科学发展观让马克思主义放射出更加灿烂的真理光芒

在人类社会的历史演进中，在整个国际共产主义和无产阶级革命事业的伟大历史进程中，自《共产党宣言》发表以来，特别是社会主义制度确立和新中国革命建设改革的伟大历史实践已经充分说明，科学发展观理论体系的形成、创立和诞生，标志着自马克思主义诞生以来，在整个无产阶级革命事业的伟大历史进程中，我们党经过辛勤探索、反复思考、科学实践和不懈努力，马克思主义执政党依靠自己的卓越智慧和伟大力量，根据马克思主义的基本原理，在全面汲取人类一切文明成果的基础上，实现了对共产党执政规律、社会主义建设规律和人类社会发展规律的真理认知，不仅开辟了马克思主义执政党在治党治国方面的新境界，实现了当今人类在文明史、思想史、发展史上最伟大的社会历史性变革，从而开创了当代中国全面进入科学发展时期的新纪元。

一、科学制定了衡量发展中国特色创新型国家的价值标尺

胡锦涛指出："建设创新型国家，是党中央、国务院从全面建设小康社会、开创中国特色社会主义事业新局面的全局出发作出

的一项战略决策”①，“党的十七大强调，实现未来经济发展目标，关键要在加快转变经济发展方式、完善社会主义市场经济体制方面取得重大进展，坚持走中国特色新型工业化道路，促进经济增长由主要依靠增加物质资源消耗向主要依靠科技进步、劳动者素质提高、管理创新转变”②，要按照自主创新、重点跨越、支撑发展、引领未来的要求，坚定不移地把科学技术作为第一生产力，坚定不移地实施科教兴国战略和人才强国战略，坚定不移地贯彻经济建设和社会发展必须依靠科学技术、科学技术发展必须面向经济建设和社会发展的方针，制订科技发展的重大政策和配套措施，推进国家创新体系建设，加强基础研究、高技术前沿研究、可持续发展相关研究，加快把知识和技术转化为现实生产力，为我国经济社会发展提供强大的科技支撑，真正使科学技术现代化成为实现中华民族伟大复兴的强大动力。

对此，胡锦涛高度强调，21 世纪头 20 年是我国发展的重要战略机遇期，我们一定要有高度的历史责任感、强烈的忧患意识和宽广的世界眼光，紧紧抓住机遇，应对各种挑战，要始终把着力提高我国自主创新能力作为增强国家的综合国力和国际竞争力的有效途径，奋力把中国特色社会主义事业推向前进。胡锦涛始终认为，改革开放以来，“我们紧紧抓住经济建设这个中心，深化经济体制改革，扩大对外开放，解放和发展社会生产力”③，“坚持走中国特色社会主义道路，全面推进现代化建设，经济、政治和文化等各领域的建设取得了显著的成就，在过去 20 年间，中国国内生产总值

---

① 胡锦涛:《在中国科学院第十三次院士大会和中国工程院第八次院士大会上的讲话》,2006 年 6 月 5 日。

② 胡锦涛:《在中国科学院第十五次院士大会和中国工程院第十次院士大会上的讲话》,2010 年 6 月 7 日。

③ 胡锦涛:《在首都各界纪念中华人民共和国宪法公布施行二十周年大会上的讲话》,2002 年 12 月 4 日。

年均增长9.4%,综合国力显著增强,人民生活总体上达到小康水平,实现了发展的历史性跨越。”①但是,必须清醒认识到,“中国人口多,底子薄,生产力不发达,发展很不平衡,生态环境、自然资源与经济社会发展的矛盾比较突出,虽然中国人均国内生产总值已经突破1000美元,但仍排在世界一百位以后,中国要实现现代化,使全体人民都过上富裕生活,还需要进行长期不懈的艰苦奋斗。”②现在,“我国正处在全面建设小康社会、加快推进社会主义现代化的新的发展阶段。当前,国际局势继续发生深刻变化,世界多极化和经济全球化的趋势在曲折中发展,科技进步日新月异,综合国力竞争日益激烈,各种矛盾错综复杂,我们要全面建设惠及十几亿人口的更高水平的小康社会,任务十分艰巨繁重”③,我国在各族人民生活总体上达到小康、人均国内生产总值跃上1000美元的台阶后,我国的改革发展也进入了一个关键时期,经济结构深刻调整,社会利益关系更为复杂,新情况新问题层出不穷,我们既面临难得的发展机遇,又面对着严峻挑战。我们要抓住机遇、战胜挑战,实现全面建设小康社会的宏伟目标,就必须要始终坚持以经济建设为中心,进一步提高把握世界科技发展态势的能力,切实增强以经济科技实力为基础的综合国力和国际竞争力,必须要发挥“科技作为第一生产力,是经济社会发展的重要推动力量”④的重要作用,“坚持以人为本、全面协调可持续的科学发展观,统筹城乡发展,统筹区域发展,统筹经济社会发展,统筹人与自然和谐发展,统筹国内发展和对外开放,不断推进经济社会全面进步和人的

① 胡锦涛:《在莫斯科国际关系学院的演讲》,2003年5月28日。

② 胡锦涛:《在博鳌亚洲论坛2004年年会开幕式上的演讲》,2004年4月24日。

③ 胡锦涛:《在庆祝中国人民政治协商会议成立55周年大会上的讲话》,2004年9月21日。

④ 胡锦涛:《在中共中央第十八次集体学习时的讲话》,2004年12月27日。

全面发展”①,从而使科学发展观在我国建设创新型国家的伟大历史进程中,成为切实衡量提高我国以经济、科技实力为基础的综合国力和国际竞争力的价值标尺。

胡锦涛始终认为:“发展是硬道理。我们党作为执政党,首先要有驾驭社会主义市场经济的能力,要坚持以经济建设为中心。”②“实现发展首先需要自身的不懈努力,经济全球化是当今世界的一个发展趋势和基本特征,给广大发展中国家提出了挑战,也带来了机遇。能不能在经济全球化的浪潮中抓住机遇,趋利避害,努力探索符合本国国情的发展道路,发挥后发优势,是发展中国家实现跨越式发展的关键。”③必须要“坚持以经济建设为中心,聚精会神搞建设,一心一意谋发展。科学发展观,是用来指导发展的,不能离开这个主题,离开了发展这个主题就没有意义了。发展首先要抓好经济发展。我国正处于并将长期处于社会主义初级阶段,在国际综合国力竞争日益激烈的形势下,坚持以经济建设为中心,紧紧抓住和切实用好战略机遇期,大力解放和发展社会生产力,对我们这样一个发展中大国加快实现现代化具有重大战略意义。只有坚持以经济建设为中心,不断增强综合国力,才能为抓好发展这个党执政兴国的第一要务、为全面协调发展打下坚实的物质基础。只有坚持以经济建设为中心,才能更好地解决前进道路上的矛盾和问题,胜利实现全面建设小康社会和社会主义现代化的宏伟目标。因此,全党全国都要增强促进发展的紧迫感,在任何时候任何情况下都紧紧扭住经济建设这个中心不放松,充分调动和切实保护广大干部群众加快发展的积极性,坚定不移地推动经

① 胡锦涛:《在阿根廷参众两院的演讲》,2004 年 11 月 17 日。

② 胡锦涛:《在考察广州老城区大塘街社区服务中心时的讲话》,2004 年 12 月 22 日。

③ 胡锦涛:《在阿尔及利亚总统举行欢迎晚宴上的致辞》,2004 年 2 月 3 日。

济持续快速协调健康发展。”[①]对此，胡锦涛强调：“要落实好科学发展观，提高我国的综合国力和国际竞争力，必须充分发挥科技作为第一生产力的重要作用”[②]，这是因为，“未来几十年，世界上包括我国13亿人口在内的20亿至30亿人将逐步进入现代化行列，能源资源需求和生态环境压力将大幅上升，经济社会快速发展与地球有限承载能力的矛盾将日益尖锐。作为工业化、城镇化快速发展的人口大国，我国面临的能源资源和生态环境矛盾尤为突出，推动可持续发展任务尤为艰巨”[③]，我们必须要从国际国内经济、科技发展大势来深刻认识建设创新型国家，提高自主创新能力，加快加快转变经济发展方式，优化调整产业结构的极端重要性和紧迫性。

我们从站在科学发展观的战略高度看，科学技术是经济社会发展中最活跃、最具革命性的因素。人类文明每一次重大进步都与科学技术的革命性突破密切相关。科学技术作为人类智慧的伟大结晶，推动创造了巨大的物质财富和精神财富。当今世界，科学技术作为第一生产力的作用日益突出，科学技术作为人类文明进步的基石和原动力的作用日益凸显，科学技术比历史上任何时期都更加深刻地决定着经济发展、社会进步、人民幸福。人类社会是在认识、利用、适应自然的过程中不断发展进步的，永不停息的科技进步和创新使人类认识、利用、适应自然的水平和能力不断提高。当前，人和自然的关系日益密切和复杂，寻求科学的发展理念和可持续的发展方式已成为世界各国共同关注的重大问题。我们必须把握机遇，审时度势，科学谋划，顺势而为，加快转变经济发展方式，使我国发展质量越来越高、发展空间越来越大、发展道路越

① 胡锦涛：《在中央人口资源环境工作座谈会上的讲话》，2004年3月10日。

② 胡锦涛：《在吉林考察工作时的讲话》，2004年5月14日。

③ 胡锦涛：《在中国科学院第十五次院士大会和中国工程院第十次院士大会上的讲话》，2010年6月7日。

走越宽，在激烈的国际竞争中赢得主动。实践已经充分证明，一个国家的科技竞争力决定了其在国际竞争中的地位和前途。对世界经济、科技发展的新形势新趋势，我们必须准确判断并牢牢把握，紧密结合我国国情，切实推动以人为本、全面协调可持续的科学发展，坚定不移走生产发展、生活富裕、生态良好的文明发展道路。我们要紧紧抓住加快转变经济发展方式这一战略任务，在组织实施好国家中长期科学和技术发展规划纲要、重点产业调整振兴规划、重大科技专项的基础上，前瞻部署，持续攻关，全力建设创新型国家，为加快转变经济发展方式提供强大科技支撑。

因此，新世纪新阶段，必须坚持以科学发展观为指导，深入贯彻落实科学发展观，坚定不移走中国特色自主创新道路，深刻认识我国经济社会发展所处的历史阶段以及所面临问题的复杂性和艰巨性，深刻认识和正确运用经济社会发展客观规律，切实把科学技术摆在优先发展的战略地位，坚持自主创新、重点跨越、支撑发展、引领未来的方针，真正把增强自主创新能力作为战略基点，着力提升原始创新能力，大力增强集成创新和引进消化吸收再创新能力，提升知识、技术转移转化和规模产业化能力，逐步形成更多具有自主知识产权的创新技术，构建完整的创新体系，牢牢把握发展主动权。必须把科技进步与国家发展战略、经济社会发展目标、人民日益增长的物质文化需要紧密结合起来，站到科技和产业发展前沿，选择对国家长远发展具有带动作用的先导性战略高技术领域进行部署，推动科学研究、技术创新、产业发展有效结合，推动基础研究和应用研究有效结合，推动科学前沿高新技术融合创新，推动产业技术创新，下大气力解决影响我国未来发展的重大科学和关键技术问题，重点突破制约我国经济社会发展的瓶颈问题，必须着力突破制约我国产业升级的核心技术、关键技术、共性技术，推动产业从规模优势向技术优势转变，抢占未来发展先机。必须要大力发展能源资源开发利用科学技术，大力发展新材料和先进制造科学技术，大力发展信息网络科学技术，大力发展现代农业科学技术，大力发展健康科学技术，大力加强生态环境保护科学技术，大力发展空间和海洋科学技术，大力发展国家安全和公共安全科学技术，通过推动科技发展，切实把增强自主创新能力贯彻到建设创新型国家的各个方面。充分利用国际科技资源，进一步营造鼓励创新的环境，努力造就世界一流科学家和科技领军人才，注重培养一线的创新人才，使全社会创新智慧竞相迸发、各方面创新人才大量涌现，“为夺取全面建设小康社会新胜利、谱写人民美好生活新篇章而努力奋斗”①，那么我们完全有信心、有能力会以更加众多的自主创新成就，继续为人类文明进步作出新的更大贡献。

二、指出党在实现三大历史任务中必须始终走在时代前列

马克思主义认为，在人类社会漫长的发展史上，每一个特定的历史时代都有其特定的时代特征，它作为当时人类社会的核心内容和核心问题，是随着当时的整个国际形势、国际关系和世界格局演变形成后的各种基本矛盾以及它们之间的相互作用决定的。同时，它既处在世界各种矛盾的中心和焦点位置，也是关系到当时人类社会发展前途和命运的重大课题。因此，在整个无产阶级事业的伟大历史进程中，无产阶级革命事业的成功都离不开对时代特征及其新的变化的科学判断，都离不开对整个国际形势、各种政治力量的相互关系进行科学分析。这也就是说，“每一历史时代的阶级生产以及比如由此产生的社会结构，是该时代政治的和精神的历史的基础。”②这样，马克思主义执政党和领导的政权，只有必须在“首先考虑到各个‘时代’的不同的基本特征（而不是个别国

① 胡锦涛：《在中国共产党第十七次全国代表大会上的报告》，2007年10月15日。

② 《马克思恩格斯选集》，第1卷，第252页。

家的个别历史事件)，我们才能够正确地制定自己的策略；只有了解了某一时代的基本特征，才能在这一基础上去考虑这个国家或那个国家的更具体的特点"①，只有对当时的国际形势与时代特征进行科学的判断和总体的把握，才能准确把握人类社会演进的趋势和整个世界历史的发展走向，才能为马克思主义执政党科学制定正确的路线、方针和政策打下坚实的科学思想基础。

党的十六大以来，以胡锦涛为杰出代表的当代中国共产党人，进一步继承和发展了无产阶级领袖马克思、恩格斯、列宁、毛泽东、邓小平、江泽民等马克思主义经典作家，关于科学判断和准确把握时代特征的科学思想。胡锦涛在通过对当前国际形势的现状、发展趋势和当前国际局势发生深刻变化进行科学研究和分析之后，不仅明确指出马克思主义执政党必须要继续肩负起时代赋予的光荣使命，就必须要始终坚持把马克思主义基本原理同我国具体实际和时代特征紧密结合起来，不断为丰富、发展和创新马克思主义作出新的更大的贡献；不仅明确地提出了建设社会主义和谐社会、创新型社会的执政治国的新理念；而且，他还在对当今人类社会的时代特征进行了极为准确把握的前提条件下，从针对怎样切实能"使我们这个世界更安全、更稳定、更繁荣"②的时代课题出发，积极呼吁世界"各国有见识的政治家共同认识"③和"全面深入地探讨这一课题，齐心协力地解决这一课题"④，并审时度势和因势利导地积极倡导整个国际社会和世界各国携手建设和谐世界的科学思想理念，为当前我国全面建设小康社会，全面建设社会主义和谐社会，全面建设社会主义创新型国家指明前进方向。

① 《列宁全集》第26卷，第143页。

② 胡锦涛：《在莫斯科国际关系学院的演讲》，2003年5月28日。

③ 胡锦涛：《在联合国成立60周年首脑会议上的讲话》，2005年9月15日。

④ 胡锦涛：《在南北领导人非正式对话会议上的讲话》，2003年6月1日。

胡锦涛认为，马克思主义执政党及其政权要完成好历史赋予的光荣使命，就必须要始终坚持一切从实际出发，必须要始终按照三大规律对时代特征作出科学分析和准确判断。只有这样，党的全部理论和工作才能体现时代性，才能始终走在时代科学发展潮流的前列。《共产党宣言》发表以来的伟大历史实践，特别是新中国成立以来的历史实践已经充分说明，在中国革命建设改革的各个历史时期，始终走在时代进步潮流的前列和始终保持自身的先进性，这始终是马克思主义政党和我国工人阶级的根本特征。他深刻指出："先进性是马克思主义政党的根本特征，也是马克思主义政党的生命所系、力量所在。党的先进性建设是马克思主义政党自身建设的根本任务。开展党的先进性建设，就是要使党的理论和路线方针政策顺应时代发展的潮流和我国社会发展进步的要求、反映全国各族人民的利益和愿望，使各级党组织不断提高创造力、凝聚力和战斗力、始终发挥领导核心作用和战斗堡垒作用，使广大党员不断提高自身素质、始终发挥先锋模范作用，使我们党保持与时俱进的品质、始终走在时代前列，不断提高执政能力、巩固执政地位、完成执政使命。"①他对于我国工人阶级，更是明确地指出："我国工人阶级之所以是先进阶级，是因为它始终站在时代前列，引领着先进生产力和生产关系的发展，善于顺应社会前进的潮流不断发展自身的先进性。随着改革开放和社会主义现代化建设的不断推进，我国工人阶级的先进性必将得到进一步发展，国家领导阶级的地位必将得到进一步巩固，推动经济发展和社会全面进步的重要作用必将得到进一步发挥。"②"在新的历史条件下，我们

① 胡锦涛：《在新时期保持共产党员先进性专题报告会上的讲话》，2005 年 1 月 14 日。

② 胡锦涛：《在同全国总工会新一届领导班子成员和中国工会十四大部分代表座谈时的讲话》，2003 年 9 月 28 日。

必须从理论和实践相结合的角度,坚持解放思想、实事求是、与时俱进,紧紧围绕建设中国特色社会主义这个主题,准确把握时代特征和中国国情,认真研究和回答我国社会主义经济建设、政治建设、文化建设、社会建设和党的建设面临的一系列重大问题,不断总结实践经验,不断扩展理论视野,不断作出理论概括。这既是推动党和人民事业发展的紧迫任务,也是坚持和发展马克思主义的必然要求"①,也是"我们党在世界形势深刻变化的历史进程中始终走在时代前列,在应对国内外各种风险考验的历史进程中始终成为全国人民的主心骨,在建设中国特色社会主义的历史进程中始终成为坚强的领导核心"②的关键所在。

当前,我们党在21世纪头20年在带领全国各族人民,实现全面建设小康社会,继续加快推进现代化建设,向现代化建设第三步战略目标胜利迈进,开创中国特色社会主义事业的新局面;反对和阻止任何制造台湾分裂的图谋,早日完成祖国完全统一大业;维护世界和平与促进共同发展,推动建立和平稳定、公正合理的国际政治经济新秩序的三大历史任务的伟大历史进程中,我们党必须要"始终站在时代前列带领人民前进"③,在反映时代特征中推动历史前进,在顺应时代潮流中应对时代挑战,在揭示时代主题中回答时代课题、在探索历史规律中总结历史经验,不断推进理论创新和实践创新,使我们党的理论和路线方针政策顺应时代发展的潮流和我国社会发展进步的要求、反映全国各族人民的利益和愿望,为实现历史和时代赋予我们党的庄严使命而不懈奋斗,这是我们党

---

① 胡锦涛:《在中共中央政治局第二十六次集体学习时的讲话》,2005年11月25日。

② 胡锦涛:《在纪念毛泽东同志诞辰110周年座谈会上的讲话》,2003年12月26日。

③ 胡锦涛:《在首都各界纪念全国人大成立50周年大会上的讲话》,2004年9月15日。

团结和带领全国各族人民能胜利实现三大历史任务的一个最基本条件。这就要求我们在必须坚持以科学发展观为指导，深入贯彻落实科学发展观，坚持将科学发展观贯穿于坚持和发展中国特色社会主义的全过程。只有这样，我们党在团结带领全国各族人民沿着科学发展道路前进的历史进程中，才能使我们党的全部理论和实践工作不断体现出时代性、科学性和规律性，才能始终代表包括13亿全体中国人民在内的全人类的当前利益、根本利益和历史利益，才能始终走在人类社会和科学发展进步潮流的时代前列。

三、深化社会主义核心价值体系巩固马克思主义指导地位

胡锦涛深刻指出："我国是统一的多民族国家，民族问题始终是我们坚持和发展中国特色社会主义必须处理好的一个重大问题，民族工作始终是关系党和人民事业发展全局的一项重大工作。"①在我国革命建设改革的各个历史时期，党团结带领各族人民实现了政治上完全平等，各族人民共同当家做主、管理国家事务，民族区域自治制度得到坚持和完善，少数民族合法权益得到有力保障，全国各族人民大团结的政治基础日益深厚牢固。民族地区经济社会发展实现历史性进步，少数民族和民族地区面貌发生翻天覆地的历史性变化，我国各民族共享经济社会发展成果，全国各族人民大团结的物质基础日益深厚牢固。以爱国主义为核心的民族精神更加高扬，社会主义核心价值体系更加深入人心，我国各民族优秀文化得到切实尊重和保护，全国各族人民大团结的思想基础日益深厚牢固。党的民族理论和民族政策不断发展，国家民族法律法规不断健全，民族工作体制机制不断完善，全国各族人民大团结的制度基础日益深厚牢固。新世纪新阶段，全面实现建设小康社会的宏伟

---

① 胡锦涛：《在国务院第五次全国民族团结进步表彰大会上的讲话》，2009年9月29日。

目标,对进一步做好民族工作提出了新的课题和更高的要求。

对此,胡锦涛强调:“全党同志特别是各级领导干部都要坚持学习和实践马克思主义民族理论,深入学习党的民族政策”①,必须要“牢固树立马克思主义民族观”②,必须要大力加强对马克思主义民族理论、党的民族政策和民族基本知识的宣传教育,必须要通过广泛深入的宣传教育,在全社会形成自觉维护民族团结、促进民族地区科学发展的良好氛围。只有这样,我们党在团结带领全国各族人民共同实现中华民族的独立和解放、共同走上社会主义道路的伟大征程中,才能不断促进各民族的平等团结和繁荣发展,才能不断开创中国特色的解决民族问题的科学发展道路,才能在新形势下不断促进我国民族团结进步的伟大事业继续取得更加举世瞩目的巨大成就。

我们从站在科学发展观的战略高度来看,从19世纪40年代,马克思恩格斯就开始了民族理论的研究和系统的论述,他们首次运用他们所创立的历史唯物主义,系统考察与研究了民族和民族问题,创立了马克思主义关于民族和民族问题理论,不仅成为马克思主义科学体系的重要组成部分,而且也对后来的新中国领袖毛泽东、邓小平、江泽民、胡锦涛等马克思主义经典作家产生了极为深远的影响,并不断被他们所继承、丰富、发展和创新,不断展现出进步的时代特色。《共产党宣言》发表以来的伟大历史实践已经证明,马克思主义具有一脉相承、与时俱进而又永续发展的理论品质,也是在实践中不断科学发展的思想理论,而历来就极富理论创新精神的中国共产党,在将马克思主义与中国实际相结合的过程中,相继产生了毛泽东思想、邓小平理论、“三个代表”重要思想、科学发展观的博大恢弘的科学理论体系,既是马克思主义中国化的伟大思想理论

① 胡锦涛:《在中共中央政治局第十六次集体学习时的讲话》,2004年10月21日。

② 胡锦涛:《在中央民族工作会议上的讲话》,2005年5月27日。

结晶,也进一步巩固了马克思主义在实践中的指导地位。

中国共产党建党前后,以毛泽东为杰出代表的中国共产党人,在共和国创建时期,他在领导中国革命和建设的伟大历史实践中,创造性地将马克思列宁主义中的民族理论与中国的实际情况相结合,通过消灭民族压迫和民族剥削,进行了社会制度的变革,引导全国各族人民翻身解放,经过长期的反对帝国主义、封建主义、官僚资本主义的革命斗争,取得了新民主主义革命的胜利,建立了人民民主专政的中华人民共和国。新中国成立以后,顺利地进行社会主义改造,完成了从新民主主义到社会主义的过渡,确立了社会主义基本制度,发展了社会主义的经济、政治和文化,从而使马克思列宁主义的民族理论,在中国革命的实践中得到了丰富、发展和创新,并使之民族理论成为毛泽东思想的重要组成部分,是马克思主义民族中国化的重要理论成果。党的十一届三中全会以来,以邓小平为杰出代表的中国共产党人,在领导全国各族人民进行建设中国特色社会主义的伟大实践中,总结新中国成立以来正反两方面的经验,解放思想,实事求是,实现了全党工作中心向经济建设的转移,实行改革开放,开辟了社会主义事业发展的新时期,逐步形成建设中国特色社会主义的路线、方针、政策,阐明在中国建设社会主义、巩固和发展社会主义的基本问题,并创造性地将马克思列宁主义、毛泽东思想中的民族理论的一些基本原理,同我国改革开放中面临的新情况相结合,并赋予了原有理论以新的内容,取得了新的理论突破,丰富和发展了马克思主义民族理论,并使其成为邓小平理论的重要组成部分。邓小平理论是马克思主义民族和国家理论中国化的又一重要理论成果。党的十三届四中全会以来,以江泽民为杰出代表的当代中国共产党人,在团结和带领全国各族人民建设中国特色社会主义的实践中,进一步加深了对什么是社会主义、怎样建设社会主义和建设什么样的党、怎样建设党的认识,积累了治党治国新的宝贵经验,并创造性地将马克思列宁主义、毛泽东思想、邓小平理论中的民族理论与国际国内出现的新情况相结合,更加丰富了马克思主义民族理论的思想宝库,集中体现了马克思主义与时俱进的科学理论品质,并使之民族理论成为“三个代表”重要思想的有机组成部分。

党的十六大以来,以胡锦涛同志为总书记的党中央,全面继承和发展了马克思、恩格斯、列宁、毛泽东、邓小平、江泽民等马克思主义经典作家关于民族和民族问题的科学理论,并在实践中通过理论创新,“牢牢把握各民族共同团结奋斗、共同繁荣发展的主题,保障少数民族合法权益,巩固和发展平等团结互助和谐的社会主义民族关系”①,为我国正确处理民族问题、切实做好民族工作提供强大的精神动力,并科学指明了民族工作的方向。实践已经充分证明,在以胡锦涛同志为总书记的党中央坚强领导下,全国各族人民始终同呼吸、共命运、心连心,显示出强大的凝聚力和创造力,为我国经济发展、政治民主、文化繁荣、和谐稳定、社会进步提供了重要政治保证,进而使我国各民族平等、团结、互助、和谐的社会主义民族关系不断巩固,各族人民共同当家做主、管理国家事务;民族区域自治制度更加完善,少数民族的合法权益得到有力保障;民族地区经济社会发展实现历史性进步,少数民族群众的生产方式和生活水平发生历史性飞跃;民族地区的社会文化事业显著进步,各族群众的思想道德素质、科学文化素质和健康素质全面提高;少数民族干部队伍和各类专业人才队伍不断发展壮大,党同少数民族群众保持着密切联系;各民族多彩多姿的文化交相辉映,中华文明焕发出蓬勃的生机和活力。而这些伟大成就,是全党全国各族人民共同团结奋斗的重大成果,也是我们党的民族政策和民族工作在实践中的巨大成功。实践证明,我国民族团结进步事业

① 胡锦涛:《在中国共产党第十七次全国代表大会上的报告》,2007年10月15日。

取得的伟大成就，为我们推动党和人民事业不断发展、战胜国内外各种困难和风险挑战、保持社会和谐稳定奠定了坚实基础。

这样，我们当前在新的历史条件和新形势下，必须坚持以科学发展观为指导，深入贯彻落实科学发展观，坚持深入学习马克思主义民族理论和党的民族政策，牢固树立体现科学发展观要求的马克思主义民族观，必须要继续深化社会主义核心价值体系，不断巩固马克思主义的指导地位，切实做好民族工作，加快少数民族和民族地区经济社会发展，促进各民族共同繁荣和共同发展，是推动科学发展、促进社会和谐的必然要求，是巩固和发展全国各族人民的大团结、确保党和国家兴旺发达和长治久安的必然要求，并从思想上、组织上、作风上和制度上形成更为有力的保障，这是开创发展中国特色社会主义事业新局面、实现中华民族伟大复兴的必然之路，具有重大的理论意义和深远的历史意义。

四、和平发展的世界历史趋势需要科学的世界观和方法论

马克思恩格斯早在19世纪，就从站在全人类发展的思想高度，深刻指出："资产阶级，由于开拓了世界市场，使一切国家的生产和消费都成为世界性的了。……过去那种地方的和民族的自给自足和闭关自守状态，被各民族的各方面的互相往来和各方面的互相依赖所代替了。物质的生产是如此，精神的生产也是如此。"[①]实践证明，马克思恩格斯关于"精神生产"的思想理论，在今天已经得到了充分地证实。从站在科学发展观的战略高度来审视目前全球的客观形势，从"《共产党宣言》发表以来近一百六十年的实践证明"[②]，当今人类社会的发展已经了进入新的阶段，世界的政治、经济、文化、科技等各个领域都发生了重大变化，和平与发展已经成为当今

① 《马克思恩格斯选集》第1卷，第276页。

② 胡锦涛：《在中国共产党第十七次全国代表大会上的报告》，2007年10月15日。

世界的时代主题。但是,人类社会在不断发展的同时,也遭遇到前所未有的困境,这就是当今人类世界仍不太平,人类社会也共同面临着诸多如人口、资源、环境等突出的全球性问题,以及在"一些地区因民族、宗教等问题引发的局部战争和冲突连绵不断,恐怖主义危害严重,非传统安全因素凸显"①等各种共同的问题所困扰。可以说,当今人类社会以及世界和平与发展的历史趋势,也在迫切呼唤一种能够凝聚全球共识和合作思想基础的科学永恒的价值观。

因此,如何应对快速发展的全球化形势和人类社会面临的共同问题,如何使当今人类社会科学跟上时代的前进步伐,如何正确认识并解决这些共同的问题,如何对这些全球性问题所引发的困难与挑战作出科学的回答,进而提出合理的对策与解决方法,真正能形成一种关乎人类历史命运的科学永恒的价值观,并引导人类最终进入共产主义社会,这是全球化这一伟大的时代赋予以胡锦涛为杰出代表的当代中国共产党人的重大历史责任。对此,胡锦涛始终认为:"和平与发展仍是当今时代的主题,是世界各国人民的共同期盼。世界多极化和经济全球化的趋势继续在曲折中发展。加强交流,谋求合作,促进发展,推动不同文明、不同发展模式相互借鉴、共存互补的潮流不可逆转。"②他始终强调:"我们应该维护和尊重世界的多样性。世界各国人民在漫长的历史进程中创造了各自独特的文化、传统、信仰和价值观。多样性是世界文明的基本特征。多样性意味着差异,差异需要交流,交流促进发展。各种文明在交流中相互学习和借鉴,不断丰富和发展,将使我们的世界更加绚丽多彩,更加充满生机和活力。"③这是因为,"尊重文化的多样性,实现各种文明共同进步。文化、信仰和价值观的多样性

① 胡锦涛:《在中纪委第三次全会上的讲话》,2004年1月12日。

② 胡锦涛:《在会见越共中央总书记农德孟时的讲话》,2003年4月7日。

③ 胡锦涛:《在莫斯科国际关系学院的演讲》,2003年5月28日。

是人类文明发展的重要特征，也是人类文明发展的重要动力。没有各种文明的相互交流，就没有人类文明的进步。应该尊重各国根据各自国情选择的发展道路和发展模式，尊重各国人民在历史进程中创造的多彩文明和生活方式，促进不同文明的相互借鉴和取长补短，以促进世界多样性和人类社会全面进步。”①

这样，胡锦涛在经济全球化、国际关系民主化以及积极倡导整个国际社会和世界各国共建和谐世界的历史进程中，他明确指出：“中国外交政策的宗旨是维护世界和平、促进共同发展。中国将高举和平、发展、合作的旗帜，坚持独立自主的和平外交政策，坚定不移地走和平发展道路，坚持在和平共处五项原则的基础上同所有国家发展关系，同国际社会一道致力于人类和平与发展的崇高事业。我们主张，顺应历史潮流，积极促进世界多极化，积极促进经济全球化朝着有利于实现共同繁荣的方向发展，推动建立公正合理的国际政治经济新秩序；维护世界多样性，提倡国际关系民主化和发展模式多样化，国家不分大小、强弱、贫富一律平等，支持世界各种文明、不同社会制度和发展道路在竞争比较中取长补短、在求同存异中共同发展；树立互信、互利、平等、协作的新安全观，通过对话和合作解决争端，反对诉诸武力或以武力相威胁，反对各种形式的霸权主义和强权政治，反对一切形式的恐怖主义。”②胡锦涛多次强调：“中国对内坚持和谐发展，对外坚持和平发展，这两方面是一个密切联系、有机统一的整体，都有利于推动建设一个持久和平、共同繁荣的和谐世界。”③“不管现在还是将来，中国都是维护世界和平、促进共同发展的坚定力量。”④

① 胡锦涛：《在罗马尼亚议会的演讲》，2004 年 6 月 14 日。
② 胡锦涛：《在越南国会的演讲》，2005 年 11 月 1 日。
③ 胡锦涛：《在德国经济亚太委员会举行的晚宴上的演讲》，2005 年 11 月 10 日。
④ 胡锦涛：《在上海合作组织塔什干峰会上的讲话》，2004 年 6 月 17 日。

我们从胡锦涛的科学思想中，可以深刻认识到科学发展观理论体系，它深刻地指出了当今世界是一个相互依存的整体，尽管国际形势发生了重大变化，但和平与发展仍然是时代的主题。和平与发展问题不仅反映了世界形势发展的大趋势，而且还反映了全人类的共同利益和迫切希望。世界要和平，国家要发展，社会要进步，经济要繁荣，生活要提高，已经成为国际社会和世界各国人民的普遍要求。和平问题，是指在较长时期内维护世界和平，防止新的世界大战的问题，其中也包括用和平手段解决国际争端和制止局部战争。当今国际社会虽然在一个较长时期内防止新的世界大战的爆发是可能的，但是人类仍然面临着许多局部战争的威胁。因此，和平问题仍是全球性的战略问题。而发展问题是当今时代的两大主题的核心问题，大多数发展中国家仍然处于贫穷落后的状态，"一些国家的民众依然遭受着战火、贫困、疾病、自然灾害等的煎熬"①，与发达国家的贫富差距也在不断扩大，全世界所有国家都面临着发展的问题。随着世界新科技革命的蓬勃发展，当今国际竞争的重点已由军事领域日益转向经济、科技方面，发展已成为更为紧迫和突出的战略问题。发展问题不仅是发展中国家的问题，也是整个国际社会的发展问题，就是说，当今世界各国，在政治、经济、文化等各方面的相互依存程度日益加深，资源互补，科技文化交流，先进成果共享成为各个国家的共同愿望。各国综合国力的较量更倚重科技进步和知识创新。和平与发展的基本趋势还体现在世界政治的多样性和民主化上。世界本来是丰富多彩的，世界各国的历史、文化和传统各有特点，在人类文明中都占有自己的位置，不同民族、不同文明共同推动人类历史向前发展。每个国家都有自己的国情，各国人民都有权选择各自的社会制度和发展

① 胡锦涛：《携手建设持久和平、共同繁荣的和谐世界，2006 年新年贺词》，2005 年 12 月 31 日。

道路，按照自己的意志创造并享受美好生活。在今天，世界多样性的共存共荣，代表了人类追求和平、实现科学发展的根本要求，这已经成为世界各国人民的共同心愿和思想共识。

但是，当今世界的单边主义、霸权主义、强权政治是当今人类社会和平与发展的主要障碍。冷战结束后，不合理、不公正的国际政治经济旧秩序，并没有发生根本性的改变，单边主义、霸权主义、强权政治仍然是威胁当今世界和平与发展的主要根源。有极个别的西方大国，总是希望把它们的政治制度经济模式和价值观强加于别国，到处插手别国内部事务，大肆扩张其政治、经济势力范围，推行新殖民主义。而且，为了推行其新殖民主义，不断对别国特别是广大发展中国家实行政治施压、经济制裁和思想文化渗透，有时为了攫取战略资源，甚至不惜大打出手。此外，国际政治经济旧秩序还在继续损害着发展中国家的利益，使得南北之间的贫富差距不断扩大，发展中国家面临被进一步“边缘化的危险。”①而由于民族、宗教、领土等问题导致的局部战争和冲突时有发生，世界和平受到威胁。可以说，由于单边主义、霸权主义和强权政治的极其消极的影响，当今人类社会的和平与发展这两大问题，至今一个也没有完全解决，而科学发展科学理论体系的形成和诞生，则是爱好和平发展的中华民族，向往美好生活的中国，通过亲身实践和以身作则地向全世界全人类再次重申，中国永远都不赞成单边主义、霸权主义和强权政治。中国真诚提倡国际关系民主化，积极推动建立公正合理的国际政治经济新秩序，愿同全世界全人类共同促进多边主义、共同促进经济全球化朝着有利于实现世界和谐、朝着有利于实现共同繁荣的方向进行科学发展。中国积极倡导并永远希望全世界全人类不分民族、不分种族地携起手来，在共同致力于积极

① 胡锦涛:《在南北领导人非正式对话会议上的讲话》,2003 年 6 月 1 日。

推动当今人类社会在实现和平的发展、开放的发展、合作的发展、和谐的发展的伟大历史进程中，为共同致力于"建设一个持久和平、共同繁荣的和谐世界"①而不懈努力。中国永远都是积极倡导整个国际社会和世界各国携手建设和谐世界的最坚定力量，永远都是维护世界和平与发展的最坚定力量，永远都是积极推动全球经济朝着平衡有序方向实现科学发展的最坚定力量。

可见，科学发展观是在把握国际国内形势的基础上，深刻揭示了和平与发展的本质就在于世界多极化，并指出这是不以人的意志为转移的客观发展趋势。科学发展观始终认为，只有世界多极化，世界多种力量在一起才能形成平衡，世界多极化趋势的日益发展，对维护世界和平和促进人类社会繁荣进步是有益的。它使世界各大力量彼此之间逐渐形成制约与制衡的关系，有利于遏制单边主义、霸权主义和强权政治，有利于推动建立公正合理的国际政治经济新秩序，有利于实现各国人民对和平、稳定、繁荣、和谐的新世界的美好追求，也有利于包括中国在内的广大发展中国家扩大在国际舞台上的活动空间，抓住重要战略机遇，不断地科学发展自己。推动世界多极化，就是要推动世界各国各地区平等竞争、互利合作、和平相处、共同繁荣，真正实现和平的发展、开放的发展、合作的发展、和谐的发展。科学发展观作出这样的科学判断，这在新千年新世纪新阶段，必然有利于人类社会积极主动地顺应和平与发展的历史潮流；必然有利于世界各国能够进一步增强相互信任，扩大经贸往来，实现共同繁荣发展；必然有利于世界各民族和国家树立开放思维，携手建设和谐世界；必然有利于世界各国人民进一步加强团结协作，维护安全稳定，切实维护全人类当前的和在未来科学发展进程中的共同利益。

---

① 胡锦涛：《在全国政协新年茶话会上的讲话》，2006年1月1日。

第四节　科学发展观在引领缔造和谐世界中推进人类发展进程

在人类社会的历史演进中，科学发展观理论体系的创立、形成和诞生，对于整个人类社会，特别是当今人类社会和未来人类社会来说，具有永恒的思想价值意义。它深刻蕴涵的和谐历史、和谐思维、和谐创新、和谐中国、和谐社会、和谐世界、和谐文明、和谐人类、和谐未来的九大形态各异的崇高思想境界相互渗透、相互激荡、相互促进、相互圆融、相互完善，不仅汇集整合为当今人类社会在未来发展的基本规律和基本法则；不仅从理论创新和实践创新的层面彻底打通涉及经济社会发展和社会形态、自然形态的大系统之间，涉及经济社会发展的方方面面，涉及经济活动、社会活动和自然界的复杂关系之间，涉及人与经济社会环境、自然环境相互作用之间的全部的辩证关系和真理认知；不仅使人类社会整部历史特别是当今人类社会在未来的和谐的科学发展史，整体融合在科学发展观理论体系中。而且，科学发展观作为人类历史上理论创新和实践创新的光辉典范，是人类历史一切文明成果和所有科学文化知识的最高总和，是当今人类社会赖以生存和不断朝着实现科学发展道路上凯歌行进的根本指针，是当前国际社会和世界各国落实千年发展目标的思想合作基础，是世界各国人民共同缔造和谐世界的历史抉择，是开辟马克思主义新境界的显著标志。因此，科学发展观科学体系，它“揭示的是发展的普遍规律”①，“是对党的三代中央领导集体关于发展的重要思想的继承和发展，是马克思主义关于发展的世界

① 胡锦涛：《在中央人口资源环境工作座谈会上的讲话》，2004年3月10日。

观和方法论的集中体现，是同马克思列宁主义、毛泽东思想、邓小平理论和‘三个代表’重要思想既一脉相承又与时俱进的科学理论，是我国经济社会发展的重要指导方针，是发展中国特色社会主义必须坚持和贯彻的重大战略思想”①，也是当今人类社会能够最终进入持久和平、共同繁荣的和谐世界的伟大旗帜，必然会永久贯穿于当今人类社会在未来历史发展的整个过程和各个方面。

一、用和谐世界的理念集中体现当代中国和平发展的思想

胡锦涛在经济全球化和世界形势发生深刻变化的国际大背景下，他通过对当前国际形势的现状、发展趋势和当前国际局势发生深刻变化进行科学研究和分析之后，他极其敏锐地感觉到，虽然当今世界各国由于历史文化、社会制度和发展模式的不同，而引发起意识形态的差异，但是仍然有一种比社会制度、发展模式和意识形态更为强大的力量，这就是全世界人民向往和平与发展的精神诉求和全人类不懈追求世世代代永续发展的美好愿望，以及全世界共同的经济关系和经济利益。这样，他就极富创造性地并审时度势地积极倡导国际社会和世界各国一道携手共建一个持久和平与共同繁荣的和谐世界，这不仅明确地指出了人类社会历史发展的科学趋势，而且，其符合人类世界历史科学发展潮流的和谐世界观，作为科学发展观理论体系的有机组成部分，也使它更加体现出马克思主义的真理性、先进性、与时俱进和永续发展的理论品质，更加体现出马克思主义的强大生命力、吸引力和精神感召力，更加体现出马克思主义博大精深、广阔深邃和仪态万方的科学思想本质。

胡锦涛始终认为，实现世界经济可持续发展，是一个具有现实意义和长远意义的重大课题，既关乎世界各国当前的发展进程，也

① 胡锦涛：《在中国共产党第十七次全国代表大会上的报告》，2007年10月15日。

关乎全人类的发展未来,世界各国有远见的政治家和负责任的企业家,都应该为此而共同努力。因此,他在准确分析和科学把握当今人类社会历史发展趋势的基础上,从站在保证全人类世世代代永续发展的战略思想高度出发,极为科学地指出了整个国际社会和世界各国携手共建持久和平与共同繁荣的和谐世界,这是当今人类社会历史在未来发展的必然趋势。对此,他极其深刻地指出,新的世纪为人类社会发展展现出光明前景。在维护世界和平、促进共同发展的道路上,我们既面临着难得机遇,也面临着严峻挑战;要和平、促发展、谋合作是时代的主旋律,世界多极化和经济全球化的趋势深入发展,科技进步日新月异,世界生产力显著提高,全球经济保持总体增长,各类全球性和区域性的合作生机勃勃,国际关系民主化不断推进,人类正以前所未有的速度发展进步。但是,我们也应该看到,世界和平与发展这两大问题还没有得到根本解决。因种种原因导致的局部战争和冲突时起时伏,地区热点问题错综复杂,南北差距进一步拉大,许多国家人民的基本生存甚至生命安全得不到保障,国际恐怖势力、民族分裂势力、极端宗教势力在一些地区还相当活跃,环境污染、毒品走私、跨国犯罪、严重传染性疾病等跨国性问题难题也日益突出。人类实现普遍和平、共同发展的理想还任重道远。这样,胡锦涛明确强调:“历史昭示我们,在机遇和挑战并存的重要历史时期,只有世界所有国家紧密团结起来,共同把握机遇、应对挑战,才能为人类社会发展创造光明的未来,才能真正建设一个持久和平、共同繁荣的和谐世界。”①他从全方位、多层次、宽领域地科学阐明了当前整个国际社会和世界各国携手建设持久和平与共同繁荣的和谐世界的极端重要性。

胡锦涛指出,各国人民共同缔造和谐世界,必须坚持包容精神。

① 胡锦涛:《在联合国成立60周年首脑会议上的讲话》,2005年9月15日。

这是因为,人类社会在进入21世纪后,和平、发展、合作已经成为当今世界的潮流。但是,"世界上有近200个国家、60多亿人口,民族传统、宗教文化、经济发展水平和社会制度各式各样,不可能只采用一种文明形态、一种制度、一种发展模式。"①实践证明,文明多样性是人类社会的基本特征,也是人类文明进步的重要动力。在人类发展史上,各种文明都以自己的方式为人类文明进步作出了积极贡献。存在差异,各种文明才能相互借鉴、共同提高;强求一律,只会导致人类文明失去动力、僵化衰落。各种文明有历史长短之分,无高低优劣之别。历史文化、社会制度和发展模式的差异不应成为各国交流的障碍,更不应成为相互对抗的理由。我们应该尊重各国自主选择社会制度和发展道路的权利,相互借鉴而不是刻意排斥,取长补短而不是定于一尊,推动各国根据本国国情实现振兴和发展;应该加强不同文明的对话和交流,在竞争比较中取长补短,在求同存异中共同发展,应该努力消除相互的疑虑和隔阂,使人类更加和睦,让世界更加丰富多彩;应该以平等开放的精神,维护文明的多样性,促进国际关系民主化,协力构建各种文明兼容并蓄的和谐世界。

我们从和平发展的视角来看,和平是人类社会实现科学发展目标的根本前提。如果没有和平,不仅新的社会建设无以推进,而且以往的发展成果也会因战乱而毁灭。无论对于小国弱国还是大国强国,战争和冲突都是灾难。"中国人民深知和平之宝贵,'亲仁善邻,国之宝也'的思想在中华文化中根深蒂固,无论是举世闻名的'丝绸之路'的开辟,还是郑和'七下西洋'的壮举,给有关国家和人民带去的都是加强交流合作的诚意,传递的都是增进友好情谊的心声。中国人民从近代以来的切身经历和世界发展的经验教训中深刻认识到,任何民族都应该通过和平方式实现本民族的发展目标;

① 胡锦涛:《在出席南北领导人非正式对话会议前会见法国总统希拉克时的讲话》,2003年6月1日。

只有通过和平方式实现的发展才是持久的牢靠的发展，也才是既有利于本国人民也有利于世界各国人民的发展。”①因此，世界各国应该携起手来，共同应对全球安全威胁，必须要摒弃冷战思维，牢固树立互信、互利、平等、协作的新安全观，建立公平、有效的集体安全机制，共同防止冲突和战争，维护世界和平与安全。而发展则是事关各国人民的切身利益，也事关消除全球安全威胁的根源。没有普遍发展和共同繁荣，世界难享太平。经济全球化趋势的深入发展，使各国利益相互交织、各国发展与全球发展日益密不可分。经济全球化应该使各国特别是广大发展中国家能够普遍受益，而不应该造成贫者愈贫、富者愈富的两极分化。这就必然要求西方发达的国家，应该为实现全球普遍、协调、均衡发展承担更多责任，进一步对发展中国家特别是重债穷国和最不发达国家开放市场，转让技术，切实增加援助，减免债务。发展中国家要充分利用自身优势推动发展，广泛开展南南合作，进一步推动社会全面进步。由此可见，这和以人为本，全面协调可持续发展的科学发展理念是完全一致的。

我们从积极促进发展中国家的团结协作与合作交流的视角来看，现在世界上广大的发展中国家，在历史上大多都有着为民族独立和解放而斗争的经历，当前，又都共同面临着发展经济、改善民生、维护世界和平与稳定的任务。特别是在经济全球化的新的历史时期和新形势下，对于广大发展中国家而言，消除贫困、促进发展、切实提高人民生活水平是压倒一切的任务。但由于经济全球化趋势的发展，给广大发展中国家经济振兴既带来了机遇，也带来了严峻挑战。因此，广大发展中国家能够在共建和谐世界科学思想的统一指导下，就共同关心的重大国际问题交换意见、协调立场，对于推进南北对话、维护广大发展中国家的共同利益具有积极

① 胡锦涛:《在墨西哥参议院的演讲》,2005 年 9 月 12 日。

意义。这是因为,广大发展中国家要实现经济振兴任重而道远,为推动发展问题取得积极进展,缩小南北差距、实现共同发展,就必须要加强协调和配合。对此,胡锦涛从站在共建和谐世界的历史高度,提出了必须要切实加强团结协作,维护发展中国家的共同利益;求同存异,妥善处理相互的分歧;拓展思路,深入开展南南合作,因势利导,积极推动南北对话的四点科学原理性建议①。实践证明,在人类漫长的发展史上,由于胡锦涛审时度势、因势利导地积极倡导整个国际社会和世界各国人民一道为携手建设一个持久和平、共同繁荣的和谐世界而努力奋斗的伟大崇高目标,中国人民与世界人民的命运从未像今天这样紧密相连、休戚与共。而科学发展观理论体系,它在指导当今人类社会为实现共同缔造和谐世界伟大的历史进程中,更加把世界各国人民紧密地团结和联系在一起,并使世界各国人民在携手合作共同推动建立公平合理的国际经济政治新秩序中,在共同促进世界经济平衡有序发展中,在共同努力建设一个持久和平、共同繁荣的和谐世界中,在共同推进人类和平与发展的崇高事业中,在永远顺应世界各国人民的愿望和时代的潮流中,不断创造世界和平繁荣的美好明天。

因此,新世纪新阶段,必须坚持以科学发展观为指导,对胡锦涛积极倡导各国人民共同缔造和谐世界的思想与当今人类社会未来的发展趋势,以及永续发展思想之间的辩证关系进行深入研究,对于深刻领会和准确把握科学发展观的科学内涵和精神实质,始终坚持用科学发展观武装头脑、指导工作、推动实践,深刻认识和平、发展、合作已经成为当今世界的时代潮流,世界政治力量对比有利于保持国际环境的总体稳定,经济全球化趋势深入发展,科技

① 胡锦涛:《在中国印度巴西南非墨西哥五国领导人集体会晤时的讲话》,2005年7月7日。

进步日新月异,生产要素流动和产业转移加快,我国与世界经济的相互联系和影响日益加深,国内国际两个市场、两种资源相互补充,外部环境总体上对我国发展有利,并在积极应对围绕资源、市场、技术、人才的竞争更加激烈,世界经济贸易保护主义有新的表现和对我国经济社会发展和安全提出了新的挑战等各个方面,具有极其重要的思想意义和深远的历史意义。

二、当今人类社会面临全球性问题需要凝聚新的全球共识

我们从站在科学发展观的战略高度来看,所谓人类社会面临的全球性问题,它是指当今整个人类社会全球化进程中所共同面临的并危及整个人类生存和发展的,只有靠人类的共同努力才能解决的问题。全球性问题主要表现在三个方面:一是世界人口的急剧膨胀①;二是世界资源的日渐短缺②;三是人类环境

① 20世纪初,世界人口仅为16亿,而到20世纪末已经达到60亿,100年间增长了近4倍,而且每年仍在不断增长,预计到2030年,世界人口将达到90亿,以“人口爆炸”来形容世界人口的激增一点也不为过。人类只有一个地球,各国人民共同生活在一个“地球村”里,然而作为提供维持人类生存的地球资源的负载量是有限的,超过这一负载量的过多人口,必然造成资源的过度消耗,并直接威胁到人类的生存基础。事实上越来越过度膨胀的人口已经使得人类家园不堪重负,并付出了资源的过度消耗和生态的日益严重破坏的极为沉重的代价。

② 20世纪下半叶高速的经济发展和超高速的资源消耗,已经使地球面临着不可再生资源枯竭的危机。据统计,全球每年有1540万公顷热带雨林消失;地球的生物物种也在加速消失;耕地是提供人类所需粮食和其他食物的来源。由于人口激增和经济发展对耕地的人方占用和破坏,使耕地面积不断减少,根据联合国环境规划署的估计,目前全世界每年要损失500—700万公顷的耕地;全球粮食短缺问题不断凸现,在占世界人口70%的发展中国家由于粮食严重不足,全球约有10亿人处于绝对贫困状态,近1亿人口在饥饿、死亡的边缘上挣扎。水是人类生存必不可少的资源,地球上的水从60年代开始,就由于人口大幅度的增长,耗水量巨大的工业的高速发展,全球用水量增长了约一倍,从而直接导致了许多国家的水资源危机,世界上目前已有43个国家和地区(占地球陆地面积的60%)缺水,严重影响着这些国家地区的发展和人们的生存。

的日益恶化[①]。而人口、资源和环境这三个问题又具有三个特点：第一，全球性问题具有世界性和全人类性，这些问题不是某个国家或地区存在的个别问题，而是在世界范围内普遍存在并关系到全人类共同利益的问题，第二，全球性问题就其严重的后果来说，它不只是人类社会发展中遇到的一般困难和障碍，而是直接威胁着全人类生存、发展和决定全人类命运的重大问题。第三，这也是更为特殊的问题，就是当今世界"单边主义倾向抬头"[②]，某个西方大国凭借武力，常常打着"人权高于主权"、"人道主义保护"的旗号，在外交上横行霸道，并无时不在世界各国间干戈扰攘，这为本来就不太平的世界更加添乱，从而对全球性问题的解决更是雪上加霜。因此，可以说人类社会在进入21世纪后面临的形势，要比马克思当初对资本主义所作出的"生产资料的集中和劳动的社会化，达到了同它们的资本主义外壳不能相容的地步，这个外壳就要炸毁了，资本主义的丧钟就要敲响了，剥夺者就要被剥夺了"[③]的形势要更为严峻。也就是说，人类社会在进入21世纪后，如果不善于形成能够凝聚人类共识的世界观和方法论，那么，在资本主义社会这个外壳炸

① 20世纪以来，人类环境的恶化也日益严重。相比较前两种危机，环境危机是前两者所造成的结果，严重性和后果又远远超过了前两者。我们所说的全球性问题，更突出的是指向了生态环境危机，它使人类第一次面临着失去唯一适合于人类居住的共同家园的严重危机。几十年来，地球的大气污染不仅非常严重，而且范围不断扩大。这与产业革命以前相比，二氧化碳、一氧化碳、温室效应、核废料污染、化学污染、垃圾污染、光污染、噪音等污染日益严重，而人口、资源、环境等问题相互作用，范围不断扩大，程度日益加重，它使人类已经陷入从未有过的生存危机之中。说到底，如果人类不及时地正视和采取积极适宜的科学发展和应对措施，那么人类的生存将受到严重的挑战，人类社会的发展前景将日趋暗淡。当代中国作为当今世界上最大的发展中国家，当然也不可能完全摆脱上述全球性问题的困扰，这就更加说明了要始终按照党的十六大和十六届三中、四中、五中全会的要求，坚定不移地贯彻和落实全面协调可持续发展的科学发展观的极端重要性。

② 胡锦涛：《在莫斯科国际关系学院的演讲》，2003年5月28日。

③ 《马克思恩格斯全集》第23卷，第831页。

毁的同时,它必然也将会祸及全人类,使整个人类文明和人类社会的发展变得前途渺茫。党的十六大以来的伟大历史实践已经充分证明,对当今人类社会共同面临的这些全球性凸出问题,也恰恰正是胡锦涛长期深刻思考并致力于为全人类最终彻底解决的问题。

为此,胡锦涛作为对当今人类社会高度负责的大政治家和大思想家,他在全面汲取人类文明成果的基础上,始终以辩证唯物史观和科学发展史观为指导,并站在当代人类理论思维和创造性思维的时代高峰,深刻领会和准确把握了马克思所设想的未来更加文明的社会所要实现的重要特征①,从站在深切关注当今全人类在未来历史发展的战略高度,提出了符合当代中国实际、符合世界发展潮流、符合人类社会历史发展规律的科学发展观,不仅对当今人类社会在未来的科学发展问题作出了最新认识和永久回答,并切实为当前整个人类社会科学提供了解决共同面临着的全球性问题的世界观和方法论,不仅达到了迄今以来人类社会前所未有的思想深度和理论高度,也使人类社会几千年来始终不懈追求能够实现世世代代永续发展的美好夙愿和梦想,终于在人类社会历史发展的新千年之初变成现实,并永远成为当代向往和平发展的世界人民最可宝贵的政治和精神财富。

实践证明,胡锦涛也是从“怎样才能使我们这个世界更安全、更稳定、更繁荣”②的重大课题出发,从怎样实现保证全人类世世代代永续发展的历史高度出发,从站在积极倡导各国人民共同缔造和谐世界的战略高度出发,他始终强调国际社会和世界各国在全球性的国际事务中,只有遵循平等协商、友好合作的民主精神,

① 马克思指出:“社会化的人,联合起来的生产者,将合理地调节他们和自然之间的物质交换,把它置于他们的共同控制之下,而不让它作为盲目的力量来统治自己,靠消耗最少的力量,在最无愧于和最适合于他们的人类本性的条件下来进行这种物质交换。”《马克思恩格斯全集》第25卷,第926页。

② 胡锦涛:《在莫斯科国际关系学院的演讲》,2003年5月28日。

才能有效地扩大各国的共识，深化共同利益，应对共同挑战，实现世界的和平、稳定和繁荣。对此，胡锦涛指出："在这个纷繁复杂的世界上，各国应如何相处是大家都十分关心的问题。"①新世纪新阶段，和平与发展虽然仍是当今世界的时代主题，世界多极化和经济全球化的趋势加速发展，科技进步日新月异，各国面临着难得的发展机遇。同时，我们也面临着地区冲突不止、贫富差距拉大、恐怖主义、环境恶化、金融风险、重大传染疾病等传统安全威胁和非传统安全威胁的挑战。这些问题涉及人类政治、经济、社会生活等各个方面，关系世界的和平、稳定、繁荣。世界经济正呈现出较强的增长势头，但也面临不少问题，需要我们共同应对。在这机遇和挑战并存的历史时刻，携手开创未来、推动合作共赢，是世界各国人民的共同心愿和国际社会的广泛共识。因此，他正是基于这样深刻的科学思想认识，不仅准确地把握了当今人类世界历史的科学发展走向，不仅明确指出要坚决"支持反映人类社会发展规律、符合各国共同利益的共识。"②而且，他还多次在全球范围内和世界各国有远见的政治家们共同商讨关于维护联合国安理会权威、落实联合国千年发展目标以及共同"在应对人类面临的各种挑战和妥善处理重大国际事务等方面"③的问题时，始终倡导要进一步"深化战略共识，增强政治互信"④，"要坚持从各国人民的共同利益出发，努力扩大利益的汇合点，在沟通中增进了解，在了解中加强合作，在合作中实现共赢。"⑤同时，也要"积极达成新的全球共识"⑥。

① 胡锦涛：《在澳大利亚联邦议会的演讲》，2003年10月24日。

② 胡锦涛：《在第十次驻外使节会议上的讲话》，2004年8月25日。

③ 胡锦涛：《在法国国民议会的演讲》，2004年1月27日。

④ 胡锦涛：《在巴西国会的演讲》，2004年11月12日。

⑤ 胡锦涛：《在亚太经合组织工商领导人峰会上的演讲》，2005年11月17日。

⑥ 胡锦涛：《在八国集团与中国印度巴西南非墨西哥五国领导人对话会上的讲话》，2005年7月7日。

胡锦涛认为,积极推进全球经济朝着实现可持续的方向发展,是一个具有现实意义和长远意义的重大课题,既关乎世界各国当前的发展进程,也关乎全人类的发展未来。“一个国家坚持什么样的发展观,对这个国家的发展会产生重大影响,不同的发展观往往会导致不同的发展结果。在当今新的时代条件下,应该坚持以人为本,实现全面、协调、可持续”①的科学发展观,努力实现经济社会全面进步和人的全面发展,要以经济建设为中心,全面推进经济、政治、文化建设与和谐社会建设,实现经济发展和社会全面进步。同时,要统筹城乡发展、统筹区域发展、统筹经济社会发展、统筹人与自然和谐发展、统筹国内发展和对外开放,必须要实现经济发展和人口、资源、环境相协调,始终坚持走生产发展、生活富裕、生态良好的文明发展道路,实现经济社会永续发展。对此,他反复强调,世界各国有远见的政治家和负责任的企业家,都应该为此而共同努力,在努力促使本国经济发展的基础上,必须要为促进世界经济可持续发展作出积极贡献。实践已经充分证明,胡锦涛积极倡导的以人为本,全面协调可持续的科学发展理念,受到整个国际社会和世界各国特别是广大发展中国家的高度赞赏,这标志着在人类社会发展的进程中,科学发展观科学理念,已经被全球持不同发展理念、不同发展模式和不同社会制度的各类国家所普遍认同,并在实践中不断进行发展和完善。

可见,当今人类社会共同面临着的人口、资源、环境等全球性凸出问题,说到底就是在如何认识和处理好人与自然之间关系的问题上,出现了重大曲折和失误。而在这个方面,科学发展观既和马克思主义一脉相承,又准确把握了当今人类社会发展的时代特征。因此,我们要解决全人类面临的人口、资源、环境等全球性危

① 胡锦涛:《在亚太经合组织工商领导人峰会上的演讲》,2004年11月19日。

机，重要的是调整传统的发展思路，建构起人与大自然和谐相处的发展理念。这就要求我们必须坚持以科学发展观为指导，深入贯彻落实科学发展观，始终坚持用科学发展观武装我们的头脑，充分认识做好人口、资源、环境等各项工作，对于切实加快推进建设资源能源节约型、生态环境友好型社会的极端重要性和紧迫性，对于实现经济社会全面协调可持续发展的重大意义，真正使节约资源能源和爱护生态自然环境成为我国的一项基本国策，使建设资源能源节约型、生态环境友好型社会成为全社会的共同责任，必须要加强宣传教育，增强人民群众特别是广大青少年的资源意识、节约意识和生态环保意识，努力营造良好的社会氛围，并使之成为全体人民的自觉行动。只有这样，我们才能正确认识和处理人与自然的关系，摆正人在自然中的位置，进一步加快转变和调整当今人类社会经济发展的增长方式，在努力实现科学发展的基础上，真正实现人与自然的和谐发展，从而能够积极“推动经济社会发展真正转入以人为本、全面协调可持续发展的轨道”①，不断为后世人类社会能够实现科学发展，切实提供一个可以资鉴的科学发展理念、科学发展模式和科学发展经验。

三、为世界各国落实联合国千年发展目标奠定了理论基础

2000 年 9 月 6 日至 8 日，在新的千年开始之际，世界各国和政府首脑聚集于联合国纽约总部召开千年首脑会议，他们根据《联合国宪章》的宗旨和原则，共同商讨关于世界的和平与发展大计，积极倡导为创建一个更加和平、繁荣和公正的世界达成共识，将和平、安全与裁军；发展与消除贫穷；保护人类的共同环境；人权、民主和善政；保护易受伤害者；满足非洲的特殊需要；加强联合

① 胡锦涛：《在福建考察工作时的讲话》，2006 年 1 月 12 日。

国等问题列入千年发展目标的重要内容，在第55届联合国大会第8次全体会议通过并签署《千年宣言》，为国际发展合作确立了路线图和时间表。2002年3月18日至22日，联合国发展筹资问题国际会议在墨西哥蒙特雷市举行，进一步就消灭贫穷和实现千年发展目标的问题进行探讨，并达成了对全球合作促进发展起到转折点的一项历史性文书《蒙特雷共识》草案，此举受到了整个国际社会和世界各国与会者的普遍欢迎。

对此，胡锦涛在新千年新世纪新阶段，对整个国际社会和世界各国必须切实维护联合国安理会权威的问题，他始终认为："联合国作为最具代表性、最权威的政府间国际组织，是实践多边主义、加强国际合作的重要舞台。在新的形势下，国际社会对联合国的期望不是降低了，而是更高了。在事关和平与发展的重大问题上，各国需要一个强有力的联合国。《联合国宪章》是国际关系中的行动指南。实践多边主义、加强国际合作，就要维护《联合国宪章》的宗旨和原则。"①这样，他深刻地指出："在这个庄严而重要的时刻，世界各国的领导人和代表集聚一堂，共同纪念联合国成立60周年，重申我们对恪守联合国宪章宗旨和原则的承诺，表达维护世界和平、促进共同发展的决心。这是世界各国人民的共同愿望，也是各国有见识的政治家的共同认识。联合国的成立，是人类为和平与发展长期努力的结果。联合国体现了世界各国人民'欲免后世再遭今代人类两度身历惨不堪言之战祸'、'彼此以善邻之道，和睦相处'的崇高精神，承载了国际社会共同促进经济社会发展的美好理想。60年的实践表明，联合国的成立是人类历史上一件具有划时代意义的大事，是人类和平进步事业发展的一座重要里程碑。"②他并进一步强调，综观60年来，尽管人类社会沧桑巨

① 胡锦涛:《在会见联合国秘书长安南时的讲话》,2004年10月12日。

② 胡锦涛:《在联合国成立60周年首脑会议上的讲话》,2005年9月15日。

变,国际舞台风云变幻,联合国也历经种种考验,走过了不平凡的历程。但令人欣慰的是半个多世纪以来,特别是冷战结束以来,由于国际社会的共同努力,推动联合国各项事业蓬勃发展,使联合国在维护世界和平、推动共同发展、促进人类文明等方面发挥了重要作用,取得了巨大成就。虽然60年来尽管地区动荡不断、局部冲突时有发生,但各国更加重视对话合作,更加重视谈判解决争端,通过联合国预防和制止武装冲突、维护世界和平日益成为国际社会的普遍诉求。遵守国际责任,承担国际义务,以和平方式解决所有争端,采取有效集体措施,共同维护地区和全球安全,是成立联合国的初衷,也越来越成为国际社会实现持久和平、普遍安全的必由之路。他并就为真正维护世界和平,切实保证安理会履行联合国宪章赋予的职责,提出了坚持多边主义,维护安理会权威;有效应对威胁,提高安理会效率;体现民主原则,改进安理会决策;重视对非洲的关切,要切实加大安理会投入的四点具有客观规律的科学指导性建议。

胡锦涛在对于联合国千年发展目标的问题上,他认为在20世纪90年代以来,国际社会就国际发展合作达成了许多重要共识。2000年联合国千年首脑会议通过了《千年宣言》,制定了千年发展目标,为国际社会发展合作确立了路线图和时间表,“近年来,国际发展合作虽然取得积极进展,但离联合国设立的目标仍有不小差距”①,我们必须要认识到,发展问题远未解决,国际发展合作仍然任重道远。目前,全球约有10亿人处于绝对贫困状态;日益严重的贸易壁垒、沉重的债务负担、艾滋病等重大传染性疾病的蔓延,严重阻碍了广大发展中国家的发展。恐怖主义、地区冲突、能源安全等传统和非传统安全问题对实现全球共同发展构成严重挑战。胡锦涛正是基于这样的思想认识,进而从代表全人类利益的高度出发,为

① 胡锦涛:《在中国印度巴西南非墨西哥五国领导人集体会晤时的讲话》,2005年7月7日。

确保落实千年发展目标,加强国际发展合作,促进普遍发展,实现共同繁荣,他更是明确指出:必须要“进一步深化改革,使国际经济体制和规则更加公平合理,特别是要充分反映广大发展中国家的关切,促进经济全球化朝着均衡、普惠、共赢的方向发展”,必须要“尊重发展模式的多样性,推动发展经验的交流。自主选择符合本国实际的发展道路和发展模式,是各国实现发展的关键”,必须要切实“建立公平、合理、有效的千年发展目标进展评估框架,及时评估各国取得的进展,监督和促进国际合作和发展援助承诺的落实。发展中国家应该通过自身努力和相互合作增强竞争力。”对此,胡锦涛更是从站在维护广大发展中国家和不发达国家的利益出发,进而明确要求世界上发达国家更应该积极促进全球经济增长,在消除贫困、资金援助、减免债务等重点问题上采取切实措施,帮助发展中国家特别是非洲和最不发达国家加快发展。同时,他也极为深刻地指出,国际社会应该把消除贫困作为加强国际发展合作的首要任务,大幅增加发展资金,实现发达国家把国民总收入的0.7%用于官方发展援助的目标,并积极探讨新的筹资方式。这是因为,“发展中国家总体债务高达2.2万亿美元,沉重的债务负担长期困扰着发展中国家尤其是最不发达国家。国际社会特别是发达国家应该采取实质性措施,大幅减债,简化程序,减少条件,使发展中国家摆脱债务的恶性循环,轻装上阵,推动经济发展。”因此,必须要进一步“加强联合国在推动国际发展合作中的作用。联合国应该将发展作为一项主要工作来抓,完善机制,改进职能,在引导形成共识、制定规则、推动参与等方面发挥优势。要加强同世界贸易组织、世界银行和国际货币基金组织等国际和区域机构的协调和合作,整合资源,形成合力,为各国特别是发展中国家的发展创造良好的国际环境,提供有力的帮助和支持。”①

① 胡锦涛:《在联合国成立60周年首脑会议发展筹资高级别会议上的讲话》,2005年9月14日。

为此,胡锦涛明确强调,中国虽然是目前世界上最大的中低收入的发展中国家,在发展道路上仍然面临着许多困难和挑战,但是中国仍然将采取一些新的措施,尽最大努力支持和帮助其他发展中国家加快发展。中国已经向很多个最不发达国家提供了优惠关税待遇,减免了有关国家的债务。在中国倡导下已经成立了中非合作论坛、中阿合作论坛等合作机制,在亚洲开发银行设立中国减贫和区域合作基金并提供了捐款。而中国国际扶贫中心在北京正式成立,也是旨在为世界消除贫困事业作出贡献。他指出,2002 年墨西哥举办了第一届联合国发展筹资大会,既然已经通过了《蒙特雷共识》,那么就要在真正落实上下工夫,世界各国和"国际社会应该拿出更强烈的政治意愿,把推动发展特别是推动发展中国家发展作为一项重要任务加以落实。发达国家有义务有责任切实履行对发展中国家增加援助、减免债务的承诺。只有发达国家和发展中国家共同发展,世界才能真正实现和平、稳定、繁荣"①,才能使 21 世纪真正成为人人享有科学发展的新世纪。

可见,在人类社会在漫长的历史演进中,长期困惑整个国际社会和世界各国和平发展的人类思维难题,也就是缺乏具有永恒价值意义的并能始终成为全球共识和合作思想基础的科学发展理念的问题,由于科学发展观科学体系的创立、形成与诞生已经被彻底解决,过去那种缺乏对怎样实现全面协调可持续科学发展的规律性认识的尴尬局面,已经永久地成为历史的昨天。同时,这也充分地说明了以胡锦涛为杰出代表的当代中国共产党人,已经彻底超越了意识形态的差异,并始终致力于为实现全人类的最终解放而不断奋斗,这集中体现出他作为对人类世界历史高度负责的大政

① 胡锦涛:《在墨西哥参议院的演讲》,2005 年 9 月 12 日。

治家、大思想家，在人类社会历史发展进程中应有的博大胸襟、恢弘气度与远见卓识。可见，科学发展观理论体系的创立、形成与诞生，极具人类世界历史的思想价值意义，它不仅为我国全面建设小康社会、和谐社会、创新型国家指明了方向，而且也为当今人类社会实现永续发展指明了方向。

四、阐明了马克思主义执政党的崇高历史使命和历史任务

在人类社会的历史进程中，马克思通过创立辩证唯物史观和剩余价值学说的基础上，深刻揭示科学社会主义、共产主义必将代替资本主义的世界历史发展的客观规律，深刻阐明马克思主义政党的崇高使命和历史任务，它代表着无产阶级的根本利益，是全世界无产阶级及其政党的科学指导思想。因此，自从 1848 年《共产党宣言》的发表，标志着马克思主义诞生起，它就经受了 1848 年欧洲大革命的洗礼和 1871 年巴黎公社革命的考验。可见，国际共产主义运动，就是马克思恩格斯指出的全世界无产者联合起来，并参加的科学社会主义革命和最终实现共产主义的国际性运动，而作为国际共产主义运动中出现的组织形式：共产主义者同盟、国际工人协会（第一国际）、第二国际、第三国际，则是代表当时国际共产主义运动的发展水平和状况的一个重要标志。

当前，在新的历史时期和新形势下，从站在科学发展观的战略高度，再次回顾这些无产阶级国际性组织的历史形成和发展过程，对于深刻领会马克思主义、毛泽东思想、邓小平理论、“三个代表”重要思想、科学发展观的深刻内涵、精神实质，对于深刻认识无产阶级革命理论和战略策略的国际主义原则，明确马克思主义执政党的崇高历史使命和历史任务，始终在全党大力弘扬求真务实精神、大兴求真务实之风，使全党同志特别是各级领导干部，始终坚持马克思主义的最终奋斗目标，树立共产主义的远大理想和坚定信念，“从提高党的执政能力、巩固党的执政地位

的战略高度”①,从而“不断提高运用马克思主义立场、观点和方法来认识规律、把握规律、指导工作的能力”②,进一步加强党的执政能力建设和先进性建设,进一步推进党的建设新的伟大工程,“深入研究科学发展观对党的建设提出的新要求,为落实科学发展观提供有力的思想、组织、作风和制度保证。要认真总结加强党的执政能力建设的新鲜经验,深入研究我们党执政的历史经验和生动实践,研究和借鉴外国政党的有益做法,不断丰富和发展党的执政理论体系。要认真总结开展保持共产党员先进性教育活动的新鲜经验,深入研究党的先进性建设的基本规律,为加强党的先进性建设提供理论指导。要加强对构建社会主义和谐社会的理论研究,深入研究构建和谐社会对党的建设提出的新要求,切实促进社会和谐”③,以及“同世界各国人民一道促进多边主义,促进经济全球化朝着有利于实现共同繁荣的方向发展,提倡国际关系民主化,尊重世界多样性,推动建立公正合理的国际政治经济新秩序。中国将坚持对外开放的基本国策,不断优化投资环境、开放市场,广泛开展国际合作,特别是将尽已所能支持发展中国家加快发展,同世界各国实现互利共赢”④等各个方面,都将具有重要意义。

我们从站在科学发展观的战略高度来看,共产主义者同盟作为世界上第一个无产阶级政党的萌芽,体现了马克思主义同工人运动的初步结合,标志着国际共产主义运动的兴起。1847 年 6 月 2 日至 9 日,同盟代表大会在伦敦秘密举行,并根据马克思主义的

① 胡锦涛:《在中央纪委第五次全体会议上的讲话》,2005 年 1 月 11 日。

② 胡锦涛:《在中央纪委第三次全体会议上的讲话》,2004 年 1 月 12 日。

③ 胡锦涛:《在会见全国党的建设研究会第四次会员代表大会代表时的讲话》,2005 年 12 月 30 日。

④ 胡锦涛:《携手建设持久和平、共同繁荣的和谐世界,2006 年新年贺词》,2005 年 12 月 31 日。

思想原则和组织原则确定了“全世界无产者，联合起来！”的革命口号，恩格斯负责起草同盟章程，这是按照马克思主义建党原则的第一个重要文献。[①] 1847 年 11 月 29 日至 12 月 8 日，同盟第二次代表大会在伦敦召开，马克思恩格斯出席大会并负责起草同盟的正式纲领《共产党宣言》，并于 1848 年 2 月在伦敦以德文公开发表。《宣言》是无产阶级政党第一个“周详的理论和实践的党纲”[②]，是马克思主义与无产阶级实际斗争相结合的产物，它牢固奠定了“无产阶级革命的理论和战略策略”[③]的基础。第一国际原名叫“国际工人协会”，它是 1864 年 9 月 28 日在英国伦敦建立的国际组织，是马克思主义同国际共产主义运动相结合的结果，是国际工人运动史上一个重要的里程碑。协会期间，在反对资产阶级斗争的同时，也和国际内部的蒲鲁东主义、巴枯宁主义和工联主义进行了斗争，并通过斗争使马克思主义在国际工人运动中，逐步扩大了影响并占据了统治地位。第一国际在国际共产主义运动史上占有重要的地位，它在欧洲 17 个国家建立了支部，广泛地传播了马克思主义，紧密团结了欧美各国无产阶级，支持和声援他们的革命斗争，并在组织上为各国无产阶级建立自己的独立政党积累了一批具有丰富工作经验的领导干部。同时，国际始终高举“全世界无产者，联合起来！”的伟大旗帜；坚持声援民族解放运动的国际主义立场；坚持以科学社会主义思想为指导，但不强加于人的原则，十分尊重各国无产阶级政党的自主权，认为用什么方式来达到最终目标应当由各国无产阶级政党自己作出选择。第二国际，原名“社会主义者代表大会”，1889 年 7 月 14 日在巴黎召开有欧美

① 《马克思恩格斯全集》第 4 卷，第 572 页。

② 《马克思恩格斯选集》第 1 卷，第 228 页。

③ 胡锦涛：《在省部级主要领导干部提高构建社会主义和谐社会能力专题研讨班上的讲话》，2005 年 2 月 19 日。

22个国家的293名代表出席的社会主义者代表大会，制定了无产阶级运动的方针和策略，确立了定期举行国际会议的制度，从而为各国社会主义者和马克思主义政党在马克思主义指导下的国际团结和合作奠定合作基础，是国际共产主义运动的另一个重要的里程碑。第二国际从1889年成立到1896年的前期阶段，在恩格斯的关怀与指导下，它教育组织了工人阶级为捍卫切身利益而斗争；强调了无产阶级国际主义原则，号召国际无产阶级团结起来进行共同反对国际资产阶级和军国主义的斗争；同时坚决地清算了无政府主义思潮，使马克思主义成为各国无产阶级政党的指导思想。第三国际是无产阶级领袖列宁始终坚持高举马克思主义的伟大旗帜、团结世界各国无产阶级政党左派，以不断清除原来第二国际和第二半国际的消极影响，为共同建立一个新的国际而斗争的先进产物。1919年3月2日，国际的第一次代表大会在莫斯科开幕，来自欧、美、亚30个国家的52名代表出席成立大会。国际建立后明确规定以马克思列宁主义作为无产阶级政党的指导思想，它使各国马克思主义政党的领袖们始终坚持马克思主义的指导地位，准确把握国内外形势，并根据本国的国情和民族特点，提出符合本国国情、顺应时代要求、凝聚人民意志的革命战略策略及其发展目标、指导方针和总体部署。同时它也使工人运动的范围扩大到全球六大洲，为国际共产主义运动作出了巨大贡献。而且，这些在历次国际共产主义运动中得出的宝贵的历史经验和各项有益的政治思想理论原则，都对后来的中国共产党和新中国领袖毛泽东、邓小平、江泽民、胡锦涛等马克思主义经典作家产生了极其深远的影响。

在今天看来，这些在当时国际共产主义运动中出现的组织形式，虽然是当时历史条件下的产物，但我们当前在新的形势下，通过再次回顾这些无产阶级国际组织历史形成过程，可以深刻感受到，“无产阶级的国际没有消失，也不会消失。工人群众定将冲破一切障碍,建立新的国际。”①这也就是说,马克思主义科学体系的全部精神实质,即科学社会主义、共产主义必将代替资本主义的世界历史发展的总趋势不会改变,建设和发展社会主义并最终实现共产主义的崇高奋斗目标不会改变。当然,这在社会主义革命已经从一国胜利到多国胜利,建设和发展社会主义的实践,也从一种模式到多种模式,特别是在当前世界多极化、国际关系民主化、发展模式多样化和经济全球化趋势深入发展的国际大环境下,以前曾经历史出现的那些世界性的集中统一的无产阶级国际组织形式,已经不能再适应当前新型的国际共产主义运动科学发展的需要,而是要从携手建设、共同缔造和谐世界的先进理念来把握。这是因为,进入新世纪新阶段,世界上包括中国共产党在内的任何“一个政党要带领人民建设好自己的国家,不断实现好、维护好、发展好最广大人民的根本利益,就必须顺应时代潮流,把握发展机遇,依靠人民的智慧和力量,在实践中开辟符合本国国情的发展道路”②,而当今人类社会“共同推进人类和平与发展的崇高事业”③的科学发展趋势,就必然要求“世界各类政党和政治组织的交流和合作”④,必须要始终本着超越社会制度、发展模式和意识形态差异的精神,在谋求相互了解和合作,并在独立自主、完全平等、互相尊重、互不干涉内部事务的思想原则基础上,积极广泛开展形式多样的党际交往,并就共同关心的问题交换意见,增进了解,扩大共识,加强合作。世界各政党和政治组织的交流,必须要始终不渝地高举和平、发展、合作的旗帜,必须始终诚心诚意地在党际之间

---

① 《列宁选集》第2卷,第574页。

② 胡锦涛:《在会见出席第三届亚洲政党国际会议的来宾并举行欢迎宴会时的致词》,2004年9月3日。

③ 胡锦涛:《在中国印度巴西南非墨西哥五国领导人集体会晤时的讲话》,2005年7月7日。

④ 胡锦涛:《在会见社会党国际主席古特雷斯时的讲话》,2004年2月18日。

发展全面合作关系,诚心诚意地使世界各类政党的发展,朝着有利于促进世界和平与发展的方向迈进,朝着有利于促进国家关系和世界人民友好的方向迈进,朝着有利于促进世界各国在政治上平等互信、经济上互利共赢、文化上交流借鉴、安全上对话协作的方向迈进,努力推动国际社会和世界各国在实现科学发展中,真正达到持续和平与共同繁荣,使全人类始终孜孜追求一代接一代永续发展的美好愿望能够真正得到实现,从而最终达到科学推进整个人类社会和平与发展伟大事业的崇高目的。

对此,胡锦涛指出:"中华民族历来重视亲仁善邻、讲信修睦,历来热爱和平。中国人民深刻认识到,只有通过和平方式实现的发展才是持久的牢靠的发展,也才是既有利于中国人民也有利于世界各国人民的发展。中国将坚定不移地走和平发展道路,努力实现和平的发展、开放的发展、合作的发展。和平的发展,就是通过争取和平的国际环境来发展自己,又通过自己的发展来促进世界和平。开放的发展,就是中国将主要依靠自身力量实现发展,同时坚持对外开放战略,积极参与国际经济技术合作和竞争,不断优化投资环境、开放市场,全面提高对外开放水平。合作的发展,就是中国将同世界各国广泛开展交流合作,积极参与制定和实施国际经贸规则,共同解决合作中出现的分歧和问题,努力实现互利共赢。"①这"不仅将造福13亿中国人民,也将进一步促进亚太地区及世界经济的增长,为各国带来巨大商机和广阔市场。"②这样,"我们提出坚持以人为本、全面协调可持续的科学发展观"③,始终

① 胡锦涛:《在20国集团财长和央行行长会议开幕式上的讲话》,2005年10月15日。

② 胡锦涛:《在多伦多出席中加经贸合作论坛晚宴时的讲话》,2005年9月10日。

③ 胡锦涛:《在八国集团与中国印度巴西南非墨西哥五国领导人对话会上的讲话》,2005年7月7日。

坚持以科学发展观统领经济社会发展全局，强调要统筹城乡发展、统筹区域发展、统筹经济社会发展、统筹人与自然和谐发展、统筹国内发展和对外开放，坚持走生产发展、生活富裕、生态良好的文明发展道路，就是为了增强发展的后劲和可持续性，就是为了切实把经济社会转入以人为本、全面协调可持续发展的科学发展轨道，也是为了对促进世界经济普遍均衡可持续发展作出新的更大的贡献。我们从胡锦涛的科学论述中可以深刻感受到，科学发展观不仅是坚持和发展中国特色社会主义的伟大旗帜，而且，他积极倡导世界各国人民共同缔造和谐世界的科学发展理念，还创造性地为国际共产主义运动指明了前进方向。

第二章　科学发展观让伟大的中国永远巍然屹立在世界东方

胡锦涛指出:“中国是有着几千年悠久文明历史的伟大国家,中国人民是创造了灿烂文化的伟大人民,中华民族是有着自强不息精神的伟大民族。在长期的历史进程中,中国人民辛勤劳动、艰苦创业,克服了无数的艰难险阻,创造了一个又一个人间奇迹。”① 新中国成立后,“以毛泽东同志为核心的党的第一代中央领导集体,确立了以民族平等、民族团结、民族区域自治、各民族共同繁荣为核心的民族理论和民族政策,引导我国各民族走上社会主义道路,实现了中华民族发展史上最广泛最深刻的社会变革,开创了中国特色解决民族问题的正确道路。以邓小平同志为核心的党的第二代中央领导集体,重新确立了我国民族工作的正确方向,把民族工作重心转向为经济建设服务,巩固和发展社会主义新型民族关系,开辟了历史新时期我国各民族蓬勃发展的崭新局面,推动我国民族团结进步事业在改革开放进程中迈出了崭新步伐。以江泽民同志为核心的党的第三代中央领导集体,深化和发展党的民族理论和民族政策,制定并实施西部大开发战略,采取一系列重大举措加快少数民族和民族地区发展,有力维护了民族团结、社会稳定、

① 胡锦涛:《在纪念毛泽东同志诞辰110周年座谈会上的讲话》,2003年12月26日。

国家统一,把我国民族团结进步事业全面推向了21世纪。党的十六大以来,根据新世纪新阶段我国民族工作面临的新形势新任务,党中央确立了各民族共同团结奋斗、共同繁荣发展的民族工作主题,强调促进民族团结、实现共同进步是民族工作的根本任务,作出一系列加强和改进民族工作的重大部署,我国各族人民大团结不断巩固和发展,我国民族团结进步事业焕发出新的生机活力"①,"战胜各种艰难曲折和风险考验,取得了举世瞩目的伟大成就,谱写了自强不息的壮丽凯歌"②,"今天,13亿中国人民大踏步赶上了时代潮流,稳定走上了奔向富裕安康的广阔道路,中国特色社会主义充满蓬勃生机"③,"我们这个拥有5000多年悠久历史、为人类文明进步作出重大贡献的古老民族以崭新的面貌屹立在世界东方,我们伟大的祖国正在朝着建设富强民主文明和谐的社会主义现代化国家的宏伟目标阔步前进。"④

从胡锦涛的科学论述中,不仅感受到"中华民族有着悠久的历史,在5000多年的历史演进中创造了灿烂的文明,为人类社会发展作出了不可磨灭的贡献"⑤,感受到"中华文明源远流长、博大精深的深厚底蕴,感受到中华民族自强不息、顽强奋进的壮阔历程。"⑥还可以深刻感受到,他作为一位终身信仰马克思主义和精通中国历史、世界历史的无产阶级革命家、政治家、思想家、战略家

---

① 胡锦涛:《在国务院第五次全国民族团结进步表彰大会上的讲话》,2009年9月29日。

② 胡锦涛:《在庆祝中华人民共和国成立60周年大会上的讲话》,2009年10月1日。

③ 胡锦涛:《在纪念党的十一届三中全会召开30周年大会上的讲话》,2008年12月18日。

④ 胡锦涛:《在庆祝中国人民政治协商会议成立60周年大会上的讲话》,2009年9月20日。

⑤ 胡锦涛:《在法国国民议会的演讲》,2004年1月27日。

⑥ 胡锦涛:《在二〇〇五年北京〈财富〉全球论坛开幕式上的演讲》,2005年5月16日。

和理论家，既对中国优秀传统文化有着深厚的眷恋之情，又有高度的中国优秀传统文化素养，始终以五千年自强不息的伟大中华民族精神，作为科学理论创新的深厚底蕴和不竭源泉，创造性地将马克思主义、毛泽东思想、邓小平理论、"三个代表"重要思想，同我国发展实践和时代特征紧密结合起来，准确把握世界发展趋势，继续解放思想、实事求是、与时俱进，形成了科学发展观理论体系。因此，在当前新的历史时期和新形势下，我们从深入学习实践科学发展观的战略视野，深入研究科学发展观和伟大的中华民族精神的辩证关系，对于我们深刻理解和准确把握科学发展观的时代背景、科学内涵、精神实质和根本要求，具有极其重大的理论意义、实践意义和深远的历史意义。

第一节　科学发展观是伟大的民族精神在当代中国的生动体现

胡锦涛始终认为，中华民族是具有伟大民族精神的民族。千百年来，中华民族之所以能够历经磨难而不衰，饱尝艰辛而不屈，千锤百炼而愈加坚强，靠的就是这种威力无比的民族精神。今天，我们大力弘扬伟大民族精神，就是要大力增强中华民族的民族凝聚力，"就是要向世界宣示我们牢记历史、不忘过去、珍爱和平、开创未来的坚定意志，弘扬伟大的民族精神，进一步增强全体中华儿女的民族自尊心、自信心和自豪感，共同推进中华民族伟大复兴的光辉事业，同世界各国人民一道致力于人类和平与发展的崇高事业。"①因而对于伟大而自强不息的中华民族精神，必须始终不渝

① 胡锦涛：《在山西考察工作时的讲话》，2005 年 7 月 29 日。

地坚持,并在实践中不断丰富和发展。这就要求我们必须要“坚持马克思主义的指导地位,善于把中华民族的优秀传统文化与世界各国的先进文明成果结合起来”①,既要继承优良传统,又要体现时代进步的要求,不断丰富和发展民族精神的科学内涵,要“以与时俱进的精神推进理论创新,不断打开新的理论视野、作出新的理论概括”②,不断使党的全部理论和工作体现时代性、把握规律性、富于创造性,“使党的理论和路线方针政策顺应时代发展的潮流和我国社会发展进步的要求、反映全国各族人民的利益和愿望”③,不断取得马克思主义基本原理同中国具体实际相结合的新进展,不断丰富和发展马克思主义,不断把马克思主义中国化推向前进,不断把中国特色社会主义事业推向前进,“使中华民族大踏步赶上时代前进潮流、迎来伟大复兴的光明前景。”④可见,科学发展观理论体系,既与马克思主义一脉相承,又凝聚着伟大的中华民族精神和求真务实的民族性格,是对五千年伟大而自强不息中华民族精神的理论升华,“是以爱国主义为核心的民族精神和以改革创新为核心的时代精神的生动体现,是伟大的中华民族精神在当代中国的生动体现”⑤,又科学把握了当今人类社会和平发展的总趋势,必然是中华民族精神要求永续发展的先进产物。

---

① 胡锦涛:《在考察广州老城区大塘街社区服务中心时的讲话》,2004 年 12 月 22 日。

② 胡锦涛:《在参加全国政协十届三次会议社科界联组讨论时的讲话》,2005 年 3 月 7 日。

③ 胡锦涛:《在新时期保持共产党员先进性专题报告会上的讲话》,2005 年 1 月 14 日。

④ 胡锦涛:《在中国共产党第十七次全国代表大会上的报告》,2007 年 10 月 15 日。

⑤ 胡锦涛:《在北京奥运会、残奥会总结表彰大会上的讲话》,2008 年 9 月 29 日。

一、揭示出伟大而自强不息中华民族精神的思想理论实质

马克思主义认为，每一个国家在历史形成中，各“民族都由于物质关系和物质利益而团结在一起”①，“各民族之间的相互关系取决于每一个民族的生产力、分工和内部交往的发展程度。这个原理是公认的。然而不仅一个民族及其他民族的关系，而且一个民族本身的整个内部结构都取决于它的生产以及内部和外部的交往的发展程度。”②也就是说，古代统一国家的经济基础，不仅对民族关系具有决定性影响，而且还深刻地影响着其民族精神的形成和历史发展，古代中国当然也不例外。马克思主义经典作家对于古代国家，他们认为，如果不能摆脱封建分散和诸侯混乱的状态，世界上任何一个国家，都不可能指望保持自己的独立和真正发展经济和文化。只有联合为统一的国家，才有可能真正发展文化和经济，才有可能确立自己的独立。对此，胡锦涛在全面深入考察了迄今以来整部中国历史的基础上，在科学阐明中华民族、中华民族精神形成的历史渊源，以及对我国古代国家发展和社会进步之间的辩证关系的基础上，明确指出了我国各族人民始终孜孜追求中华民族的大团结和祖国完全统一的思想实践，这始终是五千年伟大而自强不息中华民族精神的思想理论精华。他指出：“中国是一个具有五千多年历史的文明古国，为人类文明进步作出了巨大贡献”③，“在漫长的历史演进中，中国人民为创造美好生活始终自强不息、顽强奋斗”④，千百年来，中国各族人民正是始终发扬以爱国主义为核心的团结统一、爱好和平、勤劳勇敢、自强不息的伟大民族精神，始终认识到“祖国统一是各族人民的最高利益，民族团

① 《马克思恩格斯全集》第3卷，第169页。

② 《马克思恩格斯全集》第3卷，第24页。

③ 胡锦涛：《在首都各界纪念全国人民代表大会成立50周年大会上的讲话》，2004年9月15日。

④ 胡锦涛：《在巴西国会的演讲》，2004年11月12日。

结是祖国统一的重要保证。历史和现实都表明：国家统一、民族团结，则政通人和、百业兴旺；国家分裂、民族纷争，则丧权辱国、人民遭殃。”①中华民族之所以能够历经磨难而不衰，饱尝艰辛而不屈，千锤百炼而愈加坚强，靠的就是这种威力无比的民族精神，“这充分说明，在历史长河中铸就的伟大民族精神，是中华民族生生不息、顽强奋起、发展壮大的强大精神动力”②，而以爱国主义为核心的团结统一思想，更是伟大而自强不息民族精神的思想精粹所在。

我们从胡锦涛的科学论述中，不仅深刻感受到伟大的中华民族的悠久历史，感受到中华文明源远流长、博大精深的深厚底蕴，感受到中华民族自强不息、顽强奋进的壮阔历程，感受到伟大的中华民族精神在我国古代统一国家中的积极作用，感受到我国古代统一国家是伟大的中华民族精神永续发展的坚强基石，而且，还感受到我国各族人民始终孜孜追求民族团结和国家统一，这始终是五千年伟大而自强不息中华民族精神的思想精华所在。因此，我们从站在科学发展观的战略高度，再次回顾中国历史就可以看到，中华民族在长期的历史演进中，几千年来，我国传统的优秀思想文化中的“大一统”观念，确实是中华民族精神的思想精粹所在，历来是为维护中华民族团结和国家统一的根本依据，并始终成为我国古代统一国家的政治价值取向，浸润着全国各族人民的思想感情，它是一种历久弥坚的中华民族的精神力量，并对中华民族的凝聚和发展具有重要作用。在史料中看到，我国“大一统”思想观念萌芽很早，早在先秦时期就已经形成，由早期儒家率先提出，并表现在政治、思想、文化和民族等诸多层面。春秋以降，伴随着古代国家政治格局不断发展，“大一统”思想也在政治上有了长足进步，特别是在汉武帝采纳了董仲舒的建议，确立了儒家思想在中华

---

① 胡锦涛：《在中央民族工作会议上的讲话》，2005年5月27日。

② 胡锦涛：《在会见新党主席郁慕明时的讲话》，2005年7月12日。

民族思想文化中的核心地位以后，传统“大一统”思想作为中国传统政治思想文化的核心理念，不仅是当时古代各族人民自觉维护中央权威思想基础，也成为古代各族人民追求国家统一和消除分裂势力割据的理论依据。正是这种优秀思想文化的浸润，中国古代各族人民在当时统一国家的社会生活中，他们始终坚持同呼吸、共命运、心连心，很早就产生了“汉族离不开少数民族，少数民族离不开汉族，各少数民族之间也相互离不开”①的思想，很早就产生了当时的统一国家是各族人民的共同家园的思想，很早就产生了各族人民要通过“诚实劳动创造美好生活的思想和精神”②，把当时统一国家这个共同家园“维护好、建设好、发展好”和“中华民族强盛了，是全体中华儿女之福”③的思想。可见，作为中华民族精神精粹的“大一统”观念，始终是指导中华民族团结和国家统一并得以可持续发展的思想基础和坚定基石，在中华民族精神的整体结构中，始终具有精神支柱和发展动力的地位。

因此，新世纪新阶段，我们必须以科学发展观为指导，坚持把弘扬和培育中华民族精神作为重要的工作抓紧抓实，要在爱国主义和社会主义的伟大旗帜下，积极倡导一切有利于民族团结、祖国统一、人心凝聚的思想和精神，积极倡导一切有利于国家富强、社会进步、人民幸福的思想和精神，积极倡导一切用诚实劳动创造美好生活的思想和精神，不断增强中华民族的凝聚力和创造力，在全社会形成自觉维护民族团结、国家统一和促进科学发展的良好氛围。要深入持久地宣传和贯彻尊重劳动、尊重知识、尊重人才、尊重创造的方针，宣传和弘扬解放思想、锐意改革、艰苦创业、开拓创新的精神，既要继承优良传统，又要体现时代进步的要求，不断丰

① 江泽民：《必须树立马克思主义的民族观和宗教观》，1990 年 9 月 1 日。

② 胡锦涛：《在全国宣传思想工作会议上的讲话》，2003 年 12 月 5 日。

③ 胡锦涛：《在会见各地台资企业协会会长时的讲话》，2003 年 12 月 25 日。

富和发展民族精神的科学内涵。要紧紧抓住国家实施西部大开发的历史机遇，不断加快转变经济发展方式和优化调整产业结构，坚定不移地走科学发展道路，不断用科学发展伟大成就充实国家的物质基础，切实做到各族人民同呼吸、共命运、心连心，最充分地把全国各族人民凝聚和团结在党和政府的周围，紧密依靠人民的智慧和力量，不断巩固和发展我国各民族团结奋进、共谋发展的良好政治局面，不断开创坚持和发展中国特色社会主义现代化事业的新局面。

二、深刻指出必须使三个离不开的思想观念更加深入人心

胡锦涛深刻指出，民族问题始终是关系党和国家工作全局的一个重大问题。这是因为，在中国革命建设改革的长期实践中，我们党始终坚持把马克思主义民族理论同我国民族问题具体实际相结合，走出了一条符合我国国情、具有中国特色的解决民族问题的正确道路，我国平等、团结、互助的社会主义民族关系不断发展和巩固，"'汉族离不开少数民族，少数民族离不开汉族，各少数民族之间也相互离不开'"①的思想观念深入人心，各民族人民同呼吸、共命运、心连心，民族地区呈现出蓬勃发展的良好局面。对此，"各级党委和政府一定要站在全局和战略的高度，坚持以邓小平理论和'三个代表'重要思想为指导"②，深入贯彻落实科学发展观，要通过广泛开展多种形式的宣传教育活动，使"三个离不开"的思想观念，深深扎根于全国各族人民的心中，不断巩固和发展汉族和少数民族、少数民族和少数民族以及各民族内部成员之间的

① 胡锦涛：《在参加全国政协十届一次会议少数民族界联组讨论会时的讲话》，2003年3月4日。

② 胡锦涛：《在中共中央政治局第十六次集体学习时的讲话》，2004年10月21日。

关系，必须继续深入开展民族团结进步活动，积极促进和鼓励各民族相互学习、相互交流，实现和谐相处、共同团结进步，共同繁荣发展，不断开创民族工作新局面。

我们从站在科学发展观的战略思想高度来看，胡锦涛科学指出要使“三个离不开”的思想观念深入人心的要求具有重要意义。这是因为，在无产阶级革命事业的历史进程中，“三个离不开”思想，是以江泽民为核心的第三代中央领导集体，从站在马克思主义科学民族观的战略高度，并创造性地对我国民族团结和民族关系的高度概括和总结。因此，我们在民族工作的实践中，只要能够始终坚持做到使“三个离不开”的思想观念深入人心，也就是牢牢把握了“三个代表”重要思想博大科学思想理论体系中立党为公、执政为民的马克思主义政党先进性的本质要求，改革开放以来特别是党的十三届四中全会以来的实践证明，以江泽民为核心的第三代中央领导集体在世纪之交，随着国际政治格局向多极化发展，世界范围的民族问题也出现了一些新情况和新问题，面对国际国内形势的重大变化和发展，如何加快发展民族经济，加强民族团结，维护国家的统一，这是关系到把中国特色社会主义伟大事业全面推向21世纪的重大问题。对此，江泽民以新中国领袖所特有的全球战略眼光，始终高举马克思列宁主义、毛泽东思想和邓小平理论的伟大旗帜，高瞻远瞩，统揽全局，高度重视民族问题和民族工作，十分关心我国少数民族地区的发展和进步，并在新的实践中进一步丰富和发展了邓小平民族理论。他始终认为：“我们伟大的中华民族，是由56个民族构成的，在我们祖国的大家庭里，各民族之间的关系是社会主义的新型民族关系，汉族离不开少数民族，少数民族也离不开汉族，少数民族之间也相互离不开。”①江泽民正是

① 江泽民：《必须树立马克思主义的民族观和宗教观》，1990年9月1日。

基于这样深刻的科学思想认识,他明确指出要从三个方面切实做好民族工作:

第一,必须要从战略的高度重视民族问题和民族工作,并要始终明确在新形势下民族工作的任务和要点。江泽民在1992年1月的中央民族工作会议上指出:"民族问题始终是我国革命和建设中的一个重大问题。中国共产党从一成立就非常重视民族问题,积极探索解决民族问题的正确途径。""处理好民族问题,做好民族工作,是涉及全局的大问题,……各级党委和政府的主要负责同志,要亲自过问民族工作,帮助解决实际问题"①;他在1993年11月全国统战工作会议上又着重指出:"民族问题关系到我们的国家统一、社会稳定、边防巩固、建设成功的大问题。在社会主义条件下,正确处理民族问题是一个带根本性的问题,加强民族团结是一个需要长期努力的重要任务";"在民族问题上我想强调三句话:一是继续巩固和发展社会主义的民族关系,二是坚持和完善民族区域自治制度,三是加快民族地区的经济发展和社会进步。"②

第二,要科学制定市场经济条件下扶持民族地区发展的政策措施,加快中西部民族地区发展,实施西部大开发战略,加快少数民族和民族地区经济、社会发展。1992年,他在中央民族工作会议上指出:"民族问题既包括自身的发展,又包括民族之间,民族与阶级、国家之间等方面的关系。"必须要"加快少数民族和民族地区的发展,是我国社会主义事业的本质要求在民族工作上的体现,也是党的民族政策的基本出发点和归宿。民族地区地域广大,资源丰富,潜在市场广阔,战略地位十分重要。在国家未来的发展战略中,加快民族地区的发展将摆在更加突出的位置。"③1999年

① 江泽民:《在中央民族工作会议上的讲话》,1992年1月14日。

② 江泽民:《高度重视民族工作和宗教工作》,1993年11月7日。

③ 江泽民:《在中央民族工作会议上的讲话》,1999年9月29日。

6月,他在西北五省国有企业改革和发展座谈会上,就加快中西部地区的发展和实施西部大开发,明确提出总体原则和工作部署:"要抓住世纪之交的历史机遇,加快西部地区开发步伐。"因为"西部地区少数民族聚居比较集中,又地处边疆。加快西部地区的发展,对于保持西部地区政治和社会稳定、促进民族团结和保障边疆安全具有重大意义。"因此,"加快开发西部地区,对于推进全国的改革和建设,对于保持党和国家的长治久安,是一个全局性的发展战略,不仅具有重大的经济发展意义,而且具有重大的政治和社会意义。""加快中西部地区发展的条件已经具备,时机已经成熟。从现在起,这要作为党和国家一项重大的战略任务,摆到更加突出的位置。"①

第三,必须要始终坚持和完善民族区域自治制度,始终高举各民族大团结旗帜,反对民族分裂,维护国家统一。实施民族区域自治制度是我国解决民族问题的重大措施,是中国特色社会主义的一项重要政治制度。江泽民十分重视民族区域自治制度的进一步巩固和完善,他明确指出:"民族区域自治制度是解决我国民族问题的根本制度,《民族区域自治法》是以法律形式把这种制度确定下来的一项基本法律。实行民族区域自治,既能发挥各少数民族和民族地区的积极性,又保证了中央必要的集中和祖国的统一。它把民族因素同区域因素、政治因素同经济因素恰当地结合了起来,具有强大的生命力。"②1997年9月12日,江泽民在党的十五大的报告中,把坚持和完善民族区域自治制度,与坚持和完善人民代表大会制度、共产党领导的多党合作和政治协商制度一起作为中国特色社会主义民主政治的重要内容,并且纳入了社会主义初

① 江泽民:《在西北五省国有企业改革和发展座谈会上的讲话》,1999年6月17日。

② 江泽民:《必须树立马克思主义的民族观和宗教观》,1990年9月1日。

级阶段党的基本纲领，这充分说明民族区域自治制度在我国社会政治生活中的重要地位和作用。1999 年 9 月，他在中央民族工作会议上再次强调："民族区域自治，是我国的一项基本政治制度，它把国家的集中统一领导与少数民族聚居区的区域自治紧密结合起来，具有强大的政治生命力，我们要始终不渝地坚持并不断加以完善"，并明确地强调："加强民族团结，维护祖国统一和社会稳定，这是全国各族人民的共同愿望和根本利益所在，要努力发扬各族人民同呼吸、共命运、心连心的光荣传统，这是我们战胜各种困难和风险，推动建设中国特色社会主义事业不断前进的重要保证。"①这对正确解决我国的民族问题，维护祖国统一，促进民族团结，促进少数民族和民族地区改革开放和经济发展，实现各民族共同繁荣具有重要的指导意义。

因此，我们在当前新的历史时期和新的历史条件下，必须坚持以科学发展观为指导，深入贯彻落实科学发展观，按照党的十七大和十七届三中、四中、五中全会的要求，始终坚持通过广泛开展多种形式的民族团结宣传教育活动，切实使"三个离不开"的思想观念更加深入人心，不断促进汉族和少数民族、少数民族和少数民族以及各民族内部成员之间的和睦关系，并在和谐相处中共同团结进步和共同繁荣发展，不断开创我国民族工作的新局面。

三、高度强调要抓住主题巩固各民族大团结是根本和关键

胡锦涛指出："60 年前，新中国的成立开启了中华民族发展进步的历史新纪元，翻开了我国民族关系发展的历史新篇章。60 年来，在中国共产党坚强领导下，我国各族人民同呼吸、共命运、心连心，共同谱写了人民共和国繁荣富强的壮丽史诗，共同奏响了中华

① 江泽民：《在中央民族工作会议上的讲话》，1999 年 9 月 29 日。

民族伟大复兴的时代强音。新中国的60年,是我国各族儿女在祖国大家庭中团结友爱、休戚与共的60年,是我国各民族共同团结奋斗、共同繁荣发展的60年,是我国民族团结进步事业蓬勃发展、胜利前进的60年。”①对此,他不仅明确强调“共同团结奋斗,共同繁荣发展”是新世纪新阶段我国民族工作的主题,而且还多次进行了科学阐述。这既是我们党对于马克思主义民族观的理论创新和实践创新,也为解决新时期新形势下的民族工作指明了科学方向,同时也具有丰富的时代内涵和极其重大的现实意义和深远的历史意义。

2003年3月,胡锦涛在参加全国政协十届一次会议少数民族界联组讨论会时,他深刻指出:“改革开放以来特别是党的十三届四中全会以来,我们党高度重视并切实加强民族工作,采取了一系列重大举措,大力推进民族地区的经济社会发展,我国民族地区的面貌发生了重大的历史性变化,各族群众的生活水平得到了前所未有的提高,开创了民族团结进步的新局面。这是中国特色社会主义事业的伟大胜利,也是党和国家民族政策的巨大成功。”“实现全面建设小康社会的宏伟目标,要求更好地实现各民族的共同繁荣发展。实现各民族共同繁荣发展,需要各民族共同团结奋斗。共同团结奋斗,共同繁荣发展,是新世纪新阶段我国民族工作的主题。”并为做好民族工作科学指明了具体着力点:“第一,要着力加快民族地区经济社会的发展。支持民族地区发展是中央的既定方针,随着经济的发展和财力的增强,还将不断加大支持的力度。第二,要突出抓好人力资源的开发和少数民族干部队伍建设。要把培养各级各类人才、提高劳动者素质作为重要的战略任务来抓,培养造就一大批适应民族地区发展需要的专门人才。要制定周密规

① 胡锦涛:《在国务院第五次全国民族团结进步表彰大会上的讲话》,2009年9月29日。

划，认真组织实施，真正把少数民族优秀干部特别是优秀年轻干部选拔到各级领导岗位上来。第三，要坚决维护祖国统一和民族团结。要在各族干部群众中广泛进行爱国主义的宣传教育，使爱国主义牢牢扎根在各族干部群众的心中。要引导各族干部群众牢固树立‘汉族离不开少数民族，少数民族离不开汉族，各少数民族之间也相互离不开’的思想，坚持各民族同呼吸、共命运、心连心。第四，要坚持和完善民族区域自治制度，确保民族区域自治法得到全面贯彻落实。”①我国民族工作主题的提出，这是以胡锦涛同志为总书记的党中央，在民族理论和民族政策上的新发展，不仅是我们党对马克思主义民族理论的理论创新和实践创新，不仅为实现我国民族团结进步事业的科学发展勾画出美好前景，不仅为新形势下切实做好民族工作提出了奋斗目标和行动纲领，也为我们在新形势下切实做好民族工作指明了方向。

2004 年 10 月，胡锦涛在中共中央政治局第十六次集体学习时，他深刻指出：“本世纪头 20 年，是我国改革发展的重要战略机遇期，也是促进我国各民族共同繁荣进步的关键时期。必须围绕全面建设小康社会的宏伟目标，牢牢把握各民族共同团结奋斗、共同繁荣发展的主题，努力把民族工作提高到一个新的水平。”必须“要抓住国家实施西部大开发的历史机遇，牢固树立和落实科学发展观，加快少数民族和民族地区经济社会发展的步伐，不断改善少数民族群众的生活。要全面贯彻落实民族区域自治法，用法律法规来保障少数民族和民族地区经济社会发展，用发展的成就不断充实实行民族区域自治制度的物质基础。要在全社会广泛开展民族团结的宣传教育，真正做到各民族同呼吸、共命运、心连心。”“要大力加强对马克思主义民族理论、党的民族政策和民族基本

① 胡锦涛：《在参加全国政协十届一次会议少数民族界联组讨论会时的讲话》，2003 年 3 月 4 日。

知识的宣传教育。不仅要教育群众,更要教育干部;不仅要教育少数民族干部,更要教育汉族干部;不仅要教育一般干部,更要教育领导干部。要通过广泛深入的宣传教育,在全社会形成自觉维护民族团结、促进民族地区发展的良好氛围"①,各级党委和政府必须要站在全局和战略的高度,全面把握新形势下的民族问题,认真做好新形势下的民族工作,要最广泛、最充分地把各族群众凝聚和团结在党和政府周围,不断开创民族工作新局面,不断巩固和发展我国各民族团结奋进、共谋发展的良好政治局面,万众一心地实现全面建设小康社会的伟大历史任务。

2005 年 5 月,胡锦涛在中央民族工作会议暨国务院第四次全国民族团结进步表彰大会上,他深刻指出:"新世纪新阶段的民族工作必须把各民族共同团结奋斗、共同繁荣发展作为主题。共同团结奋斗,就是要把全国各族人民的智慧和力量凝聚到全面建设小康社会上来,凝聚到建设中国特色社会主义上来,凝聚到实现中华民族的伟大复兴上来。共同繁荣发展,就是要牢固树立和全面落实科学发展观,切实抓好发展这个党执政兴国的第一要务,千方百计加快少数民族和民族地区经济社会发展,不断提高各族群众的生活水平。只有各民族共同团结奋斗,各民族共同繁荣发展才能具有强大动力。只有各民族共同繁荣发展,各民族共同团结奋斗才能具有坚实基础。抓住了共同团结奋斗、共同繁荣发展这个主题,就抓住了新形势下正确处理民族问题、切实做好民族工作的根本,就能在全面建设小康社会的历史进程中不断开创民族工作的新局面。"②

2009 年 9 月,胡锦涛在国务院第五次全国民族团结进步表彰

① 胡锦涛:《在中共中央政治局第十六次集体学习时的讲话》,2004 年 10 月 21 日。

② 胡锦涛:《在中央民族工作会议上的讲话》,2005 年 5 月 27 日。

大会上，他深刻指出："回首60年，我国民族团结进步事业经验弥足珍贵。在长期实践中，我们深化了对我国社会主义初级阶段民族问题和民族工作规律的认识，积累了推进我国民族团结进步事业的成功经验"①，并进一步明确强调四个必须坚持。必须坚持中国特色社会主义道路不动摇。我国民族问题只有在坚持和发展中国特色社会主义、实现中华民族伟大复兴的历史进程中才能得到正确解决。只有中国共产党才能团结带领人民解放各民族、振兴各民族，只有中国特色社会主义才能繁荣各民族、发展各民族。必须坚持党的民族政策不动摇。坚持我国各民族一律平等，在民族地区实行民族区域自治，加快少数民族和民族地区发展，保障各少数民族合法权益，巩固和发展平等团结互助和谐的社会主义民族关系，是党的民族政策的基本内容，也是我国各民族团结进步的生命线。我国各族人民大团结只有在党的民族政策得到全面贯彻执行的前提下才能得到切实加强，党的民族政策只有在我国各族人民大团结不断巩固和发展的基础上才能得到全面贯彻。必须坚持共同团结奋斗、共同繁荣发展不动摇。共同团结奋斗是我国各族人民的深切愿望，共同繁荣发展是解决我国民族问题的根本途径。共同团结奋斗、共同繁荣发展，核心是我国各民族始终紧密团结，坚持同呼吸、共命运、心连心，共同建设伟大的社会主义祖国，共同为实现中华民族伟大复兴而奋斗。抓住共同团结奋斗、共同繁荣发展这个主题，就抓住了新形势下正确处理民族问题、做好民族工作的根本，就能把全国各族人民的意志和力量凝聚到国家科学发展上来，就能不断开拓我国民族工作更为广阔的发展前景。必须坚持维护祖国统一不动摇。祖国统一是我国各民族的最高利益。只有我国各民族都坚持祖国利益高于一切，大力发扬爱国主义精

① 胡锦涛：《在国务院第五次全国民族团结进步表彰大会上的讲话》，2009年9月29日。

神,以热爱祖国、贡献全部力量建设社会主义祖国为最大光荣,以损害社会主义祖国利益、尊严和荣誉为最大耻辱,共同维护伟大祖国统一安全,共同反对一切民族分裂活动,我国各民族团结进步才能具有不可动摇的根基。四个必须坚持归结到一点,就是必须坚持一切从我国民族问题实际出发,坚定不移走中国特色解决民族问题的正确道路。事实雄辩地证明,我国解决民族问题的实践是成功的,我国各族人民大团结是牢不可破的,党的民族政策是完全正确的,我国实行的民族区域自治制度也是完全正确的。对这些实践证明正确的行之有效的政策和制度,必须坚定不移坚持并不断加以完善。

可见,在当前新的历史时期和新形势下,必须坚持以科学发展观为指导,深入贯彻落实科学发展观,切实抓好科学发展这个党执政兴国的第一要务,千方百计加快少数民族和民族地区经济社会发展,不断提高全国各族人民群众的生活水平,切实将科学发展观贯穿于民族工作的全过程,对于正确处理好民族问题和做好民族工作,促进各民族共同团结奋斗、共同繁荣发展,对于促进和巩固全面各族人民的大团结,对于遏制和打击民族分裂势力、宗教极端势力、暴力恐怖势力,对于促进各族人民和睦相处、和衷共济、和谐稳定,具有十分重大的现实意义和深远的历史意义。

四、必须要切实提高驾驭和解决各种民族问题的实践能力

胡锦涛指出:“当今世界正在发生广泛而深刻的变化,当代中国正在发生广泛而深刻的变革。我国发展既面临难得机遇,也面临重大挑战。我们要抓住机遇、应对挑战,就必须不断巩固和发展平等团结互助和谐的社会主义民族关系,继续把我国民族团结进步事业推向前进。我们要站在党和国家事业发展全局的战略高度,充分认识继续推进我国民族团结进步事业的极端重要性和现实紧迫性”,“新形势下,我们要全面贯彻党的十七大和十七届三

中、四中全会精神，高举中国特色社会主义伟大旗帜，以邓小平理论和‘三个代表’重要思想为指导，深入贯彻落实科学发展观，认真贯彻党的民族政策，正确认识和把握新形势下的民族问题，扎扎实实做好民族工作，奋力开创我国民族团结进步事业新局面。”①对此，他要求：“全党同志特别是各级领导干部都要坚持学习和实践马克思主义民族理论，深入学习党的民族政策，学习民族学、人类学、社会学和宗教学等有关民族问题的知识，不断丰富自己为做好民族工作所需要的各方面知识。要坚持理论联系实际，加强调查研究，深入研究新情况、解决新问题，进一步认识和把握新的历史条件下民族问题发展变化的特点和规律，创新民族工作的思路和方法，不断提高驾驭和解决民族问题的能力，特别是要加强对那些前瞻性、战略性重大问题的研究，牢牢掌握工作主动权。”②

第一，进一步推动各民族共同团结奋斗、共同繁荣发展。推进我国民族团结进步事业，必须牢牢把握各民族共同团结奋斗、共同繁荣发展的主题，紧紧围绕促进民族团结、实现共同进步的主线。团结和进步是民族团结进步事业相辅相成的统一体。团结是进步的前提，进步是团结的基础。促进民族团结，就是要高举各民族大团结旗帜，不断巩固和发展平等团结互助和谐的社会主义民族关系，不断打牢民族团结的社会基础。实现共同进步，就是要把加快少数民族和民族地区发展作为现阶段民族工作的主要任务，采取更加有力的措施，显著加快民族地区经济社会发展，显著加快民族地区保障和改善民生进程，全面推进民族地区社会主义经济建设、政治建设、文化建设、社会建设以及生态文明建设，维护各族人民

① 胡锦涛：《在国务院第五次全国民族团结进步表彰大会上的讲话》，2009年9月29日。

② 胡锦涛：《在中共中央政治局第十六次集体学习时的讲话》，2004年10月21日。

根本利益，让各族人民共享改革发展成果。促进民族团结，实现共同进步，归根到底就是要把各族人民智慧和力量凝聚起来，同心同德为实现社会主义祖国繁荣昌盛、维护社会主义祖国统一安全、实现中华民族伟大复兴而奋斗。中华民族伟大复兴体现了我国各民族的共同追求，必须通过我国各民族共同奋斗来实现。没有我国各民族团结奋斗就没有祖国繁荣富强，没有我国各民族共同繁荣就没有中华民族伟大复兴。为全面建设小康社会而奋斗，为坚持和发展中国特色社会主义而奋斗，为实现中华民族伟大复兴而奋斗，是全国各族人民的共同任务，也是我国民族团结进步事业的前进方向。

第二，进一步推动民族团结进步事业创新发展。推进我国民族团结进步事业，需要不断总结和发扬成功经验，也需要不断探索和创新工作思路。要坚持解放思想、实事求是、与时俱进，发扬求真务实精神，从我国国情出发，深刻认识和全面把握我国民族问题实际，既坚持和发扬在长期实践中形成的优良传统和成功做法，又根据新形势新任务推进制度创新、工作创新、方法创新，切实把党的民族政策和民族工作部署落到实处，不断取得扎扎实实的工作成效。要突出我国民族团结进步事业的群众性，充分尊重和体现各族人民主体地位，把实现好、维护好、发展好各族人民根本利益作为民族团结进步事业的出发点和落脚点，动员各族群众广泛参与，在共同推进民族团结进步事业中不断创造美好生活。要突出我国民族团结进步事业的实践性，鼓励基层和群众积极探索实践，鼓励各地区因地制宜开展工作，为民族团结进步事业源源不断注入活力。要突出我国民族团结进步事业的时代性，根据党和国家事业发展要求，适应我国各族群众利益关系发展变化，不断丰富民族团结进步事业内涵、创新民族团结进步事业活动，增强民族团结进步事业的感召力、亲和力、影响力。

第三，进一步动员全社会投身民族团结进步事业。我国民族团结进步事业是全社会的事业，需要全社会共同努力，需要全体人民积极参与。全国各级党政机关、乡村、企事业单位、社区、学校、军队等都要自觉把促进民族团结进步贯穿于自身工作。要在全社会广泛开展民族团结进步宣传教育活动，既要教育群众，更要教育干部特别是领导干部，使党的民族理论和民族政策、国家民族法律法规为广大干部群众所掌握，增强广大干部群众维护民族团结的自觉性和坚定性，增强全社会贯彻落实党的民族理论和民族政策、国家民族法律法规的自觉性和坚定性。要落实好中央关于在各级各类学校广泛开展民族团结教育的决策部署，推动党的民族理论和民族政策、国家民族法律法规进课堂、进教材、进头脑，使汉族离不开少数民族、少数民族离不开汉族、各少数民族之间也相互离不开的思想深深扎根于各族青少年心中，使我国各民族同呼吸、共命运、心连心的优良传统代代相传。要广泛运用文艺作品、影视节目、报刊书籍、新闻宣传等形式以及各类新兴媒体灵活多样地开展宣传教育，使维护民族团结、维护社会稳定、维护祖国统一成为各族人民的共同意志和自觉行动。促进民族团结进步是每一位公民的神圣职责和光荣义务。要把民族团结教育纳入公民道德教育全过程、社会主义精神文明建设全过程，形成有利于民族团结进步的公民道德准则，培育有利于民族团结进步的社会文明风尚，使每一位公民都自觉做民族团结进步事业的维护者和建设者。要深入开展社会主义法制教育，引导各族群众自觉遵守国家法律，学会运用法律维护自己的合法权益，做知法守法的公民，坚决同各种违反国家法律、破坏民族团结和社会稳定、制造民族分裂的行为作斗争。

第四，进一步加强和改进党对民族团结进步事业的领导。加强党的领导，是推进我国民族团结进步事业的根本保证。能否正确处理民族问题、切实做好民族工作，是衡量党的执政能力和各级党政组织领导水平的重要标志。各级党委和政府要增强政治意识、大局意识、责任意识，把民族工作摆上重要议事日程，建立健全民族工作责任制，及时研究解决民族团结进步事业发展中出现的新情况新问题。各级领导干部特别是中高级干部，要认真学习贯彻党的民族理论和民族政策，认真学习和遵守国家民族法律法规，坚持从全局和战略高度研究和做好民族工作，切实加强调查研究，正确把握规律，认真总结经验，创新思路方法，不断提高驾驭和解决新形势下民族问题能力。在推进民族团结进步事业过程中，对不同地区和单位，既要有统一规范，也要有不同要求，切实提高工作针对性和实效性。要完善民族工作体制机制，加强民族工作部门建设，推进民族工作制度化、规范化。要以学习贯彻党的十七届四中全会精神为契机，进一步加强和改进民族地区党的建设，不断增强党委领导核心作用、基层党组织战斗堡垒作用、共产党员先锋模范作用，为推进民族团结进步事业提供坚强保证。

我们从站在科学发展观的战略高度看，新形势下切实做好民族工作具有重大的现实意义和历史意义。这是因为，始终追求和实现科学发展是党执政兴国的第一要务，科学发展是解决中国所有问题的关键，也是解决民族地区困难和问题的关键。从目前我国少数民族地区面临的形势来看，这些地区面临的真正核心任务和关键问题，是怎样坚持以科学发展观统领经济社会发展全局，怎样将科学发展观贯穿于经济社会建设的整个过程和各个方面，怎样依据科学发展观制定正确的方针政策和工作措施，怎样科学确定发展思路和发展目标，依靠科学有效的制度和机制，依靠科技进步和切实提高自主创新能力，充分发挥自身优势，集中各族干部群众的智慧和力量，聚精会神搞建设，一心一意谋发展，着力解决当前少数民族和民族地区发展中遇到的困难和问题，把发挥社会主义制度和民族区域自治制度的优越性落实到发展先进生产力、发展先进文化、实现各族人民的根本利益上来。紧紧依靠全国各族人民思想的普遍提高，因地制宜，从本地区的实际出发，真正走出一条具有本地区特色的加快科学发展的新路子，真正把本地区的经济建设搞上去，努力实现生产发展、生活富裕、生态良好，真正把各项优惠政策和各方面的扶持帮助转化为自我实现科学发展的能力，真正以雄厚的物质基础，促进物质文明、政治文明、精神文明和社会文明建设协调发展。这就必须坚持以科学发展观为指导，深入贯彻落实科学发展观，紧紧围绕全面建设小康社会的宏伟目标，牢牢把握各民族共同团结奋斗、共同繁荣发展的工作主题，全面贯彻执行党和国家的民族政策和民族法律法规，坚持和完善民族区域自治制度，巩固和发展社会主义民族关系，大力培养少数民族干部和各类人才，加快少数民族和民族地区经济社会实现又好又快发展。

第二节　科学发展观是全球化进程中开展和谐外交的根本指针

党的十六大以来的伟大历史实践已经充分证明，科学发展观在当前经济全球化、世界多极化和国际关系民主化深入发展的大背景下，它作为我国开展和谐外交的根本指针，是全球化进程中科学拓展中国国家利益的最佳战略。这是因为，进入新世纪新阶段，中国的科学发展确实引起了国际社会广泛关注，在全世界以新的眼光观察中国的同时，它也向整个国际社会和世界各国全面科学地阐明了中国是通过和平的发展、开放的发展、合作的发展、和谐的发展，继续为促进地区政治和世界政治的稳定以及地区和世界经济的共同繁荣作出贡献的最根本宗旨。因此，科学发展观不仅为我们切实维护中华民族尊严与和平拓展国家利益，指明了科学发展方向。同时，它也在新世纪新阶段，创造性地开创了全人类携手建设、共同缔造和谐世界的新纪元。

一、经济全球化背景下维护国家利益的世情国情党情需要

胡锦涛认为:"经济全球化趋势的发展,既给我们带来了重要的机遇,也使我们面临着严峻的挑战。在不断发展变化的国际政治经济环境中,我们必须善于趋利避害,抓住机遇,应对挑战,加快发展。"①他指出:"经济全球化趋势加速发展已成为当今世界经济一个最显著的特征"②,"是不可阻挡的历史潮流。"③"当前,国际局势继续发生深刻变化,世界多极化和经济全球化的趋势在曲折中发展,科技进步日新月异,综合国力竞争日益激烈,各种矛盾错综复杂"④。但也应该看到,经济全球化使各国、各地区的联系日益密切,市场更为开放,资金、技术、人才等流动更加广泛和迅速,这一切为加强国际合作、促进共同发展带来了前所未有的机遇。同时,经济全球化趋势的发展也带来了严峻挑战,南北差距拉大,一些发展中国家面临被进一步边缘化的危险,经济和金融风险增大,跨国犯罪严重,这一切又增加了开展国际合作、共同应对挑战的紧迫性。在机遇挑战并存的时刻,应该顺应经济全球化的趋势,"形成经济全球化条件下参与国际经济合作和竞争新优势,推动经济全球化朝着均衡、普惠、共赢方向发展。"⑤

从胡锦涛的科学论述中可以看到,经济全球化的迅猛发展为世界各国,特别是广大发展中国家都带来了机遇和挑战。中国作为一个发展中大国,经济全球化对于中国的发展是一个难得的机遇:一是经济全球化使资源在世界范围内得以优化配置,为我们有效地利用国内外两种资源提供了有利条件;二是经济全球化加速

① 胡锦涛:《在中共中央政治局第二次集体学习时的讲话》,2003年1月28日。

② 胡锦涛:《在南北领导人非正式对话会议上的讲话》,2003年6月1日。

③ 胡锦涛:《在博鳌亚洲论坛2004年年会开幕式上的演讲》,2004年4月24日。

④ 胡锦涛:《在庆祝全国政协成立55周年大会上的讲话》,2004年9月21日。

⑤ 胡锦涛:《在纪念党的十一届三中全会召开30周年大会上的讲话》,2008年12月18日。

了全球产业结构的调整，可以使我们利用发达国家的产业向全球梯度转移的机会，改善和提升本国的产业结构，加速工业化进程；三是经济全球化使科学技术活动趋于全球化，为我们引进国外先进科学技术、管理经验，推动技术进步和经济发展提供了有利时机；四是经济全球化使世界市场空前扩大，可以使我们主动地参与和利用世界市场。世界贸易组织的正式成立和运作，大大削弱了世界贸易的壁垒现象，加速了全球贸易自由化的进程；五是经济全球化使得各个国家经济互相依赖、互相渗透日益加深，这有助于防止国际冲突，加强信任与合作，为发展营造有利的国际环境。但是，我们在看到经济全球化给中国和广大发展中国家带来机遇的同时，也带来了风险和挑战：一是经济全球化迫使国内市场向国外商品开放，直接威胁本国的传统产业结构和再就业结构，并使本民族工业受到强烈的冲击；二是经济全球化要求国家金融资本市场开放，由于投机性游资的增加以及利率、汇率、股市、金融衍生工具的滥用，有可能给发展中国家带来经济安全风险并造成金融上的巨大波动，进而影响到经济稳定；三是经济全球化使广大发展中国家在吸引外资方面也会存在一些不利的影响，有些随外资进来的高能耗和高污染的工业会造成严重的环境问题，加重本国能源短缺以及在未来产业结构调整的难度；四是经济全球化也会引发广大发展中国家的社会风险。随着经济全球化的发展，传统的国家主权的概念也越来越受到新的挑战。其原因在于当代西方发达国家在与发展中国家进行经济交往过程中，常常打着“人权高于主权”、“人道主义保护”等旗号，以各种手段向广大发展中国家施加压力，迫使其开放市场和放弃经济和货币政策的自主权，这都带有明显的政治色彩，是隐形的侵权方式，是对广大发展中国家内政的粗暴干涉，这一点应该是广大发展中国家始终特别引起注意的。

因此，针对当今经济全球化所带来的国际新形势和新特点，这就要求我们要冷静观察和科学分析国际形势的深刻变化，准确把握和自觉运用国际社会发展变化的规律,从国际和国内两个大局着眼,科学制定一系列方针政策和战略策略。必须要深入贯彻落实科学发展观,切实把国家和人民的根本利益作为一切工作的出发点和归宿,始终把维护国家的主权和安全放在第一位。要坚持独立自主的和平外交政策,按照和平共处五项原则处理国家关系,努力寻求与各方在政治、经济、文化等各种利益的汇合点,同世界上所有国家开展平等互利友好合作。要坚持维护世界和平、促进共同发展,以合作谋和平,以合作促发展,积极促进国际关系民主化、发展模式多样化,尊重世界文明的多样性,积极倡导新安全观,全面推动建立公正合理的国际政治经济新秩序。必须要始终坚持在科学发展观的指导下,进一步增强各项工作的创造性、主动性、进取性,切实做到用科学发展观统领我国国家利益的实践与积极维护世界和平与发展的伟大历史进程同步发展。

二、使中国坚定不移地走和平发展的道路赢得全世界尊敬

胡锦涛认为,当今世界正处在大变革大调整之中,和平与发展仍然是时代的主题,求和平、谋发展、促合作已经成为不可阻挡的时代潮流。世界多极化不可逆转,经济全球化深入发展,科技革命加速推进,全球和区域合作方兴未艾,国与国相互依存日益紧密,国际力量对比朝着有利于维护世界和平方向发展,国际形势总体稳定。同时,世界仍然很不安宁。霸权主义和强权政治依然存在,局部冲突和热点问题此起彼伏,全球经济失衡加剧,南北差距拉大,传统安全威胁和非传统安全威胁相互交织,世界和平与发展面临诸多难题和挑战。共同分享发展机遇,共同应对各种挑战,推进人类和平与发展的崇高事业,事关各国人民的根本利益,也是各国人民的共同心愿。我们主张,各国人民携手努力,推动建设持久和平、共同繁荣的和谐世界。为此,应该遵循联合国宪章宗旨和原则,恪守国际法和公认的国际关系准则,在国际关系中弘扬民主、

和睦、协作、共赢精神。政治上相互尊重、平等协商，共同推进国际关系民主化；经济上相互合作、优势互补，共同推动经济全球化朝着均衡、普惠和共赢方向发展；文化上相互借鉴、求同存异，尊重世界多样性，共同促进人类文明的繁荣进步；安全上相互信任、加强合作，坚持用和平方式而不是战争手段解决国际争端，共同维护世界和平稳定；环保上相互帮助、协力推进，共同呵护人类赖以生存的地球家园。他极其深刻地指出："当代中国同世界的关系发生了历史性变化，中国的前途命运日益紧密地同世界的前途命运联系在一起。不管国际风云如何变幻，中国政府和人民都将高举和平、发展、合作旗帜，奉行独立自主的和平外交政策，维护国家主权、安全、发展利益，恪守维护世界和平、促进共同发展的外交政策宗旨。"①

对此，胡锦涛明确强调，中国在当前经济全球化进程中的核心利益，主要集中体现在两个方面，一是必须要"始终把维护国家主权和安全"②，二是"坚持以经济建设为中心，不断解放和发展社会生产力。"③在坚持以人为本，把握发展规律、创新发展理念、转变发展方式、破解发展难题，提高发展质量，落实"五个统筹"的基础上，积极推动经济社会又好又快发展，这两方面是一个密切联系、有机统一的整体，维护国家安全是实现国家经济发展的前提和必要条件，切实推动科学发展、促进社会和谐，这不仅有利于不断提高人民的生活水平，同时也为维护国家安全提供不可缺少的重要力量保障。因此，我们面对深刻变化的国际形势，如何正确处理好二者之间的辩证关系，这是关系到发展中国特色社会主义事业，关

① 胡锦涛：《在中国共产党第十七次全国代表大会上的报告》，2007 年 10 月 15 日。

② 胡锦涛：《在第十次驻外使节会议上的讲话》，2004 年 8 月 25 日。

③ 胡锦涛：《在首都各界纪念中华人民共和国宪法公布施行二十周年大会上的讲话》，2002 年 12 月 4 日。

系到做好改革发展稳定的重大课题，也是在新的历史条件下进一步加强党的执政能力建设、提高党的领导水平和科学化执政水平的必然要求。因而，胡锦涛指出："总的看，经济全球化趋势的发展，既给我们带来了重要的机遇，也使我们面临着严峻的挑战。在不断发展变化的国际政治经济环境中，我们必须善于趋利避害，抓住机遇，因应挑战，加快发展"①，我们必须始终"坚持以宽广的眼界观察世界、分析形势，清醒地看到激烈的国际竞争带来的严峻挑战，清醒地看到前进道路上的困难和风险，紧紧抓住并切实用好重要战略机遇期，牢牢把握我国发展的主动权"，要"善于进行战略思维，要切实提高科学判断国际形势的能力，正确把握时代发展的趋势，努力从国际国内形势的相互联系中把握发展方向，从国际国内条件的相互转化中用好发展机遇，从国际国内资源的优势互补中创造发展条件，从国际国内因素的综合作用中掌握发展全局。"②他进而谆谆教诲全党同志，纵观历史，放眼世界，能否顺应时代潮流、把握发展机遇，依靠人民的智慧和力量，走出一条适合自己国情的发展道路，是一个国家在日趋激烈的国际竞争中赢得主动、加快发展的关键。这样，我们必须要始终坚持独立自主地探索建设中国特色的社会主义道路，必须要善于根据中国国情进行自主创新、又积极借鉴国外有益经验，不断开拓科学发展并始终"坚持走和平崛起的发展道路，坚持在和平共处五项原则的基础上同各国友好相处，在平等互利的基础上积极开展同各国的交流和合作，为人类和平与发展的崇高事业作出贡献。"③必须要妥善应对国际社会的有关事务，加强和改进对外宣传，增进国际社会对我国的了解。要始终把国家的主权和安全放在第一位，坚决维护

① 胡锦涛:《在中共中央政治局第二次集体学习时的讲话》,2003 年 1 月 28 日。
② 胡锦涛:《在中共中央政治局第十次集体学习时的讲话》,2004 年 2 月 23 日。
③ 胡锦涛:《在纪念毛泽东同志诞辰 110 周年座谈会上的讲话》,2003 年 12 月 26 日。

国家的主权和领土完整，坚决维护国家的安全和根本利益。这是因为，“尽管当今世界还存在着这样那样的矛盾和冲突，不确定、不稳定因素有所增加，但和平与发展仍是当今时代的主题，世界要和平、国家要发展、人民要合作是不可阻挡的历史潮流”①，当今世界已经是开放的世界，中国的繁荣和发展离不开世界，世界的繁荣发展也同样需要中国，“我们要继续奉行独立自主的和平外交政策，高举和平、发展、合作的旗帜，积极发展同世界各国的友好合作，按照相互尊重、求同存异的精神处理国际事务，努力推动建立公正合理的国际政治经济新秩序，同各国人民一道推动建设持久和平、共同繁荣的和谐世界。”②实践已经证明，中国经济的健康持续快速发展，不仅有利于全球经济的发展，也有利于周边地区经济的发展，一个发展和繁荣的中国，必将为世界乃至亚太地区的和平发展，继续发挥积极的建设性作用。

胡锦涛正是基于这样的科学思想，他深刻阐明：“中国将始终不渝走和平发展道路。这是中国政府和人民根据时代发展潮流和自身根本利益作出的战略抉择。中华民族是热爱和平的民族，中国始终是维护世界和平的坚定力量。我们坚持把中国人民的利益同各国人民的共同利益结合起来，秉持公道，伸张正义。我们坚持国家不分大小、强弱、贫富一律平等，尊重各国人民自主选择发展道路的权利，不干涉别国内部事务，不把自己的意志强加于人。中国致力于和平解决国际争端和热点问题，推动国际和地区安全合作，反对一切形式的恐怖主义。中国奉行防御性的国防政策，不搞军备竞赛，不对任何国家构成军事威胁。中国反对各种形式的霸权主义和强权政治，永远不称霸，永远不搞扩张。”③同时，他将当

① 胡锦涛：《在博鳌亚洲论坛2004年年会开幕式上的演讲》，2004年4月24日。

② 胡锦涛：《共创世界和平与发展的美好未来》，2009年12月31日。

③ 胡锦涛：《在中国共产党第十七次全国代表大会上的报告》，2007年10月15日。

代中国和平发展的理念在全球范围进行阐述。在东方世界,他在会见出席第三届亚洲政党国际会议的来宾时指出:“20 世纪是亚洲发生天翻地覆变化的世纪。在 20 世纪的 100 年里,亚洲各国人民为改变自己的命运进行了可歌可泣的奋斗,相继赢得了民族解放、国家独立,进而取得了经济发展和社会进步的巨大成就,展现了蓬勃发展的生机。进入新世纪,和平、发展、合作已成为亚洲地区局势的主流,亚洲经济发展的活力愈益勃发,抗御风险的能力不断增强,和平发展的前途充满希望。”①胡锦涛在更为广泛的国际社会,更是明确指出:“中国主张国际关系民主化和发展模式多样化,积极推动经济全球化朝着有利于实现共同繁荣的方向发展,推动建立公正合理的国际政治经济新秩序。中国的发展将给各国带来更多的机会和更广阔的市场。中国将始终不渝地高举和平、发展、合作的旗帜,坚定不移地走和平发展道路,同世界各国人民一道,共同推进人类和平与发展的崇高事业。”②

党的十六大以来的实践证明,中国坚定不移地走和平发展的道路,已经赢得整个国际社会和世界各国的普遍尊敬。这是因为,整个国际社会和世界各国已经深刻认识到,中国在科学发展观的指导下,对内坚持和谐发展,对外坚持和平发展的崇高目的,就是要“既通过争取和平的国际环境来发展自己,又通过自己的发展促进世界和平,努力实现和平的发展、开放的发展、合作的发展”③;就是要始终坚持对外开放的基本国策,履行加入世界贸易组织的承诺,继续完善涉外经济体制,加强对知识产权的保护,建设稳定透明的涉外经济管理体制,创造公平和可预见的法制环境,

① 胡锦涛:《在会见出席第三届亚洲政党国际会议的来宾并举行欢迎宴会时的致词》,2004 年 9 月 3 日。

② 胡锦涛:《在英国伦敦金融城市政厅的演讲》,2005 年 11 月 9 日。

③ 胡锦涛:《在德国经济亚太委员会举行的晚宴上的演讲》,2005 年 11 月 10 日。

提高贸易和投资的自由、便利程度，创造更加良好的投资环境；就是要为促进和保持世界经济保持全面协调可持续的科学发展，不断作出新的更大贡献；就是要为当前世界部分地区仍陷于战火、冲突、饥饿、贫困和苦难的人民早日走上和平发展之路，提供一个可供参考和借鉴的科学发展模式；就是要积极推动当前整个国际社会和世界各国人民为携手建设一个持久和平、共同繁荣和谐世界的伟大进程中，共同创造人类社会更加美好的未来。

因此，我们坚信，新世纪新阶段，只要整个国际社会、世界各国人民和各国有远见的政治家和思想家们，能够始终做到以人为本，切实从全人类的前途命运和共同利益出发，能够始终坚持全面协调可持续发展的科学发展观，始终坚定不移地坚持用旨在保证全人类能够实现世代代永续发展的科学发展观武装自己的头脑，真正以合作谋和平，以合作促发展，以合作促共赢，以合作求和谐，积极促进经济社会和人的全面发展，切实携手合作，共同克服当今人类社会在科学发展道路上所面临的各种问题、挑战和困难，真正地促进人与自然的和谐发展，那么，在世界各国人民的共同努力下，就一定能完全保证全人类能够实现世世代代地永续发展的伟大的崇高目标。

三、全面倡导并且积极推动世界多极化和国际关系民主化

冷战结束后，尽管某个西方大国在世界上极力推行单边主义，但国际态势在总体上仍然有利于朝着世界多极化的方向演进。这是因为，冷战结束虽然已经结束，世界的基本格局和发展方向没有改变，国际形势总体稳定、局部动荡的基本态势也没有改变。俄罗斯作为世界性大国，特别是在军事上仍是足以摧毁任何一个国家的军事强国，它在世界上仍然拥有巨大影响，必然是当今世界的一极。同时，欧洲的一体化进程逐渐加快，欧盟已经成为世界上最强大的经济力量，因而欧盟必然也是当今世界中的一极。另外，人类社会的历史演进在进入 21 世纪后，国际形势发生了深刻变化，和

平与发展仍然是当今时代的主题，全球包括中国在内的广大发展中国家在20世纪基本完成了民族独立的历史任务，在新世纪又面临着促进经济社会全面发展的历史使命。应该看到，发展中国家占全球人口的90%，占联合国成员国总数的84%，在国际事务中特别是在积极推动世界多极化和国际关系民主化的进程中具有不可估量的重要作用。中国作为当今世界上最大的中低收入的发展中国家，虽然在发展道路上面临着许多困难和挑战，但中国在坚持科学发展的同时，也在尽最大努力支持和帮助其他发展中国家加快发展，中国已经向很多个最不发达国家提供了优惠关税待遇，减免了有关国家的债务。可见，中国始终坚定不移地高举和平、发展、合作的旗帜，坚定不移地走和平发展道路，坚定不移地奉行独立自主的和平外交政策，在和平共处五项原则的基础上同世界各国发展友好合作关系，目的就是有利于世界的和平稳定和包括广大发展中国家的共同繁荣发展，就是为世界消除贫困事业作出更大的贡献，就是在积极推动世界多极化和国际关系民主化的伟大历史进程中，积极倡导整个国际社会和世界各国人民携手合作，共同建设一个持久和平、共同繁荣的和谐世界。可以说，没有广大发展中国家的和平稳定，就没有世界的和平稳定，没有广大发展中国家的振兴繁荣，就没有整个世界的振兴繁荣。因此，中国和广大发展中国家必然也是当今世界的多极。

胡锦涛指出："和平与发展仍是当今时代的主题，是世界各国人民的共同期盼，世界多极化和经济全球化的趋势继续在曲折中发展，加强交流，谋求合作，促进发展，推动不同文明、不同发展模式相互借鉴、共存互补的潮流不可逆转"①，"我们也必须看到，影响世界和平与发展的不确定因素在增加，传统安全威胁和非传统

① 胡锦涛：《在会见越共中央总书记农德孟时的讲话》，2003年4月7日。

安全威胁的因素交织在一起，恐怖主义危害上升，单边主义倾向抬头，地区冲突时起时伏，南北差距仍在扩大，人类还面临着一些深刻矛盾和突出问题。我们如何应对所面临的各种挑战？怎样才能使我们这个世界更安全、更稳定、更繁荣？这是摆在各国人民面前的重大课题。”“人类只有一个地球，各国人民共同生活在一个‘地球村’里，应该携手合作、共同努力。”这样，他指出：“我们应该促进国际关系民主化。国家不论大小、强弱、贫富，都是国际社会的平等一员，不仅有权自主地决定本国事务，而且有权平等地参与决定国际事务。在国际事务中，只有遵循平等协商、友好合作的民主精神，才能有效地扩大各国的共识，深化共同利益，应对共同挑战，实现世界的和平、稳定和繁荣；我们应该维护和尊重世界的多样性。世界各国人民在漫长的历史进程中创造了各自独特的文化、传统、信仰和价值观。多样性是世界文明的基本特征，多样性意味着差异，差异需要交流，交流促进发展。各种文明在交流中相互学习和借鉴，不断丰富和发展，将使我们的世界更加绚丽多彩，更加充满生机和活力；我们应该树立互信、互利、平等和协作的新安全观。历史和现实反复证明，武力不能缔造和平，强权不能确保安全，只有增进互信，平等协商，广泛合作，才能实现普遍而持久的安全；我们应该促进全球经济均衡发展。在过去的几十年里，人类社会在促进生产力快速发展、创造出巨大财富的同时，也产生了贫富愈加悬殊、南北差距拉大、生态环境恶化等突出问题，国际社会应该共同努力，趋利避害，推动世界经济朝着均衡、稳定和可持续的方向发展。这是各国共同发展的需要，也是维护世界和平与稳定的要求；我们应该尊重和发挥联合国及其安理会的重要作用。联合国在维护世界和平与稳定方面的重要作用”①，“为此，应该遵循

① 胡锦涛：《在莫斯科国际关系学院的演讲》，2003 年 5 月 28 日。

联合国宪章宗旨和原则，恪守国际法和公认的国际关系准则，在国际关系中弘扬民主、和睦、协作、共赢精神。”[①]“我们更应该严肃地思考人类社会的发展方向，严肃地思考如何更好地解决人类社会面临的一系列重大问题。”[②]这是因为，“从长远看，世界多极化趋势不会改变，世界上有近200个国家、60多亿人口，民族传统、宗教文化、经济发展水平和社会制度各式各样，不可能只采用一种文明形态、一种制度、一种发展模式。”[③]“我们应该尊重各国自主选择社会制度和发展道路的权利，相互借鉴而不是刻意排斥，取长补短而不是定于一尊，推动各国根据本国国情实现振兴和发展；应该加强不同文明的对话和交流，在竞争比较中取长补短，在求同存异中共同发展，努力消除相互的疑虑和隔阂，使人类更加和睦，让世界更加丰富多彩；应该以平等开放的精神，维护文明的多样性，促进国际关系民主化。”[④]

我们从胡锦涛的科学阐述中，可以深刻感受到，“中国是一个爱好和平的国家，也是一个对国际社会高度负责的国家。中国始终高举和平、发展、合作的旗帜，奉行独立自主的和平外交政策，坚持走和平发展的道路。中国外交政策的宗旨就是维护世界和平、促进共同发展。”[⑤]因此，新世纪新阶段，在当前世界多极化、国际关系民主化和经济全球化趋势继续在曲折中发展的国际大环境下，我们必须坚持以科学发展观为指导，积极顺应世界和平与发展的历史趋势，积极推动和提倡世界多极化、国际关系民主化和发展

---

① 胡锦涛：《在中国共产党第十七次全国代表大会上的报告》，2007年10月15日。

② 胡锦涛：《在韩国国会的演讲》，2005年11月17日。

③ 胡锦涛：《在出席南北领导人非正式对话会议前会见法国总统希拉克时的讲话》，2003年6月1日。

④ 胡锦涛：《在联合国成立60周年首脑会议上的讲话》，2005年9月15日。

⑤ 胡锦涛：《在阿根廷参众两院的演讲》，2004年11月17日。

模式多样化;主张树立互信、互利、平等、协作的新安全观,通过对话和合作解决争端;主张积极推动经济全球化朝着有利于实现共同繁荣、特别是朝着有利于发展中国家加快转入以人为本,全面协调可持续发展的科学发展轨道,并同世界上广大的发展中国家一道,不断为积极促进发展中国家共同繁荣、共同进步、共同推动世界和平与发展的崇高事业而努力。

四、始终在为建立公平合理的国际政治经济新秩序而努力

我们从站在科学发展观的战略高度来看,所谓国际秩序是在一定历史时期内处理国际事务、国家之间关系的基本准则,它是实现科学发展的重要前提。当今世界在冷战结束进入21世纪后,由于当前国际形势日益朝着世界多极化和国际关系民主化的趋势发展,以前的国际旧秩序已经不能再适应当前世界和平发展的新的国际形势,因而,目前的整个国际社会和世界各国,必然迫切需要建立一个与和平的发展、开放的发展、合作的发展、和谐的发展的人类世界历史发展趋势相适应的国际政治经济新秩序。对此,胡锦涛表示,中国将“继续奉行独立自主的和平外交政策,高举和平、发展、合作的旗帜,积极发展同世界各国的友好合作,按照相互尊重、求同存异的精神处理国际事务,努力推动建立公正合理的国际政治经济新秩序,同各国人民一道,维护世界持久和平,促进各国共同繁荣。”①胡锦涛认为:“无论国际风云如何变幻,中国将始终坚持独立自主的和平外交政策,为维护世界和平、促进共同发展,为建立公正合理的国际政治经济新秩序作出不懈的努力。”②他明确指出:“现行国际政治经济秩序中不公正不合理之处应尽

① 胡锦涛:《在全国政协新年茶话会上的讲话》,2003年1月1日。

② 胡锦涛:《在会见越共中央总书记农德孟时的讲话》,2003年4月7日。

快加以改变。"①这是因为,虽然伊拉克战争已经结束,但它所引发的对国际形势的深刻思考才刚刚开始。当前,在人类社会的"历史跨入21世纪的今天,如何建立符合各国人民利益和愿望的国际新秩序?如何维护世界的持久和平与安全?每一个有远见和负责任的政治家都应该努力寻找解决这些问题的正确答案。……中国主张建立公正合理的国际政治经济新秩序,这种国际秩序应该以相互安全为前提,以均衡发展为基础,以公认法理为保障,以对话合作为手段,以共同繁荣为目标。"②

胡锦涛正是基于这样深刻的科学思考,因而在不同时间并从各个层面,对怎样建立公正合理的国际政治经济新秩序,进行了全面地阐述。从确保全球安全的最根本层面出发,他指出:"人类只有一个地球,各国人民共同生活在一个'地球村'里,应该携手合作、共同努力,推动建立公正合理的国际政治经济新秩序。"③从要切实加强多边合作的层面出发,他指出:"建立适应经济全球化发展要求、公正合理的国际经济新秩序,符合世界各国的共同利益。当前,尤其要高度重视改革和完善国际金融体制,加强危机预防和应对能力。要充分尊重和体现各方特别是发展中国家的关切,健全开放、公平的多边贸易体制。国际社会应共同反对恐怖主义,为促进共同发展创造良好的国际环境。各国应该维护联合国的权威,充分发挥其在维护世界和平、促进共同发展方面的主导作用。"④从主张国家间平等的层面出发,他指出:"中国始终主张,国家不分大小、强弱、贫富,都是国际社会的平等一员,国际上的事情要由各国平等协商来处理,国与国之间的纷争要通过和平谈判来

① 胡锦涛:《在阿尔及利亚总统举行欢迎晚宴上的致辞》,2004年2月3日。

② 胡锦涛:《在上海合作组织成员国元首莫斯科会议上的讲话》,2003年5月29日。

③ 胡锦涛:《在莫斯科国际关系学院的演讲》,2003年5月28日。

④ 胡锦涛:《在南北领导人非正式对话会议上的讲话》,2003年6月1日。

解决。中国愿同包括蒙古在内的亚洲各国一道,继续实践这一信念,推动建立公正合理的国际政治经济新秩序,共创美好未来。"① 从科学把握时代主题和坚决反对恐怖主义层面出发,他指出:"当前国际局势复杂多变,虽然影响和平与稳定的不确定因素在增加,但和平与发展仍然是当今时代的主题,维护世界和平稳定,促进经济增长繁荣,建立公正合理的国际政治经济新秩序,仍然是各国人民的共同期盼和追求"②,"从长远看,世界走向多极化的趋势不会改变,无论是维护世界和平与稳定,还是促进全球经济增长与发展,都需要各国在相互尊重、平等互利的基础上加强对话、协商与合作,都需要进一步发挥联合国的作用,中国主张国际关系民主化,推动建立公正合理的国际政治经济新秩序。中国坚决反对一切形式的恐怖主义。"③从必须切实加强广大发展中国家要相互团结与合作的层面出发,他指出:"实现发展还需要广泛的国际合作。发展中国家要加强团结,在建立国际政治经济新秩序的过程中有效维护自身利益,努力促进经济全球化朝着有利于实现共同繁荣的方向发展,同时从战略高度积极探索新形势下开展南南合作的有效途径和方式。发达国家在缩小南北差距方面负有不可推卸的责任,应充分考虑发展中国家的利益,在开放市场、发展贸易、增加援助等方面采取切实措施,为促进广大发展中国家的发展作出贡献。"④从积极倡导各国人民共同缔造和谐世界的层面出发,他指出:"建立公正合理的国际经济新秩序,形成良好的国际经济贸易体制和规则,是促进世界经济平衡有序发展的重要保障。我们要积极支持完善国际金融体系,增加发展中国家在国际金

① 胡锦涛:《在蒙古国议会的演讲》,2003 年 6 月 5 日。

② 胡锦涛:《在会见老挝人民革命党中央主席、国家主席坎代时的讲话》,2003 年 6 月 12 日。

③ 胡锦涛:《在会见德国总统约翰内斯·劳时的讲话》,2003 年 9 月 11 日。

④ 胡锦涛:《在阿尔及利亚总统举行欢迎晚宴上的致辞》,2004 年 2 月 3 日。

融机构中的发言权，……让我们顺应人民的愿望和时代的潮流，共同推动建立国际经济新秩序，共同促进世界经济平衡有序发展”①，“同各国人民一道推动建设持久和平、共同繁荣的和谐世界。”②

因此，新世纪新阶段，在当前新的历史时期和新的历史条件下，我们必须坚持以科学发展观为指导，深入贯彻落实科学发展观，将科学发展观贯穿于和谐外交的全过程，认真地“面对世界多极化和经济全球化趋势的不断发展和复杂多变的国际形势，我们将始终坚持维护世界和平、促进共同发展这一我国外交政策的宗旨，坚持冷静观察、沉着应对的方针和相互尊重、求同存异的精神”③，始终坚持“高举和平、发展、合作的旗帜，继续奉行独立自主的和平外交政策，坚持走和平发展道路，努力发展同世界各国的友好交往和互利合作，积极参与多边外交”④，“同各国人民一道，为实现人类的美好理想而不懈努力。”⑤

第三节　科学发展观是当代中国能够实现完全统一的坚定基石

1949 年 10 月 1 日，新中国宣告诞生，确立了人民民主专政的

---

① 胡锦涛：《在 20 国集团财长和央行行长会议开幕式上的讲话》，2005 年 10 月 15 日。

② 胡锦涛：《在全国政协新年茶话会上的讲话》，2010 年 1 月 1 日。

③ 胡锦涛：《在纪念毛泽东同志诞辰 110 周年座谈会上的讲话》，2003 年 12 月 26 日。

④ 胡锦涛：《在全国政协新年茶话会上的讲话》，2005 年 1 月 1 日。

⑤ 胡锦涛：《在中国共产党第十七次全国代表大会上的报告》，2007 年 10 月 15 日。

社会主义制度，彻底结束了帝国主义、封建主义和官僚资本主义和在中国内地的统治，从根本上改变了旧中国没有主权、人权和四分五裂的混乱局面。在新中国诞生成立之时，香港、澳门分别置于英国和葡萄牙的殖民统治之下，同时在台湾问题上，由于众所周知的历史原因，祖国完全统一的大业有待于必须历史地最终完成。因此，自新中国诞生成立之日起，在整个无产阶级革命事业的伟大历史进程中，中国共产党和新中国领袖毛泽东、邓小平、江泽民、胡锦涛等马克思主义经典作家，就始终把解决台湾问题、完成祖国统一大业作为自己的神圣职责，进行了长期不懈的努力。为此，毛泽东、邓小平、江泽民、胡锦涛等新中国领袖无不夙兴夜寐、殚精竭虑地为之进行长期不懈的努力，他们针对不同历史时期国际国内形势不断发展变化着的具体情况，及时采取科学的战略策略，为早日和最终完成祖国的完全统一大业奠定了日益坚实的思想基础、理论基础和实践基础。

党的十六大以来，以胡锦涛为杰出代表的当代中国共产党人，在领导全党和全国各族人民沿着中国特色社会主义道路，向着全面建设小康社会的宏伟目标，向着全面实现继续推进现代化建设、完成祖国统一、维护世界和平与促进共同发展三大历史任务的伟大进程中，以科学发展观为指导，深入贯彻落实发展观，从新世纪新阶段党和国家事业发展的全局出发，从站在经济全球化背景下切实维护中华民族尊严和国家利益的战略高度，创造性地将建国之后的以“一个中国”为核心的“一纲四目”政策，“和平统一、一国两制”的基本方针和江泽民关于现阶段发展两岸关系、推进祖国和平统一进程的八项主张，同当前两岸关系的和平发展趋势紧密结合起来，“提出一系列新主张新举措，赋予对台方针政策新的内涵。反分裂国家法的制定和实施，把我们关于解决台湾问题的大政方针法律化，表达了我们坚持和平统一的一贯立场和最大诚意，同时表明了全中国人民坚决反对‘台独’、捍卫国家主权和领土完整的共同意志和坚定决心。”[①]党中央的这些重大决策部署，为新时期对台工作指明了和谐发展方向。

一、科学体系中高度阐明爱国主义和祖国统一的时代主题

在人类社会的历史进程中，坚持爱国主义和祖国统一，这始终是一个不变的主题，古今中外任何民族和国家，无论其社会制度如何，人们都把对自己祖国的无限热爱，作为一种伟大而崇高的思想感情。为此，无产阶级领袖马克思、恩格斯、列宁、毛泽东、邓小平、江泽民、胡锦涛等马克思主义经典作家都有过许多论述。马克思、恩格斯从站在国际主义和爱国主义辩证统一的高度，始终强调世界上各个国家的马克思主义政党及其领导的政权，必须要首先完成本国独立统一的革命任务，才能将爱国主义升华为国际主义。他们认为：“如果不就内容而就形式来说，每一个国家里的无产阶级”[②]，“无论如何只有在独立……的范围内才有可能。”[③]列宁指出：“爱国主义就是千百年来巩固起来的对自己的祖国的一种最深厚的感情。”[④]毛泽东认为，中华民族是富有爱国主义传统的伟大民族，“我们中华民族有同自己的敌人血战到底的气概，有在自力更生的基础上光复旧物的决心，有自立于世界民族之林的能力。”[⑤]邓小平强调：“中国人民有自己的民族自尊心和自豪感，以热爱祖国、贡献全部力量建设社会主义祖国为最大光荣，以损害社会主义祖国利益、尊严和荣誉为最大耻辱。”[⑥]江泽民则认为：“在

---

① 胡锦涛：《在纪念〈告台湾同胞书〉发表30周年座谈会上的讲话》，2008年12月31日。

② 《马克思恩格斯全集》第4卷，第478页。

③ 《马克思恩格斯全集》第35卷，第261页。

④ 《列宁全集》第28卷，第168、169页。

⑤ 《毛泽东选集》第1卷，第161页。

⑥ 《邓小平文选》第3卷，第3页。

我国历史上,爱国主义历来就是动员和鼓舞人民团结奋斗的一面旗帜,是各族人民共同的精神支柱,在维护祖国统一和民族团结、抵御外来侵略和推动社会进步中,发挥了重大作用。在爱国主义精神的激励下,我们的国家和民族自强不息,具有伟大的凝聚力和生命力。"①

党的十六大以来,胡锦涛在当前的新的历史时期和新形势下,更是从各个层面反复强调发扬爱国主义精神的极端重要性。对此,他从积极促进祖国统一和民族团结的层面指出:"要坚决维护祖国统一和民族团结。要在各族干部群众中广泛进行爱国主义的宣传教育,使爱国主义牢牢扎根在各族干部群众的心中"②;他从要继续牢牢把握先进文化的前进方向,大力推进社会主义精神文明建设的层面指出:"坚持马克思主义在意识形态领域的指导地位,不断巩固党和人民团结奋斗的共同思想基础,要坚持弘扬和培育以爱国主义为核心的伟大民族精神,大力发扬创新精神,使全体人民始终保持昂扬向上的精神状态"③;他从加强和改进未成年人思想道德建设的层面指出:"要从增强爱国情感做起,从确立远大志向做起,从规范行为习惯做起,从提高基本素质做起,弘扬和培育以爱国主义为核心的团结统一、爱好和平、勤劳勇敢、自强不息的伟大民族精神,树立和培育正确的理想信念,着力培养良好的道德品质和文明行为,努力培育劳动意识、创造意识、效率意识、环境意识和进取精神、科学精神、团队精神以及民主法制观念、诚信观念,形成朝气蓬勃、昂扬向上的精神状态,使未成年人的思想道德素质、科学文化素质和健康素质不断得到提高,成为全面发展的社

① 江泽民:《爱国主义和我国知识分子的使命》,1990年5月3日。

② 胡锦涛:《在参加全国政协十届一次会议少数民族界联组会时的讲话》,2003年3月4日。

③ 胡锦涛:《在纪念毛泽东同志诞辰110周年座谈会上的讲话》,2003年12月26日。

会主义新人"[①];他从积极促进国防建设与经济建设协调发展的层面指出:"进一步加强军政军民团结,密切军政军民关系,认真抓好拥军优属各项工作的落实,努力创造有利于激励官兵安心服役、献身国防的良好社会环境。要高度重视和加强国防教育,大力弘扬爱国主义精神,增强民族自尊心、自豪感,形成全党全国关心国防、支持国防、建设国防的浓厚氛围"[②];他从积极促进各民族文化交流的层面指出:"在漫长的历史进程中,中国各族人民始终发扬以爱国主义为核心的团结统一、爱好和平、勤劳勇敢、自强不息的伟大民族精神,开发和建设了祖国的大好河山"[③];他从加强改进大学生思想政治教育工作的层面指出:"要以爱国主义教育为重点,深入进行民族精神教育,引导大学生增强民族自尊心、自信心、自豪感,做到以热爱祖国、贡献全部力量建设社会主义祖国为最大光荣,以损害社会主义祖国利益、尊严和荣誉为最大耻辱"[④];他从积极引导宗教与社会主义社会相适应的层面,在谆谆教导来京拜见的第十一世班禅额尔德尼·确吉杰布时指出:"一是希望他以十世班禅大师为榜样,继承和发扬爱国主义的光荣传统,为巩固民族团结和维护祖国统一作出自己的贡献,成为爱国爱教的典范。二是希望他加强自身修养,适应时代发展和社会进步的要求,牢记先辈的遗训,秉承佛教众生平等、慈悲为怀的理念,关注社会,心念众生,谦虚谨慎,护国利民,真正得到信教群众的爱戴。三是希望他继续加强对宗教和文化知识的学习,为藏传佛教与社会主义社

---

① 胡锦涛:《在全国加强和改进未成年人思想道德建设工作会议上的讲话》,2004年5月10日。

② 胡锦涛:《在中共中央政治局第十五次集体学习时的讲话》,2004年7月24日。

③ 胡锦涛:《在阿根廷参众两院的演讲》,2004年11月17日。

④ 胡锦涛:《在全国加强和改进大学生思想政治教育工作会议上的讲话》,2005年1月17日。

会相适应作出积极努力”①;他从积极促进全国各民族大团结的层面指出:“坚持巩固和发展平等、团结、互助、和谐的社会主义民族关系,大力弘扬爱国主义精神,牢固树立汉族离不开少数民族、少数民族离不开汉族、各少数民族之间也相互离不开的思想观念,促进各民族互相尊重、互相学习、互相合作、互相帮助”②,“在中国共产党坚强领导下,我国各族人民同呼吸、共命运、心连心,共同谱写了人民共和国繁荣富强的壮丽史诗,共同奏响了中华民族伟大复兴的时代强音。”③

胡锦涛认为,坚持弘扬和培育以爱国主义为核心的伟大中华民族精神,加强各民族大团结,目的就是要维护祖国统一,就是要早日完成祖国完全统一大业。这是因为,“台湾问题的实质是主权问题,是涉及中国是统一还是分裂的问题”④,“维护国家主权和领土完整,早日实现祖国完全统一,是13亿中国人民的共同意志和坚强决心”⑤,这既是全体中华儿女的共同心愿,也是中华民族的根本利益所在。改革开放以来的实践证明,“‘一国两制’是两岸统一的最佳方式。按照‘和平统一、一国两制’的基本方针解决台湾问题,有利于台湾地区的经济社会发展,有利于实现中华民族

---

① 胡锦涛:《在接受第十一世班禅额尔德尼·确吉杰布拜见时的讲话》,2005年2月3日。对胡锦涛主席的谆谆教诲,第十一世班禅额尔德尼·确吉杰布则明确表示:一定不辜负党中央、国务院的亲切关怀,不辜负胡锦涛主席的谆谆教导,不辜负信教群众的期望,坚决维护祖国统一和民族团结,更加刻苦地学习宗教和科学文化知识,更加注重自身修养和形象,做一个爱国爱教、护国利民的好活佛。

② 胡锦涛:《在中央民族工作会议上的讲话》,2005年5月27日。

③ 胡锦涛:《在国务院第五次全国民族团结进步表彰大会上的讲话》,2009年9月29日。

④ 胡锦涛:《在会见美国参议院多数党领袖弗里斯特时的讲话》,2003年4月21日。

⑤ 胡锦涛:《在会见美国参议院临时议长特德·史蒂文斯时的讲话》,2004年8月3日。

的伟大复兴”①,有利于促进两岸的经济文化交流和人员往来,符合两岸同胞的共同利益,解决台湾问题、实现祖国的完全统一,我们寄希望于台湾人民。2300万台湾同胞是我们的手足兄弟,是发展两岸经济文化交流、扩大人员往来的重要力量,也是遏制台湾分裂势力的重要力量。求和平、求安定、求发展,是当前台湾民心所向。两岸合则两利、通则双赢、分则两害,已经为越来越多的台湾同胞所认识。我们必须始终要最广泛地团结包括台湾同胞在内的全体中华儿女,共同为实现中华民族的伟大复兴而奋斗。

我们从胡锦涛的理论论述中,可以深刻认识到科学发展观理论体系凝聚着民族团结、爱国主义和祖国统一的博大的领袖情怀,这作为强大的精神动力,具有永远激励全体中华儿女为民族团结和祖国统一而不懈奋斗的强大力量。实践是检验真理的唯一标准。史实已经充分证明,科学发展观作为马克思主义关于发展的世界观和方法论的集中体现,是我们党始终“坚持马克思主义的指导地位,善于把中华民族的优秀传统文化与世界各国的先进文明成果结合起来”②的先进产物,因而它一经诞生,就立即“为马克思主义理论展现思想魅力和发挥指导作用创造了广阔舞台”③,就立即展现出了马克思主义的吸引力、亲和力和感召力,就立即产生了伟大中华民族的精神力量。在科学发展观集中体现出的和谐发展精神、民族团结精神、国家统一精神和人类历史进步精神的震撼、吸引和感召下,2005年4月,中国国民党主席连战率领中国国民党大陆访问团,2005年5月,亲民党主席宋楚瑜率领亲民党大陆

① 胡锦涛:《在参加十届全国人大一次会议台湾代表团审议时的讲话》,2003年3月11日。

② 胡锦涛:《在考察广州老城区大塘街社区服务中心时的讲话》,2004年12月22日。

③ 胡锦涛:《在中共中央政治局第二十六次集体学习时的讲话》,2005年11月25日。

访问团,2005 年 7 月,新党主席郁慕明率领的新党纪念抗日战争胜利 60 周年大陆访问团,他们相继自 1949 年以来,首次踏上了祖国大陆的土地,迈出了具有中华民族大团结和国家完全统一的历史性意义的一步,并在北京受到胡锦涛的会见时,都表示在坚持“九二共识”的基础上,积极促进祖国和平统一大业,始终坚持一个中国的原则,并都表示在坚决反对“台独”势力的立场上始终是坚定不移。这充分说明中国内地和台湾同属一个中国的事实从未改变,“台湾是中国不可分割的一部分,解决台湾问题,实现中国的完全统一,是全体中华儿女的共同心愿,台湾同胞和祖国大陆人民同根同源、血脉相连,是我们的骨肉兄弟”①,这不仅深刻体现两岸人民血浓于水的深厚的血脉亲情,标志着两岸关系的发展已经进入科学发展的新时期,揭开了两岸共同谱写新世纪积极促进祖国统一的新篇章,同时,也使两岸共同迈出的和谐统一的这一步必将永载史册,从而全面开创了海峡两岸关系进入科学发展时期的新纪元。我们坚信,只要我们始终“坚持一个中国原则决不动摇、争取和平统一的努力决不放弃、贯彻寄希望于台湾人民的方针决不改变、反对‘台独’分裂活动决不妥协,全面贯彻实施反分裂国家法”②,那么,我们在以胡锦涛同志为总书记的党中央的坚强领导下,在全体中华儿女的共同努力下,台湾问题一定能够早日得到解决,祖国统一大业也就一定能够胜利完成,中华民族的伟大复兴就一定能够实现。

二、指出台湾同胞和祖国大陆人民是同根同源并血脉相连

胡锦涛认为:“1949 年以来,尽管两岸尚未统一”③,“但大陆

① 胡锦涛:《在法国国民议会的演讲》,2004 年 1 月 27 日。

② 《中共中央关于制定国民经济和社会发展第十一个五年规划的建议》,2005 年 10 月 11 日。

③ 胡锦涛:《在看望参加全国政协十届三次会议的民革台盟台联委员时的讲话》,2005 年 3 月 4 日。

和台湾同属一个中国的事实从未改变”①,“台湾是中国不可分割的一部分,解决台湾问题,实现中国的完全统一,是全体中华儿女的共同心愿,台湾同胞和祖国大陆人民同根同源、血脉相连,是我们的骨肉兄弟。”②因此,“国际社会普遍坚持承认一个中国的基本立场,两岸关系的基本格局和发展趋势没有改变。”③“新中国成立半个多世纪来,在中国共产党的领导下,经过全国各族人民的顽强努力,中国大地上发生了翻天覆地的历史巨变。今天,我们伟大的祖国欣欣向荣,发展前景无比美好。”④当前,我们伟大的祖国和伟大的中华民族正处在科学发展新的起点上,在中华民族的科学发展史上,台湾同胞和祖国大陆人民的命运在共同缔造和谐世界的今天更加紧密相连、休戚与共。同根同源、血脉相连、血浓于水的骨肉兄弟亲情,把我们更加紧密地联结在一起;祖国统一、民族复兴、反对“台独”的共同奋斗目标,把我们更加紧密地团结在一起;特别是因为“恐怖主义、环境恶化、金融风险、重大传染疾病等传统安全威胁和非传统安全威胁”⑤等问题所带来的严峻挑战,已经涉及人类政治、经济、社会生活等各个领域和各个方面,这更加需要两岸同胞在共享我们伟大祖国的尊严和荣誉中,共同应对面临的这些全球性挑战。我们坚信,只要通过“包括2300万台湾同胞在内的全中国人民”⑥的共同努力,万众一心、团结奋斗,自强不

① 胡锦涛:《在中国共产党第十七次全国代表大会上的报告》,2007年10月15日。

② 胡锦涛:《在法国国民议会的演讲》,2004年1月27日。

③ 胡锦涛:《在参加十届全国人大一次会议台湾代表团审议时的讲话》,2003年3月11日。

④ 胡锦涛:《在十届全国人大一次会议上的讲话》,2003年3月18日。

⑤ 胡锦涛:《在八国集团与中国印度巴西南非墨西哥五国领导人对话会上的讲话》,2005年7月7日。

⑥ 胡锦涛:《在纪念毛泽东同志诞辰110周年座谈会上的讲话》,2003年12月26日。

息、艰苦创业,我们就一定能够胜利到达现代化的光辉彼岸,一代又一代中国人梦寐以求的中华民族的伟大复兴就一定能够实现。只要“坚定不移地高举和平、发展、合作的旗帜,坚定不移地走和平发展道路,坚定不移地奉行独立自主的和平外交政策,在和平共处五项原则的基础上同世界上所有国家发展友好合作关系”①,同世界上所有国家的人民携手合作,为积极推动建立公正合理的国际政治新秩序而努力,“为建立一个和平、发展、和谐的世界而共同努力”②,那么,我们的国家、民族和包括2300万广大台湾同胞在内的13亿全体中国人民,就一定能够为人类和平与发展的崇高事业作出新的更大贡献。

我们从胡锦涛的科学论述中,可以深刻感受到台湾同胞和祖国大陆人民同根同源、血脉相连,台湾2300万同胞既是我们的骨肉兄弟,也可以深刻感受到,他对台湾2300万同胞所蕴涵的同根、同源、同族的血脉深情。对此,胡锦涛强调:“在一个中国原则基础上推动恢复两岸对话与谈判,加强两岸同胞相互往来与交流,积极推进两岸直接‘三通’”,“我们坚信,通过包括广大台湾同胞在内的全体中华儿女的共同努力,祖国完全统一就一定能够早日实现。”③他始终认为:“中国是两岸同胞的中国,是我们的共同家园”,必须要“促进两岸的经济文化交流和人员往来,符合两岸同胞的共同利益。我们要继续大力开展两岸经济文化交流和人员往来,大力推进两岸直接‘三通’”,并要求:“各地区各部门要认真执行《台湾同胞投资保护法》及其实施细则,努力改善投资环境,为台商到大陆投资提供良好服务,支持台商办好企业,要坚持以弘扬中华文化的优秀传统为主线,扩大两岸文化交流,要进一步完善现

---

① 胡锦涛:《在联合国成立60周年首脑会议上的讲话》,2005年9月15日。

② 胡锦涛:《在莫斯科国际关系学院的演讲》,2003年5月28日。

③ 胡锦涛:《在全国政协新年茶话会上的讲话》,2003年1月1日。

有涉台法规和政策，切实保障台湾同胞的正当权益”，这是因为，“2300万台湾同胞是我们的手足兄弟，是发展两岸经济文化交流、扩大人员往来的重要力量，也是遏制台湾分裂势力的重要力量。求和平、求安定、求发展，是当前台湾民心所向。两岸合则两利、通则双赢、分则两害，已经为越来越多的台湾同胞所认识，要争取广大台湾同胞理解和支持我们的方针政策，同我们一道共同推进两岸关系和祖国和平统一进程。”[①]他指出：“大陆和台湾同属一个中国，中国是我们的共同家园。两岸同胞应共同把我们的家园维护好、建设好、发展好。中国发展了，中华民族强盛了，是全体中华儿女之福。古今中外的历史和现实都告诉我们，家和万事兴。一个民族要发展、要强盛、要自立于世界民族之林，首先要团结起来，同心同德去奋斗、去拼搏。”因为在“当今世界，经济全球化趋势加快发展，区域经济合作日趋活跃，市场竞争更加激烈。两岸同胞本是一家人，面对新的发展机遇和挑战，理应密切往来、加强交流、扩大合作、共同发展。我们坚持不以政治分歧影响两岸经济合作的主张，欢迎台湾同胞来祖国大陆投资创业。只要是对台湾同胞来大陆投资经商、兴办实业有利的事情，只要是对两岸经济、科技和文化等领域的交流和合作有利的事情，只要是对两岸关系发展和祖国统一有利的事情，我们都会尽最大努力加以推动。我们将继续为两岸同胞之间的交往提供方便，努力帮助台湾同胞解决在祖国大陆投资经商、就业就学、工作生活中遇到的困难和问题，依法保护台湾同胞的一切正当权益。我们愿意就加强两岸经济合作问题，听取台湾工商界人士的意见和建议。”并明确指出“广大台湾同胞具有光荣的爱国主义传统，是深明大义的，一定会为促进祖国

① 胡锦涛：《在参加十届全国人大一次会议台湾代表团审议时的讲话》，2003年3月11日。

和平统一、实现中华民族的伟大复兴作出自己的贡献。"①2004 年 1 月,他在法国访问时强调:"台湾是中国不可分割的一部分。解决台湾问题,实现中国的完全统一,是全体中华儿女的共同心愿。台湾同胞和祖国大陆人民同根同源、血脉相连,是我们的骨肉兄弟。我们将坚持'和平统一、一国两制'的基本方针,尽最大努力实现中国的和平统一。"②

2004 年 4 月,胡锦涛强调:"中央政府十分关心台湾同胞的健康福祉,愿在一个中国原则基础上,采取积极措施,推动海峡两岸医疗卫生交流,帮助台湾卫生专家参与国际卫生领域的活动。"③2004 年 12 月,他在新年元旦即将来临之际,在和祖国各地台资企业协会会长共话两岸血脉亲情时,更是体现出对台胞无微不至的关怀,他满怀深情地说,2004 年元旦快到来了,每逢佳节倍思亲!我向你们,并通过你们向广大台湾同胞,致以新年的亲切问候和良好祝愿! 2005 年 4 月,胡锦涛在和中国国民党主席连战会谈时,他强调指出:"台湾同胞是我们的手足兄弟,我们尊重他们、信赖他们、依靠他们,并且设身处地为他们着想,千方百计照顾和维护他们的正当权益。我们充分理解和尊重台湾同胞爱乡爱土的情感、当家做主的愿望,十分同情台湾同胞在历史上经历的不幸、蒙受的冤屈。对台湾同胞在特殊历史条件下形成的心态和感情,对他们由于各种原因对大陆产生的误解和隔阂,我们不仅会基于同胞之爱予以充分理解和体谅,而且会采取积极的措施努力去疏导和化解。我曾经表示过,只要是对台湾同胞有利的事情,只要是对促进两岸交流有利的事情,只要是对维护台海地区和平有利的事情,只要是对促进祖国和平统一有利的事情,我们都会尽最大努力

① 胡锦涛:《在会见各地台资企业协会会长时的讲话》,2003 年 12 月 25 日。

② 胡锦涛:《在法国国民议会的演讲》,2004 年 1 月 27 日。

③ 胡锦涛:《在会见世界卫生组织总干事李钟郁博士时的讲话》,2004 年 4 月 20 日。

去做,并且一定会努力做好。我们的这一承诺不会改变。”[①]2005年5月,胡锦涛在会见亲民党主席宋楚瑜指出:“两岸同胞同根、同族、同脉。中华民族绵延五千多年的悠久历史和灿烂文化,把我们紧紧联系在一起。我们都是中华民族的子孙,都应该以我们伟大的民族为自豪,都应该以振兴我们伟大的民族为己任。”[②]2005年7月,他在会见新党主席郁慕明时明确指出:“广大台湾同胞,不论是台湾省籍还是其他省籍,都是我们血浓于水的骨肉同胞。无论在什么情况下,我们都尊重他们、信赖他们、依靠他们,并设身处地为他们着想,千方百计照顾和维护他们的正当权益。今年3月4日,我就加强两岸人员往来和经济文化交流提出了意见和建议。在中国国民党主席连战、亲民党主席宋楚瑜率团来大陆访问期间,我们宣布了一系列新的政策措施。凡是对台湾同胞作出的承诺,我们都会郑重对待、认真落实。希望新党为这些政策措施的落实发挥积极作用。我衷心希望,两岸共同采取行动,推动交往交流,加深同胞亲情,促进两岸关系朝着和平稳定的方向发展”[③],朝着“有利于密切两岸经贸合作和人员往来,符合两岸同胞的共同利益”[④]的方向发展。2007年10月,他深刻地指出:“十三亿大陆同胞和两千三百万台湾同胞是血脉相连的命运共同体。凡是对台湾同胞有利的事情,凡是对维护台海和平有利的事情,凡是对促进祖国和平统一有利的事情,我们都会尽最大努力做好”[⑤]。2010年4月,胡锦涛在上海会见了前来出席世博会开幕式的连战、吴伯

① 胡锦涛:《在和中国国民党主席连战会谈时的讲话》,2005年4月30日。

② 胡锦涛:《在会见亲民党主席宋楚瑜时的讲话》,2005年5月12日。

③ 胡锦涛:《在会见新党主席郁慕明时的讲话》,2005年7月12日。

④ 胡锦涛:《在厦门海沧台商投资区考察并会见台商代表时的讲话》,2006年1月14日。

⑤ 胡锦涛:《在中国共产党第十七次全国代表大会上的报告》,2007年10月15日。

雄、宋楚瑜等台湾各界人士，对台湾热情参与上海世博会表示赞赏，对青海玉树发生强烈地震后，台湾同胞提供的无私援助表示衷心感谢。并五度提笔疾书，认真记下了台湾同胞最为关切的各种问题。这些无不深刻说明了两岸同胞是血脉相连的真挚情感。

从胡锦涛对 2300 万台湾同胞的诚挚深情中，我们可以深刻感受到，中华民族历来就是热爱和平统一的伟大民族，中国人民历来就是热爱和平统一、辛勤劳动和艰苦创业的伟大人民，中国人民历来就有自己的民族自尊心和自豪感，以热爱祖国、追求祖国统一、贡献全部力量建设和发展中国特色社会主义为最大光荣，以损害祖国利益、民族尊严和荣誉为最大耻辱。因此，我们坚信，在当前两岸关系实现历史性突破的新形势下，只要我们坚持以科学发展观为指导，深入贯彻落实科学发展观，并在党中央的坚强领导下，始终坚持将科学发展观贯穿于对台工作的整个过程和各个方面，切实照顾和维护台湾同胞的切身权益，只要两岸同胞同心同德、不懈努力，共同推动两岸关系的进一步改善和实现科学发展，共同致力于祖国的完全统一，共同致力于中华民族的伟大复兴，那么，我们伟大祖国的完全统一大业和中华民族的伟大复兴，就一定能够早日实现。

三、强调要实现祖国完全统一是全体中华儿女的共同心愿

新世纪新阶段，胡锦涛强调，解决台湾问题、实现祖国完全统一，是全体中华儿女的共同心愿。我们将遵循“和平统一、一国两制”的方针和现阶段发展两岸关系、推进祖国和平统一进程的八项主张，坚持一个中国原则决不动摇，争取和平统一的努力决不放弃，贯彻寄希望于台湾人民的方针决不改变，反对“台独”分裂活动决不妥协，牢牢把握两岸关系和平发展的主题，真诚为两岸同胞谋福祉、为台海地区谋和平，维护国家主权和领土完整，维护中华民族根本利益。坚持一个中国原则，是两岸关系和平发展的政治

基础。尽管两岸尚未统一,但大陆和台湾同属一个中国的事实从未改变。中国是两岸同胞的共同家园,两岸同胞理应携手维护好、建设好我们的共同家园。台湾任何政党,只要承认两岸同属一个中国,我们都愿意同他们交流对话、协商谈判,什么问题都可以谈。我们郑重呼吁,在一个中国原则的基础上,协商正式结束两岸敌对状态,达成和平协议,构建两岸关系和平发展框架,开创两岸关系和平发展新局面。

对此,胡锦涛在深刻分析"台独"分裂势力的反动本质后认为,近年来,台湾岛内局势发生了重大而复杂的变化,"台独"分裂势力的活动不断加剧,给两岸关系和平和谐稳定发展造成了严重影响。台湾当局不断在台湾政治、文化、教育等领域进行"台湾正名"、"去中国化"等"渐进式台独"活动,蓄意挑起两岸对立,竭力破坏大陆和台湾同属一个中国的现状。事实已经说明,"台独"分裂势力及其活动日益成为两岸关系发展的最大障碍,成为对台海地区和平稳定的最大现实威胁,如不予以坚决反对和遏制,这势必严重威胁国家主权和领土完整,彻底断送两岸和平统一的前景,危害中华民族的根本利益。当前,两岸关系中出现了一些有利于遏制"台独"分裂活动的新的积极因素,台海紧张局势出现了某些缓和的迹象,但反对"台独"分裂势力及其活动的斗争仍然是非常严峻的、复杂的。因而,胡锦涛在积极倡导各国人民共同缔造和谐世界的伟大历史进程中,他以无产阶级领袖和新中国领袖所特有的全球宏大战略视野,并创造性地汇集了包括2300万台湾同胞在内的13亿中国人民的集体智慧,制定、通过和实施了新中国成立以来的第一部《反国家分裂法》,这既从法理上集中体现了坚持以人为本的科学执政新理念和保证中华民族和国家主权能够实现以人为本,全面协调可持续的科学发展,同时,也从全球的战略层面上,彻底堵死了"台独"分裂势力的后路和活动空间。他对于《反分裂国家法》,明确向各方阐明中国全国人大审议通过的《反分裂国家法》，是“一部促进两岸关系发展、推进两岸和平统一的法律，是一部反对和遏制‘台独’、维护台海地区和平与稳定的法律”①，是能够和谐维护两岸经济社会发展所需要的安定环境、保障两岸同胞的切身利益、积极促进中国和平统一大业的先进产物，它既符合当前各方利益，符合当前国际社会“坚持包容精神，共建和谐世界”②的人类历史进步潮流，它必然也是当前“加强全球合作，促进共同发展”③的历史要求。

这样，胡锦涛希望国际社会和世界各国，能够认清“台独”分裂势力及其活动的本质和已经对世界和平造成的严重威胁，能够“理解和支持中国政府和人民为维护国家主权和领土完整、实现两岸和平统一所做的一切努力”④，特别是希望“曾经为美国的独立和统一做出过艰苦卓绝斗争的美国人民”，必须要“理解中国人民这一强烈民族意愿”⑤，能够理解维护中国国家主权和领土完整，早日实现中国完全统一，是13亿中国人民的共同意志和坚定不移的决心。他并表示“中方赞赏美方多次重申坚持一个中国政策，遵守中美三个联合公报、反对‘台独’”⑥，并切实希望“美方要以实际行动来履行有关承诺，对‘台独’分裂势力推动‘法理台独’的动向保持警惕，更加明确地支持两岸关系的改善和发展、促进台海地区的和平与稳定”⑦，不要向“台独”分裂势力发出任何错误的信号。同时，他还对整个国际社会和世界各国人民，“长期以来在

① 胡锦涛：《在会见美国国务卿赖斯时的讲话》，2005年3月20日。

② 胡锦涛：《在联合国成立60周年首脑会议上的讲话》，2005年9月15日。

③ 胡锦涛：《在20国集团财长和央行行长会议开幕式上的讲话》，2005年10月15日。

④ 胡锦涛：《在会见美国国务卿赖斯时的讲话》，2005年3月20日。

⑤ 胡锦涛：《在会见美国参议院临时议长特德·史蒂文斯时的讲话》，2004年8月3日。

⑥ 胡锦涛：《在与美国总统布什举行会谈时的讲话》，2005年11月20日。

⑦ 胡锦涛：《在会见美国国务卿赖斯时的讲话》，2005年7月10日。

这个问题上对我们的支持”①和理解表示诚挚的感谢,并希望世界人民继续全力支持中国人民的这一正义事业,并多次申明中国人民将永远同世界各国人民一道,为共同推进人类和平与发展的崇高事业、为携手建设一个持久和平、共同繁荣的和谐世界而不懈努力。

实践已经证明,人类社会是按照历史的规律和理性法则前进的,胡锦涛这一符合联合国宪章和国际关系准则的科学发展新理念,不仅赢得了国际社会和世界各国的普遍尊敬,特别是他在统一问题上明确表示,只要台湾当局“承认一个中国原则,承认‘九二共识’,不管是什么人、什么政党,也不管他们过去说过什么、做过什么,我们都愿意同他们谈发展两岸关系、促进和平统一的问题”②所体现出的博大胸襟、恢弘气度和中华民族的浩然正气,更是极为巨大地震撼了全人类爱好和平发展的心灵世界和精神世界,整个国际社会和世界各国人民也无不被胡锦涛这种厚德载物、能容天下难容之物的博大情怀、恢弘气度和崇高境界所深深地折服。这是因为,在古今中外的任何国家、任何民族无不都将没有民族尊严、不讲民族气节、缺乏民族大义和出卖民族、国家、人民利益的民族败类都统视为人类的渣滓。进而从全球层面看,整个国际社会和世界各国普遍坚持承认一个中国的基本立场,坚定不移地奉行一个中国政策,坚持台湾是中国领土不可分割的一部分,“坚持一个中国政策,反对‘台独’”③,认为“世界上只有一个中国的事实是不容置疑的”④,而且也都普遍地希望中国人民本着一个中国的原则自己解决台湾问题。在中华民族和一个中国的层面,胡锦涛主席给应邀来访的中国国民党主席连战的感觉是“相见恨

① 胡锦涛:《在巴西国会的演讲》,2004 年 11 月 12 日。

② 胡锦涛:《在看望参加全国政协十届三次会议的民革台盟台联委员时的讲话》,2005 年 3 月 4 日。

③ 布什:《在北京和胡锦涛会谈时的讲话》,2005 年 11 月 20 日。

④ 希拉克:《在和胡锦涛会谈时的讲话》,2004 年 1 月 26 日。

晚!",并表示始终反对"台独"。而对于"九二共识",他和"国民党从来就没有任何的改变,我们也希望能够继续在这样的基础之上建构两岸共同亮丽的未来和远景。"①应邀来访的亲民党主席宋楚瑜更是明确表示:"两岸人民都是炎黄子孙,都是中国人,亲民党此次来访",就是架构"感情心灵相通之桥。""此次来访虽然时间很短,但在各地都看到大陆改革开放以来的进步和巨大变化,让人振奋,也看到大陆在迈向现代化过程中的先进理念和豪迈雄心。只要给两岸一个和平环境,两岸的中国人一定能够创造更了不起的成就。"对此,他表示:"亲民党始终坚持三个基本立场。第一,坚持'九二共识',从来没有动摇。第二,反对'台独',这个立场坚定不移。第三,两岸要和平。两岸和平是两岸中国人最大的期盼、共同的心声。"②而到访的新党主席郁慕明则坚定地表示:"新党本着向人民交代、对历史负责的初衷,始终如一地坚持一个中国原则、坚决反对'台独'分裂的立场。此次新党组团到大陆访问,定位为'民族之旅',就是要寻求民族浩然正气、振兴中华民族。"③可见,21世纪是中华民族伟大复兴的世纪,只要始终坚持"九二共识",始终坚定反对"台独"分裂势力,共同面对新纪元的挑战和契机,两岸共同抓住重要的战略机遇期,携手合作、团结奋斗,全力弘扬中华文化,那么,中华民族的伟大复兴和祖国完全统一的大业就一定能够早日得到实现,全体中国人民的理想之花即将就要结出丰硕之果。

四、两岸共享祖国尊严必然迎来民族伟大复兴的锦绣前程

新世纪新阶段,胡锦涛指出,我们制定和实施的对台工作大政方针,顺应了时代潮流和历史趋势,把握了中华民族根本利益和国

---

① 连战:《在北京受到胡锦涛会见时的答谢辞》,2005年4月29日。

② 宋楚瑜:《在北京受到胡锦涛会见时的讲话》,2005年5月12日。

③ 郁慕明:《在北京受到胡锦涛会见时的讲话》,2005年7月12日。

家核心利益，体现了尊重历史、尊重现实、尊重人民愿望的实事求是精神，反映了对两岸关系发展规律的深刻认识，从而推动两岸关系发展取得了历史性成就。我们要继续长期坚持和全面贯彻这些被实践证明是正确的大政方针，继续推动祖国和平统一进程不断向前迈进。当前，祖国大陆改革开放和现代化建设不断取得巨大进步，是推动两岸关系发展、实现祖国和平统一的雄厚基础和可靠保障，决定了两岸关系的基本格局和和谐发展方向。海峡两岸中国人有能力、有智慧把两岸关系的前途掌握在自己手中，通过交流合作增进感情融合、增加共同利益，通过协商谈判积累共识、减少分歧，循序渐进解决问题。实践已经充分证明，"'台独'分裂势力及其分裂活动违背两岸同胞共同利益，损害中华民族根本利益，拂逆中国发展不可阻挡的历史潮流，是对两岸关系和平发展的最大威胁，必然遭到两岸同胞共同反对。任何人、任何势力把台湾从中国分割出去的企图都是注定要失败的。"①

对此，胡锦涛强调，我们要牢牢把握两岸关系和平发展的主题，积极推动两岸关系和平发展，实现全民族的团结、和谐、昌盛。解决台湾问题的核心是实现祖国统一，目的是维护和确保国家主权和领土完整，追求包括台湾同胞在内的全体中华儿女的幸福，实现中华民族伟大复兴。以和平方式实现祖国统一最符合包括台湾同胞在内的中华民族根本利益，也符合求和平、谋发展、促合作的时代潮流。我们一定要以最大诚意、尽最大努力争取祖国的和平统一。首先要确保两岸关系和平发展，这有利于两岸同胞加强交流合作、融洽感情，有利于两岸积累互信、解决争议，有利于两岸经济共同发展、共同繁荣，有利于维护国家主权和领土完整、实现中华民族伟大复兴。同时，他还提出了两岸关系和平发展的具体措施。

---

① 胡锦涛：《在纪念〈告台湾同胞书〉发表30周年座谈会上的讲话》，2008年12月31日。

第一，恪守一个中国，增进政治互信。维护国家主权和领土完整是国家核心利益。世界上只有一个中国，中国主权和领土完整不容分割。1949 年以来，大陆和台湾尽管尚未统一，但不是中国领土和主权的分裂，而是 20 世纪 40 年代中后期中国内战遗留并延续的政治对立，这没有改变大陆和台湾同属一个中国的事实。两岸复归统一，不是主权和领土再造，而是结束政治对立。两岸在事关维护一个中国框架这一原则问题上形成共同认知和一致立场，就有了构筑政治互信的基石，什么事情都好商量。两岸应该本着建设性态度，积极面向未来，共同努力，创造条件，通过平等协商，逐步解决两岸关系中历史遗留的问题和发展过程中产生的新问题。继续反对"台独"分裂活动是推动两岸关系和平发展的必要条件，是两岸同胞的共同责任。凡是有利于两岸关系和平发展的事都应该大力推动，凡是破坏两岸关系和平发展的事都必须坚决反对。

第二，推进经济合作，促进共同发展。两岸同胞要开展经济大合作，扩大两岸直接"三通"，厚植共同利益，形成紧密联系，实现互利双赢。我们继续欢迎并支持台湾企业到大陆经营发展，鼓励和支持有条件的大陆企业到台湾投资兴业。我们期待实现两岸经济关系正常化，推动经济合作制度化，为两岸关系和平发展奠定更为扎实的物质基础、提供更为强大的经济动力。两岸可以为此签订综合性经济合作协议，建立具有两岸特色的经济合作机制，以最大限度实现优势互补、互惠互利。建立更加紧密的两岸经济合作机制进程，有利于台湾经济提升竞争力和扩大发展空间，有利于两岸经济共同发展，有利于探讨两岸经济共同发展同亚太区域经济合作机制相衔接的可行途径。

第三，弘扬中华文化，加强精神纽带。中华文化源远流长、瑰丽灿烂，是两岸同胞共同的宝贵财富，是维系两岸同胞民族感情的重要纽带。中华文化在台湾根深叶茂，台湾文化丰富了中华文化内涵。台湾同胞爱乡爱土的台湾意识不等于"台独"意识。两岸同胞要共同继承和弘扬中华文化优秀传统,开展各种形式的文化交流,使中华文化薪火相传、发扬光大,以增强民族意识、凝聚共同意志,形成共谋中华民族伟大复兴的精神力量。尤其要加强两岸青少年交流,不断为两岸关系和平发展增添蓬勃活力。我们将继续采取积极措施,包括愿意协商两岸文化教育交流协议,推动两岸文化教育交流合作迈上范围更广、层次更高的新台阶。

第四,加强人员往来,扩大各界交流。两岸同胞要扩大交流,两岸各界及其代表性人士要扩大交流,加强善意沟通,增进相互了解。对于任何有利于推动两岸关系和平发展的建设性意见,我们都愿意作出积极回应。我们将继续推动国共两党交流对话,共同落实"两岸和平发展共同愿景"。对于部分台湾同胞由于各种原因对祖国大陆缺乏了解甚至存在误解、对发展两岸关系持有疑虑,我们不仅愿意以最大的包容和耐心加以化解和疏导,而且愿意采取更加积极的措施让越来越多的台湾同胞在推动两岸关系和平发展中增进福祉。对于那些曾经主张过、从事过、追随过"台独"的人,我们也热诚欢迎他们回到推动两岸关系和平发展的正确方向上来。我们希望民进党认清时势,停止"台独"分裂活动,不要再与全民族的共同意愿背道而驰。只要民进党改变"台独"分裂立场,我们愿意作出正面回应。

第五,维护国家主权,协商涉外事务。我们一贯致力于维护台湾同胞在国外的正当权益。我们驻外使领馆要加强同台湾同胞的联系,诚心诚意帮助他们解决实际困难。我们了解台湾同胞对参与国际活动问题的感受,重视解决与之相关的问题。两岸在涉外事务中避免不必要的内耗,有利于增进中华民族整体利益。对于台湾同外国开展民间性经济文化往来的前景,可以视需要进一步协商。对于台湾参与国际组织活动问题,在不造成"两个中国"、"一中一台"的前提下,可以通过两岸务实协商作出合情合理安排。解决台湾问题、实现国家完全统一是中国内部事务,不受任何外国势力干涉。

第六,结束敌对状态,达成和平协议。海峡两岸中国人有责任共同终结两岸敌对的历史,竭力避免再出现骨肉同胞兵戎相见,让子孙后代在和平环境中携手创造美好生活。为有利于两岸协商谈判、对彼此往来作出安排,两岸可以就在国家尚未统一的特殊情况下的政治关系展开务实探讨。为有利于稳定台海局势,减轻军事安全顾虑,两岸可以适时就军事问题进行接触交流,探讨建立军事安全互信机制问题。我们再次呼吁,在一个中国原则的基础上,协商正式结束两岸敌对状态,达成和平协议,构建两岸关系和平发展框架。

新世纪新阶段,在当前两岸关系的发展已经处于新的历史时期和新形势下,必须坚持以科学发展观为指导,深入贯彻落实科学发展观,要始终坚持贯彻“和平统一、一国两制”的基本方针和现阶段发展两岸关系、推进祖国和平统一进程的八项主张,坚持一个中国原则决不动摇、争取和平统一的努力决不放弃、贯彻寄希望于台湾人民的方针决不改变、反对“台独”分裂活动决不妥协,继续贯彻实施反分裂国家法。实践证明,“两岸统一是中华民族走向伟大复兴的历史必然。尽管前进道路上还会出现困难和阻碍,但只要我们坚定信心、不懈努力,紧紧依靠两岸同胞,就一定能够开创两岸关系和平发展新局面,迎来中华民族伟大复兴的锦绣前程。”①

第四节　科学发展观是新时期国防和军队建设的重要指导方针

马克思主义国防和军事的基本原理,是无产阶级政党和马克

① 胡锦涛:《在纪念〈告台湾同胞书〉发表30周年座谈会上的讲话》,2008年12月31日。

思主义执政党，领导各族人民坚持和发展社会主义以及国防和军队建设的强大思想武器。在新中国诞生后相继形成的毛泽东军事思想、邓小平新时期军队建设思想、江泽民国防和军队建设思想、胡锦涛关于新形势下国防和军队建设科学发展的重要论述等军事科学理论成果。它们作为马克思主义、毛泽东思想、邓小平理论、"三个代表"重要思想、科学发展观理论体系的重要组成部分，既一脉相承而又与时俱进，集中体现了马克思主义国防和军事理论，在中国特色社会主义不同发展阶段的理论创新成果，是发展中国特色国防和军队建设的科学指南和根本指导思想。其中，我们坚持以科学发展观为指导，按照党的十七大和十七届三中、四中、五中全会的要求，深入贯彻落实科学发展观，深入研究胡锦涛关于新形势下国防和军队建设科学发展的重要论述，对于始终坚持以科学发展观指导部队建设，推动部队建设又好又快发展，大力培育"忠诚于党、热爱人民、报效国家、献身使命、崇尚荣誉"①的当代革命军人核心价值观，进一步强化实现科学发展"军魂"意识，始终坚持部队建设的正确政治方向，抓住高举旗帜、听党指挥这个根本，坚持不懈地用马克思主义中国化的最新成果武装官兵。大力加强党的先进性建设，着力提高各级党组织贯彻落实科学发展观

---

① 胡锦涛指出：忠诚于党，就是要自觉坚持党对军队的绝对领导，高举中国特色社会主义伟大旗帜，坚定中国特色社会主义理想信念，任何时候任何情况下都坚决听党指挥。热爱人民，就是要忠实践行全心全意为人民服务的根本宗旨，视人民利益高于一切、重于一切，永葆人民子弟兵政治本色，与人民群众心连心、同呼吸、共命运，为人民无私奉献。报效国家，就是要大力弘扬爱国主义精神，把个人的前途命运与国家的前途命运紧密联系在一起，坚决捍卫国家主权、安全、领土完整和人民民主专政的国家政权，为建设富强民主文明和谐的社会主义现代化国家贡献力量。献身使命，就是要履行革命军人神圣职责，爱军精武，爱岗敬业，不怕牺牲，英勇善战，坚决履行好党和人民赋予的新世纪新阶段军队历史使命。崇尚荣誉，就是要自觉珍惜和维护国家、军队、军人的荣誉，视荣誉重于生命，自觉践行社会主义荣辱观，弘扬革命英雄主义和集体主义精神，提高素质、全面发展，争创一流、建功立业，贞守革命气节，严守军队纪律。

的能力,严格政治纪律和组织纪律,确保部队在任何时候任何情况下都坚决听从党中央、中央军委指挥。把领导干部作风建设摆在突出位置,全面加强新形势下的思想作风、学风、工作作风、领导作风和干部生活作风建设,努力实现领导干部作风的进一步转变,使中国特色国防和军队建设实现科学发展,必然具有极其重大的理论意义、实践意义和深远的历史意义。

一、在为党的军事指导思想创新中实现富国和强军的统一

进入新世纪新阶段,以胡锦涛同志为总书记的党中央,高举中国特色社会主义伟大旗帜,以马克思主义国防和军事的基本原理、毛泽东军事思想、邓小平新时期军队建设思想和江泽民国防和军队建设思想为指导,在新的历史时期和新的历史条件下,立足于时代特点和国家战略全局,着眼于解决新世纪新阶段国防和军队建设的新特点新规律,以宽广深邃的宏大军事战略视野,从站在积极倡导各国人民共同缔造和谐世界的战略高度,系统总结和吸取了人类历史上军事理论成果,特别是密切关注自 20 世纪 70 年代末以来全面兴起的世界新军事变革,在全面深入对当前这场世界新军事变革包括军事理论、军事技术、军事组织体制、军事管理体系等方面进行科学分析后,还统筹兼顾地广泛考察了当前整个国际战略形势的现状,准确把握了当今世界新军事变革的发展趋势,创造性地将马克思主义国防和军事的基本原理、毛泽东军事思想、邓小平新时期军队建设思想、江泽民国防和军队建设思想同我国改革开放和现代化建设的新形势新任务紧密结合起来,并汇集了全党、全军和全国人民的集体智慧,创立形成了符合当代中国实际和世界新军事变革发展潮流的科学发展观理论体系。

胡锦涛在分析国际国内形势后指出:"国防和军队建设关系中国特色社会主义的发展全局。必须在全面推进社会主义经济建设、政治建设、文化建设、社会建设的同时,大力加强国防和军队建

设，为坚持和发展中国特色社会主义提供重要力量支撑和坚强安全保证。”①他始终认为，“国防和军队建设，在中国特色社会主义事业总体布局中占有重要地位。必须站在国家安全和发展战略全局的高度，统筹经济建设和国防建设，在全面建设小康社会进程中实现富国和强军的统一。全面履行党和人民赋予的新世纪新阶段军队历史使命，必须坚持以毛泽东军事思想、邓小平新时期军队建设思想、江泽民国防和军队建设思想为指导，把科学发展观作为国防和军队建设的重要指导方针，贯彻新时期军事战略方针，加快中国特色军事变革，做好军事斗争准备，提高军队应对多种安全威胁、完成多样化军事任务的能力，坚决维护国家主权、安全、领土完整，为维护世界和平贡献力量。”②

因此，新世纪新阶段，我们坚持以科学发展观为指导，最根本的是打牢官兵高举旗帜、听党指挥、履行使命的思想政治基础，确保军队建设坚定正确的政治方向。必须要组织官兵认真学习科学发展观，引导官兵深入理解和掌握这一理论体系的实践基础、科学内涵、精神实质。按照中央的统一部署，紧密结合军队实际，开展深入学习实践科学发展观活动，把科学发展观贯彻落实到各项建设和工作之中。加强军队各级党组织的能力建设和先进性建设，教育引导党员领导干部讲党性、重品行、作表率。大力培育战斗精神，使我军听党指挥、服务人民、英勇善战的优良传统一代一代传下去。必须要坚持以军事斗争准备为龙头带动军队现代化建设整体发展。坚持从实战需要出发从难从严训练部队，积极推动机械化条件下军事训练向信息化条件下军事训练转变。坚持不懈地抓好基层建设，进一步打牢部队战斗力的基础。以增强打赢信息化

① 胡锦涛：《在解放军代表团全体会议上的讲话》，2008年3月10日。

② 胡锦涛：《在中国共产党第十七次全国代表大会上的报告》，2007年10月15日。

条件下局部战争能力为核心，不断提高我军应对多种安全威胁、完成多样化军事任务的能力。必须把改革创新作为推进国防和军队建设、加快中国特色军事变革的强大动力。要进一步解放思想，坚定改革的决心和信心，在国防和军队改革上迈出新步伐、取得新成效。要把提高战斗力作为改革的出发点和落脚点，用战斗力标准统一改革思想、衡量改革措施、检验改革成效。通过深化改革，形成有利于推动国防和军队建设科学发展、充满生机和活力的体制机制。

同时，必须深刻认识到，富国和强军都是我国现代化建设的战略任务，是发展中国特色社会主义、实现中华民族伟大复兴的重要基石。要进一步探索统筹经济建设和国防建设的内在规律，坚持经济建设和国防建设协调发展方针，走出一条中国特色军民融合式发展路子。“要把推进军民融合式发展作为转变经济发展方式的重要内容，更加自觉地把国防和军队建设融入国家经济社会发展体系之中，推动国防建设和经济建设良性互动”①，要加快建立和完善军民结合、寓军于民的武器装备科研生产体系、军队人才培养体系和军队保障体系，充分利用经济社会发展成果推进国防和军队现代化建设。要广泛开展以爱国主义为核心的国防教育，营造全社会关心国防、热爱国防、建设国防的浓厚氛围。全军要始终牢记人民军队的宗旨，大力弘扬在抗击严重雨雪冰冻灾害斗争中表现出来的伟大精神，为全面建设小康社会作出新的贡献。

在全党学习实践科学发展观的活动中，“按照中央的部署和要求，人民解放军和武警部队紧密结合当前形势和部队实际，围绕党员干部受教育、科学发展上水平、履行使命见成效的总要求，组织党员认真学习科学发展观，着力查找解决影响和制约军队建设

① 胡锦涛：《在出席十一届全国人大三次会议解放军代表团全体会议时的讲话》，2010 年 3 月 12 日。

和军事斗争准备科学发展的突出问题,把全力维护改革发展稳定大局、有效履行军队使命作为学习实践活动最大的实践和最重要的实际,取得了明显成效,进一步打牢了全军官兵高举旗帜、听党指挥、履行使命的思想政治基础,更加牢固地确立了科学发展观在国防和军队建设中的重要指导方针地位,全面加强了部队各级党组织建设,提高了部队以打赢信息化条件下局部战争能力为核心的完成多样化军事任务的能力,有力促进了军队建设又好又快发展"①,日益成为推动科学发展、促进社会和谐的强大力量,使"全国各族人民都为伟大祖国的发展进步感到无比自豪,都对实现中华民族伟大复兴的光明前景充满信心"②,继续同世界各国人民一道推进人类和平与发展的崇高事业,推动建设持久和平、共同繁荣的和谐世界。

胡锦涛关于国防和军队建设的重要论述,明确阐述了新世纪新阶段国防和军队建设的指导思想、指导方针、目标任务和重大举措,科学解决了国防和军队建设以及军事斗争准备带有全局性、根本性、关键性的一系列重大问题,是科学发展观在整个军事领域的历史的生动展开,是新的历史条件下指导我国国防和军队建设的强大思想武器,是新世纪新阶段我国国防和军队建设的重要指导方针,为加强我国的国防建设和军队的革命化、现代化、正规化建设指明了科学发展方向,实现了我们党的军事指导理论前所未有的历史性飞跃。因此,新世纪新阶段,在国防和军队建设中,坚持以科学发展观为指导,紧密结合国防和军队建设的实际,深刻理解和准确把握科学发展观的科学内涵、精神实质、基本要求和根本方法,实

① 胡锦涛:《在全党深入学习实践科学发展观活动总结大会上的讲话》,2010年4月6日。

② 胡锦涛:《在庆祝中华人民共和国成立60周年大会上的讲话》,2009年10月1日。

现国防和军队建设又好又快发展，对于坚持党绝对领导下的人民军队的根本性质和宗旨，着眼于有效履行新世纪新阶段我军历史使命，以提高信息化条件下的威慑和实战能力为根本出发点和落脚点，全面加强革命化、现代化、正规化建设，深入贯彻落实“忠诚于党、热爱人民、报效国家、献身使命、崇尚荣誉”的总要求，统筹中国特色军事变革和军事斗争准备，统筹机械化建设与信息化建设，统筹诸多兵种作战力量建设，统筹当前建设与长远发展，统筹主要战略方向建设与其他战略方向建设，实施科技强军，着力推动军事理论创新、军事技术创新、军事组织体制创新和军事管理创新，加快转变战斗力生成模式，进一步发挥广大官兵的主体作用，坚持军民结合、寓军于民，实现国防和军队建设科学发展具有重要意义。

二、经典阐明人永远是一切军事理论实践关系的最高总和

胡锦涛深刻指出：“科学发展观是我们推动经济社会发展必须长期坚持的重要指导思想，也是新世纪新阶段加强国防和军队建设的重要指导原则。军队要坚决服从服务于国家经济社会发展的大局，关心支持地方经济社会发展，积极维护社会稳定，为构建社会主义和谐社会作贡献。要紧紧围绕打得赢、不变质，全面加强部队革命化、现代化、正规化建设，推动部队建设全面协调可持续发展。要牢固树立质量和效益观念，继承和发扬艰苦奋斗、勤俭建军的优良传统。要贯彻以人为本的理念，充分尊重官兵的主体地位和创造精神，维护官兵正当权益。要广泛深入地开展尊干爱兵教育，引导干部骨干依法带兵、以情带兵、文明带兵，巩固和发展我军新型的官兵关系。各级党委要大力弘扬求真务实的科学精神和作风，始终把工作重心放在基层建设上，把基层党组织建设成坚不可摧的战斗堡垒。领导机关要牢固树立为基层服务的思想，真心实意帮助基层解决实际问题，不断改善官兵的物质文化生活条件。坚决贯彻从严治军的方针，严格执行条令条例和规章制度，确保部

队的高度稳定和集中统一。”①

实践证明,科学发展观作为马克思主义关于发展的世界观和方法论的集中体现,不仅是我们推动经济社会发展必须长期坚持的指导思想,也是新世纪新阶段加强国防和军队建设的根本原则。在国防和军队建设中要贯彻以人为本理念的提出,科学阐明了人永远是一切军事理论和实践关系的最高总和,是对马克思主义国防和军事的基本原理和我们党的建军治军思想的继承、发展和创新。因此,在新的历史时期和新的历史条件下,始终坚持以科学发展观为指导,在国防和军队建设中深入贯彻落实以人为本的理念,对于国防和军队建设实现科学发展,进一步适应时代发展的要求,切实增强部队的凝聚力和战斗力,不断开创国防和军队建设的新局面,具有重大而深远的意义。

党的十七大报告强调:“科学发展观,第一要义是发展,核心是以人为本,基本要求是全面协调可持续,根本方法是统筹兼顾。”“必须坚持以人为本。全心全意为人民服务是党的根本宗旨,党的一切奋斗和工作都是为了造福人民。要始终把实现好、维护好、发展好最广大人民的根本利益作为党和国家一切工作的出发点和落脚点,尊重人民主体地位,发挥人民首创精神,保障人民各项权益,走共同富裕道路,促进人的全面发展,做到发展为了人民、发展依靠人民、发展成果由人民共享。”②

可见,坚持以人为本,作为当代军事理论和实践发展进程中的重要建军治军理念,它具有丰富的理论实践内涵。在国防和军队建设中,深入贯彻落实科学发展观和以人为本的理念,必须抓住以人为本这个核心。这是因为,在国防和军队建设中,只有以人为本

① 胡锦涛:《在视察南京军区时的讲话》,2005 年 10 月 13 日。

② 胡锦涛:《在中国共产党第十七次全国代表大会上的报告》,2007 年 10 月 15 日。

的理念被全体官兵深刻理解和掌握，才能将其转化为推动国防和军队建设实现科学发展、提升军队作战能力的强大力量。国防和军队建设中深入贯彻落实科学发展观，必须使全体官兵深刻理解和准确把握以人为本的科学内涵。必须要进一步强化党的宗旨意识，深刻理解为人民服务与为官兵服务相统一的关系。军队坚持以人为本，最根本的就是要进一步强化党的宗旨意识，履行好肩负的历史使命，积极支援国家和地方经济社会建设，全心全意为人民服务。必须要深刻理解坚持奉献精神与维护官兵正当利益的关系。坚持奉献精神是军人职业的鲜明特征，是军队职能的内在要求，是军人的价值所在，也是军队建设坚持以人为本的本质要求。必须要使广大官兵的利益与人民的利益融合在一起，切实维护广大官兵的正当利益，把尊重官兵，特别是尊重基层官兵的主体地位和首创精神作为一条重要原则。必须要深刻理解坚持依法从严治军与发扬军队民主、注重人文关怀的关系。依法从严治军作为我军的基本治军方针，是我军打得赢、不变质的根本保证。同时，军队建设深入贯彻落实以人为本的理念，必然要求国防和军队建设，必须坚持以军事人才为本。人才是政事之本，也是建军兴军之本。军事人才在军事资源中，是最可宝贵、最具有决定意义的第一资源。当代世界军事领域的竞争，说到底就是高素质军事人才的竞争。我军要履行好历史使命，打赢信息化战争需要培养造就一大批懂得科学发展，高度政治觉悟、牢牢掌握现代军事技术和现代战争指挥的优秀军事人才。必须按照科学发展观和以人为本的要求，统筹兼顾地加大军事人才建设和培养力度，高标准高质量高效益地推进军事人才战略工程，切实把科学发展观以人为本的理念，贯穿于国防和军队建设的整个过程和各个方面。

三、深刻揭示世界新军事变革的科学发展规律和应对措施

胡锦涛强调指出："当今世界，以信息技术为核心的高新技术

的发展,深刻影响着人们的生产生活方式和国际政治、经济、文化关系,同时也有力地促进了世界新军事变革。我们要加强对世界新军事变革的研究,把握趋势、揭示规律,采取措施、积极应对,不断加强国防和军队现代化建设,为全面建设小康社会、加快推进社会主义现代化提供可靠的安全保障。"必须紧紧"抓住本世纪头20年的重要战略机遇期,聚精会神搞建设,一心一意谋发展,为实现全面建设小康社会的宏伟目标而奋斗,这是我们的中心任务。在任何情况下,这一点都不能动摇。同时,在复杂多变的国际局势下,推进改革开放和现代化建设,实现我们的宏伟目标,必须有巩固的国防作保障。"要"借鉴世界新军事变革的经验,抓住机遇,在国家经济发展、科技进步的基础上,实现国防和军队现代化的跨越式发展",必须"要充分认识加强国防和军队现代化建设的重大意义,把关心支持国防和军队现代化建设作为义不容辞的职责。要正确把握和处理国防建设与经济建设的关系,充分利用国家教育、科技、人才等资源,积极支持国防和军队现代化建设,形成国防建设和经济建设相互促进、协调发展的机制。要加强国防教育,增强全民国防观念,进一步重视搞好国防后备力量建设,建立和完善快速高效的国防动员体制。"①

这就需要以科学发展观为指导,深入贯彻落实科学发展观,"正确认识和处理国防建设与经济建设的关系。"②必须牢固"树立宽广的世界眼光,全面观察世界经济、政治、文化、科技、军事等发展的大势,始终坚持对外开放,积极借鉴各国人民在实现经济发展和社会进步中创造的有益成果和经验,绝不能闭关自守、夜郎自大。我们充分尊重其他国家选择的发展道路,绝不会把自己的意

① 胡锦涛:《在中共中央政治局第五次集体学习时的讲话》,2003年5月23日。

② 胡锦涛:《在会见第五次全国人民防空会议代表和国防动员领导干部集训班学员时的讲话》,2005年10月27日。

志强加于人，也绝不允许任何人把他们的意志强加于中国人民。越是对外开放，越是国际竞争激烈，越是要坚持独立自主、自力更生，越是要把推进事业发展的基点放在依靠自己的力量上，坚持不懈地艰苦奋斗、艰苦创业。在今后的前进道路上，无论国际风云如何变幻，无论遇到什么困难和风险，我们都要坚定不移地走中国特色社会主义道路，坚定不移地维护国家的主权和安全"①，不断开创国防和军队现代化建设的新局面。

这样，胡锦涛就从各个战略层面，高度强调必须加强国防和军队革命化、现代化、正规化建设，使全军各兵种在信息化、数字化的条件下，能够形成以人为本，全面协调可持续发展的作战能力。他从加强人民军队政治思想建设的战略视角要求："坚持党对军队的绝对领导，是我军建设和发展的首要问题。我们对这个问题要始终关注、抓住不放，任何时候任何情况下都不能有丝毫含糊和动摇。要抓住军队党的建设这个关键环节，增强各级党组织的创造力、凝聚力、战斗力，充分发挥党委的核心领导作用、党支部的战斗堡垒作用和党员的先锋模范作用。要坚持把思想政治建设摆在部队各项建设的首位，加强思想政治工作，严格政治纪律和组织纪律，确保政令军令畅通，确保全军官兵坚决听从党中央和中央军委指挥，坚决同党中央和中央军委保持一致"②，"要坚持把思想政治建设摆在全军各项建设的首位，始终不渝地坚持党对军队绝对领导的根本原则和制度"，要"坚持以人为本，心系基层、情系官兵，真心实意地为基层办实事、解难事、做好事。各级干部要坚持解放思想，实事求是，与时俱进，开拓创新，努力探索信息化条件下和社会主义市场经济环境中治军带兵的特点和规律，不断总结新经验，

① 胡锦涛：《在纪念毛泽东同志诞辰110周年座谈会上的讲话》，2003年12月26日。

② 胡锦涛：《在中央军委扩大会议上的重要讲话》，2004年9月20日。

增强新本领，实现新进步。”①他从切实加强司令机关的大战略视角要求：“司令机关建设在军队建设中具有十分重要的地位和作用，要高度重视，摆在战略位置来抓。要紧紧围绕建设信息化军队、打赢信息化战争的目标，推进新形势下司令机关建设，发展信息化指挥手段，努力建设高素质、高效能的军事领率机关，为推进中国特色军事变革做出新的贡献。”②他从提高我国科技自主创新能力的战略视角要求：“要紧紧扭住为国家发展服务这个中心任务，坚持贯彻经济建设必须依靠科学技术、科学技术必须面向经济建设的战略方针，着力提高解决当前和未来我国经济社会发展的重大科技问题的能力，着力提高为落实科学发展观提供知识基础和技术支撑的能力，着力提高保障国家安全、应对世界新军事变革的能力，努力攀登世界科技高峰。”③他从进一步加强军事人才建设的战略视角指出：“当前，我国正处在全面建设小康社会的关键时期，国防和军队建设也进入一个重要的发展阶段，新的形势和任务，对军队人才培养特别是新型高级军事人才培养提出了很高的要求”④，必须“要进一步加强人才队伍建设，培养和造就一大批高素质新型军事人才”⑤，必须要“充分利用国家教育、科技、人才等资源，积极支持国防和军队现代化建设”⑥，必须“要依托国家经济社会发展，把国防建设融入现代化建设全局之中，统筹国防资源与经济资源，注重国防经济和社会经济、军用技术和民用技术、军队

① 胡锦涛：《在参加十届全国人大三次会议解放军代表团全体会议上的讲话》，2005年3月13日。

② 胡锦涛：《在会见全军司令部建设会议代表时的讲话》，2004年9月29日。

③ 胡锦涛：《在中国科学院考察工作时的讲话》，2004年12月29日。

④ 胡锦涛：《在会见国防大学第四次党代表大会全体代表时的讲话》，2005年10月25日。

⑤ 胡锦涛：《在看望慰问北京军区空军某部和北京军区装甲兵某部部队官兵时的讲话》，2005年2月2日。

⑥ 胡锦涛：《在中共中央政治局第五次集体学习时的讲话》，2003年5月23日。

人才和地方人才的兼容发展，进一步形成国防建设和经济建设相互促进、协调发展的良好局面。”①

可见，新世纪新阶段，必须坚持以科学发展观为指导，深入贯彻落实科学发展观，认真贯彻党的十七大和十七届三中、四中、五中全会提出的国防和军队建设的各项任务，始终用科学发展观武装我们的军事头脑，坚持从我国国情出发，积极借鉴世界新军事变革的先进经验，抓住重要的发展战略机遇期，在国家经济发展、科技进步的基础上，坚持国防建设与经济建设协调发展的方针，坚持党对军队的绝对领导，着眼于有效履行新世纪新阶段军队的历史使命，“积极推进中国特色军事变革”②，不断使国防和军队现代化建设取得新进展，始终使我军永远站在世界军事发展潮流的最前列。

因此，必须要切实按照以人为本，全面协调可持续发展的科学发展观，已经在军事领域形成的划时代的军事战略指导思想的要求，必须形成军事理论和军事实践的全面创新，必须要尽快实现创新型国家整体意义上宏大军事战略格局；必须要尽快实现“建设军民结合、寓军于民的国防科技创新体系，加强军民科技资源的集成，实现从基础研究、应用研究开发、产品设计制造到技术和产品采购的有机结合，形成军民高技术的共享和相互转移的良好格局”③；必须要尽快开发具有创新型国家整体意义上的保障缔造和谐世界战略格局的全军资源、情报、信息共享的统一基础系统；必须要深刻领会和准确把握科学发展观理论体系中携手建设与共同缔造和谐世界的基本原理，并紧密结合当今人类社会的核子时代

① 胡锦涛：《在参加十届全国人大三次会议解放军代表团全体会议上的讲话》，2005 年 3 月 13 日。

② 胡锦涛：《在全国政协新年茶话会上的讲话》，2006 年 1 月 1 日。

③ 胡锦涛：《在全国科学技术大会上的讲话》，2006 年 1 月 9 日。

特征,切实从高科技军事结合的宏大战略视角,来挑战人类科学创造性思维的极限,率先完成缔造、建设与发展和谐世界均衡力量格局迫切需要的科学物质基础。同时,在实现全军资源、情报、信息共享的基础上,努力提高军队信息化条件下防卫作战能力,大力推进全军各兵种尽快形成全面协调可持续发展的作战能力,大力培养新型军事人才,发展现代化武器装备,积极稳妥地推进中国特色军事变革和后勤建设,"切实解决制约后勤发展的体制机制问题"①,进一步完善综合保障能力,进一步形成兵力快速投送能力,进一步提高超视距远程精确打击能力,进一步加快国防和军队建设科学发展,进一步开创国防建设和经济建设相互促进的良好局面,坚定不移地捍卫国家主权和领土完整,不断为发展中国特色社会主义事业,为早日实现国家的完全统一,坚决维护世界和平与缔造和谐世界等各个方面,必然具有重大的理论和实践意义。

四、明确指出实现核能完全和平利用是全人类的共同愿望

1945年8月6日和9日,在第二次世界大战结束前夕,美国在日本广岛和长崎投掷了两枚原子弹,对广岛和长崎进行了毁灭性打击,其威力足以威胁人类自身文明的原子弹,震惊了全世界。迄今为止,美国是世界上第一个拥有核武器,也是唯一使用过核武器的国家。核武器自从20世纪出现以来,像一把高悬在人类头上的达摩克利斯之剑,时刻威胁着人类的生存和发展。因此,从站在以人为本,全面协调可持续发展的科学发展观的战略高度,我们可以看到,在当前核子时代的条件下,核安全问题事关核能和经济可持续发展,事关社会稳定和公众安全,事关国际和平与安宁。但是,我们也应该看到,核能是清洁的,实现核能完全和平利用是全

① 胡锦涛:《在会见全军后勤工作会议代表时的讲话》,2006年1月11日。

人类的共同愿望。

对此，胡锦涛极为深刻地指出："核能开发利用是20世纪人类最伟大的科技成就之一，促进了人类社会进步，给广大民众带来了福祉。步入21世纪，为应对气候变化、保障能源安全，核能需求大幅增长，核工业发展势头强劲，核能与各国经济社会发展的关系更为紧密。同时，国际安全形势复杂多变，核安全问题日益引起国际社会关注，主要是非传统安全问题凸显、核恐怖主义潜在威胁不容忽视、核材料流失和非法贩运风险上升。妥善应对核安全挑战，保障核能持续健康发展，维护国际安全稳定，成为各国共同面临的重要课题。"①并从核扩散、核裁军、核安全等方面存在的问题，指出缔造一个持久和平、共同繁荣、普遍安全的和谐世界的重要性。

胡锦涛始终认为，缔造普遍安全的世界，必须要努力营造和平稳定的国际大环境，通过和平方式解决国际争端，增加各国安全感，促进发展，消除贫困，消除冲突和动荡根源。必须要充分尊重和照顾各国正当合理的安全关切，不把本国安全凌驾于别国安全之上，通过互利共赢实现普遍安全。必须致力于建立相互理解和信赖的国家关系，化解分歧和猜疑，在平等基础上开展对话和合作。必须坚持多边主义，巩固以联合国为核心的集体安全体系，增强其公正性和合理性，使之在国际安全合作中发挥强大作用。

胡锦涛强调："全面禁止和彻底销毁核武器，建立无核武器世界，是中国的一贯主张。"②并郑重重申，中国坚定奉行自卫防御的核战略，始终恪守在任何时候和任何情况下不首先使用核武器政策，明确承诺无条件不对无核武器国家和无核武器区使用或威胁使用核武器。中国不参加任何形式的核军备竞赛，将继续把自身核力量维持在国家安全需要的最低水平，将继续为推进国际核裁

① 胡锦涛：《在核安全峰会上的讲话》，2010年4月13日。

② 胡锦涛：《在第64届联大一般性辩论时的讲话》，2009年9月23日。

军进程作出努力。中国愿继续为维护国际核不扩散体系发挥建设性作用。他指出,一个普遍安全的世界,首先应该摆脱核战争威胁,并在安理会核不扩散与核裁军峰会上提出五点主张。

第一,维护全球战略平衡和稳定,积极推进核裁军进程。所有核武器国家应该切实履行《不扩散核武器条约》第六条规定的义务,并公开承诺不寻求永远拥有核武器。拥有最大核武库的国家应该继续率先大幅度实质性削减其核武器。《全面禁止核试验条约》应该早日生效。应该尽快就"禁止生产核武器用裂变材料条约"进行谈判。条件成熟时,其他核武器国家也应该加入多边核裁军谈判进程。为最终实现全面彻底核裁军,国际社会应该适时制订一项切实可行的分阶段的长远规划,包括缔结《全面禁止核武器公约》。

第二,放弃以首先使用核武器为基础的核威慑政策,切实减少核武器威胁。所有核武器国家应该明确承诺无条件不对无核武器国家和无核武器区使用或威胁使用核武器,并就此达成有法律约束力的国际文书。同时,核武器国家之间应该谈判缔结互不首先使用核武器条约。

第三,巩固国际核不扩散机制,防止核武器扩散。所有国家应该加入《不扩散核武器条约》,切实维护和加强条约权威性和有效性。强化国际原子能机构保障监督职能。所有国家应该严格履行防扩散义务,不搞双重标准,加强和改进防扩散出口管制。

第四,充分尊重各国和平利用核能的权利,积极开展国际合作。发达国家应该积极帮助发展中国家为和平目的开发利用核能。国际原子能机构应该加大投入,推动核电、核安全、核技术应用等方面技术合作和援助。

第五,大力加强核安全,切实减少核风险。各国应该严格遵守核安全领域各项国际法律文书,采取切实措施,确保其核设施和核材料安全,有效防止核材料流失。国际社会应该加强合作,共同打击核恐怖主义。①

同时，胡锦涛还针对核安全问题，进一步强调中国本着负责任的态度，高度重视核安全，坚决反对核扩散和核恐怖主义，为此作出了一系列积极努力。全面加强核安全能力。中国已建立较为完善的核安全法规和监管体系，采取有效措施确保核材料和核设施安全，注重在核工业界培育核安全文化，实施严格的出口管制，依法防范核材料非法贩运，保持着良好核安全纪录。严格履行核安全国际义务。中国支持并严格履行现有核安全国际公约及联合国安理会相关决议。重视并积极参与国际核安全合作。中国积极支持国际原子能机构核安全工作，是“打击核恐怖主义全球倡议”的创始伙伴国，同许多国家保持双边交流。积极向发展中国家提供核安全援助，在地区核安全合作方面进一步发挥作用。

胡锦涛指出，加强核安全符合各国共同利益，需要国际社会携手努力，要切实履行核安全的国家承诺和责任。各国应该更加重视核安全问题，履行相关国际义务，加强国内相关立法和监督管理机制，采取有效措施保护本国核材料和核设施安全，培育核安全文化，强化出口管制，提高核安全能力。要切实巩固现有核安全国际法框架。我们应该推动《核材料实物保护公约》修订案尽早生效，促进《制止核恐怖主义行为国际公约》的普遍性。应该全面履行联合国安理会有关决议，有效打击核材料非法贩运，防范非国家行为者获取核材料。要切实加强核安全国际合作。各国应该充分利用现有多边和双边合作机制和渠道，分享核安全经验，加强信息交流和执法合作。应该支持国际原子能机构在核安全领域发挥主导作用，充分利用机构平台，支持各国核安全努力。各国还可以探讨合作开发有助于降低安全风险的核技术。要切实帮助发展中国家

① 胡锦涛：《在安理会核不扩散与核裁军峰会上的讲话》，2009年9月24日。

提高核安全能力。国际原子能机构和发达国家应该尊重发展中国家意愿,根据其实际需要和现有条件,在经济、技术、人力资源等方面加大援助力度,促进实现普遍核安全。要切实处理好核安全与和平利用核能的关系。核安全措施应该有利于为各国和平利用核能营造有利环境,促进该领域国际合作。

胡锦涛强调:“实现核能完全和平利用是全人类的共同愿望。中国一贯主张全面禁止和彻底销毁核武器,坚定奉行自卫防御的核战略,始终恪守在任何时候和任何情况下不首先使用核武器的政策,明确承诺无条件不对无核武器国家和无核武器区使用或威胁使用核武器。中国坚决反对核武器扩散,积极支持加强国际核安全努力,坚定支持各国平等享有和平利用核能权利。核能是清洁的,也必须是安全的。我相信,只要我们进一步凝聚共识,本着互利共赢的精神,普遍参与,密切合作,就一定能够有效应对核安全挑战,全面促进可持续发展,为世界持久和平、共同繁荣作出贡献。”①

可见,科学发展观科学理论体系的创立、形成和诞生,在当前整个国际社会和世界各国人民已经进入携手建设、共同缔造和谐世界的国际大环境下,不仅是我们当前全面建设小康社会、全面实现中华民族的伟大复兴的永久指南,而且以人为本,全面协调可持续发展的军事指导思想,它作为科学发展观理论体系的重要组成部分,不仅站在了当代人类军事科学的时代高峰,不仅经典揭示了世界新军事变革的科学发展规律及其应对措施,也是科学发展观在整个军事领域的历史的生动展开,进一步为加强我国的国防建设和军队的革命化、现代化、正规化建设指明了科学发展方向,是新的历史条件下指导我国国防和军队建设的强大思想武器,实现

① 胡锦涛:《在核安全峰会上的讲话》,2010年4月13日。

了我们党的军事指导理论前所未有的历史性飞跃。也为当今人类社会提供了正确认识和解决军事问题的科学的世界观和方法论，为各国人民共同缔造和谐世界，奠定了极为坚实的理论基础和实践基础，科学实现了人类军事史上划时代的一次伟大变革。

第三章　科学发展观体现出领袖和人民血脉相连的深厚情节

《共产党宣言》发表以来的实践证明，马克思、恩格斯、列宁、毛泽东、邓小平、江泽民、胡锦涛等马克思主义经典作家，都从坚决维护全人类最根本利益的思想出发，并站在人类理论思维和创造性思维的时代高峰，他们及其创立的科学理论体系的全部精神实质，就在于他们的着眼点、立足点和出发点，始终都是在坚持和维护包括13亿中国人民在内的全人类的根本利益。可见，他们创立的科学体系，必然蕴涵着无产阶级领袖与人民群众之间血脉相连的深厚情节。而在马克思主义一脉相承的科学体系中，科学发展观作为中国特色社会主义理论体系的最新成果，不仅集中体现了马克思主义的真理力量、与时俱进而又永续发展的科学理论品质，也集中体现了以胡锦涛为杰出代表的当代中国共产党人，在积极倡导各国人民携手建设和谐世界的伟大进程中，始终为全人类谋和平、谋合作、谋发展、谋利益、谋和谐的深厚感情。因此，我们坚持以科学发展观为指导，坚持发展为了人民、发展依靠人民、发展成果由人民共享，切实解决人民群众最关心、最直接、最现实的利益问题，千方百计为困难群众多办好事实事，把人民群众的根本利益落实到科学发展的各个方面，凝聚广大人民群众的力量，为全面建设小康社会将具有重大意义。

第一节　科学发展观认为要始终坚持马克思主义的群众观点

马克思主义认为，在人类社会漫长的历史演进中，自从民族、国家特别是社会主义新型国家建立以后，民族、国家、领袖、人民的关系就是辩证统一的命运共同体。这是因为，只有人民群众才是历史的创造者，只有人民群众才是民族、国家实现科学发展的强大动力。而领袖则是来源于人民群众，历来就是和人民群众血脉相连的，深受各族人民衷心爱戴的，具有渊博学识、崇高思想境界和享有崇高威望的，是象征伟大民族精神的，是能领导国家对内实现和谐发展、对外实现和平发展，是能始终科学判断人类世界历史和平发展趋势的，是始终为全人类谋利益的，并能集中体现全人类一切美德的先进代表。《共产党宣言》发表以来的实践已经证明，在整个无产阶级革命的伟大历史进程中，无产阶级领袖马克思、恩格斯、列宁、毛泽东、邓小平、江泽民、胡锦涛等马克思主义经典作家，他们在国际共产主义运动和中国革命建设改革的各个历史时期，都始终致力于全人类的最终解放，都始终致力于实现世界的和平发展、和谐发展与可持续发展，他们根据马克思主义原理同各国具体实际和时代特征紧密结合起来的科学理论体系，是经济建设、政治建设、文化建设、社会建设和党的建设的根本指南。当前，随着我国经济社会的不断发展，中国特色社会主义事业的总体布局，更加明确为经济建设、政治建设、文化建设、社会建设四位一体。因此，我们坚持以科学发展观为指导，从中国特色社会主义事业四位一体的总体布局出发，紧密结合构建社会主义和谐社会的实践，推动科学发展、促进社会和谐，更加体现马克思主义执政党的先进本质，自觉肩负起时代赋予的光荣使命，把全体人民最广泛地团结起来、把各方面力量最大限度地凝聚起来,共同为推进中国特色社会主义伟大事业而奋斗,具有重大的理论意义和实践意义。

一、科学阐述无产阶级领袖在人类历史进程中的伟大作用

在人类社会的历史进程中,无产阶级伟大领袖作为无产阶级的杰出代表,他们的历史地位和伟大作用,是以往任何人物所不能比拟的。他们是整个人类解放的向导,肩负着领导马克思主义执政党和广大人民群众消灭一切剥削制度,解放全人类,最终实现共产主义的伟大历史使命。列宁指出:"马克思和恩格斯的具有世界历史意义的伟大功绩,在于他们用科学的分析证明了资本主义必然崩溃,必然过渡到不再有人剥削人现象的共产主义。马克思和恩格斯的具有世界历史意义的伟大功绩,在于他们向各国无产者指出了无产者的作用、任务和使命就是首先起来同资本进行革命斗争,并在这个斗争中把一切被剥削的劳动者团结在自己的周围。"①因此,对于无产阶级伟大领袖,列宁的定义是:"群众是划分为阶级的,……在多数情况下,至少在现代的文明国家内,阶级通常是由政党来领导的;政党通常是由最有威信、最有影响、最有经验、被选出担任最重要职务而称为领袖的人们所组成的比较稳定的集团来主持的。"②

从列宁的科学论述中看到,无产阶级领袖的伟大历史作用,主要表现在理论创新和引领实践两个方面。从理论创新的角度来看,无产阶级领袖超越了思想的障碍和束缚,克服了形形色色的偏见和误解,是全人类的利益和先进科学思想观念的集中体现,因而能够全面科学地批判汲取人类文明进步成果,能够总结无产阶级革命事业的实践经验,揭示人类社会发展的客观规律,创立马克思

① 《列宁选集》第 3 卷,第 603 页。

② 《列宁选集》第 4 卷,第 197 页。

主义理论，并不断地继承、丰富、发展和创新马克思主义的科学理论体系，从而为马克思主义执政党及其领导的政权提供科学的世界观和方法论。而马克思列宁主义、毛泽东思想、邓小平理论、“三个代表”重要思想和科学发展观，就是马克思主义善于理论创新的光辉典范和伟大旗帜。从引领实践的角度来看，无产阶级领袖善于把马克思主义的普遍真理同各国的具体实践以及时代特征结合起来，并在各个不同的历史时期制定出代表世界科学发展潮流的路线、方针、政策和战略策略，不断开辟国际共产主义运动和社会主义、共产主义伟大事业的新境界。邓小平指出：“马克思主义在承认历史是人民群众所创造的时候，从来没有否认杰出的个人在历史上所起的作用；马克思主义只是指出，个人的作用归根结底是以一定的社会条件为转移的。同样，马克思主义也从来没有否认领袖人物对于政党的作用。按照列宁的著名的说法，领袖是‘最有威信、最有影响、最有经验’的人们，毫无疑问，他们的这种威信、影响和经验乃是党、阶级和人民的宝贵的财富。”①这样，他在评价毛泽东时就特别指出：毛泽东“多次从危机中把党和国家挽救过来。没有毛主席，至少我们中国人民还要在黑暗中摸索更长的时间，毛主席最伟大的功绩是把马列主义的原理同中国革命的实际结合起来，指出了中国夺取革命胜利的道路。”②

新世纪新阶段，胡锦涛对无产阶级领袖马克思、恩格斯、列宁、毛泽东、邓小平、江泽民等马克思主义经典作家，“在马克思主义和科学社会主义发展史上”③的重大历史作用进行科学评价。他从建设社会主义和谐社会的战略高度，深刻指出：“马克思、恩格斯创立了唯物史观和剩余价值学说，提出了无产阶级革命的理论

① 《邓小平文选》第1卷，第234页。

② 《邓小平文选》第2卷，第344页。

③ 胡锦涛：《在“三个代表”重要思想理论研讨会上的讲话》，2003年7月1日。

和战略策略，实现了社会主义由空想到科学的历史性飞跃。”“列宁在领导俄国十月革命和社会主义建设的过程中，就建设社会主义社会提出了一系列重要思想。他明确提出：只有社会主义才可能广泛推行和真正支配根据科学原则进行的产品的社会生产和分配，以便使所有劳动者过最美好、最幸福的生活；生气勃勃的创造性的社会主义是由人民群众自己创立的；社会主义国家应当大力帮助农民，消除城乡对立；必须把国民经济的一切大部门建立在同个人利益的结合上面；必须发扬民主，改革国家机关，精简机构，反对官僚主义，最大限度地发挥人民群众的积极性和创造性；必须时时处处千方百计地巩固党同群众的联系，等等。马克思、恩格斯、列宁关于未来社会的科学设想，指明了构建社会主义和谐社会的前进方向”①，实践已经证明，“马克思主义是我们立党立国的根本指导思想。”②

新中国成立后，在中国革命建设改革的长期实践中，毛泽东作为“中国共产党、中国人民解放军、中华人民共和国的主要缔造者，中国各族人民的伟大领袖”，“是伟大的马克思主义者，伟大的无产阶级革命家、战略家和理论家，是近代以来中国伟大的爱国者和民族英雄，是领导中国人民彻底改变自己命运和国家面貌的一代伟人。他早年投身革命，在长期艰苦的革命斗争中成长为党的第一代中央领导集体的核心。他为中国新民主主义革命的胜利、社会主义革命的成功和社会主义建设的进行，为实现中华民族的独立和振兴、中国人民的解放和幸福，作出了彪炳史册的贡献。毛泽东同志毕生最突出最伟大的贡献，就是领导我们党和人民找到

① 胡锦涛：《在省部级主要领导干部提高构建社会主义和谐社会能力专题研讨班上的讲话》，2005 年 2 月 19 日。

② 胡锦涛：《在纪念党的十一届三中全会召开 30 周年大会上的讲话》，2008 年 12 月 18 日。

了新民主主义革命的正确道路,完成了反帝反封建的任务,建立了中华人民共和国,确立了社会主义基本制度,并从中国实际出发探索社会主义建设的道路,为古老的中国赶上时代发展潮流、阔步走向繁荣昌盛创造了根本前提,奠定了坚实的理论和实践基础。”“十一届三中全会,标志着邓小平同志成为党的第二代中央领导集体的核心。邓小平同志同中央领导集体一起,顺应时代要求和人民愿望,指导我们党系统总结建国以来的历史经验,解决了科学评价毛泽东同志的历史地位和毛泽东思想的科学体系、根据新的实际和发展要求确立中国社会主义现代化建设的正确道路这样两个相互联系的重大历史课题,……为我们党和国家的发展确定了正确方向。邓小平同志响亮地提出了走自己的路、建设中国特色的社会主义的伟大号召,领导我们党在新中国成立以来革命和建设实践的基础上,成功地走出了一条建设中国特色社会主义的新道路。……使我国社会主义事业和党的建设充满新的生机和活力。”“20 世纪 80 年代末 90 年代初,国际国内发生严重政治风波,世界社会主义出现严重曲折,我国社会主义事业的发展面临新的巨大困难和压力,我们党面临着又一个重大历史关头。以江泽民同志为核心的党的第三代中央领导集体紧紧依靠全党全国人民,坚持十一届三中全会以来的路线方针政策,团结带领全党全国人民捍卫和发展了中国特色社会主义伟大事业。从十三届四中全会到十六大的 13 年,我们从容应对一系列关系我国主权和安全的国际突发事件,战胜在政治、经济领域和自然界出现的困难和风险,经受住一次又一次考验,排除各种干扰,保证了改革开放和现代化建设的航船始终沿着正确的方向破浪前进,中国特色社会主义事业呈现出更加蓬勃的生机和活力。”①

① 胡锦涛:《在纪念毛泽东同志诞辰 110 周年座谈会上的讲话》,2003 年 12 月 26 日。

可见,我们在当前新的历史时期和新形势下,必须深刻认识无产阶级领袖在人类历史进程中的伟大意义,必须深刻认识“对于领袖的爱护——本质上是表现对于党的利益、阶级的利益、人民的利益的爱护。”①必须永远牢记将爱护具体落实到思想和行动上,就是始终坚持高举马克思列宁主义、毛泽东思想、邓小平理论、“三个代表”重要思想和科学发展观伟大旗帜,始终按照党的十六大、十七大和十七届三中、四中、五中全会的要求,以科学发展观为指导,深入贯彻落实科学发展观,继续用科学发展观武装全党特别是各级领导干部的头脑,“进一步推动学习实践科学发展观向深度和广度发展”②,进一步增强贯彻落实科学发展观的自觉性和坚定性,进一步认识我国正处于并将长期处于社会主义初级阶段的基本国情,坚持求真务实,弘扬艰苦奋斗精神,提倡勤俭节约风尚,进一步增强忧患意识和风险意识,清醒认识在前进道路上面临的各种挑战和风险,继续聚精会神地把党和国家的各项方针政策和工作部署落到实处,进一步加快转变经济发展方式和优化调整产业结构,进一步推动科学发展、促进社会和谐,进一步把人民群众的根本利益落实到科学发展的各个方面,积极为人民群众排忧解难,切实造福人民群众,继续万众一心地为全面建设小康社会、实现中华民族伟大复兴而奋斗,这是我们必须坚持的马克思主义的科学发展态度,全党全国特别是各级领导干部务必要永远铭记。

二、人民群众是无产阶级执政党领袖政治智慧的不竭源泉

马克思主义认为,人民群众是创造人类历史的主体和根本动

① 《邓小平文选》第1卷,第235页。

② 胡锦涛:《在全党深入学习实践科学发展观活动总结大会上的讲话》,2010年4月6日。

力，是人类社会赖以生存发展的社会物质财富和精神财富的创造者[1]，并在认识世界和改造世界的伟大历史实践中，不断解放和促进社会生产力的发展，不断推动着人类社会历史前进。正因为人类历史是人民群众自身的历史，而随着人类历史活动的进一步深入，必然会带来人民群众队伍的迅速扩大。这样，人民群众就必然需要代表其最根本利益的先进阶级、先进政党和党的领袖来领导，这已经被《共产党宣言》发表以来特别是社会主义制度确立以来的伟大实践所证明。但是，我们更应该看到，人民"群众生气勃勃的创造力是新社会的基本因素。……生气勃勃的创造性的社会主义是由人民群众自己创立的。"[2]也就是说，人民群众始终是马克思主义执政党及其党的领袖政治智慧的不竭源泉。

胡锦涛也明确指出："人民是创造历史的根本动力，中国最广大人民群众是建设中国特色社会主义事业的主体，是先进生产力和先进文化的创造者，是社会主义物质文明、政治文明和精神文明协调发展的推动者"[3]，"我们党的执政能力和执政地位从根本上说都来自于人民。人民群众的拥护和支持，是党执政最牢固的政治基础和最深厚的力量源泉。"[4]这样，他科学论述了毛泽东思想、

---

① 恩格斯指出："人们首先必须吃、喝、住，穿，然后才能从事政治、科学、艺术、宗教等等。"(《马克思恩格斯全集》第3卷，第574页）胡锦涛也指出，建设和发展中国特色社会主义，必须坚持以经济建设为中心，不断解放和发展社会生产力，大力发展社会主义物质文明，同时必须大力发展社会主义政治文明和社会主义精神文明，为现代化建设提供有力的政治和法律保障，提供强大的精神动力和智力支持。我们将坚持社会主义市场经济的改革方向，不断深化对客观规律的认识，不断通过理论创新推动制度创新、科技创新、文化创新以及其他各方面的创新，不断深化改革，进一步激发全社会的创造活力，增强经济社会全面协调可持续发展的内在动力。

② 《列宁全集》第26卷，第269页。

③ 胡锦涛：《在纪念毛泽东同志诞辰110周年座谈会上的讲话》，2003年12月26日。

④ 胡锦涛：《在中央纪律检查委员会第五次全体会议上的讲话》，2005年1月11日。

中国特色社会主义理论体系和广大人民的火热实践及其政治智慧之间的辩证关系,再次科学阐明了人民群众是无产阶级执政党领袖政治智慧和理论创新的不竭源泉。他强调:“在旧中国这样的半殖民地半封建的东方大国,毛泽东同志等中国共产党的缔造者面对着农民占人口的绝大多数,分散的小农经济、小生产广泛存在,又遭受着西方列强侵略和压迫的特殊国情,中国革命的条件与马克思、恩格斯、列宁所分析的西方资本主义国家进行无产阶级革命的条件极为不同,要真正运用马克思列宁主义来指导中国革命,必须紧密结合当时的中国国情和时代条件,寻找适合中国实际的革命道路和革命方略,并作出科学的理论概括。这是关系中国革命能否取得成功的极为关键的问题,也是无产阶级革命史上极其复杂的新课题。”“在革命和建设的长期实践中,以毛泽东同志为主要代表的中国共产党人,努力推进马克思主义的中国化,形成了具有鲜明中国特点的科学指导思想,这就是毛泽东思想。毛泽东思想在新民主主义革命、社会主义革命和建设,革命军队建设、军事战略和国防建设,政策和策略,思想政治工作和文化工作,外交工作和党的建设等方面,以独创性的理论丰富和发展了马克思列宁主义。时代的条件、人民的实践孕育了毛泽东思想,毛泽东思想指引和推动了中国社会的前进。毛泽东思想是马克思列宁主义在中国的创造性运用和发展,是被实践证明了的关于中国革命和建设的正确的理论原则和经验总结,是中国共产党集体智慧的结晶。在任何时候任何情况下,我们都要始终高举毛泽东思想的伟大旗帜。”党的十一届三中全会以来,“在以邓小平同志为核心的党的第二代中央领导集体的领导下,我们党在改革开放和社会主义现代化建设的伟大实践中形成了以经济建设为中心、坚持四项基本原则、坚持改革开放的基本路线,开辟了建设中国特色社会主义的新道路,赋予中国社会主义和民族复兴的伟大事业新的强大生机。在新的历史时期,以邓小平同志为主要代表的中国共产党人,把马克思主义基本原理同新的实际和时代特征结合起来，继承和发展毛泽东思想，集中全党全国人民的智慧，创立了邓小平理论。邓小平理论抓住什么是社会主义、怎样建设社会主义这个根本问题，深刻揭示社会主义的本质，系统回答了中国社会主义建设的一系列基本问题，把对社会主义的认识提高到新的水平。邓小平理论是马克思主义在中国发展的新阶段，是开创和引领中国特色社会主义事业不断前进的旗帜。”党的十三届四中全会特别是党的十四大以来，在建设中国特色社会主义事业的新的历史时期，“以江泽民同志为主要代表的中国共产党人，高举邓小平理论伟大旗帜，以马克思主义的巨大政治勇气和理论勇气推进理论创新，集中全党全国人民的智慧，用一系列紧密联系、相互贯通的新思想、新观点、新论断，进一步回答了什么是社会主义、怎样建设社会主义的问题，创造性地回答了在新的历史条件下建设什么样的党、怎样建设党的问题，创立了‘三个代表’重要思想。‘三个代表’重要思想反映了当代世界和中国的发展变化对党和国家工作的新要求，是加强和改进党的建设、推进我国社会主义自我完善和发展的强大思想理论武器，是实现全面建设小康社会宏伟目标的根本指针。”①

胡锦涛认为，我们必须坚持一切从实际出发，理论联系实际，不断探索适合中国国情的发展道路，确定党带领人民推进事业发展的正确的路线方针和战略策略，为党和人民事业的发展提供科学指导，是我们党坚持先进性和增强创造力的决定性因素。我们要继续坚持以马克思主义基本原理为指导，不断研究新情况、解决新问题，不断在新的实践基础上推进理论创新，使党的全部理论和工作体现时代性、把握规律性、富于创造性。要坚持理论和实践的统一、学习和运用的统一、继承和发展的统一，把马克思主义的学

① 胡锦涛：《在纪念毛泽东同志诞辰110周年座谈会上的讲话》，2003年12月26日。

习和研究同解决我国改革开放和现代化建设的实际问题紧密结合起来,同实现全面建设小康社会的宏伟目标紧密结合起来,同推进党的建设新的伟大工程紧密结合起来,同改造客观世界和主观世界的实际行动紧密结合起来。要坚持以广大人民群众建设中国特色社会主义的生动实践为理论创新的源泉,以实现和发展最广大人民的根本利益为理论创新的目的,以顺应时代潮流不断与时俱进的创造精神为理论创新的强大动力,以研究和解决我们在前进中面临的突出问题为理论创新的着力点,不断打开理论创新的新视野,不断取得马克思主义基本原理同中国具体实际相结合的新进展,不断丰富和发展马克思主义,"不断推进马克思主义中国化,坚持并丰富党的基本理论、基本路线、基本纲领、基本经验。社会主义和马克思主义在中国大地上焕发出勃勃生机,给人民带来更多福祉,使中华民族大踏步赶上时代前进潮流、迎来伟大复兴的光明前景。"①

可见,人民群众不仅是人类社会历史的主体,不仅是创造人类历史的主体和根本动力,同时也是马克思主义政党及其党的领袖政治智慧和理论创新的不竭源泉。《共产党宣言》发表以来的实践已经证明,马克思列宁主义、毛泽东思想、邓小平理论、"三个代表"重要思想和科学发展观,就是无产阶级领袖马克思、恩格斯、列宁、毛泽东、邓小平、江泽民、胡锦涛等马克思主义经典作家,始终坚持把马克思主义的普遍真理同本国革命和建设的具体实践以及时代特征结合起来,始终"坚持以最广大人民的实践为理论创新的不竭源泉"②,并汇集了每一个时代伟大人民的集体智慧而创

① 胡锦涛:《在中国共产党第十七次全国代表大会上的报告》,2007 年 10 月 15 日。

② 胡锦涛:《在中共中央政治局第二十六次集体学习时的讲话》,2005 年 11 月 25 日。

立形成的理论创新的光辉典范，是建设和发展中国特色社会主义的伟大旗帜，必然会永久地贯穿于当今人类社会在未来历史发展的整个过程和各个方面。

三、马克思主义执政党领袖和人民群众历来就是血脉相连

在人类社会发展的历史长河中，在无产阶级革命事业的伟大进程中，我们从革命实践和理论创新相辩证统一的角度看，马克思、恩格斯、列宁、毛泽东、邓小平、江泽民、胡锦涛等马克思主义经典作家，他们在国际共产主义运动和社会主义革命建设改革的各个历史时期，无论是根据每个历史时期的时代特征进行理论创新，还是在领导人民进行水深火热的伟大实践，都深刻地体现出领袖与人民同呼吸、共命运、心连心和血脉相连的深厚感情。

从历史的回顾中可以知道，无产阶级革命事业的伟大导师和领袖马克思、恩格斯、列宁在创立马克思主义学说，建立无产阶级政党，领导无产阶级革命和推翻资产阶级的政治斗争中，他们为全人类的解放无私地奋斗了一生。无产阶级领袖和导师马克思的一生，基本上都是在流亡生活中度过的。他一生处于极度贫困之中，常常被饥饿、寒冷、疾病困扰着，为了写《揭露科伦共产党人案件》一书，把外衣和鞋子都典当了，用来买稿纸。他写完《政治经济学批判》，竟没有邮费把书稿寄到柏林印刷。因为交不起学费，孩子也不得不辍学。家人生了病，无钱请医买药。这位悉心撰写《资本论》的伟大人物，竟是当时世界上最贫困的无产者。马克思常常得到恩格斯的接济，1868 年已满 50 岁的马克思在致恩格斯的信中幽默地说："苦干半个世纪了，可还是一个穷叫花子！"①恩格斯对此曾极为动情地说："贫困简直要使马克思和他的一家置于

① 《马克思恩格斯全集》第 32 卷，第 26 页。

死地。”可是,极端的贫困没有把马克思压垮,他数十年在贫困和逆境中挺进,把自己的毕生精力献给了无产阶级革命的伟大事业。我们今天可以想象在当时恶劣的物质条件下,这些不朽的马克思主义的光辉思想著作,是马克思为致力于全人类的最终解放的心灵血肉的伟大产物,在这字里行间无不凝聚着伟大领袖和人民血脉相连的深厚感情。

恩格斯是马克思主义创始人之一,他和马克思一样,都是无产阶级的伟大领袖和导师,为无产阶级革命事业立下了不朽的功绩。可是恩格斯从不把自己与马克思相提并论,他认为所有成绩,包括他自己的成就,都应该归功于马克思,他自己只是靠着马克思才获得了荣誉,自称是第二小提琴手。恩格斯作为无产阶级事业的伟大领袖,总是高度密切联系群众,总是无比信任群众,始终与群众心连心,这是他毕生的高尚作风。恩格斯深有感触地说:“如果我得到工人的信任,那是因为我在任何情况下都向他们讲真话。”他一再表示,只是由于各国工人和社会主义者的真诚帮助,自己才得以了解情况,避免犯错误。恩格斯总是十分关心工人群众,与工人群众心连心。1895 年,75 岁的恩格斯重病在身,当他听说年轻的俄国社会主义者查苏里奇患病的消息后,多次为她找名医治疗,并请普列汉诺夫转交她一笔钱,还不让告诉她这笔钱的来历。这些都充分说明了无产阶级伟大领袖和工人群众之间血脉相连的深厚感情。

俄国十月革命胜利后,列宁在苏维埃政权诞生的最初年代里,作为党的领袖坚持与人民同甘苦,生活上从不讲究,从不奢华,从不特殊。他在国内战争异常激烈和艰苦卓绝的困难时期,他和工人群众们一样吃黑面包,喝白菜汤,从不接受任何特殊照顾。一次吃饭时,列宁发现多给了他一块面包后,立即让服务员给送回去,并说道:“这样做不行,现在是困难时期,人民还在挨饿,我不能多领。”1922 年冬,当十月革命五周年要到来的时候,克林茨呢绒厂的工人们看到敬爱的人民领袖列宁由于长期流亡、暴徒的刺伤和无休止的工作,健康受到极大损害,患病期间还日夜操劳,身上穿的是打着补丁的旧外套。工人们心疼列宁,趁节日的机会,给他寄了一件外衣,并写了一封信。信中写道,如果您——我们的导师和领袖能够穿一穿我们亲手织成的外衣,我们将感到十分荣幸。列宁怀着十分激动的心情给工人们回了信,表示衷心地感谢你们的问候和礼物。说实话,你们不应送礼物给我。恳请你们把我的这一请求广泛地告诉全体工人。这些事例都充分地说明了无产阶级领袖和人民群众之间血脉相连的深厚情节。

中国共产党诞生以来和新中国成立后,新中国领袖毛泽东、邓小平、江泽民、胡锦涛等马克思主义经典作家,他们更是明确认为,人民群众历来是创造人类世界历史,是推动人类世界历史进步的根本动力。历史和现实都表明,中华民族的独立,国家的统一和真正实现科学发展,如果不是靠伟大的人民群众的强大力量、集体智慧和马克思主义执政党共同努力奋斗,那么,中华民族的伟大复兴与我们党和国家事业是不可能兴旺发达、长治久安的。在我们党80多年的奋斗历程中,我们党始终坚持全心全意为人民服务的无私奉献精神和崇高境界,始终激励着人民群众在我们党的坚强领导下,在革命建设和改革的各个历史时期,始终顽强进取、百折不挠,并在各种困难和考验面前巍然屹立、不断从胜利走向另一个胜利。可以说,我们党是靠人民群众起家的,也是靠人民群众发展壮大和成就伟业的。没有人民群众,就没有我们党今天的局面。他们始终认为,坚持全心全意为人民服务的党的根本宗旨,是我们党的优良传统和作风,是我们马克思主义政党的政治本色,是凝聚党心民心、激励全党和全体人民为实现国家富强、民族振兴共同奋斗的强大精神力量,是我们党保持同人民群众血肉联系的一个重要法宝。在革命战争年代和社会主义革命建设改革时期,千千万万革命先辈和共产党人为了党和人民的事业无私奉献、忘我奋斗,他们中的许多人不惜牺牲了宝贵的生命，谱写了我们党始终坚持全心全意为人民服务宗旨的壮丽篇章。同时，这种伟大精神不断在马克思主义的指导下，进一步和中国的时代精神、时代特征相结合，并形成了集中体现这种和人民群众血脉相连的毛泽东思想、邓小平理论、"三个代表"重要思想、科学发展观的科学理论体系。

新中国成立以来的伟大实践已经充分证明，在无产阶级革命事业的伟大历史进程中，在中国革命建设的各个历史时期，新中国领袖毛泽东、邓小平、江泽民、胡锦涛等马克思主义经典作家，无不时时刻刻都将人民群众的安危冷暖挂在心上。为此，他们的足迹无不踏遍伟大祖国的千山万水、千家万户。可见，在这些人民领袖的心里，装着的始终只有全心全意为人民服务的党的宗旨和实现社会主义、共产主义、缔造和谐世界的崇高理想信念，在他们博大崇高的精神世界里可以放下万事万物，但只有一件事是他们永远挂在心上也是放不下的，这就是人民群众的根本利益和安危冷暖。新中国成立以来的伟大实践更加说明，万事万物都是辩证统一的，我们党正是不管在革命建设和改革的任何历史时期，正是始终坚持全心全意为人民服务的根本宗旨，始终坚持"发展为了人民、发展依靠人民、发展成果由人民共享"①，才始终得到全国各族人民的最坚定支持和最衷心拥戴，这始终也是"保证中国特色社会主义事业沿着正确的航向前进"②的奥妙所在。

四、无产阶级政党和领袖是民族国家人民的坚强领导核心

马克思主义认为，"为了战胜资本主义，在领导的政党共产党、革命的阶级无产阶级同群众即全体被剥削劳动者之间，必须建

① 胡锦涛：《在中共中央举行党外人士迎春座谈会上的讲话》，2006 年 1 月 24 日。

② 胡锦涛：《在中纪委第六次全会上的讲话》，2006 年 1 月 6 日。

立正确的相互关系。只有共产党真正成为革命阶级的先锋队，吸收了这个阶级的一切优秀代表，集中了经过顽强的革命斗争的教育和锻炼的，完全觉悟的和忠诚的共产主义者，善于把自己根本阶级的全部生活密切联系起来，然后通过本阶级而跟全体被剥削群众密切联系起来，取得这个阶级和这些群众的充分信任，——只有这样的党才能在反对资本主义一切势力的最无情最坚决的最后斗争中领导无产阶级。另一方面，只有在这样的党的领导下，无产阶级才能发挥自己进行革命冲击的全部威力，……才能发挥自己的全部力量。"①要"把千百万劳动群众组织起来，这是革命最有利的条件，这是革命胜利最深的源泉。由于无产阶级革命的这个特征，在斗争进程中，也就出现了一些最能体现以前的革命没有过的特点（即组织群众）的领袖。"②"任何一个阶级，如果不推举出自己善于组织运动和领导运动的政治领袖和先进代表，就不可能取得统治地位。"③那么，"无产阶级专政、无产阶级的意志统一，就会成为一句空话。"④而无产阶级政党是善于"把领袖和阶级、领袖和群众结成一个整体，结成一个不可分离的整体"⑤的先进执政党，而最广大的人民群众也始终深刻地认识到，只有"千百万劳动者团结得像一个人一样，跟随本阶级的优秀人物前进，胜利也就有了保证。"⑥《共产党宣言》发表以来特别是社会主义制度确立以来的实践已经证明，在无产阶级革命事业的伟大历史进程中，在中国革命建设改革的各个历史时期，中国人民正是在中国共产党和毛泽东、邓小平、江泽民、胡锦涛等新中国领袖的坚强领导下，才不断使建

① 《列宁选集》第4卷，第295页。
② 《列宁全集》第29卷，第68页。
③ 《列宁选集》第1卷，第210页。
④ 《列宁全集》第32卷，第505页。
⑤ 《列宁选集》第4卷，第206页。
⑥ 《列宁全集》第30卷，第402页。

设和发展中国特色的社会主义事业从胜利走向胜利，才不断开辟马克思主义中国化新境界。可见，马克思主义执政党和党的领袖必须要始终不渝地为人民群众谋利益，这不仅是马克思主义政党肩负的历史使命和政治本色，也是无产阶级革命事业需要坚强领导核心的必然要求。

中国共产党诞生和新中国成立以来的实践已经证明，中国共产党是严格按照马克思主义建党学说建立的马克思主义新型政党。我们党自建立之初，就始终保持同人民群众的血肉联系，始终将全心全意为人民服务确立为党的宗旨，始终保持党的先进性，始终代表中国先进生产力的发展要求，始终代表中国先进文化的前进方向，始终代表最广大人民的根本利益。中国共产党的领导地位，是在中国革命和建设的长期考验中形成和确立起来的。在半殖民地半封建的旧中国，摆在中国人民面前的第一要务是推翻帝国主义、封建主义、官僚资本主义在中国的统治，谁能够领导中国人民胜利完成这个任务，谁就有资格担负起领导中国革命的历史责任。中国近100多年来的历史表明，许多政党和派别，都没有找到国家振兴和民族解放的出路。从1840年鸦片战争开始，经过太平天国运动、戊戌变法和义和团运动等，中国人民进行了不屈不挠的斗争，但都失败了；孙中山领导的辛亥革命，虽然推翻了清王朝，建立了“中华民国”，然而并没有改变中国社会的半殖民地半封建性质。而中国各族人民和中华民族一切爱国力量，从我国新民主主义革命胜利的伟大历史实践中，终于找到并正确地选择了中国共产党。中国各族人民和中华民族一切爱国力量，他们从历史的比较中深深认识到，没有共产党，就没有新中国，这是中国各族人民在长期的奋斗历程中，得出的最重要的结论。因此，党的领导是历史的选择，更是现实的需要。我们在新的历史时期和新形势下，应该从思想上毫不动摇地坚持党是我们事业的核心力量和核心地位的原则。这是因为，在中国这样的大国，要把几亿人口的思想和力量统一起来建设社会主义，没有一个由具有高度觉悟性、纪律性和自我牺牲精神的党员组成的能够真正代表和团结人民群众的马克思主义执政党，没有这样一个党的坚强统一领导，是不可能设想的，那就只会四分五裂，一事无成。中国共产党是领导我们事业的核心力量，没有这个坚强的领导核心，就不可能实现社会主义现代化。因此，中国革命的伟大事业由中国共产党领导，中国的社会主义现代化建设事业由中国共产党领导，这个原则是绝对不能动摇的。

我们从站在科学发展观的战略高度来看，中国共产党从成立之日起就以实现人民当家做主为己任。我们党作为由先进分子组成的政治集团，始终坚持以马克思主义作为自己的指导思想，以全心全意为人民服务作为党的宗旨，并且形成了强大的凝聚力，团结和带领全国各族人民取得了新民主主义革命的胜利，实现了近代以来几代中国人梦寐以求的民族独立和人民解放。中华人民共和国的建立，彻底结束了100多年来中国人民受压迫、受奴役、受侵略的黑暗历史，彻底结束了旧中国四分五裂、民不聊生的黑暗历史，彻底结束了在中国绵延几千年的封建专制统治的黑暗历史，中国人民从此站立起来了，中华民族的发展开启了新的纪元。在革命建设改革的各个历史时期，随着新中国革命事业的不断深入，中国人民在中国共产党的坚强领导下，始终坚持走符合人类历史发展规律的中国特色的社会主义道路，并不断取得改革开放的新局面。“当前，我国进入了全面建设小康社会、加快推进社会主义现代化的新的发展阶段。党和人民在新世纪新阶段的任务，就是紧紧抓住并充分运用本世纪头20年的重要战略机遇期，集中力量全面建设惠及十几亿人口的更高水平的小康社会。”①为了实现这一宏伟目标，我们必须深刻认识到，只有坚持在党的领导下，依靠党的正确的路线、方针

① 胡锦涛：《在纪念毛泽东同志诞辰110周年座谈会上的讲话》，2003年12月26日。

和政策，依靠党的强有力的思想政治工作，依靠各级党组织的战斗堡垒作用和广大党员的先锋模范作用，才能把全国各族人民团结起来，并坚持在马克思列宁主义、毛泽东思想、邓小平理论、“三个代表”重要思想和科学发展观伟大旗帜的指引下，发挥聪明才智，发挥积极性、主动性和创造性，积极投身到我国改革开放和社会主义现代化的建设中去，促进改革开放和现代化建设快速发展。而人民的团结，社会的安定，民主的发展，国家的统一，必须要靠党的领导，就必须要始终牢牢坚持党是我们事业的领导核心。

可见，我们必须要深刻地认识到，伟大、光荣、正确的中国共产党，不仅能够领导革命取得胜利，而且能够领导改革和建设取得胜利。任何怀疑、削弱、否定党的执政地位和领导作用的观点与做法，都是根本错误和十分有害的。我们党在中国社会主义事业中的领导地位，是经过长期斗争考验形成的，是中国各族人民的正确选择，在改革开放和社会主义现代化建设的历史进程中，都必须始终坚持党的领导，巩固和加强党的执政地位，这是中国解放和发展生产力，是全面建设小康社会和实现中华民族伟大复兴的根本保证。因此，必须坚定不移地坚持以科学发展观为指导，深入贯彻落实科学发展观，积极促进社会主义物质文明、政治文明、精神文明与和谐社会建设的协调发展，加快转变经济发展方式，在经济社会又好又快发展的基础上，促进人的全面发展，在开发利用自然中实现人与自然的和谐相处。“继续扎扎实实推进党的建设新的伟大工程，坚持立党为公、执政为民的本质要求，大力加强党的执政能力建设和党的先进性建设，进一步加强党风廉政建设和反腐败斗争，牢记‘两个务必’，切实做到为民、务实、清廉，不断提高党的创造力、凝聚力、战斗力”①，使党“始终成为中国特色社会主义事业

① 胡锦涛：《在陈云同志诞辰100周年纪念大会上的讲话》，2005年6月13日。

的坚强领导核心”①。

第二节　科学发展观核心思想是牢记宗旨永远和人民在一起

我们从全球政党比较的角度来看，马克思主义政党区别于其他一切资本主义政党的根本标志，就是始终坚持全心全意为人民服务的根本宗旨。而且，这一宗旨还不断随着社会主义的科学发展和全面进步，始终被赋予新的时代内涵。全心全意为人民服务的思想，是马克思主义为无产阶级政党奠定的基本观点。我们从《共产党宣言》发表以来标志着马克思主义诞生的整个国际共产主义运动史中，特别是从新中国成立以来建设和发展社会主义的伟大实践中可以看到，中国共产党在马克思主义伟大旗帜的不断指引下，我们党始终“坚持马克思主义基本原理同中国基本实践相结合，不断在实践的基本上推进理论创新，用发展着的马克思主义指导实践”②，始终在不断开辟马克思主义新境界，始终在为建设和发展中国特色社会主义提供科学理论指导。可见，毛泽东思想、邓小平理论、“三个代表”重要思想、科学发展观虽然形成于我国革命建设改革的不同历史时期，面对着不同的历史任务，但都贯穿了辩证唯物主义和历史唯物主义的世界观和方法论，都是始终坚持全心全意为人民服务的根本宗旨，都始终代表最广大人民的最根本利益，是我们党在长期实践中形成的一脉相承、与时俱进而又永续发展的科学理论体系，是我们党永远都要始终坚持的伟大

① 胡锦涛:《在中国共产党第十七次全国代表大会上的报告》,2007 年 10 月 15 日。

② 胡锦涛:《在中共中央政治局第二十六次集体学习时的讲话》,2005 年 11 月 25 日。

旗帜。

因此,新世纪新阶段,我们必须坚持以科学发展观为指导,不断深化对科学发展观深刻内涵和精神实质的认识,其中最重要的就是坚持认识贯穿这个科学理论体系的活的灵魂,就是要始终坚持马克思主义的立场观点方法,而最基本的方面就是要始终坚持立党为公、执政为民,就是要始终牢记“我们党是中国最广大人民根本利益的忠实代表,我们党的宗旨就是全心全意为人民服务”①,就是要始终牢记“我们党的根基在人民、血脉在人民、力量在人民”②,不论我们党取得什么样的成就,都必须长期艰苦奋斗,始终坚持马克思主义执政党的政治本色和根本宗旨,不断维护和实现最广大人民的根本利益,就是要始终坚定不移地走科学发展道路,始终坚持对内实现和谐发展,对外实现和平发展。只有这样,我们党才能始终保持同人民群众的血肉联系,始终得到最广大人民的坚决拥护、衷心爱戴和支持,才能始终立于不败之地。

一、人民群众是党最牢固的政治基础和最深厚的力量源泉

胡锦涛始终认为,我们党是马克思主义执政党,我们党是否具有牢固的政治基础、阶级基础和群众基础,是否得到最广大人民群众的普遍拥护和衷心支持,这是我们党赖以生存和科学发展的根本基础。他深刻指出,马克思主义政党的性质、马克思主义的辩证唯物史观和我们党的历史都充分说明,我们党自诞生起就极为注重党的政治基础、阶级基础和群众基础的建设,在马克思主义普遍原理的指引下,立足于中国的实际,成功地解决了在中国这样一个经济文化落后、农民占人口绝大多数的国家,如何增强党的阶级基

① 胡锦涛:《在首都各界纪念中华人民共和国宪法公布施行二十周年大会上的讲话》,2002年12月4日。

② 胡锦涛:《在山东考察工作时的讲话》,2005年4月10日。

础和扩大党的群众基础的问题。因而，胡锦涛明确强调，我们党历来就是在密切联系群众中产生的，我们党的领导是始终在联系群众、依靠群众的实际过程中得到充分体现的，我们党的科学发展是依靠人民群众的伟大力量而实现的，只有始终紧紧依靠人民群众，我们党的事业才能兴旺发达和长治久安，才能永远立于不败之地。

胡锦涛正是基于这样深刻的科学思想认识，他进而从站在党的建设、政权建设和进一步加强党的执政能力建设的战略高度，对我们党始终坚持全心全意为人民服务宗旨的思考达到了全新的境界。他在新的历史条件下，全面科学阐述了这个科学命题，并再次赋予了这个马克思主义命题以新的理论内涵。他指出："人民群众是党的力量源泉和胜利之本。改革开放是人民的要求和党的主张的内在统一，是亿万人民自己的事业。我们坚持一切为了群众、一切依靠群众，从群众中来，到群众中去，把党的正确主张变为群众的自觉行动，坚持尊重社会发展规律与尊重人民历史主体地位的一致性，坚持为崇高理想奋斗与为最广大人民谋利益的一致性，坚持完成党的各项工作与实现人民利益的一致性。我们把人民拥护不拥护、赞成不赞成、高兴不高兴、答应不答应作为制定各项方针政策的出发点和落脚点，一切以是否有利于发展社会主义社会生产力、有利于增强社会主义国家综合国力、有利于提高人民生活水平这'三个有利于'为根本判断标准，坚持问政于民、问需于民、问计于民，既通过提出和贯彻正确的理论和路线方针政策带领人民前进，又从人民的实践创造和发展要求中获得前进动力。我们尊重人民主体地位，发挥人民首创精神，贯彻尊重劳动、尊重知识、尊重人才、尊重创造的重大方针，坚持全心全意依靠工人阶级，发挥我国工人阶级和农民阶级、其他劳动群众推动我国生产力发展基本力量的作用，又支持新的社会阶层发挥中国特色社会主义事业建设者的作用，使全体人民都满腔热情地投身改革开放伟大事业。我们坚持全心全意为人民服务的根本宗旨，坚持立党为公、执政为民，通过改革发展为人民群众造福，实现好、维护好、发展好最广大人民的根本利益。我们要始终坚持同广大人民群众心连心、同呼吸、共命运，在人民的实践创造中吸取营养，丰富和完善党的主张，使我们党在世界形势深刻变化的历史进程中始终走在时代前列，在应对国内外各种风险考验的历史进程中始终成为全国各族人民的主心骨，在发展中国特色社会主义的历史进程中始终成为坚强领导核心。”①

因此，胡锦涛明确强调：“我国已经开始实施现代化建设的第三步战略部署，进入了全面建设小康社会、加快推进社会主义现代化的新的发展阶段。”②“现在，目标已经确定，蓝图已经绘就，要实现宏伟目标，把蓝图变成美好的现实。”③“能否抓住机遇，加快发展，是关系一个政党、一个国家、一个民族兴衰成败的重大问题。历史上，我国曾经有过丧失机遇而落伍的深刻教训，也有过抓住机遇实现快速发展的成功经验。现在，我们正处在又一个难得的有利发展时机，机不可失，时不再来，必须紧紧抓住机遇，只争朝夕地工作”④，而根本目的就是必须要充分调动人民群众的积极性、主动性和创造性，必须要充分发挥人民群众的主动精神，需要全党同志和全国各族人民团结一致，艰苦奋斗，不断为建设和发展中国特色社会主义注入生机和活力，才能将党描绘的宏伟蓝图变成美好的现实，才能不断开创建设和发展中国特色社会主义事业的新局面。

---

① 胡锦涛：《在纪念党的十一届三中全会召开30周年大会上的讲话》，2008年12月18日。

② 胡锦涛：《在首都各界纪念中华人民共和国宪法公布施行二十周年大会上的讲话》，2002年12月4日。

③ 胡锦涛：《在西柏坡学习考察时的讲话》，2002年12月6日。

④ 胡锦涛：《在参加十届全国人大一次会议西藏代表团审议时的讲话》，2003年3月5日。

胡锦涛从尊重人民群众历史主体地位的思想出发，他明确要求："要继续积极稳妥地推进政治体制改革，大力建设社会主义政治文明。全面建设小康社会，开创中国特色社会主义事业新局面，必须发展社会主义民主政治，充分调动广大人民群众的积极性、主动性和创造性，增强党和国家的活力，巩固和发展民主团结、生动活泼、安定和谐的政治局面。要把坚持党的领导、人民当家做主和依法治国统一于政治体制改革和社会主义民主政治建设的实践，统一于社会主义现代化建设的实践，以发展党内民主带动人民民主的发展，实现社会主义民主政治的制度化、规范化和程序化。要从中国国情出发，进一步完善民主制度，重点完善人民代表大会制度、中国共产党领导的多党合作和政治协商制度、民族区域自治制度以及基层民主制度，扩大公民有序的政治参与，推进决策的科学化民主化，保证人民依法实行民主选举、民主决策、民主管理和民主监督。要发挥我国社会主义政党制度的特点和优势，加强同民主党派的合作共事。要全面贯彻党的宗教信仰自由政策，依法管理宗教事务，坚持独立自主自办的原则，积极引导宗教与社会主义社会相适应。要进一步加强社会主义法制建设，加强和改进立法工作，加强执法监督，更好地贯彻依法治国方略、建设社会主义法治国家。要进一步改革和完善党的领导方式和执政方式，坚持党总揽全局、协调各方的原则，实行依法执政，更好地实施党对国家和社会的领导。要进一步深化行政管理体制改革和司法体制改革，提高行政效率，促进公平和正义在全社会的实现，更好地为人民服务。"①

胡锦涛对于深化行政管理体制改革，他指出："必须从全面建设小康社会、加快推进社会主义现代化的全局出发，从实现好、维

① 胡锦涛：《在纪念毛泽东同志诞辰110周年座谈会上的讲话》，2003年12月26日。

护好、发展好最广大人民的根本利益出发,深刻认识推进行政管理体制改革的重大意义,加强研究,通盘规划,突出重点,精心部署,坚定不移地把行政管理体制改革继续推向前进。”他明确地要求:“推进行政管理体制改革是贯彻落实科学发展观、完善社会主义市场经济体制、建设社会主义法治国家的必然要求。我国目前的行政管理体制同经济社会发展不断推进的新形势还存在着不适应的方面,需要进一步加以解决。要通过推进行政管理体制改革,加快转变政府职能,改进行政管理方式,加强行政法制建设,形成有利于转变经济增长方式、促进全面协调可持续发展的机制,推动经济社会发展转入以人为本、全面协调可持续发展的轨道。”①必须“高度重视并切实推进制度建设和创新,坚持从实际出发,坚持社会主义市场经济的改革方向,坚定不移地推进改革,不断迈出制度建设和创新的新步伐,为经济社会发展提供有力的制度保证,创造良好的环境。要积极推进科技创新和科技体制改革,切实贯彻尊重劳动、尊重知识、尊重人才、尊重创造的重大方针,把科技人才报效祖国的积极性最大限度地调动起来,把科技人才的聪明才智最大限度地发挥出来,为加快发展提供有力的科技支持。要坚持实施可持续发展战略,推动经济社会与人口资源环境的协调发展,打好长期发展的坚实基础。要统筹城乡经济社会发展,充分发挥城市对农村的带动作用和农村对城市的促进作用,积极探索农业和农村经济发展的新思路、新办法、新途径,推进农业和农村经济结构的战略性调整,提高农业科技水平和农业整体素质,增强农业竞争能力,推动农业和农村工作迈上新台阶。在推进经济发展的同时,要加强社会主义政治文明和精神文明建设,发展民主,加强法制,促进社会全面进步和人的全面发展,创造一流的人文环境和一

① 胡锦涛:《在中共中央政治局第二十七次集体学习时的讲话》,2005 年 12 月 20 日。

流的社会风尚。”①

可见，我们在新的历史条件下，全党同志特别是各级领导干部，必须坚持以科学发展观为指导，深入贯彻和落实科学发展观，进一步增强党的宗旨意识，始终坚持全心全意为人民服务的根本宗旨，摆正同人民群众的关系，做到权为民所用、情为民所系、利为民所谋，坚持一切从人民的根本利益出发，坚持以人民群众的根本利益为最高标准，“牢固树立人民群众是历史创造者的观点、虚心向人民群众学习的观点、竭诚为最广大人民谋利益的观点、干部的权力是人民赋予的观点、对党负责和对人民负责相一致的观点”②，无论在任何时候任何情况下，都始终坚持把人民群众的根本利益放在首位，自觉用最广大人民的根本利益来检验自己的工作和政绩，做到凡是为民造福的事情就一定要千方百计办好、凡是损害广大群众利益的事情就坚决不办，最大限度地集中全国各族人民的智慧和力量，“同心同德，群策群力，共同把我们国家的事情办好”③，在建设和发展中国特色社会主义的伟大进程中，不断作出新的更大的贡献。

二、高度强调必须始终自觉坚持和不断发展党的群众路线

中国共产党自从诞生起，就始终坚持走党的群众路线。毛泽东认为：“在我党的一切实际工作中，凡属正确的领导，必须是从群众中来，到群众中去。这就是说，将群众的意见集中起来，又到群众中去作宣传解释，化为群众的意见，使群众坚持下去，见之于行动，并在群众行动中考验这些意见是否正确。然后再从群众中集中起来，再到群众中坚持下去。如此无限循环，一次比一次地更

① 胡锦涛：《在北京市考察工作时的讲话》，2003 年 1 月 24 日。

② 胡锦涛：《在中央纪委第三次全体会议上的讲话》，2004 年 1 月 12 日。

③ 胡锦涛：《在中共中央召开党外人士座谈会上的讲话》，2003 年 11 月 18 日。

正确、更生动、更丰富。”①邓小平也明确指出:“群众是我们力量的源泉,群众路线和群众观点是我们的传家宝。党的组织、党员和党的干部,必须同群众打成一片,绝对不能同群众相对立。如果哪个党组织严重脱离群众而不能坚决改正,那就丧失了力量的源泉,就一定要失败,就会被人民抛弃。”②江泽民也强调:“各级领导干部必须坚持走群众路线,始终与群众同甘共苦。一切为了群众、一切依靠群众,从群众中来、到群众中去的群众路线,是我们的事业不断取得胜利的重要法宝,也是我们党始终保持生机与活力的重要源泉。”③

新世纪新阶段,胡锦涛进一步重申和发展了党的群众路线。他认为我们党是马克思主义执政党,党的全部任务和责任就是为全国各族人民谋发展、谋利益,全党同志特别是各级领导干部必须身体力行党的宗旨,牢固树立执政为民的思想,不断提高执政为民的本领,必须始终“坚持党的群众路线,努力运用说服教育、示范引导和提供服务等方法,切实做好新形势下的群众工作。各级领导干部要经常深入基层、深入群众,倾听群众呼声,体察群众情绪,关心群众疾苦,团结带领群众不断前进。”④我们必须始终坚持一切为了群众、一切依靠群众,坚持立党为公、执政为民,不断实现好、维护好、发展好最广大人民的根本利益。一切为了群众,一切依靠群众,立党为公、执政为民,把党的正确主张变为群众的自觉行动,最广泛地动员广大人民群众为实现自己的利益和美好生活而团结奋斗,这些要求高度概括地回答了中国共产党人依靠谁、为了谁这个根本问题。实现好、维护好、发展好最广大人民的根本利

① 《毛泽东选集》第3卷,第899页。

② 《邓小平文选》第2卷,第368页。

③ 江泽民:《在第二期中央委员和候补委员学习邓小平理论和十五大精神研讨班结业式上的讲话》,1998年6月2日。

④ 胡锦涛:《在全国组织工作会议上的讲话》,2002年12月17日。

益,始终是我们党全部奋斗的最高目的,始终是我们党观察和处理问题的根本原则。充分相信群众,紧紧依靠群众,保持同人民群众的血肉联系,始终是我们党立于不败之地的力量源泉,始终是我们党和国家事业发展最具有决定性的因素,人民是创造历史的根本动力。胡锦涛指出:“中国最广大人民群众是建设中国特色社会主义事业的主体,是先进生产力和先进文化的创造者,是社会主义物质文明、政治文明和精神文明协调发展的推动者。我们必须最充分地调动人民群众的积极性、主动性和创造性,最大限度地集中全社会全民族的智慧和力量,最广泛地动员和组织亿万群众投身中国特色社会主义伟大事业。我们必须坚持从群众中来、到群众中去,深入了解民情,充分反映民意,广泛集中民智,切实珍惜民力,不断实现民利,保证我们党的路线方针政策和全部工作更好地体现人民群众的利益,让人民群众享受到改革发展的成果,不断维护和发展人民群众的经济、政治、文化权益。要牢记群众利益无小事的道理,把实现人民群众的根本利益落实到改革发展稳定的各项工作中去,特别要落实到关心群众生产生活的工作中去。各级领导干部都要牢固树立全心全意为人民服务、真心真意对人民负责的精神,坚持权为民所用、情为民所系、利为民所谋,从群众最现实、最关心、最直接的利益入手,为群众诚心诚意办实事、尽心竭力解难事、坚持不懈做好事。”①他谆谆地教诲全党同志特别是各级领导干部,必须“要进一步增强党的宗旨意识,坚持全心全意为人民服务,摆正同人民群众的关系”②,这是“我们坚持党的全心全意为人民服务的根本宗旨和贯彻党的群众路线最重要、最根本的体现。”并明确要求:“各级党委和政府在各项工作中都要依靠劳动

① 胡锦涛:《在纪念毛泽东同志诞辰110周年座谈会上的讲话》,2003年12月26日。

② 胡锦涛:《在中纪委第三次全会上的讲话》,2004年1月12日。

群众、深入劳动群众、关心劳动群众,形成推动党和人民事业不断发展的伟大力量。各级领导干部都要增强对劳动群众的感情,始终与劳动群众心连心,为他们诚心诚意办实事,尽心竭力解难事,坚持不懈做好事。特别要深入到群众困难多的地方去,为群众排忧解难,依靠群众化解矛盾,组织群众共同克服困难,努力打开推动经济社会发展、改善生产生活条件的生动局面"①,不断凝聚和激励群众共同前进,不断为建设和发展中国特色社会主义创新型国家和全面实现中华民族的伟大复兴作出新的更大贡献。胡锦涛的科学阐述,是他在新的历史时期,对我们党的历史经验的高度概括和总结,是我们在工作实践中必须要长期坚持的根本指导思想。

当前,国际形势继续发生深刻复杂的变化,我国改革发展进入关键时期,在机遇和挑战并存的国内外条件下,我们必须坚持以科学发展观为指导,深入贯彻落实科学发展观,坚持将科学发展观贯穿于群众工作的全过程,牢固树立马克思主义的群众观点,自觉坚持党的群众路线,坚定地相信群众,紧紧地依靠群众,在党和国家事业科学发展的各项工作中,充分发挥人民群众的历史主动精神,大力倡导全社会团结协作的精神,切实使全党全民拧成一股绳,全国形成一盘棋,"形成全国上下心往一处想、劲往一处使的生动局面,凝聚起全面建设小康社会是强大合力"②,努力把我们的国家建设得更加美好。

三、切实在转变作风中树立体现科学发展的权力观政绩观

马克思主义政党执政以后,能否始终经受执政的考验,能否始终保持同人民群众的血肉联系,全党同志特别是各级领导干部,能

① 胡锦涛:《在2005年全国劳动模范和先进工作者表彰大会上的讲话》,2005年4月30日。

② 胡锦涛:《在全国政协新年茶话会上的讲话》,2006年1月1日。

否正确地看待和行使人民赋予的权力,牢固树立正确的权力观和政绩观,这是一个关系社会主义事业前途命运的根本性问题。对此,胡锦涛指出:“我们手中的权力是党和人民赋予的,只能用来为广大人民谋利益。要树立正确的权力观,坚持立党为公、执政为民,真正为人民掌好权、用好权。”①因为,“我们党是马克思主义执政党,党的全部任务和责任就是为人民谋利益。”②这样,他进而谆谆地教诲全党同志特别是各级领导干部:“各级领导干部要始终坚持党的根本宗旨,始终牢记‘两个务必’,始终实践‘三个代表’,真正做到权为民所用、情为民所系、利为民所谋,要保持同人民群众的血肉联系,真正把实现好、维护好、发展好人民群众的根本利益作为思考问题和开展工作的根本出发点和落脚点,要树立正确的政绩观,发扬脚踏实地、埋头苦干的好作风,坚持重实际、鼓实劲、求实效,扎扎实实地做好各项工作。”③对此,他明确要求:“各级党委和政府要牢固树立和全面落实科学发展观和正确政绩观”④,“要牢固树立马克思主义的世界观、人生观、价值观和正确的权力观、地位观、利益观”⑤,要永葆共产党人和人民公仆的革命本色,要始终做到自重、自省、自警、自励,必须要始终保持共产党人的蓬勃朝气、昂扬锐气、浩然正气,扎扎实实、踏踏实实地工作,不断为党和人民建立新的业绩。这些科学论述和要求,对于全党同志特别是各级领导干部,如何正确看待和行使权力,切实做到立党为公、执政为民,具有极为重要的指导意义。

我们从站在科学发展观的战略高度来看,自从我们党成为执

---

① 胡锦涛:《在西柏坡学习考察时的讲话》,2002年12月6日。

② 胡锦涛:《在全国组织工作会议上的讲话》,2002年12月17日。

③ 胡锦涛:《在湖南考察工作时的讲话》,2003年10月1日。

④ 胡锦涛:《在会见全国社会治安综合治理先进集体先进工作者表彰大会代表时的讲话》,2005年5月23日。

⑤ 胡锦涛:《在河北考察工作时的讲话》,2004年1月20日。

政党之后，总体而言，全体党员特别是各级领导干部，在思想、政治、经济、理论和行政等各个方面，都面临着一系列的考验。党的十一届三中全会以来，由于我国实行了改革开放的政策，已经进入全面建设小康社会的新时期，逐步走上了社会主义市场经济的轨道，这是社会经济发展的必然趋势。在社会主义市场经济的大环境中，我们党的绝大多数党员和各级领导干部，始终坚持马克思主义的权力观，始终保持同人民群众的血肉联系，始终坚持全心全意为人民服务的宗旨，始终做到为人民掌好权，用好权。但也有极少数人经不起权力的诱惑和考验。这是因为，市场经济是按照价值规律和等价交换的原则来运行，而其中等价交换的原则，必然也就会产生一些消极的影响，很容易诱发拜金主义、享乐主义和极端个人主义等腐朽思想的产生，金钱和物欲确实会腐蚀那些意志薄弱者的灵魂，在极为少数领导干部的身上，也确实存在着和我们党的宗旨格格不入的形式主义、官僚主义、钱权交易、以权谋私、干部特权和徇私枉法等极为严重的腐败现象。

因此，"各级干部特别是领导干部都要自觉坚持和实践全心全意为人民服务的宗旨，按照立党为公、执政为民的本质要求，牢记'两个务必'，树立正确的政绩观，认真解决党风方面人民群众反映突出的问题，坚决克服和纠正形式主义、官僚主义，切实做到为民、务实、清廉。"①而立党为公、执政为民的党性原则，也要求每个党员特别是各级领导干部，必须以科学发展观为指导，坚定不移地用科学发展观武装头脑，牢固树立正确的世界观、人生观、价值观，进而形成正确的权力观、地位观、利益观。其中，世界观、人生观、价值观决定各级领导干部的理想信念、价值标准和行为选择，有什么样的世界观、人生观、价值观，就会有什么样的权力观、地位

① 胡锦涛:《在纪念毛泽东同志诞辰110周年座谈会上的讲话》,2003年12月26日。

观、利益观。作为党的各级领导干部，只有牢固树立马克思主义的世界观、人生观、价值观，才能摆正自己与人民群众的关系，才能自觉地坚持以人民利益高于一切，才能做到权重不移公仆心，才能始终把人民群众的安危冷暖放在心上，才能提高觉悟，坚定信念，锤炼意志，增强抵御风险的能力；才能始终做到政治立场不动摇，理想信念不淡化，大是大非不糊涂，党性原则不丧失，才能正确使用人民赋予的权力始终用来为人民服务。同时，我们也应该看到，正确的权力观也是树立正确的政绩观的前提和基础。我们必须"要坚持立党为公、执政为民，坚持权为民所用、情为民所系、利为民所谋，树立正确的政绩观"①，要切实做到想群众之所想，急群众之所急，帮群众之所需，千方百计地不断促进和改善人民生活，扎扎实实地做好各项工作。这就需要全党同志特别是各级领导干部，深刻认识树立正确权力观和政绩观的重要性与紧迫性，准确理解和把握正确权力观和政绩观的科学理论内涵，牢固树立正确的权力观和政绩观，"要时刻把党和人民的利益放在首位，自觉抵御拜金主义、享乐主义和极端个人主义的侵蚀，始终做到一尘不染、一身正气"②，不断加强世界观的改造，努力解决好权力观、地位观和利益观的问题，自觉地为民尽责、为党分忧，真正为人民掌好权、用好权，团结带领人民群众在全面建设小康社会的伟大实践中不断创造新的业绩。

因此，在当前新的历史条件下，必须坚持以科学发展观为指导，努力营造深入贯彻落实科学发展观的风清气正环境，"坚持全心全意为人民服务的根本宗旨，坚持以人为本，贯彻党的群众路线，深入了解民情，充分反映民意，广泛集中民智，切实珍惜民力，着力解决好人民最关心最直接最现实的利益问题，把群众满意不

---

① 胡锦涛：《在全国政协新年茶话会上的讲话》，2004 年 1 月 1 日。

② 胡锦涛：《在湖南考察工作时的讲话》，2003 年 10 月 1 日。

满意作为衡量各项工作的根本标准，引导广大党员、干部特别是领导干部始终与人民群众同甘共苦、为人民利益不懈奋斗。要坚持引导广大党员、干部特别是领导干部自觉学习党章、遵守党章、贯彻党章、维护党章，自觉加强党性修养，增强党的意识、宗旨意识、执政意识、大局意识和责任意识，切实做到为党分忧、为国尽责、为民奉献。要坚持解放思想、求真务实，牢固树立正确政绩观，既勇于开拓创新，又坚持埋头苦干，真正把工夫下在察实情、出实招、办实事上，努力创造经得起实践、人民、历史检验的实绩。要坚持发挥先进典型的示范带动作用，组织广大党员、干部学习先进典型，讲党性、重品行、作表率，争做群众贴心人、群众信得过的好干部。各级领导干部要始终保持高尚的精神追求和道德情操，坚持严于律己、清正廉洁，老老实实做人、干干净净做事，时刻警惕权力、金钱、美色的诱惑，坚决同一切腐败行为作斗争，用实际行动推进反腐倡廉建设，真正做到为民、务实、清廉"①，必须"永葆共产党人和人民公仆的革命本色"②，"牢固树立机遇意识、发展意识、大局意识、责任意识、忧患意识，不断提高贯彻科学发展观的能力，做到在任务面前勇于承担、在困难面前勇于进取，在矛盾面前勇于开拓，矢志不渝地为推进党和人民事业不断向前发展而奋斗。"③

四、继续发挥社会主义制度能集中力量办大事的政治优势

中华人民共和国的成立，标志着中国政治实现了向人民民主的伟大跨越，开辟了中国历史上从未有过的人民当家做主的新的纪元，亿万中国人民也真正成为国家、社会和自己命运的主人。新

---

① 胡锦涛：《在全党深入学习实践科学发展观活动总结大会上的讲话》，2010 年 4 月 6 日。

② 胡锦涛：《在河北考察工作时的讲话》，2004 年 1 月 20 日。

③ 胡锦涛：《在福建考察工作时的讲话》，2006 年 1 月 16 日。

中国成立后，由于我国是工人阶级领导的、以工农联盟为基础的人民民主专政的社会主义国家，而与这种国体相适应的政体就是具有中国特色的人民代表大会制度。因此，我国的“宪法规定，中华人民共和国的一切权力属于人民，人民行使国家权力的机关是全国人民代表大会和地方各级人民代表大会”①，人民是国家、社会和自己命运的主人，享有通过各种途径和形式管理国家事务，管理经济文化事业，管理社会事务的权力以及各项权利，各级人民政府、人民法院和人民检察院由人大产生，对人大负责，受人大监督。新中国成立以来的实践已经充分证明，人民代表大会制度是符合我国国情的国家根本政治制度，特别是在经过半个多世纪的巩固、完善和发展，它越来越显示出强大的生命力和巨大优越性，体现了中国社会主义国家性质、能够保证中国人民当家做主的根本政治制度，也是党在国家政权中充分发扬民主、贯彻群众路线的最好实现形式，同国家和人民的命运息息相关。长期以来，全国各族人民通过人民代表大会制度牢牢地把国家和民族的前途命运掌握在自己手中，切实发挥社会主义制度能集中力量办大事的政治优势，这是我们国家和人民能够经得起各种风浪、克服各种困难、沿着社会主义道路前进的可靠制度保证，也是我们全面建设小康社会、实现中华民族伟大复兴的可靠制度保证。

对此，胡锦涛在当前新的历史条件下，他深刻指出，回顾新中国成立以来全国人民代表大会走过的光辉历程，展望我国社会主义民主政治发展的光明前景，就是要把人民代表大会制度坚持好、完善好，继续推进依法治国、建设社会主义法治国家的进程，动员全国各族人民满怀信心地投身全面建设小康社会的伟大事业，进一步开创中国特色社会主义事业的新局面。他指出，坚持和完善

① 胡锦涛：《在首都各界纪念中华人民共和国宪法公布施行二十周年大会上的讲话》，2002 年 12 月 4 日。

人民代表大会制度,是我们发展社会主义民主政治、建设社会主义政治文明的重要内容,要积极稳妥地推进政治体制改革,大力建设社会主义政治文明,"必须坚持发挥社会主义制度能够集中力量办大事的政治优势"①,必须进一步推动人民代表大会制度的与时俱进,使社会主义民主更加完善,社会主义法制更加完备,依法治国基本方略得到全面落实,人民的政治、经济、文化权益得到切实保障,使之更好地把坚持党的领导、人民当家做主和依法治国统一于社会主义民主政治建设的伟大实践,统一于建设和发展中国特色社会主义现代化建设的全过程,并明确提出三点原则要求。

"第一,必须充分发扬人民民主,保证人民当家做主。中国共产党执政,就是领导、支持、保证人民当家做主,维护和实现最广大人民的根本利益。中国特色社会主义事业是前无古人的创造性事业,是亿万人民创造自己幸福生活的事业,也是异常艰巨和充满挑战的事业。只有紧紧依靠人民,我们的事业才能成功,我们的国家才能兴旺发达。人民代表大会制度是中国人民当家做主的重要途径和最高实现形式,是中国社会主义政治文明的重要制度载体。人民代表大会制度的先进性和生命力,在于它深深植根于人民群众之中。我们要抓住坚持和完善人民代表大会制度这个重要环节,进一步健全民主制度,丰富民主形式,扩大公民有序的政治参与,保证人民依照法律规定,通过各种途径和形式,管理国家事务,管理经济和文化事业,管理社会事务。各级国家机关及其工作人员的权力都来自于人民,必须用来为人民服务,必须自觉接受人民群众的监督,必须不断改正工作中的缺点和错误,坚决反对脱离人民群众的形式主义、官僚主义,坚决同各种腐败现象作斗争。

第二,必须坚持依法治国的基本方略,不断推进建设社会主义

① 胡锦涛:《在中国科学院第十四次院士大会和中国工程院第九次院士大会上的讲话》,2008年6月23日。

法治国家的进程。坚定不移地实施依法治国的基本方略，是国家长治久安的重要保障。依法治国不仅从制度上、法律上保证人民当家做主，而且也从制度上、法律上保证党的执政地位。依法治国，前提是有法可依，基础是提高全社会的法律意识和法制观念，关键是依法执政、依法行政、依法办事、公正司法。依法治国首先要依宪治国，依法执政首先要依宪执政。宪法和法律是党的主张和人民意志相统一的体现，是中国革命、建设、改革伟大实践的科学总结。宪法是国家的根本法，是治国安邦的总章程，是保证国家统一、民族团结、经济发展、社会进步和长治久安的法律基础，是党执政兴国、带领全国各族人民建设中国特色社会主义的法制保证。全党同志、全体国家机关工作人员和全国各族人民都要认真学习宪法、遵守宪法、维护宪法，保证宪法在全社会的贯彻实施。要加强立法工作，到2010年形成中国特色社会主义法律体系。要全面推进依法行政，继续深化行政体制改革，加快转变政府职能，努力建设法治政府。要积极推进司法体制改革，提高司法效率，充分发挥司法制度和司法机关维护社会公平和正义的作用，保障国家经济、政治、文化生活的正常秩序。要严格执法、文明执法、公正执法，建立有权必有责、用权受监督、违法要追究的监督机制。要认真开展四五普法活动，加强法制宣传教育，形成法律面前人人平等、人人自觉守法用法的社会氛围。

第三，必须加强党的执政能力建设，改善党对国家事务的领导，提高党的领导水平和执政水平。中国共产党是中国特色社会主义事业的领导核心。中国共产党的领导地位，是在长期斗争的实践中逐步形成的，是历史的选择、人民的选择，也是明确载入中国宪法的。各级人民代表大会及其常务委员会都要自觉接受党的领导。党的领导主要是政治、思想和组织领导，通过制定大政方针，提出立法建议，推荐重要干部，进行思想宣传，发挥党组织和党员的作用，坚持依法执政，实施党对国家和社会的领导。要按照党总揽全局、协调各方的原则，科学规范党委和人民代表大会的关系，支持人民代表大会依法履行自己的职能。坚持党的领导，必须改善党的领导，切实提高党的领导水平和执政能力。要适应新形势新任务的要求，不断改革和完善党的领导方式和执政方式，坚持依法治国的基本方略，把依法执政作为党治国理政的一个基本方式，坚持在宪法和法律范围内活动，严格依法办事，善于运用国家政权处理国家事务。党关于国家事务的重要主张，属于全国人民代表大会职权范围内的、需要全体人民一体遵行的，要作为建议向全国人民代表大会提出，使之经过法定程序成为国家意志。各级党组织和全体党员都要模范地遵守宪法和法律。国家政权机关领导人员要经过人民代表大会的法定程序选举和任命，并接受人民代表大会及其常务委员会监督。要充分发挥国家政权机关中党组织和党员的作用，贯彻党的理论和路线方针政策，实现党对国家事务的领导。这样做，有利于把党的主张与人民的意志统一起来，有利于把党的决策和决策的贯彻执行统一起来，有利于国家政权机关及其领导人员把对党负责与对人民负责统一起来，保证我们党始终站在时代前列带领人民前进。”①

因此，我们在新的历史条件下，必须坚持以科学发展观为指导，要进一步“充分发挥我国社会主义制度能够集中力量办大事的政治优势”②，要进一步加强和改进立法工作，提高立法质量；要进一步加强和改进人民代表大会的监督工作，切实增强监督实效；要进一步密切各级人民代表大会同人民群众的联系，更好地发挥人民代表大会代表的作用；要进一步加强各级人民代表大会及其

① 胡锦涛：《在首都各界纪念全国人民代表大会成立50周年大会上的讲话》，2004年9月15日。

② 胡锦涛：《在中国科学院第十五次院士大会、中国工程院第十次院士大会上的讲话》，2010年6月7日。

常务委员会的组织制度和工作制度建设，切实使人民代表大会及其常务委员会成为全面担负起宪法赋予的各项职责的工作机关，成为同人民群众保持密切联系的代表机关，坚持走中国特色的政治发展道路，不断使党和国家的事业更好地向前发展。这就要求我们必须深入贯彻落实科学发展观，坚定不移地抓好发展这个党执政兴国的第一要务，要紧紧扭住经济建设这个中心不动摇，聚精会神搞建设，一心一意谋发展，不断为社会主义民主政治的发展创造更加雄厚的物质文化基础。我们坚信，只要我们紧密团结在以胡锦涛同志为总书记的党中央周围，在党中央的坚强领导下，紧紧抓住和用好本世纪头20年科学发展的重要战略机遇期，“用15年的时间使我国进入创新型国家行列”①，那么，随着中国经济社会实现科学发展的步伐不断加快，中国特色社会主义民主政治必将越来越完备，其优越性和强大生命力也必将会越来越科学地展现出来。

第三节　科学发展观要求权为民所用情为民所系利为民所谋

新世纪新阶段，我们坚持以科学发展观为指导，始终“坚持人民是历史创造者的历史唯物主义观点，坚持全心全意为人民服务，坚持群众路线，真诚倾听群众呼声，真实反映群众愿望，真情关心群众疾苦，多为群众办好事、办实事，做到权为民所用、情为民所系、利为民所谋”②，更加密切联系人民群众，让人民群众切实感受

① 胡锦涛：《在全国科学技术大会上的讲话》，2006年1月9日。

② 胡锦涛：《在中国共产党第十七次全国代表大会上的报告》，2007年10月15日。

到社会主义大家庭的温暖。这对于深入学习实践科学发展观，特别是“各级领导干部要带头学习，先学一步、多学一点、学深一些，做真学真懂真信真用科学发展观的模范。要坚持学以致用、学用相长，引导广大党员、干部向书本学习、向实践学习、向群众学习，把学习科学发展观同解决人民最关心最直接最现实的利益问题、本地区本部门本单位改革发展稳定的重大问题、党的建设突出问题结合起来，把学习成果转化为推动科学发展的实际能力”①，努力使我们的路线方针政策和各方面的工作更好地体现各族人民群众的利益，切实把实现好、维护好、发展好最广大人民的根本利益作为各项工作的根本出发点和归宿，具有重要的现实意义。

一、认识和谐文化的强大力量积极推动文化大发展大繁荣

新世纪新阶段，胡锦涛深刻指出：“当今时代，文化越来越成为民族凝聚力和创造力的重要源泉、越来越成为综合国力竞争的重要因素，丰富精神文化生活越来越成为我国人民的热切愿望。要坚持社会主义先进文化前进方向，兴起社会主义文化建设新高潮，激发全民族文化创造活力，提高国家文化软实力，使人民基本文化权益得到更好保障，使社会文化生活更加丰富多彩，使人民精神风貌更加昂扬向上。”②可见，社会主义和谐文化是建设和发展中国特色社会主义的重要特征，是中国特色社会主义区别于其他社会形态的重要标志，集中体现了社会主义制度的优越性，它在我国社会主义的经济建设、政治建设、文化建设和社会建设的总体布局中，始终处于重要的战略地位。因此，“我们要坚持社会主义先

① 胡锦涛：《在全党深入学习实践科学发展观活动总结大会上的讲话》，2010年4月6日。

② 胡锦涛：《在中国共产党第十七次全国代表大会上的报告》，2007年10月15日。

进文化前进方向，加强社会主义核心价值体系建设，推进文化体制改革，发展文化事业和文化产业，完善公共文化服务体系，繁荣文化市场，更好保障人民基本文化权益，更好满足人民群众日益增长的精神文化需求。"①

因此，胡锦涛始终认为，我们必须要深刻认识加强文化建设对于实现小康社会与和谐社会宏伟目标和推进中华民族伟大复兴的极端重要性，并从各个层面进行了科学阐述。他极其深刻地强调指出："纵观中国革命、建设和改革波澜壮阔的历史进程，我们党领导的伟大事业的不断发展，同我们党自身不断走向成熟，是紧密联系的。我们党要不断推动社会的发展进步，不断团结带领广大人民群众创造更加美好的生活，就必须始终代表中国先进生产力的发展要求，代表中国先进文化的前进方向，代表中国最广大人民的根本利益，使我们党在世界形势深刻变化的历史进程中始终走在时代前列，在应对国内外各种风险考验的历史进程中始终成为全国人民的主心骨，在建设中国特色社会主义的历史进程中始终成为坚强的领导核心，团结带领全国各族人民沿着毛泽东思想、邓小平理论和'三个代表'重要思想指引的方向不断开拓前进。"因此，他明确强调必须"要继续牢牢把握先进文化的前进方向，大力推进社会主义精神文明建设。实现全面建设小康社会的各项目标，推动经济社会协调发展，必须坚持以科学的理论武装人、以正确的舆论引导人、以高尚的精神塑造人、以优秀的作品鼓舞人，大力发展社会主义文化，为改革开放和社会主义现代化建设提供坚强的思想保证和智力支持。要坚持用'三个代表'重要思想武装全党、教育人民，深入进行党的基本理论、基本路线、基本纲领和基本经验的教育，坚持马克思主义在意识形态领域的指导地位，不断

① 胡锦涛:《在全国政协新年茶话会上的讲话》,2009 年 1 月 1 日。

巩固党和人民团结奋斗的共同思想基础。要坚持弘扬和培育以爱国主义为核心的伟大民族精神,大力发扬创新精神,使全体人民始终保持昂扬向上的精神状态。要坚持依法治国和以德治国相结合,大力开展理想信念教育,切实加强思想道德建设,加强和改进新形势下的思想政治工作,广泛开展群众性的精神文明创建活动,努力建立与社会主义市场经济相适应、与社会主义法律规范相协调、与中华民族传统美德相承接的社会主义思想道德体系。要深化科技教育体制改革,推动科技教育创新,大力发展科学教育事业,更好地培养德智体美全面发展的社会主义建设者和接班人,更好地发挥科学技术在促进经济社会发展中的重大作用。要深化文化体制改革,积极推进各类文化事业和文化产业的发展,为人民群众提供更多更好的文化产品和文化服务,满足人民群众日益增长的精神文化需求。"①

胡锦涛从进一步加强党的先进性建设和全面建设和谐社会的战略高度,他更是明确指出:"加强党的先进性建设,始终是我们党生存、发展、壮大的根本性建设。抓住了先进性建设,就抓住了党的建设的根本,就抓住了加强党的执政能力建设、巩固党的执政地位的关键。"这也就是说,"加强党的先进性建设,根本目的就是要使我们党始终代表中国先进生产力的发展要求,代表中国先进文化的前进方向,代表中国最广大人民的根本利益,不断提高执政能力、巩固执政地位、完成执政使命。"②而这又与"构建社会主义和谐社会,同建设社会主义物质文明、政治文明、精神文明是有机统一的。它们既有不可分割的紧密联系,又有各自的特殊领域和

① 胡锦涛:《在纪念毛泽东同志诞辰110周年座谈会上的讲话》,2003年12月26日。

② 胡锦涛:《在新时期保持共产党员先进性专题报告会上的讲话》,2005年1月14日。

规律。建设社会主义物质文明、政治文明、精神文明，可以为构建社会主义和谐社会提供坚实基础；构建社会主义和谐社会，又可以为建设社会主义物质文明、政治文明、精神文明提供重要条件。我们要通过发展社会主义社会的生产力来不断增强和谐社会建设的物质基础，通过发展社会主义民主政治来不断加强和谐社会建设的政治保障，通过发展社会主义先进文化来不断巩固和谐社会建设的精神支撑，同时又通过和谐社会建设来为社会主义物质文明、政治文明、精神文明建设创造有利的社会条件"①，不断为更好地"引导和激励全党全国人民为实现全面建设小康社会的宏伟目标而团结奋斗。"②

实践证明，大力发展社会主义和谐文化，建设社会主义精神文明，是始终坚定不移地坚持马克思列宁主义、毛泽东思想、邓小平理论、"三个代表"重要思想和科学发展观在意识形态领域的指导地位的必然要求，是深入贯彻落实科学发展观的必然要求，是全面建设小康社会与社会主义和谐社会的必然要求，是推动科学发展、促进社会和谐的必然要求，也是加强经济建设、政治建设、文化建设、社会建设全面发展的必然要求。我们必须要从全面建设小康社会的全局和实现中华民族伟大复兴的高度，深刻认识加强建设和发展社会主义和谐文化的重大战略意义，在推进社会主义物质文明和政治文明建设的同时，也更加自觉地推进社会主义和谐文化建设。这就需要我们坚持以科学发展观为指导，深入推进文化体制改革，坚持社会主义先进文化前进方向，坚持文化事业和文化产业协调发展，遵循社会主义精神文明建设的特点和规律，适应社会主义市场经济发展的要求，以发展为主题，以体制机制创新为重

---

① 胡锦涛：《在省部级主要领导干部提高构建社会主义和谐社会能力专题研讨班上的讲话》，2005年2月19日。

② 胡锦涛：《在全国宣传思想工作会议上的讲话》，2003年12月5日。

点，以满足人民群众精神文化需求为出发点和落脚点，着力构建充满活力、富有效率、更加开放、有利于文化科学发展的体制机制，繁荣发展社会主义文化，不断增强我国文化软实力和国际竞争力。必须按照科学发展观的要求，“一是要加快文化体制机制改革创新，按照创新体制、转换机制、面向市场、增强活力的要求，加快经营性文化单位转企改制，稳步推进公益性文化事业单位改革，构建统一开放竞争有序的现代文化市场体系，加快推进文化管理体制改革。二是要加快构建公共文化服务体系，按照体现公益性、基本性、均等性、便利性的要求，坚持政府主导，加大投入力度，推进重点文化惠民工程，加强公共文化基础设施建设，促进基本公共文化服务均等化。三是要加快发展文化产业，认真落实文化产业振兴规划，精心实施重大文化产业项目带动战略，推进文化产业结构调整，培育新的文化业态，提高文化产业规模化、集约化、专业化水平。要精心打造中华民族文化品牌，提高我国文化产业国际竞争力，推动中华文化走向世界。四是要加强对文化产品创作生产的引导，真正从群众需要出发，继承和发扬中华文化优良传统，吸收借鉴世界有益文化成果，推出更多深受群众喜爱、思想性艺术性观赏性相统一的精品力作。要引导广大文化工作者和文化单位自觉践行社会主义核心价值体系，坚持社会主义先进文化前进方向，坚决抵制庸俗、低俗、媚俗之风”①，坚持“深入实际、深入生活，注重从人民群众的伟大实践中汲取思想营养和艺术灵感；解放思想、与时俱进、勇于创新，努力创作出更多融思想性、艺术性、观赏性于一体的精品力作”②，不断创造出更多的能够体现出时代精神的、符

① 胡锦涛：《在中共中央政治局第二十二次集体学习时的讲话》，2010年7月23日。

② 胡锦涛：《在会见出席纪念中国电影诞生一百周年大会代表时的讲话》，2005年12月28日。

合人民要求和具有鲜明的中国特色、中国风格、中国气派的文化成果。坚持将科学发展观贯穿于社会主义和谐文化建设的全过程，不断推进体现科学发展观要求的文化体制和机制创新，进一步支持和保障文化公益事业，增强文化产业的整体实力和竞争力，进一步推动文化建设和经济建设、政治建设、社会建设协调发展，使之成为实现科学发展的必然要求，从而更好地为人民服务、为社会主义服务、为全党全国工作大局服务。

二、全力以赴地将就业再就业工作抓紧抓实抓细抓好抓深

我们从站在科学发展观的战略高度来看，就业是民生之本，是人民群众改善生活的基本前提和基本途径，也是衡量和考察马克思主义执政党及其领导政权的执政水平和执政能力的一个科学尺度。当前，我们按照科学发展观的要求，以求真务实的精神和态度，始终坚持正确处理好“改革发展稳定的关系，着力解决涉及群众切身利益的实际问题，切实做好就业和再就业工作”①，这已经成为切实提高我们党的执政水平和领导水平，全面建设小康社会和社会主义和谐社会的极为重要的问题。因此，我们能否做好就业和再就业工作，这是关系到人民群众的切身利益，关系到改革发展稳定的大局，关系到实现全面建设小康社会的宏伟目标，关系到实现全体人民的共同富裕。我们必须从我国的基本国情出发，认真贯彻中央的有关方针政策，把新形势下的就业和再就业工作做得更好。可见，这是坚持立党为公、执政为民，维护好、实现好、发展好各族人民群众根本利益的必然要求，“是坚持科学发展观的要求，更是坚持党的全心全意为人民服务宗旨的要求。”②

① 胡锦涛:《在全国政协新年茶话会上的讲话》,2003 年 1 月 1 日。

② 胡锦涛:《在参加十届全国人大三次会议西藏代表团审议时的讲话》,2005 年 3 月 5 日。

胡锦涛指出："就业是民生之本，是人民群众改善生活的基本前提和基本途径。我们必须坚持把促进就业作为关系改革发展稳定全局的重大战略任务，实行促进就业的长期战略和政策。十六大明确提出要千方百计扩大就业，强调各级党委和政府必须把改善创业环境和增加就业岗位作为重要职责。我们一定要从实践全心全意为人民服务宗旨的高度，把促进就业和再就业工作摆上重要议事日程，作为一件大事来抓。要把这项工作纳入经济社会发展的总体部署来考虑，结合改革发展稳定的各项工作来安排，作为关心群众生产生活的重点任务来落实。要经常分析本地区本部门的就业形势，研究新情况，制定新对策，解决新问题，切实做到领导到位、责任到位、政策到位、资金到位。要加强统筹协调，动员全社会共同参与，齐心协力做好就业和再就业工作。"他进而要求："要根据经济社会发展规律，从实际出发制定科学的就业战略和对策，不断完善就业机制。当前尤其要帮助国有企业下岗失业人员实现再就业，特别是要对那些面临就业困难的下岗失业人员实行就业援助。各级党委和政府要设身处地地为下岗失业人员着想，满腔热情地为他们排忧解难，尽可能多创造一些适合他们从事的工作岗位，尽可能为他们多提供一些有效的服务，全力帮助他们实现再就业或自主创业。"①

对此，胡锦涛明确强调："中央关于再就业工作的大政方针和政策措施已经明确，关键是要全力以赴抓好落实。各级党委和政府要以增加就业岗位为目标，以落实再就业政策为主线，以强化再就业服务为手段，以加大资金投入为保障，以帮助困难人员就业为重点，继续把再就业工作抓紧抓实，切实抓出成效。"并从多层面多视角提出要求，为切实做好这项工作指明科学方向："第一，大力开发就业岗位。要坚持把抓好发展作为促进就业和再就业的根

① 胡锦涛：《在中共中央政治局第三次集体学习时的讲话》，2003年3月28日。

本途径，确立经济发展和扩大就业并举的发展战略，积极培育和发展新的就业增长点，大力发展吸纳劳动力容量大的产业和企业，鼓励劳动者自谋职业、自主创业和灵活就业，实现经济持续快速健康发展和就业岗位增加的目标。第二，全面落实再就业扶持政策。要全面落实鼓励企业吸纳下岗失业人员再就业的政策，充分运用税收减免和社会保险补贴等项政策，根据需求发展各类服务性企业，开辟一批面向社区的服务网点和实体，更多地吸纳下岗失业人员。全面落实鼓励下岗失业人员自主创业、自谋职业、合伙经营等方面的扶持政策，把减免税费和小额贷款政策落实到位。全面落实鼓励国有企业挖掘内部潜力分流安置富余人员的政策。全面落实对有特殊困难人员实行再就业援助的政策。第三，增加再就业资金投入。充分运用财政、税收、信贷等手段，加大再就业资金投入，增强对下岗失业人员再就业的援助。各地要切实调整支出结构，在财政预算中安排一定数量的再就业资金，并逐步形成再就业资金的制度性安排。第四，强化再就业技能培训。各地区和有关部门要把增强劳动者就业和创业能力作为一项战略任务来抓，推动培训模式和工作机制的创新，广泛动员社会各方面力量参与再就业培训。大力推广一些城市将创业培训与开业指导、小额贷款、税费减免、后续扶持相结合，为下岗失业人员创业提供一条龙服务的经验。第五，进一步搞好再就业服务。大力改善公共职业介绍服务机构的设施和手段，进一步探索和完善再就业服务的运行机制，实现再就业服务体系的制度化、专业化和社会化，尽可能为下岗失业人员提供更好的服务。第六，引导下岗失业人员转变就业观念。在全社会加强就业观念教育，摒弃只有正规就业或端‘铁饭碗’才算就业的传统观念，树立从事非全日制、临时性、季节性等灵活形式工作也是就业的观念，树立职业平等和劳动光荣的观念。第七，落实下岗失业人员的社会保障。继续做好下岗职工基本生活保障和企业离退休人员基本养老金的按时足额发放，进一步做好‘三条保障线’的衔接工作。”①

因此，我们在新形势下，必须坚持以科学发展观为指导，坚持把就业再就业工作放在更加突出的位置来抓，必须要在以人为本上下工夫，必须要在求真务实上下工夫，必须要在狠抓落实上下工夫。各级党委政府主要负责人要亲自抓，负总责，层层建立责任制，层层抓落实，要切实做到责任、政策、资金、措施四到位。各有关部门都要从大局出发，把积极促进就业和再就业作为应尽的责任，加强协作，密切配合，要形成统一领导、分工协作、部门联动、齐抓共管的工作格局。各地区、各部门要进一步加强督促检查工作，要重点检查增加就业岗位、落实再就业政策、强化再就业服务、加大资金投入、帮助困难人员就业等情况，必须要深入实际，调查研究，掌握新情况，提出新对策，要切实做到着眼长远，创新思路，积极探索符合我国国情的就业发展战略，始终坚持抓好科学发展这个党执政兴国的第一要务，大力提高经济竞争力，要注重发展就业容量大的产业和企业，要继续深化国有企业改革，要采取多种方式分流富余人员，进一步加强人力资源能力建设，不断提高劳动者的创业和就业能力，不断通过扩大国际交换发挥我国特有的劳动力资源优势，必须要全力以赴地将就业和再就业工作抓紧抓实抓细抓好抓深，在做好各项工作的基础上，必须要进一步加快转变经济发展方式和优化调整产业结构，切实“推动经济社会发展真正转入以人为本，全面协调可持续发展的轨道”②，不断开创建设中国特色社会主义现代化事业的新局面。

三、深刻指出必须要采取切实有效措施继续减少贫困人口

胡锦涛指出：“现在，我国已进入全面建设小康社会、加快推

① 胡锦涛：《在全国再就业工作座谈会上的讲话》，2003年8月15日。

② 胡锦涛：《在福建考察工作时的讲话》，2006年1月16日。

进社会主义现代化的新的发展阶段，经过十一届三中全会以来20多年特别是十三届四中全会以来13年的艰苦奋斗，我国的改革开放和社会主义现代化建设取得了举世瞩目的伟大成就。”①但“从总量上说，中国国内生产总值已排在世界前列，但人均国内生产总值还排在世界100位之后，中国人民生活还不富裕，中国在发展进程中还面临着不少突出的矛盾和问题。到过北京、上海、广州等一些大中城市的外国朋友，都会强烈地感受到中国这些年来发生的巨大变化。同时，到过中国西部和广大农村的外国朋友，也会强烈地感受到中国的发展还很不平衡”②，比如，中国农村还有1400多万的贫困人口③，“中国仍是世界上最大的发展中国家”④，而在目前，“对于发展中国家而言，消除贫困、促进发展、提高人民生活水平是压倒一切的任务。”⑤“中国人民正在为实现全面建设小康社会的目标而奋斗，争取到2020年实现国内生产总值比2000年翻两番，达到40000亿美元左右，人均达到3000美元左右，使经济更加发展、民主更加健全、科教更加进步、文化更加繁荣、社会更加和谐、人民生活更加殷实。”⑥实践证明，“中国的发展关乎中国各族人民的根本利益，也同世界的和平与发展事业紧密相关，中国的发展需要和平稳定的周边和国际环境，同时也为世界各国特别是周边国家创造了更多的合作机遇和良好的发展环境，近13亿中国人

---

① 胡锦涛:《在西柏坡学习考察时的讲话》,2002年12月6日。

② 胡锦涛:《在伦敦金融城市长萨沃里举行的欢迎晚宴上的演讲》,2005年11月9日。

③ 胡锦涛:《在纪念党的十一届三中全会召开30周年大会上的讲话》,2008年12月18日。

④ 胡锦涛:《在墨西哥参议院的演讲》,2005年9月12日。

⑤ 胡锦涛:《在同印度巴西南非墨西哥领导人举行集体会晤时的讲话》,2005年7月7日。

⑥ 胡锦涛:《在德国经济亚太委员会举行的晚宴上的演讲》,2005年11月10日。

民彻底摆脱贫困、走向繁荣,有利于促进地区及世界的和平、稳定和发展。"①当然,我们由于始终面临存在人口多、底子薄,经济社会发展不平衡的国情,我们要达到中等发达国家的经济发展水平,实现全体人民共同富裕,还需要很长时期的艰苦奋斗。

胡锦涛正是从我国农村还有1400万左右的贫困人口的国情出发,他明确要求全党同志特别是各级领导干部,必须要非常清醒地认识到,我国人口多、底子薄,发展很不平衡,人均国内生产总值还处于世界后列,我们要实现现代化,使13亿人民都过上富裕生活,还有很长的路要走,需要一代又一代人长期艰苦奋斗。对此,他从践行党的宗旨的高度,要求全党同志必须要牢记全心全意为人民服务的宗旨,始终不渝地为最广大人民谋利益。要始终坚持艰苦奋斗的作风,保持同人民群众的血肉联系,坚持心中装着人民群众,始终同人民群众同呼吸、共命运、心连心,坚持把最广大人民的根本利益维护好、实现好、发展好,才能保持马克思主义执政党的政治本色,这也是坚持立党为公、执政为民的必然要求。"各级领导干部要坚持深入基层、深入群众,倾听群众呼声,关心群众疾苦,时刻把人民群众的安危冷暖挂在心上,做到权为民所用,情为民所系,利为民所谋。尤其要关心那些生产和生活遇到困难的群众,深入到贫困地区、困难企业中去,深入到下岗职工、农村贫困人口、城市贫困居民等困难群众中去,千方百计地帮助他们解决实际困难。要通过扎实有效的工作,实实在在地为群众谋利益,带领群众创造自己的幸福生活"②。"各级党委和政府要坚持执政为民,时刻关心人民群众的安危冷暖,切实做好关心群众生产生活的工作。无论是贫困地区、欠发达地区还是发达地区,都要把关心群众生产生活作为一项重大政治任务抓紧抓好,想群众之所想,急群众

① 胡锦涛:《在莫斯科国际关系学院的演讲》,2003年5月28日。

② 胡锦涛:《在西柏坡学习考察时的讲话》,2002年12月6日。

之所急,办群众之所难”①;“要牢固树立和认真落实全面、协调、可持续的发展观,按照‘五个统筹’的要求,聚精会神做好发展这篇大文章,努力推动经济持续快速协调健康发展和社会全面进步”②,不断采取切实有效措施继续减少贫困人口,不断开创中国特色社会主义事业的新局面。

对此,胡锦涛认为,科学发展观无论对发达地区还是对欠发达地区,都具有十分重要的指导意义。“中央已经明确,要坚持实施西部大开发战略不动摇,坚持对西部大开发的支持力度不减弱。西部地区要认真贯彻中央的重大决策部署,从本地实际出发,面向全局,谋划发展思路,制定发展措施,提高发展实效。要继续加强和改善宏观调控,加快推进经济结构调整,推动增长方式转变,大力提高科技自主创新能力,坚持实施可持续发展战略,走新型工业化道路,不断提高经济增长的质量和效益。要稳定、完善、强化扶持农业发展的政策措施,加强对粮食生产和农民增收的支持,尤其要把稳定和提高农业综合生产能力作为一项重大而紧迫的战略任务切实抓紧抓好。要坚持解放思想、实事求是,加大改革的力度,力争在一些重点领域和关键环节取得新的突破。”同时,“要坚持开发式扶贫的方针,进一步加大扶贫工作力度。要注重激励贫困地区广大干部群众发扬自力更生、艰苦奋斗的精神,合理开发利用当地资源,积极培育特色优势产业,着力增强贫困地区自我积累、自我发展能力,走出一条依靠自己力量脱贫致富的路子。要加大扶贫投入,改进扶贫项目的实施方式,加强贫困地区基础设施和生态环境建设,切实改善群众的生产生活条件,夯实加快经济社会发展的基础,尽快解决贫困地区群众的温饱问题。”③并明确强调:

---

① 胡锦涛:《在广东省考察工作时的讲话》,2003 年 4 月 15 日。

② 胡锦涛:《在河北考察工作时的讲话》,2004 年 1 月 20 日。

③ 胡锦涛:《在贵州考察工作时的讲话》,2005 年 2 月 7 日。

“扶贫开发是建设中国特色社会主义事业的一项历史任务,也是构建社会主义和谐社会的一项重要内容。这些年来,我国扶贫开发工作取得了显著成绩,但面临的任务仍十分繁重艰巨。帮助贫困地区尽快脱贫致富,需要党和政府以及社会各方面共同努力。中国扶贫开发协会作为扶贫开发的一支重要力量,要按照党和政府扶贫开发工作的总体部署和要求,充分发挥自身特点和优势,在推动产业扶贫开发、开展扶贫资金技术信息服务、促进贫困地区劳动力培训和转移、加强扶贫开发国际交流与合作等方面发挥积极作用,为加快我国扶贫开发进程、为实现全面建设小康社会宏伟目标作出新的更大贡献。”①

我们从胡锦涛的科学思想中可以深刻感受到,我们党和采取切实有效措施继续不断减少贫困人口,关心困难群众的生产生活,是贯彻我们党全心全意为人民服务宗旨、始终保持党同人民群众血肉联系的根本要求,也是充分调动广大人民群众积极性、万众一心地推进改革开放和社会主义现代化建设的重要保证。因此,当前在新的形势下要切实做好继续减少贫困人口的工作,必须坚持以科学发展观为指导,必须要进一步加强和改善宏观调控,进一步加快转变经济发展方式和优化调整产业结构,“努力实现科学发展”②,逐步消除可能导致经济大起大落的体制性、机制性障碍,充分利用好重要的战略机遇期,实现经济社会又好又快发展;就是要认真解决经济运行中存在的矛盾和问题,继续坚定不移地贯彻落实宏观调控的各项政策措施,做到区别对待、有保有压,提高宏观调控水平,坚持标本兼治,不失时机地深化改革,始终坚持用科学发展和改革创新的办法,来解决前进中遇到的各种问题。

当前,尤其要切实按照科学发展观和“五个统筹”的科学要

① 胡锦涛:《关于做好扶贫开发工作的指示》,2005 年 5 月 27 日。

② 胡锦涛:《在福建考察工作时的讲话》,2006 年 1 月 12 日。

求，坚持统筹规划、分步实施、打好基础、扎实推进，努力走出一条符合实际的科学发展新路子。各级党委和政府必须要始终站在科学发展观的战略高度，首先认识到农业是安定天下的战略产业，它对保证经济社会发展、改善人民生活、保持社会稳定，具有十分重要的基础性作用。必须切实把解决好农业、农村、农民问题作为各项工作的重中之重，按照统筹城乡发展的要求，不断推进农业和农村经济结构调整，保护和提高粮食综合生产能力，推进农业产业化经营，必须继续加大对农业发展的支持力度，加强农业科技研究和推广，加强农村基础设施建设，促进农民收入增长，以进一步加强农业基础地位，推进农业的可持续发展，不断开创农业和农村发展的新局面。而对于振兴老工业基地，关键是要大力促进观念创新和体制创新，引导广大干部群众牢固树立靠改革开放、靠市场机制、靠自力更生、靠艰苦创业实现振兴的观念，必须充分发挥科技作为第一生产力的重要作用，要紧紧围绕经济社会发展的需要，推进关键技术创新和系统集成，加快科研成果向现实生产力转化，充分发挥市场在资源配置中的基础性作用，着力形成新的经济增长机制和经济增长点。必须切实转变政府职能，大力调整国有经济布局和结构，继续深化国有企业改革，放手发展非公有制经济，要巩固和发展公有制经济，继续鼓励、支持和引导非公有制经济发展。大力发展和积极引导非公有制经济，要进一步放宽市场准入，加强服务和监管，充分发挥个体私营等非公有制经济在发展经济、繁荣市场、扩大就业、消除贫困和增加税收等方面的重要作用。要妥善处理改革发展稳定的关系，把改革的力度、发展的速度和社会可承受的程度有机结合起来，把实现好、维护好、发展好人民群众的根本利益，作为处理改革发展稳定关系的结合点。各级党委和政府必须要始终从站在科学发展观的战略高度，充分利用好国际国内两个市场、两种资源，在国际生产要素重组和产业转移加快的新形势下，必须要善于用全球战略眼光，必须要从更大范围和更宽视野想问题、办事情,必须要进一步提高应变能力,必须要进一步增强忧患意识和风险意识,在更好的统筹国内发展和对外开放中,切实提高我国的综合国力、国际竞争力和自主创新能力,为最终消除贫困现象和全面建设小康社会、全面建设社会主义和谐社会、全面建设社会主义创新型国家作出新的更大贡献。

四、要在建立健全社会保障体系中积极促进社会更加和谐

当前,我国已经处于稳步进入以人为本,全面协调可持续发展的科学发展时期。实践证明,经济发展是社会发展的前提、基础和根本保证,社会发展是经济发展的最高目的,也为经济发展提供精神动力、智力支持和必要条件。现在,随着人民群众的物质生活水平日益提高,对精神文化、健康安全等方面的需求也日益增长。我们必须按照科学发展观要求,"要着力保障和改善民生,优先发展教育,坚持更加积极的就业政策,加快建设覆盖城乡居民的社会保障体系,切实保障农村贫困家庭、城镇困难家庭、离退休职工、在校贫困大学生的基本生活,全面落实医药卫生体制改革任务,提高社会管理和服务水平,深入开展平安创建活动,全力维护社会稳定。"①更加注重完善和建立健全社会保障体系,鼓励、引导和调动社会各方面参与社会事业发展的积极性、主动性和创造性,进一步增强社会发展的活力,切实推动和加快社会协调发展,在建设和发展中国特色社会主义伟大历史进程中,积极促进社会更加和谐。

对此,胡锦涛从站在以人为本,全面协调可持续发展的战略高度指出:"二十年来,我们根据宪法制定了一批保护公民基本权利的法律,签署了一批保护公民权利的国际公约,尊重和保护人权,

① 胡锦涛:《在全国政协新年茶话会上的讲话》,2010 年 1 月 1 日。

建立和健全社会保障体系，动员全社会的力量扶助困难群众，推动我国人权事业取得了显著进展。”[①]他始终要求全党同志特别是各级领导干部，必须不断提高党的领导水平和执政水平，要从正确处理好改革发展稳定的全局出发，无论是贫困地区、欠发达地区还是发达地区，都“要充分认识做好关心群众生产生活工作的重大意义，努力把工作做实做好，当前特别要千方百计地抓好就业再就业工作，全面细致地抓好社会保障工作”[②]，“要不断完善社会保障体系，进一步做好‘两个确保’和‘三条保障线’的工作，力求做到应保尽保”[③]，要“着力解决涉及群众切身利益的实际问题，切实做好就业和再就业工作，加快社会保障体系建设，加大扶贫帮困力度，不断提高城乡居民生活水平，努力保持社会的和谐稳定。”[④]他并从全面建设社会主义和谐社会的战略高度，对建立健全和完善社会保障体系的极端重要性进行深刻阐述。

胡锦涛深刻地指出：“广大党员干部特别是各级领导干部要进一步增强全心全意为人民服务的宗旨意识，时刻牢记群众利益无小事的道理，真心诚意地为群众办事，满腔热忱地为群众解决好生产生活中的实际问题，特别是要给那些困难比较大的群众更多的关爱、更多的帮助”[⑤]，因此，必须“要紧紧抓住发展这个党执政兴国的第一要务，坚持全面、协调、可持续的发展观，实现经济社会全面发展。我们要坚持立党为公、执政为民，真正做到为民、务实、清廉，继续做好关心群众生产生活的工作，千方百计促进农民增收，切实做好就业再就业工作，加快社会保障体系建设，加大扶贫

① 胡锦涛：《在首都各界纪念中华人民共和国宪法公布施行二十周年大会上的讲话》，2002 年 12 月 4 日。

② 胡锦涛：《在湖南考察工作时的讲话》，2003 年 10 月 1 日。

③ 胡锦涛：《在内蒙古考察工作时的讲话》，2003 年 1 月 4 日。

④ 胡锦涛：《在全国政协新年茶话会上的讲话》，2003 年 1 月 1 日。

⑤ 胡锦涛：《在河北考察工作时的讲话》，2004 年 1 月 20 日。

帮困力度,不断改善人民生活。"[①]这样,他始终强调:"坚持以人为本,是坚持立党为公、执政为民的必然要求。我们党在全部执政活动中,都要把维护和实现最广大人民的根本利益作为一切工作的出发点和落脚点。坚持以人为本,要从人民群众最现实、最关心、最直接的问题抓起,当前尤其要把做好就业再就业工作摆到十分重要的位置,加快社会保障体系建设,健全和落实好城市最低生活保障制度,使一时未能就业的群众和生活困难的群众都能得到基本的生活保障。"[②]"要坚定不移地推进各项改革,坚持和完善公有制为主体、多种所有制经济共同发展的基本经济制度,进一步改善经济调节和市场监管的方式方法,完善就业体制、收入分配制度和社会保障体系"[③],我们必须要切实"加快建立社会保障体系,加强安全生产管理,切实保障困难群众的基本生活"[④],进一步创造和谐稳定的经济社会环境。这是因为,我们全面建设小康社会也好,全面建设社会主义和谐社会也好,"说到底是为了造福于人民群众。坚持以人为本,必须体现在不断实现人民群众的经济、政治、文化利益上,体现在做好关心群众生产生活的各项工作上,体现在帮助人民群众办实事、办好事上,让人民群众享受到经济社会发展的成果。"[⑤]"要进一步完善社会保障体系,逐步扩大社会保障的覆盖面,切实保障各方面困难群众的基本生活,让他们感受到社会主义大家庭的温暖。"只有这样,"人们的心情才能舒畅,各方面的社会关系才能协调,人们的积极性、主动性、创造性才能充分发挥出来",才能"建立起与社会主义经济、政治、文化体制相适应的社会

① 胡锦涛:《在全国政协举行新年茶话会上的讲话》,2004年1月1日。

② 胡锦涛:《在参加十届全国人大二次会议辽宁代表团审议时的讲话》,2004年3月8日。

③ 胡锦涛:《在上海考察工作时的讲话》,2004年7月27日。

④ 胡锦涛:《在广东考察工作时的讲话》,2004年12月21日。

⑤ 胡锦涛:《在吉林考察工作时的讲话》,2004年5月16日。

体制,才能形成与社会主义经济、政治、文化秩序相协调的社会秩序”①,才能不断开创建设小康社会与和谐社会的新局面。

因此,我们在当前全面建设小康社会,全面建设社会主义和谐社会的新的历史时期和新形势下,要切实做好和完善社会保障体系的各项工作,必须坚持以科学发展观为指导,按照“五个统筹”要求,聚精会神做好科学发展这篇大文章,努力推动保持经济持续快速协调健康发展,在不断创造更丰富的社会物质财富,使国家的整体实力不断增强,使人民群众的生活水平不断提高的基础上,不断形成与我国经济社会发展相适应的,独立于企业事业单位之外,资金来源多元化、保障制度规范化、管理服务社会化的社会保障体系,进一步调整和完善城镇职工基本养老保险制度;稳步推动国有企业下岗职工基本生活保障向失业保险并轨,健全失业保险制度;努力扩大基本医疗保险覆盖面,稳步推进工伤保险和生育保险;切实加强和完善以城市居民最低生活保障制度为基础的社会救济制度,加快社会福利特别是社区老年福利事业的发展;要在有条件的地区探索建立农村养老、医疗保险和最低生活保障制度;实现社会保障管理和服务的社会化;加强社会保障资金的筹集和管理;加快社会保障立法步伐;加快社会保障信息系统建设;实行积极的就业政策,千方百计扩大就业,广开就业门路,发展劳动密集型产业;引导全社会转变就业观念,推行灵活多样的就业形式,鼓励自谋职业和自主创业;完善就业服务体系,加强职业技能培训,提高劳动者素质。必须不断健全完善现代国民教育体系,继续优化教育结构和教育资源配置,特别是发展义务教育、农村教育、职业教育与培训,加强基础研究和高技术研究,推进科学技术事业发展,普及科学知识,弘扬科学发展精神;大力发展社会主义先进文化,积极发

---

① 胡锦涛:《在省部级主要领导干部提高构建社会主义和谐社会能力专题研讨班上的讲话》,2005 年 2 月 19 日。

展文化事业,加强精神文明建设;还要进一步发展社会主义民主,健全社会主义法制,建设社会主义法治国家,促进物质文明、政治文明、精神文明协调发展。可见,必须按照科学发展观的要求,建立健全和完善中国特色社会主义事业的社会保障体系,是经济社会全面协调可持续发展的根本前提,是促进社会更加和谐的基础条件,是人民群众不断提高生活水平的重要保证,也是广大人民群众对科学发展前景充满信心的重要保证。

第四节　科学发展观强调突破人才工作和谐创新的瓶颈制约

马克思主义认为,人才存在于人民群众之中,是在社会实践中产生的,应当从历史的发展和满足社会要求的角度来划分人才。因此,古往今来,人才作为先进生产力和先进文化的积极推动者,他们对于推动社会历史的进步与发展,对于促进每个国家的巩固和强大,对于强化每个民族的兴盛与繁荣,都始终起着关键性的作用。我国因而自古即有"为政之本在于任贤"、"国以人兴,政以才治"、"为政之道,要在得人"等关于用人之道的精辟论断。古人的这些宝贵断语,是经过长期实践凝结而成的,这对于现在的全党同志特别是各级领导干部来说,也是十分珍贵的精神财富。对此,毛泽东指出:"各级领导干部的责任,归结起来主要是出主意,用干部两件事。"①邓小平也认为,是否能做到善于发现人才,团结人才,使用人才,是各级领导干部政治是否成熟的重要标志之一。"我们国家面临的一个严重问题,不是四个现代化的路线、方针对

① 《毛泽东选集》第2卷,第493页。

不对，而是缺少一大批实现这个路线、方针的人才。道理很简单，任何事情都是人干的，没有大批的人才，我们的事业就不能成功。所以，现在我们搞四个现代化，急需培养、选拔一大批合格的人才。”①江泽民强调：“政治路线确定之后，干部就是决定因素。培养讲政治、懂全局、善于治党治国的领导人才尤为重要。中国的社会主义事业能不能巩固和发展下去，中国能不能在激烈的国际竞争中始终强盛不衰，关键看我们能不能不断培养造就一大批高素质的领导人才。”②

新世纪新阶段，胡锦涛明确指出：“人才问题是关系党和国家事业发展的关键问题。全党同志必须从全局和战略的高度，以高度的政治责任感和历史使命感，把实施人才强国战略作为党和国家一项重大而紧迫的任务抓紧抓好，努力造就数以亿计的高素质劳动者、数以千万计的专门人才和一大批拔尖创新人才，建设规模宏大、结构合理、素质较高的人才队伍，充分发挥各类人才的积极性、主动性和创造性，开创人才辈出、人尽其才的新局面，大力提升国家核心竞争力和综合国力，为全面建设小康社会和实现中华民族的伟大复兴提供重要保证”③，必须要大力推进人力资源能力建设，提高国民的整体素质，充分开发和合理利用我国巨大的人力资源，把我国特有的人力资源优势充分发挥出来，必须要进一步“加快建设人才强国，是推动经济社会又好又快发展、实现全面建设小康社会奋斗目标的重要保证，是确立我国人才竞争比较优势、增强国家核心竞争力的战略选择，是坚持以人为本、促进人的全面发展的重要途径，是提高党的执政能力、保持和发展党的先进性的重要

① 《邓小平文选》第2卷，第220、221页。

② 江泽民：《在庆祝中国共产党成立80周年大会上的讲话》，2001年7月1日。

③ 胡锦涛：《在全国人才工作会议上的讲话》，2003年12月19日。

支撑。"①

我们从新中国领袖毛泽东、邓小平、江泽民、胡锦涛等马克思主义经典作家的科学论述中,可以深刻地感受到人才对于现代化建设的极端重要性,这对于目前各级领导干部,如何科学选拔和科学使用好人才,将具有极为重要的思想意义、指导意义、现实意义和深远的历史意义。当前,我们要实现党在十六大、十七大和十七届三中、四中、五中全会提出的全面建设小康社会与和谐社会的奋斗目标,抵御前进道路上的各种风险,战胜各种困难,在激烈的国际竞争环境下永远立于不败之地,把建设和发展中国特色社会主义事业不断推向前进,就必须坚持以科学发展观为指导,深入贯彻落实科学发展观,始终坚持将科学发展观贯穿于我国人才工作的整个过程和各个方面,对于深刻认识人才资源是第一资源,确立人才优先发展战略布局,始终坚持科学技术是第一生产力的战略思想,不断培养和造就全面协调可持续发展的高素质党政干部队伍,努力培养和造就大批优秀的各种拔尖人才,为完成建设创新型国家提供组织上和人员上的坚实保证,将直接关系到建设中国特色社会主义现代化事业的兴衰成败。

一、深化认识对科教兴国战略和人才强国战略的实践意义

马克思主义认为,社会生产力是推动人类历史不断向前发展的根本动力。当前,随着现代科学技术的发展,智力的因素在社会生产中的作用越来越突出,社会劳动者掌握的知识越多,科技含量越高,社会生产力发展的速度就越快。而具有科学知识和创造性的人才,始终是劳动者中决定社会生产力水平高低的重要组成部分。因此,古今中外无论哪个国家,哪个民族,凡能成就大事业者,无不重视对治国人才的发现、培养和使用。人才开发得好,使用得

① 胡锦涛:《在全国人才工作会议上的讲话》,2010 年 5 月 25 日。

当,国家与民族就会兴旺发达和长治久安。反之,必然就会衰退。我国历来就有“千军易得,一将难求”的用人说法。我们从站在科学发展观的战略高度来看,人才问题已经是关系党和国家事业发展全局的关键问题。这是因为,在人类社会发展进程中,人才是社会文明进步、人民富裕幸福、国家繁荣昌盛的重要推动力量。当今世界正处在大发展大变革大调整时期。世界多极化、经济全球化深入发展,科技进步日新月异,知识经济方兴未艾,加快人才发展是在激烈的国际竞争中赢得主动的重大战略选择。我国正处在改革发展的关键阶段,深入贯彻落实科学发展观,全面推进经济建设、政治建设、文化建设、社会建设以及生态文明建设,推动工业化、信息化、城镇化、市场化、国际化深入发展,全面建设小康社会,实现中华民族伟大复兴,必须大力提高国民素质,在继续发挥我国人力资源优势的同时,加快形成我国人才竞争比较优势,逐步实现由人力资源大国向人才强国的转变。这样,我们必须坚持以科学发展观为指导,按照以人为本,全面协调可持续发展的要求,不断加强深化对科教兴国战略和人才强国战略的思想认识,深刻认识“加快建设人才强国,是推动经济社会又好又快发展、实现全面建设小康社会奋斗目标的重要保证,是确立我国人才竞争比较优势、增强国家核心竞争力的战略选择,是坚持以人为本、促进人的全面发展的重要途径,是提高党的执政能力、保持和发展党的先进性的重要支撑”①,必须“要始终树立人才资源是第一资源的观念”②,真正把人才工作纳入国家经济社会发展的总体规划,大力开发人才资源,加快建设人才强国,坚定不移地走人才强国之路。

胡锦涛始终认为:“大力实施科教兴国战略,积极发展教育、

① 胡锦涛:《在全国人才工作会议上的讲话》,2010 年 5 月 25 日。

② 胡锦涛:《在庆祝神舟六号载人航天飞行圆满成功大会上的讲话》,2005 年 11 月 26 日。

科技、文化、卫生、体育等各项事业，深入开展思想道德建设，不断提高公民思想道德素质和科学文化素质，不断推进社会全面进步”①，必须要始终坚持“抓好发展这个执政兴国的第一要务，实现全面建设小康社会的宏伟目标，要求我们坚持实施科教兴国战略，大力推进科技进步和创新。各级党委和政府要加强对科技工作的领导，切实把加速科技进步放在经济社会发展的关键地位，促进科技同经济的结合，加速科技成果向现实生产力转化。各级领导干部都要努力增强自身的科技素质，不断提高领导现代化建设的水平和能力。要在全社会大力普及科技知识，弘扬科学精神，不断提高全民族的科学文化素质，为实现全面建设小康社会的宏伟目标提供强大的科技支持和保证。”②必须“要坚定不移地树立和落实科学发展观，坚定不移地实施科教兴国战略，充分发挥科技进步和创新在经济社会发展中的巨大作用，更好地推进我国社会主义现代化建设。”“各级党委和政府都要切实把科技工作摆上重要议事日程，扎扎实实地把科教兴国战略落到实处。要立足当前、着眼长远，制定和实施正确有效的科技政策措施，着力推动科技进步和创新。要抓住重点、集中力量，形成协调一致和分工合作的良性机制，切实提高科技资源的利用效率。要尊重知识、尊重人才，坚持把发现、培养、使用、凝聚优秀科技人才作为科技发展的重要任务，建立健全一整套有利于人才培养和使用的激励机制，促进创新人才特别是年轻人才脱颖而出。要大力弘扬科学精神、普及科学知识、树立科学观念、提倡科学方法，努力形成全社会共同促进科技进步和创新的良好氛围。”③他明确指出：“实施人才强国战略，是

---

① 胡锦涛：《在首都各界纪念中华人民共和国宪法公布施行二十周年大会上的讲话》，2002 年 12 月 4 日。

② 胡锦涛：《在中共中央政治局第四次集体学习时的讲话》，2003 年 4 月 28 日。

③ 胡锦涛：《在中共中央政治局第十八次集体学习时的讲话》，2004 年 12 月 27 日。

抓住和用好重要战略机遇期、应对日益激烈的国际竞争的必然要求，是全面建设小康社会、开创中国特色社会主义事业新局面的必然要求，是增强党的执政能力、巩固党的执政地位的必然要求”①，“全党全国要统一思想，真抓实干，全面落实加快建设人才强国各项战略任务，努力培养造就数以亿计的高素质劳动者、数以千万计的专门人才和一大批拔尖创新人才，进一步开创我国人才事业新局面，为全面建设小康社会、加快推进社会主义现代化、实现中华民族伟大复兴提供有力人才保证。”②

我们从站在科学发展观的战略高度来看，事实也是如此，在和平与发展的当今世界，随着经济全球化趋势的迅猛发展，以人才竞争为核心的综合国力竞争愈演愈烈。世界各国普遍形成了谁拥有相当数量的高层次、高水平人才，谁就能抢占高科技的制高点，就能掌握未来发展的主动权，谁就拥有了竞争的不竭力量，拥有了立于不败之地的根基。人才资源已经成为当今世界最紧要的战略资源，人才资源的开发已经成为每个国家经济社会发展的关键，高度重视人才资源的开发已成为国际潮流、发展的趋势和竞争的焦点，人才在综合国力竞争中越来越具有决定性意义。西方发达国家凭借其经济优势，加紧在世界范围内的人才争夺，我国的人才安全问题日益突出。因此，我们党在新世纪新阶段实施人才强国战略，对于我们党能够积极应对激烈国际竞争的挑战、顺利实现全面建设小康社会与社会主义和谐社会的宏伟目标、不断巩固、发展和壮大自己，都是极为重要和极为紧迫的。有鉴于此，2003 年，党中央、国务院召开了在我们党和新中国历史上是第一次的全国人才工作会议，具有重要的历史意义。2010 年，党中央、国务院又召开了全国人才工作会议，会议全面总结了人才工作的实践和理论，就当前

① 胡锦涛：《在全国人才工作会议上的讲话》，2003 年 12 月 19 日。

② 胡锦涛：《在全国人才工作会议上的讲话》，2010 年 5 月 25 日。

和今后一个时期我国的人才工作，进行了全面部署，提出了到2020年我国人才发展的战略目标、指导方针、总体部署和重大举措。这次会议对于深入贯彻落实科学发展观，对于实现全面建设小康社会与社会主义和谐社会的宏伟目标，对于切实推动科学发展、促进社会和谐，对于进一步提高认识、统一思想、明确任务、推动工作，对于继续解放思想、解放人才、解放科技生产力，营造尊重劳动、尊重知识、尊重人才、尊重创造的良好社会环境，进一步把我们党建设成为优秀人才高度密集的马克思主义执政党，把我们国家建设成为人才资源大国和加快建设人才强国，特别是深化对大力实施科教兴国战略和人才强国战略的认识，必然具有重要的现实意义和深远的历史意义。

可见，我们必须要深刻认识到实施两大强国战略，是建设和发展中国特色社会主义现代化的建设要求，必须把人才的开发和合理使用放在重要的战略地位，实现社会主义现代化事业，关键是科学技术现代化，而科学技术现代化又取决于人才的数量与质量。现代科学技术和现代化管理是提高经济效益的决定性因素，是加快转变经济发展方式和优化调整产业结构的重要支柱，在根本上决定我国现代化建设的进程，是关系中华民族复兴的大事；而科技的发展和进步，经济的振兴，乃至整个社会的进步，都取决于对各种人才的培养。当前，在发展社会主义市场经济和实现全面建设小康社会的宏伟目标的进程中，各级领导干部面临的科学选拔人才、使用人才的任务是很艰巨的，必须把推动科学发展、促进社会和谐作为人才工作的根本出发点，人才工作的目标任务要围绕科学发展来确立，人才工作的政策措施要根据科学发展来制定，人才工作的成效要用科学发展来检验。因此，各级领导干部必须坚持以科学发展观为指导，深入贯彻落实科学发展观，牢固树立科学的人才观，必须要不断加强和深化对大力实施科教兴国战略和人才强国战略的认识，并切实担负起选贤任能的历史责任，从而为我国经济社会的发展提供持久动力，在国际经济、科技竞争中争取主动权，“进一步发挥科技进步和创新的重大作用，切实把经济社会发展转入以人为本、全面协调可持续发展的轨道。”①

二、树立以用为本的科学人才观坚持人才资源是第一资源

马克思主义认为，思想观念是行动的先导。要做好选拔和使用各种人才的工作，必须要牢固树立科学的人才观，始终坚持人才资源是第一资源，这是做好人才工作的重要前提。因此，必须要始终按照科学发展观的要求，将科学发展观贯穿于人才工作的全过程。要以提高素质为重点，进一步加强党政领导班子、干部队伍和人才队伍的建设，必须要坚持“以马克思主义为指导，从当代世界和中国深刻变化着的实际出发，根据党和国家事业发展的迫切需要，继续解放思想、实事求是、与时俱进，树立适应新形势新任务要求的科学人才观，要牢固树立人才资源是第一资源的科学发展理念，充分发挥人才资源开发在经济社会发展中的基础性、战略性、决定性作用。要确立人才优先发展战略布局，牢固树立人人都可以成才的观念，坚持德才兼备原则，把品德、知识、能力和业绩作为衡量人才的主要标准，不唯学历，不唯职称，不唯资历，不唯身份，努力形成谁勤于学习、勇于投身时代创业的伟大实践，谁就能获得发挥聪明才智的机遇，就能成为对国家、对人民、对民族有用之才的社会氛围，创造人才辈出的生动局面。要牢固树立以人为本的观念，把促进人才健康成长和充分发挥人才作用放在首要位置，努力营造鼓励人才干事业、支持人才干成事业、帮助人才干好事业的社会环境，放手让一切劳动、知识、技术、管理和资本的活力竞相迸发，让一切创造社会财富的源泉充分涌流，以造福于人民”②，“形

① 胡锦涛：《在全国科学技术大会上的讲话》，2006 年 1 月 9 日。

② 胡锦涛：《在全国人才工作会议上的讲话》，2003 年 12 月 19 日。

成一支能够担当重任、经得起风浪考验的高素质领导干部队伍和能够适应现代化建设需要的高素质人才队伍”[①]，为“各类人才在改革开放和社会主义现代化建设中大显身手。”[②]

2010年，党中央、国务院召开全国人才工作会议，对实施《国家中长期人才发展规划纲要(2010—2020年)》进行了全面部署。《人才规划》是新中国成立以来第一个中长期人才发展规划，是我国昂首迈进世界人才强国行列的行动纲领。颁布和实施这个规划，对于实现全面建设小康社会的宏伟目标具有重大而深远的意义。《人才规划》以邓小平理论和“三个代表”重要思想和科学发展观为指导，深入贯彻落实科学发展观，根据党的十七大和十七届四中全会提出的以高层次人才、高技能人才为重点，统筹抓好各类人才队伍建设的总体要求，在明确高端引领的基础上，进一步丰富和发展了人才队伍建设的基本思路，创造性地对各类人才队伍建设作出规划，并提出人才队伍建设的目标和主要措施，集中体现了改革开放以来我们党与时俱进的时代精神，具有科学性、战略性、前瞻性和可操作性。提出到2020年确立国家人才竞争比较优势、进入世界人才强国行列战略目标，是在对我国人才队伍现状认真分析、科学预测和国际比较的基础上产生的，切实可行、令人鼓舞、催人奋进。“服务发展、人才优先、以用为本、创新机制、高端引领、整体开发”的指导方针，是在全面总结我国人才工作经验、积极借鉴国外人才培养有益做法的基础上提炼升华形成的，对于推动我国人才事业科学发展具有重要指导意义。

这是因为，人才兴则民族兴，人才强则国家强。历史和现实表明，人才是经济社会文明进步、人民群众富裕幸福、国家民族繁荣

---

① 胡锦涛:《在纪念毛泽东同志诞辰110周年座谈会上的讲话》,2003年12月26日。

② 胡锦涛:《在全国人才工作会议上的讲话》,2010年5月25日。

昌盛的重要推动力量，是我国经济社会发展的第一资源。当前，世情、国情正在发生深刻变化，人才发展面临新形势新任务新挑战，人才已经成为一个国家的核心竞争力。我国也进入到深入贯彻落实科学发展观的关键阶段，进一步加快转变经济发展方式和优化调整产业结构，必须成为人才强国。制定实施《人才规划》，对更好实施人才强国战略进行整体部署，既是立足国内发展需要采取的重大举措，也是在激烈的国际竞争中赢得主动的战略选择。因此，贯彻好落实好《人才规划》，是各级党委、政府的一项重大任务。必须要深刻认识颁布实施《人才规划》的重大意义，把思想认识行动高度统一到中央的决策部署上来，大力宣传《人才规划》新的发展理念、新的战略举措，落实人才服务职能，在全党全社会营造关心人才工作、支持人才发展的良好氛围。必须要建立《人才规划》的落实和监测督促机制，搞好任务分解，明确责任，一项一项抓好落实。要紧密结合实际，编制本地区、行业系统以及重点领域的人才发展规划，形成集中体现科学发展观要求的全国人才发展规划体系。

可见，新世纪新阶段，各级领导干部要深刻认识人才资源是第一资源，人才问题是关系党和国家事业发展的关键问题，人才工作在党和国家工作全局中具有十分重要的地位。我们党历来高度重视人才工作，在革命、建设、改革各个历史时期，制定和实施了一系列重大方针政策，为党和人民事业发展培养和集聚了宏大人才队伍。经过新中国成立60多年特别是改革开放30多年的努力，我国已经从人才资源相对匮乏的国家发展成为人才资源大国，各类人才在改革开放和社会主义现代化建设中大显身手。同时，当前我国人才发展总体水平与世界先进水平相比还有较大差距，与我国经济社会发展需要相比还有很多不适应的地方，特别是高层次创新型人才匮乏，人才创新创业能力不强，人才资源开发投入不足。根据新形势新任务和人才工作面临的新情况新问题，党中央、国务院颁布了《国家中长期人才发展规划纲要(2010—2020年)》。贯彻落实好这个纲要,对全面提高人才发展水平、加快建设人才强国,对全面建设小康社会、加快推进社会主义现代化、实现中华民族伟大复兴具有重大而深远的意义。这就需要始终坚持以科学发展观为指导,牢固树立以用为本的科学人才观,围绕用好用活人才,根据人才的特点,把他们放到合适的岗位,让人才有发挥作用的舞台和空间;给予人才关爱与支持,为其创造良好的工作环境,搭建干事创业平台,让人才自由创新创造;根据人才的业绩和贡献,给予相应的报酬和待遇,做到以价值体现价值,用财富回报财富,充分发挥各类人才的作用,实现人才自身的价值,提高人才效能。充分认识人才资源是第一资源,按照德才兼备原则,千方百计地做好发现、培养、凝聚人才的工作,真正把促进人才健康成长和充分发挥人才作用放在首要位置,发自内心地尊重人才、爱惜人才、使用人才,营造出鼓励人才干事业、支持人才干成事业、帮助人才干好事业和有利于各类优秀人才脱颖而出的社会环境,勇于破除一切不利于人才成长和发展的瓶颈制约,真心实意地为各类人才服务。要坚持德才兼备的原则,把品德、知识、能力和业绩作为衡量人才的标准,不唯学历、不唯职称、不唯身份,不拘一格选人才,努力激发各类人才释放潜能,鼓励人人作贡献,人人争成才,充分发挥各类人才在建设和发展中国特色社会主义的基础性、战略性和决定性作用,形成各类优秀人才为全面建设小康社会与和谐社会,不断开创建设和发展中国特色社会主义事业的新局面。

三、确立人才优先发展战略布局必须科学化整合人才资源

胡锦涛指出:“到2020年我国人才发展总体目标是:培养造就规模宏大、结构优化、布局合理、素质优良的人才队伍,确立国家人才竞争比较优势,进入世界人才强国行列,为在本世纪中叶基本实现社会主义现代化奠定人才基础。我们要围绕这个总体目标,坚

定不移走人才强国之路，科学规划，深化改革，重点突破，整体推进，努力实现人才资源总量稳步增长、队伍规模不断壮大，人才素质大幅度提高、结构进一步优化，人才竞争比较优势明显增强、竞争力不断提升，人才使用效能明显提高、人才发展体制机制创新取得突破性进展，逐步实现由人力资源大国向人才强国转变"①，要深刻理解全国人才工作会议和人才规划提出的战略思想，明确建设人才强国的战略目标和指导方针，牢固树立人才资源是第一资源的理念，确立人才优先发展的战略布局，把用好用活人才作为人才工作的当务之急，努力形成人尽其才、才尽其用、人才辈出的生动局面。

我们必须深刻认识到人才是强国的根本，人才资源是一种可持续开发、最有潜力、最可依靠的资源。人才优先发展，是许多国家实现经济追赶的成功经验，也是西方发达国家长期保持经济科技领先的重要原因。我国人口多，人均资源少，经济社会发展面临严重的资源、能源和环境约束，转变经济发展方式和优化调整产业结构，通过人才优先发展来形成新的经济社会发展优势，是符合我国国情的战略选择。因而确立人才优先发展的战略布局，这必然是贯穿人才规划的核心内容，是实施人才强国战略的有效途径。确立人才优先发展的战略布局，必须要做到人才资源优先开发，确立人才资源开发相对于物质资源、环境资源、资金资源以及其他方面资源开发的优先地位，充分发挥教育对人才培养的基础性作用，加大教育投入，改革教育体制，构建终身教育体系，推进学习型社会建设，在创新人才培养模式、提高人才培养质量的同时，加强实践培养，实现人才资源的持续开发。必须要做到人才结构优先调整，在加快转变经济发展方式和优化调整产业结构的过程中，要及

① 胡锦涛：《在全国人才工作会议上的讲话》，2010 年 5 月 25 日。

早谋划和率先调整人才的专业素质结构、层级结构、分布结构，以人才结构优化引领产业结构优化升级，以人才合理布局促进区域协调发展，以人才优化配置提升经济社会发展质量。必须要做到人才投资优先保证，树立人才投入是效益最好的投入的观念，加大政府对人才发展的投入力度，鼓励和引导社会、用人单位和个人投资人才资源开发，形成多元化人才投入机制，促进人才投资优先保证，提高投资效益，促进人才优先发展。必须要做到人才制度优先创新，在发展社会主义市场经济的整体制度设计中，高度重视并优先进行人才制度的设计，通过构建科学、开放、灵活、高效的人才发展体制机制，充分激发各类人才的创新活力和创造智慧。

科学整合人才资源，确立人才优先发展战略布局，必须坚持服务发展、人才优先、以用为本、创新机制、高端引领、整体开发的人才工作指导方针。服务发展，就是把服务科学发展作为人才工作的根本出发点和落脚点，围绕科学发展目标确定人才队伍建设任务，根据科学发展需要制定人才政策措施，用科学发展成果检验人才工作成效。人才优先，就是确立在经济社会发展中人才优先发展的战略布局，充分发挥人才的基础性、战略性作用，做到人才资源优先开发、人才结构优先调整、人才投资优先保证、人才制度优先创新，积极促进经济发展方式向主要依靠科技进步、劳动者素质提高、管理创新转变。以用为本，就是把充分发挥各类人才的作用作为人才工作的根本任务，围绕用好用活人才来培养人才、引进人才，积极为各类人才干事创业和实现价值提供机会和条件，使全社会的创新智慧竞相迸发。创新机制，就是把深化改革作为推动人才发展的根本动力，要坚决破除束缚人才发展的思想观念和制度障碍，构建与社会主义市场经济体制相适应、有利于科学发展的人才发展体制机制，最大限度地激发人才的创造活力。高端引领，就是培养造就一批善于治国理政的领导人才，一批经营管理水平高、市场开拓能力强的优秀企业家，一批世界先进水平的科学家、科技领军人才、工程师和高水平的哲学社会科学专家、文学家、艺术家、教育家，一大批技艺精湛的高技能人才，一大批社会主义新农村建设带头人，一大批职业化、专业化的高级社会工作人才，充分发挥高层次人才在经济社会发展和人才队伍建设中的引领作用。整体开发，就是加强人才培养，注重理想信念教育和职业道德建设，培育拼搏奉献、艰苦创业、诚实守信、团结协作精神，促进人的全面发展。关心人才成长，鼓励和支持人人都作贡献、人人都能成才、行行出状元。统筹国内国际两个市场，推进城乡、区域、产业、行业和不同所有制人才资源开发，实现各类人才队伍协调发展。

这就需要以科学发展观为指导，必须紧紧围绕党和国家工作大局，坚持突出工作重点，统筹抓好各类人才队伍建设，突出培养创新型科技人才、大力开发经济社会发展重点领域急需紧缺专门人才，统筹抓好党政人才、企业经营管理人才、专业技术人才、高技能人才、农村实用人才、社会工作人才等人才队伍建设，抓紧培养造就一批复合型、高层次、通晓国际规则的适应对外开放的人才。坚持推进改革创新，激发各类人才创造活力，重点围绕用好用活人才、提高人才效能，完善人才工作管理体制，健全人才工作机制，从人才培养开发、评价发现、选拔任用、流动配置、激励保障等方面形成更加科学、更具活力的一整套机制，形成统分结合、上下联动、协调高效、整体推进的人才工作运行机制，建立健全政府宏观管理、市场有效配置、单位自主用人、人才自主择业的人才管理体制，形成有利于人才发展的法制环境，着力解决制约人才工作发展、制约人才发挥作用的突出矛盾和问题，为人才事业发展增添蓬勃活力和强大动力。坚持德才兼备原则，全面提高人才队伍素质，把树立正确的世界观、人生观、价值观，弘扬爱国主义、集体主义、社会主义思想融入人才工作的全过程，教育和引导各类人才学习践行社会主义核心价值体系，组织和引导各类人才在社会实践中砥砺品质、锤炼作风、提高干事创业的本领，鼓励各类人才坚持求真务实、尊重客观规律,恪守科学精神、大胆探索创造,倾心本职岗位、注重工作实效,淡泊个人名利、无私奉献才能,建设发展一支饱含爱国热情、勇于追求真理、具有务实作风、善于团结协作、积极改革创新、争创一流业绩的高素质人才队伍。坚持扩大人才工作对外开放,做好人才"引进来"和"走出去"工作,坚持人才自主培养开发和引进海外人才相结合,加强人才和人才开发国际交流合作,积极引进海外人才和海外智力。当前,《人才规划》中建设人才强国的战略目标、指导方针、总体部署和重大举措已经明确,关键是要真抓实干和求真务实,各地区必须要按照中央的总体部署,紧紧围绕本地区经济社会发展的目标,准确把握人才需求的发展趋势,认真查找人才工作中的薄弱环节,制定和完善实施人才强国战略的具体规划和政策措施。要坚持一切从实际出发,按照客观规律办事,在提出符合本地区人才工作的总体政策措施时,一定要把人才工作纳入本地区经济社会发展的总体布局,在做到提出发展目标时考虑人才需求,在制定工作规划时考虑人才保证,在制定政策措施时考虑人才导向,必须要切实通过这些扎实有效的工作,最终将我国由人口大国转化为人才资源强国,真正形成一个人尽其才、才尽其用、人才辈出的大好局面。

四、指出在人才工作实践中始终自觉坚持党管人才的原则

胡锦涛强调:"切实做好人才工作,加快建设人才强国,加强和改进党对人才工作的领导是根本保证。要坚持党管人才原则,自觉用科学理论指导人才工作、用科学制度保障人才工作、用科学方法推进人才工作,不断提高人才工作水平。各级党委要把人才工作摆在更加突出的位置,善于用战略思维、开放视野、发展观点谋划和推动人才工作,落实人才培养使用重大政策,抓好重大人才工程,统筹经济社会发展和人才发展,履行好管宏观、管政策、管协调、管服务的职责,深入研究人才工作面临的突出矛盾和问题,使

人才工作始终体现时代性、把握规律性、富于创造性。各级党委和政府要切实做好人才服务各项工作，努力为人才发展营造良好环境，坚持用事业聚才育才，使各类人才创业有机会、干事有舞台、发展有空间。要鼓励创新、爱护创新，使一切创新想法得到尊重、一切创新举措得到支持、一切创新才能得到发挥、一切创新成果得到肯定。要关心人才学习和生活，千方百计为他们排忧解难。要通过大力表彰和广泛宣传优秀人才的先进事迹，营造尊重科学、鼓励创新、甘于奉献的社会氛围，在全社会形成见贤思齐、奋发努力的良好风尚。"①实践证明，胡锦涛对党管人才原则的科学论述，这是他对我们党的革命历程和改革开放以来现代化建设所取得的伟大成就的高度总结。中国革命建设改革的实践经验也说明，办好中国的事情，关键在党，关键在领导，关键在班子，关键在人才，说到底关键在于有一大批高素质的优秀人才队伍。大力实施人才强国战略，自觉坚持党管人才原则，这是我们党适应全面建设小康社会的新形势、新任务，切实按照完善社会主义市场经济体制的新要求，着眼于改革和完善党的领导方式和执政方式、提高党的领导水平和执政能力所作出的重大决策，是新世纪新阶段我国人才工作实现科学发展的根本保证。因此，各级领导干部在人才工作实践中，必须自觉坚持党管人才的原则。

党管人才是对党管干部传统原则的延续，我们党在长期的革命建设改革的实践中，始终坚持"党管干部"原则。在这方面，我们党科学积累了大量丰富的经验，从对干部的考察、选拔、任免到教育管理，都有一套严格有效的机制和章程。党管干部的原则，这早在20世纪30年代，随着中国新生的革命政权，中华苏维埃共和国中央政府的建立，就已经初步确定。1938年，随着中共中央组

① 胡锦涛：《在全国人才工作会议上的讲话》，2010年5月25日。

织部作出《关于改编后党及政治机关的决定》和六届六中全会《关于各级党委暂行组织机构的决定》的出台,党对干部的管理进一步加强。1942年,我们党在革命根据地实行党的领导后,各级党委直接指派和分配同级或下级行政干部更加制度化。新中国成立后,党管干部原则也得到了充分发展,在《中共中央关于加强党的建设,提高党在改革和建设中的战斗力的意见》中,明确强调必须要"坚持党管干部的原则"。党的十六大以来,我们党始终坚持以邓小平理论、"三个代表"重要思想和科学发展观为指导,深入贯彻落实科学发展观,不断对干部制度进行了改革和创新,并取得了显著的成绩。我国的干部制度改革,已经进入了以人为本,全面协调可持续发展的新阶段。

当前,随着我国改革开放和发展中国特色社会主义市场经济的不断深入,我国人才队伍的结构发生了重大变化,人才的内涵得到了极大的丰富,各类人才随着经济社会的发展不断涌现,人才的范围涵盖了代表不同经济成分、处于国家经济社会各个领域的、不同层次的劳动者和建设者。而且,由于我们已经对原来的干部队伍实行了分级管理,不再以管理党政干部的方式管理专业技术人才和企业经营管理人才。在这种背景下,传统意义上的干部管理已经难以适应新形势的需要,难以适应党对人才宏观管理所应承担的责任。因此,各级领导干部在人才工作实践中,必须要深刻地认识到,从"党管干部"发展到"党管人才",既体现了党的干部工作和人才工作的有机统一,也符合目前人才工作的实际情况。"党管人才"不仅延续了"党管干部"的优良传统,同时,又开辟了党管干部的新思路。我们党在新时期确立党管人才的原则,是为了更加突出人才工作的重要性,这充分体现了党对人才工作的高度重视,有利于最大限度地把各类优秀人才聚集到社会主义的各项事业中来,更好地为全党的工作大局服务。

各级领导干部在人才工作中,坚持党管人才的原则,切实加强实施人才强国战略的组织领导。坚持党管人才原则，就是要充分发挥我们党的领导核心作用，充分发挥党的思想政治优势、组织优势和密切联系群众的优势，为做好人才工作提供坚强的政治保证，更好地统筹人才工作，更好地组织起全面建设小康社会与社会主义和谐社会的浩浩荡荡的人才大军。因此，就必须要准确理解党管人才的科学内涵，党管人才主要是管宏观、管政策、管协调、管服务，重点做好制定政策、整合力量、营造环境的工作，努力做到用事业造就人才、用环境凝聚人才、用机制激励人才、用法制保障人才。贯彻党管人才原则，要注意处理好党管人才和尊重人才成长规律的关系、党管人才和市场配置人才资源的关系、党管人才和依法管理人才的关系，不断促进人才工作的制度化、规范化、程序化。必须统筹兼顾地抓好国有企事业单位和各种非公有制经济组织、社会组织的人才使用工作，在党和政府的人才工作中，对各类人才都要一视同仁地提供服务；在政府的奖励、职称评定中，都要做到对各类人才统一安排；在面向社会的资助、基金、培训项目、人才信息库等公共资源的运用上，对各类人才都要平等开放；在立法和执法中，对各类人才的合法权益都要同等保护；在舆论宣传方面，对各类人才的创业活动都要给予充分肯定和鼓励。要切实做好识人用人的工作，把实践作为衡量人才的根本标准，作为发现和识别人才的根本途径，必须要按照各类人才成长规律和不同特点去识别和使用人才，要坚持任人唯贤、唯才是举，要使各类人才创业有机会、干事有舞台、发展有空间。要建立统分结合、协调高效的工作机制，形成党委统一领导，组织部门牵头抓总，有关部门各司其职、密切配合，全社会力量广泛参与的人才工作新格局，为一切有志成才的人提供更多的发展机遇和更大的发展空间，切实把人才管好用活，这样才能更好地使各类人才为建设社会主义创新型社会服务，为全面实现中华民族的伟大复兴服务。

第四章　科学发展观从根本上开拓弘扬了马克思主义新境界

在人类社会漫长的历史演进中,《共产党宣言》发表以来的实践已经证明,在马克思主义一脉相承的科学体系中,科学发展观作为对马克思主义、毛泽东思想、邓小平理论、"三个代表"重要思想的继承、丰富、发展和创新的科学理论成果,不仅是人类世界历史的文明进步产物,也是世界人民共同的宝贵的政治和精神财富。同时,党的十六大以来的实践更加证明,科学发展观"揭示的是发展的普遍规律"①,深刻体现对共产党执政规律、社会主义建设规律和人类社会发展规律的真理认知,是马克思主义关于发展的世界观和方法论的集中体现。科学发展对于共产党执政规律方面,全面揭示了共产党执政理念、执政基础、执政方略、执政体制、执政方式、执政资源等各方面的科学内涵,深刻反映对共产党的执政本质与执政目标、履行党的执政使命与提高党的执政能力、依法治国与依法治党的辩证统一,既为我们党更好地完成执政使命、巩固执政地位提供了科学指南,也从根本上开拓和弘扬了马克思主义新境界。

---

① 胡锦涛:《在中央人口资源环境工作座谈会上的讲话》,2004 年 3 月 10 日。

第一节　科学发展观集中体现对共产党执政规律的真理认知

中国共产党自创建时起，就以全面实现中华民族的伟大复兴为己任，就一直担当起领导反帝反封建的革命斗争，争取民族独立和人民解放并建立了新中国，从而开启中华民族历史发展的新纪元。建国以后，对共产党执政规律的探索一直是新中国领袖毛泽东、邓小平、江泽民、胡锦涛等马克思主义经典作家反复思考的重大问题，在带领全国各族人民建设和发展中国特色社会主义的伟大历史进程中，不断开拓创新，不断把对共产党执政规律的认识，全面推进到以人为本，全面协调可持续的科学发展境界。

党的十六大以来，以胡锦涛为杰出代表的当代中国共产党人，在新的历史时期和新的历史条件下，随着我国经济社会的快速发展和国家的日益昌盛，他明确指出了我国当前已经进入全面建设小康社会、全面建设社会主义和谐社会、全面建设社会主义创新型国家和加快推进社会主义现代化的新的发展阶段。中国作为世界上最大的发展中国家和社会主义国家，能否及时地抓住本世纪头20年发展的重要战略机遇期，加快社会主义现代化建设的进程，不断提高综合国力和国际竞争力，关系到中华民族的伟大复兴，关系到中国特色社会主义的前途和命运，这就要求我们党必须站在时代发展的前列，对我们党自身的执政使命有更清醒的认识和更高的世界历史定位，不断深化对共产党执政规律、社会主义建设规律和人类社会发展规律的科学认知，不断加强和提高我们党的执政能力的建设，始终保持马克思主义执政党的先进性，长期坚持和实行依法治国的基本方略，始终坚定不移地做好建设和发展社会主义新农村的各项工作，这样才能使我们党始终保持与人类社会的时代潮流同步发展。

一、提高党的执政能力要继续推进党的建设新的伟大工程

无产阶级政党在夺取政权和取得执政地位后，如何进一步加强党的执政能力建设，能够进行长期执政和最终实现共产主义的崇高历史使命，这是无产阶级执政党所要面临的崭新课题和历史性任务。列宁在俄国苏维埃政权建立初期对无产阶级政党在执政后，如何巩固无产阶级政权进行了认真思考。对此，他强调指出："这是一场严峻的考验"，是"新的异常困难的事业"，他要求每一个共产党员要"用人类已创造的全部知识财富以丰富自己头脑"①，必须要不断提高马克思主义政党的执政能力和执政水平。他始终认为，马克思主义政党能否始终保持党的先进性，能否巩固执政地位，关键要看执政党的各级领导干部的素质优劣和执政能力的高低。因此，他明确强调："今后对虔诚的但无能的傻瓜因拖拉作风而犯罪也将给以惩处，因为我们俄罗斯苏维埃联邦社会主义共和国需要的不是虔诚态度，而是处理事情的才能"，并指出："你要拖拉的话，我就要把你关到监牢里去。"②

新中国成立后，毛泽东面对我们党已经成为执政党后的新形势和新任务，他敏锐地感觉到党的各方面建设，最终都要体现到提高党的执政能力上来："夺取全国胜利，这只是万里长征走完了第一步"，"但革命以后的路更长，工作更伟大、更艰苦。"③他强调指出："我们不但要提出任务，而且要解决完成任务的方法问题。我们的任务是过河，但是没有桥或没有船就不能过。不解决船或桥

① 《列宁选集》第4卷，第285页。
② 《列宁选集》第4卷，第644页。
③ 《毛泽东选集》第4卷，第1438页。

的问题，过河就是一句空话。不解决方法问题，任务也只是瞎说一顿。”①邓小平则认为：“为了坚持党的领导，必须努力改善党的领导。”对于“怎样改善党的领导，这个重大问题摆在我们的面前。不好好研究这个问题，不解决这个问题，坚持不了党的领导，提高不了党的威信。”②江泽民则明确强调：“我们必须继续围绕在新的历史条件下建设一个什么样的党和怎样建设党这个基本问题，进一步解决提高党的执政能力和领导水平、提高拒腐防变和抵御风险能力这两大历史课题，全面推进党的建设新的伟大工程。”“我们的事业最终能否成功，很大程度上取决于我们党的领导水平和执政能力。”③

对此，胡锦涛指出，党的各方面建设，最终都要集中体现到提高党的执政能力上来，体现到巩固党的执政地位上来，这是我们党在长期执政条件下保持党的先进性和纯洁性，巩固党的执政地位的重要保证。他始终认为，必须从“着眼于提高党的领导水平和执政水平，巩固党的执政地位，坚持不懈地抓好党的执政能力建设。”④同时，他强调，党的十六大提出的要进一步加强党的执政能力建设，提高党的领导水平和执政水平，改革和完善党的领导方式和执政方式而提出的一个具有重大政治意义的要求。因此，“加强党的执政能力建设，是我们党充分利用所面临的难得机遇、正确应对所面临的严峻挑战、从而完成所担负的历史使命的现实需要，也是关系到全面建设小康社会进程、关系到社会主义事业兴衰成败、关系到党和国家长治久安的重大课题”，“各级党委和全党同志都要充分认识加强党的执政能力建设的重大意义，坚持以提高党的执政能力为重点，全面推进党的建设新的伟大工程，不断提高

① 《毛泽东选集》第1卷，第139页。

② 《邓小平文选》(1975—1982年)，第232、235页。

③ 江泽民：《论党的建设》第482、483页，中央文献出版社2001年版。

④ 胡锦涛：《在全国组织工作会议代表座谈会上的讲话》，2002年12月17日。

领导水平和执政水平，不断改革和完善领导方式和执政方式，抓紧解决执政能力方面存在的突出问题，使党始终成为中国特色社会主义事业的坚强领导核心。”这样，他进而谆谆教诲全党同志：“加强党的执政能力建设的过程，既是不断提高党的执政能力的实践过程，也是不断把实践经验上升为理论、深入把握执政规律的过程。党的执政理论建设是一项系统工程，包括执政理念、执政基础、执政方略、执政体制、执政方式、执政资源等主要方面。要坚持马克思主义执政理论与我们党执政的具体实践相结合”，必须在“总结历史经验和现实经验的基础上，开展全面、系统、深入的研究，不断完善我们党的执政理论体系。”①“只要全党坚持加强学习、加强实践，我们的领导水平和执政水平就能不断提高起来，我们的事业就能不断向前发展”②，各级党组织就会“不断提高创造力、凝聚力和战斗力、始终发挥领导核心作用和战斗堡垒作用，使广大党员不断提高自身素质、始终发挥先锋模范作用，使我们党保持与时俱进的品质、始终走在时代前列，不断提高执政能力、巩固执政地位、完成执政使命。”③

对此，胡锦涛在当前新的历史时期和新的历史条件下，他明确提出要从不断提高驾驭社会主义市场经济的能力、发展社会主义民主政治的能力、建设社会主义先进文化的能力、建设社会主义和谐社会的能力、应对国际局势和处理国际事务的能力等五个方面，不断加强和切实提高党的执政能力建设。他始终认为，对于我国来说，在本世纪的头20年是一个必须紧紧抓住并且可以大有作为的重要战略机遇期。在这个时期内，我们要抓好科学发展这个党

① 胡锦涛：《在中共中央政治局第十四次集体学习时的讲话》，2003年6月29日。

② 胡锦涛：《在中共中央政治局第一次集体学习时的讲话》，2002年12月26日。

③ 胡锦涛：《在新时期保持共产党员先进性专题报告会上的讲话》，2005年1月14日。

执政兴国的第一要务，实现十六大提出的全面建设小康社会的奋斗目标，不仅需要十分关注国内经济的发展情况，也需要十分关注世界经济的形势。这是因为，随着改革开放和社会主义市场经济的不断发展，我国经济与世界经济之间的联系越来越紧密，世界经济对我国经济发展的影响越来越大，必须要准确把握世界经济发展的趋势和国际市场变化的走势，这对更好地促进我国经济发展必然具有十分重要的指导意义。全党同志和各级领导干部，特别是从事经济工作的领导干部，要注重学习世界经济知识和分析世界经济形势，不断提高在对外开放条件下推动我国经济发展的规律性认识，必须"要多学一些世界经济的基本知识，多了解一些国际市场的基本情况。这是我们在对外开放和国际竞争日趋激烈的条件下做好经济领导工作的必然要求，也是领导干部增强世界眼光、提高自身素质的重要途径。"①同时，他还极其深刻地指出："建设社会主义政治文明，就要有发展社会主义民主政治的能力"②，"要坚持和完善社会主义民主的各项制度，丰富民主形式，发展基层民主，扩大公民有序的政治参与，保证人民依法实行民主选举、民主决策、民主管理、民主监督"，"要进一步加强各项监督制度建设，把党内监督、专门机关监督、群众监督和舆论监督紧密结合起来，保证把人民赋予的权力真正用来为人民谋利益。"③他进一步强调："进入新世纪新阶段，面对改革发展稳定的繁重任务，面对世界各种思想文化的相互激荡，我们要更好地把全国各族人民的意志和力量凝聚起来，万众一心地为实现全面建设小康社会的宏伟目标而奋斗，就必须大力加强中国特色社会主义文化建设，不断

① 胡锦涛:《在中共中央政治局第二次集体学习时的讲话》,2003 年 1 月 28 日。

② 胡锦涛:《在考察广州老城区大塘街社区服务中心时的讲话》,2004 年 12 月 22 日。

③ 胡锦涛:《在中共中央政治局第十二次集体学习时的讲话》,2004 年 4 月 26 日。

为改革开放和现代化建设提供有力的思想保证、精神动力和智力支持。”因为“大力发展社会主义文化，建设社会主义精神文明，是贯彻落实‘三个代表’重要思想的必然要求，是全面建设小康社会的必然要求，也是促进经济社会协调发展和人的全面发展的必然要求。我们必须从全面建设小康社会的全局和实现中华民族伟大复兴的高度，深刻认识加强文化建设的战略意义，在推进社会主义物质文明和政治文明建设的同时，更加自觉地推进社会主义文化建设。”①

因此，我们要按照建设“社会主义和谐社会的要求，坚持权为民所用、情为民所系、利为民所谋，扎扎实实帮助群众解决生产生活中的困难，妥善处理各方面的利益关系，推动形成全体人民各尽其能、各得其所而又和谐相处的局面。”②全党同志特别是各级领导干部只有切实做到这些能力的提高，才能在当前国际局势正发生着深刻的变化和国内改革发展稳定任务十分艰巨的情况下，才能抓住面临着的宝贵机遇和有利条件，才能始终准确认识国际国内的发展环境，才能准确认识我国发展的阶段性特征，才能准确认识我国经济社会发展面临的主要问题，才能准确认识实现我国经济社会又好又快发展的基本要求，才能始终“保持清醒头脑，必须保持开拓进取的精神状态，聚精会神搞建设，一心一意谋发展，集中力量把我们自己的事情办好。”③同时，我们必须要“注重分析新情况新问题，不断深化对客观规律的认识，通过理论创新推动制度创新、科技创新、文化创新以及其他各方面的创新，大力提高自主创新能力，努力建设创新型国家，不断开创党和人民事业发展的新

① 胡锦涛:《在中共中央政治局第七次集体学习时的讲话》,2003 年 8 月 12 日。

② 胡锦涛:《共同创造人类的美好未来,2005 年新年贺词》,2004 年 12 月 31 日。

③ 胡锦涛:《在全国政协新年茶话会上的讲话》,2003 年 1 月 1 日。

局面。”①

可见,我们从列宁、毛泽东、邓小平、江泽民、胡锦涛等马克思主义经典作家,对如何加强和提高执政党的执政能力的科学论述中可以看到,进一步加强马克思主义执政党的执政能力建设,切实提高我们党的领导水平和执政水平,这不仅是无产阶级执政党必须解决的重大课题,也是在当前切实做好各项工作的最基本要求。新中国成立以来的实践证明,“我们党在领导人民治国理政的长期实践中,进行了艰辛的探索,取得了举世瞩目的执政成就,积累了丰富的执政经验。这些经验是几代共产党人经过长期探索和实践得来的,要始终不渝地坚持和充分加以运用,并在实践中不断丰富和发展。我国的历史文化、社会制度、发展水平与其他国家不同,对世界上其他政党执政的一些做法和措施,我们不能照抄照搬。但对它们在治国理政方面的有益做法,我们要研究和借鉴,以开阔眼界,打开思路,更好地从世界政治经济发展的大格局中把握加强党的执政能力建设的规律”②,这就要求坚持以科学发展观为指导,坚持“深入研究科学发展观对党的建设提出的新要求,为落实科学发展观提供有力的思想、组织、作风和制度保证。要认真总结加强党的执政能力建设的新鲜经验,深入研究我们党执政的历史经验和生动实践,研究和借鉴外国政党的有益做法,不断丰富和发展党的执政理论体系”③,必须不断“促进党的执政能力建设”④,“要准确认识国际国内的发展环境,准确认识我国发展的阶段性特征,准确认识我国经济社会面临的主要问题,准确认识我国

① 胡锦涛:《在全国政协新年茶话会上的讲话》,2006 年 1 月 1 日。

② 胡锦涛:《在中共中央政治局第十四次集体学习时的讲话》,2003 年 6 月 29 日。

③ 胡锦涛:《在会见全国党的建设研究会第四次会员代表大会代表时的讲话》,2005 年 12 月 30 日。

④ 胡锦涛:《在中纪委第六次全会上的讲话》,2006 年 1 月 6 日。

经济社会又快又好发展的基本要求,牢记'两个务必'"①,"继承、发扬老红军、老八路的优良传统,发愤图强,努力奋斗"②,必须继续推进党的建设新的伟大工程,正确处理好社会主义物质文明、政治文明、精神文明与和谐社会建设的关系,从推动科学发展、促进社会和谐的伟大实践中,不断提高党的执政能力和执政水平,不断为建设小康社会、建设社会主义和谐社会和全面实现中华民族的伟大复兴做出新的更大贡献。

二、始终保持党的先进性直接决定着党和国家的兴衰成败

《共产党宣言》的发表标志着马克思主义诞生以来,马克思主义政党的先进性问题,对于马克思主义执政党及其领导的政权来说,它既是党的生命线,是党和国家得到最广大人民群众信任和拥护的根本条件,也是事关党和国家的兴衰成败和生死存亡的重大问题。实践已经充分证明,始终保持党的先进性是马克思主义执政党的最根本特征。在整个国际共产主义运动和无产阶级革命事业的伟大历史进程中,无产阶级领袖马克思、恩格斯、列宁和新中国领袖毛泽东、邓小平、江泽民、胡锦涛等马克思主义经典作家,他们历来都是非常重视无产阶级政党的先进性建设,总是从始终保持马克思主义执政党先进性的宏大战略视角,始终对马克思主义政党先进性的本质作出科学的理论阐述。

党的十六届一中全会以来特别是党的十七大以来,胡锦涛始终高度重视我们党的先进性建设,始终强调必须永葆党的先进性,这是我们党始终保持同人民群众的血肉联系,始终保持与时俱进的品质、始终走在时代进步潮流的前列,不断提高执政能力、巩固执政地位、完成执政使命的关键所在。他指出:"80 多年来,我们

① 胡锦涛:《在全国政协新年茶话会上的讲话》,2006 年 1 月 1 日。

② 胡锦涛:《在延安老区看望老红军、老八路时的讲话》,2006 年 1 月 27 日。

党始终高度重视保持党的先进性，总是把党的先进性建设摆在突出位置来抓。以毛泽东同志、邓小平同志和江泽民同志为核心的党的三代中央领导集体关于加强党的先进性建设的理论和实践一脉相承，我们开展党的先进性建设积累了丰富的实践经验，奠定了坚实的理论基础，提供了科学的思想指南。”他明确强调：“党的十六大以来，我们在全党兴起学习贯彻‘三个代表’重要思想新高潮，对加强党的执政能力建设作为全面部署，强调牢固树立和全面落实科学发展观，要求全党特别是领导干部坚持立党为公、执政为民的本质要求，坚持民主集中制，大兴求真务实之风，都是为了进一步推动党的先进性建设。”因此，他要求全党要深刻理解和准确把握党的先进性建设的科学思想内涵，并提出了具体要求：“一是要坚持理想信念，坚定不移地为建设中国特色社会主义而奋斗。二是要坚持勤奋学习，扎扎实实地提高实践‘三个代表’重要思想的本领。三是要坚持党的根本宗旨，始终不渝地做到立党为公、执政为民。四是要坚持勤奋工作，兢兢业业地创造一流的工作业绩。五是要坚持遵守党的纪律，身体力行地维护党的团结统一。六是要坚持‘两个务必’，永葆共产党人的政治本色。”①胡锦涛始终认为，始终保持“党的先进性建设是关系马克思主义政党生存发展的根本性问题，是马克思主义政党自身建设的根本任务。我们党要始终保持先进性，就必须顺应时代的发展和人民的要求，自觉、主动、持续地推进先进性建设，努力使党的全部理论和工作体现时代性、把握规律性、富于创造性，使我们党始终与时代发展同步伐、与人民群众共命运”，他强调“加强党的先进性建设，提高党的执政能力，最终要落实到实现好、维护好、发展好最广大人民的根本利益上来，这是衡量党的一切工作是非得失的根本标准，也是衡量

① 胡锦涛：《在新时期保持共产党员先进性专题报告会上的讲话》，2005 年 1 月 14 日。

党的先进性的根本标准。"[1]这是因为"我们党的根基在人民、血脉在人民、力量在人民。加强党的执政能力建设,加强党的先进性建设,根本目的是要保持党同人民群众的血肉联系,是要实现好、维护好、发展好最广大人民的根本利益。"[2]因此,全党同志特别是各级领导干部,必须要"以自己的坚定意志和模范行动"[3],要始终"坚持立党为公、执政为民的本质要求,大力加强党的执政能力建设和党的先进性建设,牢记'两个务必',切实做到为民、务实、清廉,不断提高党的创造力、凝聚力、战斗力,使党始终成为团结带领全国各族人民进行改革开放和社会主义现代化建设的坚强领导核心。"[4]胡锦涛的这些科学论述,集中体现了我们党为了自觉适应新世纪新阶段的要求,始终坚持解放思想、实事求是的思想路线;始终弘扬与时俱进的精神;始终坚持党要管党、从严治党的方针,不断加强自身建设,提高拒腐防变的能力,进一步纯洁党的队伍,始终按照科学发展观的要求,切实增强党的战斗力和凝聚力。

可见,在当前新的历史时期和新的历史条件下,要做到始终保持我们党的先进性,必须坚持以科学发展观为指导,继续推进党的建设新的伟大工程才能够获得成功。这是因为,当前,我国改革发展正处于关键时期,要在新的发展阶段继续全面建设小康社会、发展中国特色社会主义,必须坚持以邓小平理论和"三个代表"重要思想为指导,深入贯彻落实科学发展观。科学发展观,是对党的三代中央领导集体关于发展的重要思想的继承和发展,是马克思主义关于发展的世界观和方法论的集中体现,是同马克思列宁主义、

---

① 胡锦涛:《在中共中央政治局第十九次集体学习时的讲话》,2005年1月24日。

② 胡锦涛:《在山东考察工作时的讲话》,2005年4月10日。

③ 胡锦涛:《在纪念中国人民抗日战争暨世界反法西斯战争胜利60周年大会上的讲话》,2005年9月3日。

④ 胡锦涛:《在陈云同志诞辰100周年纪念大会上的讲话》,2005年6月13日。

毛泽东思想、邓小平理论和"三个代表"重要思想既一脉相承又与时俱进的科学理论，是我国经济社会发展的重要指导方针，是发展中国特色社会主义必须坚持和贯彻的重大战略思想。"深入贯彻落实科学发展观，要求我们切实加强和改进党的建设。要站在完成党执政兴国使命的高度，把提高党的执政能力、保持和发展党的先进性，体现到领导科学发展、促进社会和谐上来，落实到引领中国发展进步、更好代表和实现最广大人民的根本利益上来，使党的工作和党的建设更加符合科学发展观的要求，为科学发展提供可靠的政治和组织保障。"①

这就要求我们必须高举马克思列宁主义、毛泽东思想、邓小平理论、"三个代表"重要思想和科学发展观伟大旗帜，坚持以科学发展观为指导，必须要始终按照党的十六大、党的十七大和十七届三中、四中、五中全会的要求，深入贯彻落实科学发展观，将科学发展观贯穿于党的建设新的伟大工程的全过程，全党同志要全面把握科学发展观的科学内涵和精神实质，增强贯彻落实科学发展观的自觉性和坚定性，着力转变不适应不符合科学发展观的思想观念，着力解决影响和制约科学发展的突出问题，把全社会的发展积极性引导到科学发展上来，把科学发展观贯彻落实到经济社会发展各个方面。全党同志"要坚持不懈地开展党的先进性建设"②，按照"科学发展观对党的建设提出的新要求，为落实科学发展观提供有力的思想、组织、作风和制度保证"③，必须要始终保持党的先进性，始终永葆共产党人的政治本色，始终按照科学发展观和"五个统筹"的要求，切实抓好科学发展这个党执政兴国的第一要

① 胡锦涛：《在中国共产党第十七次全国代表大会上的报告》，2007 年 10 月 15 日。

② 胡锦涛：《在纪念中国人民抗日战争暨世界反法西斯战争胜利 60 周年大会上的讲话》，2005 年 9 月 3 日。

③ 胡锦涛：《在会见全国党的建设研究会第四次会员代表大会代表时的讲话》，2005 年 12 月 30 日。

务,始终把全国各族人民的根本利益体现到科学发展的各个方面,正确处理好改革发展稳定的关系,着力把握发展规律、创新发展理念、转变发展方式、破解发展难题,提高发展质量和效益,实现经济社会又好又快发展,全面推动社会主义物质文明、政治文明、精神文明与和谐社会建设协调发展,必然具有极其重大的现实意义和深远的历史意义。

三、高度强调必须要长期坚持和实行依法治国的基本方略

在人类社会的历史进程中,法治思想源远流长。法治作为人类政治文明进步的成果发展至近代,随着西方资本主义社会的发展,资产阶级思想家洛克、孟德斯鸠等人在批判封建专制统治的同时,提出了资产阶级法治思想,这对于促进资本主义法治的建立是一个重大的历史进步,但它仍然有自身不可超越的阶级局限性。马克思主义的诞生,为建立真正意义上的法治国家奠定了坚实的思想和理论基础。① 总体说来,无产阶级领袖马克思、恩格斯、列宁关于对社会主义法制的科学论述,对后来的新中国领袖毛泽东、邓小平、江泽民、胡锦涛等马克思主义经典作家产生了极为深远的影响。新中国成立后,社会主义的法制建设取得重大成就,而毛泽东思想、邓小平理论、"三个代表"重要思想、科学发展观,作为马

① 马克思恩格斯作为科学社会主义理论的奠基人,他们从历史唯物主义出发,在法制思想理论方面,通过对奴隶制法、封建制法和资本主义法的本质的揭露和批判分析,揭示了法律的起源和本质,论述了法与经济基础的关系、民主与法制的关系等,并对未来社会主义法的特点作了基本描述。列宁在领导俄国十月革命和建立新型的社会主义民主国家的过程中,发展了马克思主义民主法制理论,并进行了民主法制建设的实践探索,为社会主义民主法制理论作出了重要贡献。他对社会主义法的本质、作用和任务,社会主义法制的建立,社会主义法制的主要原则等方面都做了深刻的论述。总体说来,无产阶级领袖马克思、恩格斯、列宁关于对社会主义法制思想理论,对后来新中国领袖毛泽东、邓小平、江泽民、胡锦涛等马克思主义经典作家产生了极为深远的影响。

克思主义一脉相承的科学理论体系，就是新中国领袖毛泽东、邓小平、江泽民、胡锦涛等马克思主义经典作家，在马克思主义的指导下，并创造性地将马克思主义的普遍原理与中国革命建设改革的具体实践和时代特征相结合的先进产物，在这些马克思主义一脉相承的博大恢弘的科学思想体系中，民主和法制理论占有很重要的地位，它们不仅极大地丰富了马克思主义的民主法制理论，而且也为全面推进我国的法制建设，为我国社会主义现代化建设和改革开放，为全面建设小康社会、全面建设社会主义和谐社会、全面建设社会主义创新型社会创造了良好的社会环境，提供必要的法律支持和法律保障，是加强和改进党的建设、稳步推进我国社会主义制度进行自我完善和发展的强大理论武器，是全党集体智慧的结晶，也是我们党必须长期坚持的指导思想。

对此，胡锦涛在新的历史时期，对依法治国基本方略的科学内涵和先进本质，进行了精辟阐释。他指出，中国特色社会主义法律体系基本形成，依法治国基本方略切实贯彻。在改革开放和社会主义现代化的进程中，我们必须坚持依法治国的基本方略。依法治国，就是广大人民群众在党的领导下，依照宪法和法律规定，通过各种途径和形式管理国家事务，管理经济文化事业，管理社会事务，保证国家各项工作都依法进行，逐步实现社会主义民主的制度化、法律化。实行依法治国的基本方略，是坚持和改善党的领导的必然要求，是完成党的十六大作出的各项战略部署的必然要求，是促进我国社会主义物质文明、政治文明和精神文明协调发展的必然要求，也是巩固和发展民主团结、生动活泼、安定和谐的政治局面的必然要求。这样，"党的十六大明确提出，党要坚持依法执政，各级党委和领导干部必须增强法制观念，善于把坚持党的领导、人民当家做主和依法治国统一起来，不断提高依法执政的能力。这对于加强和改善党的领导，改革和完善党的领导方式和执政方式，提高党的执政能力和执政水平，具有极其重要的意义。党的各级组织和全体党员都要模范地遵守宪法，严格按照宪法办事，自觉地在宪法和法律范围内活动，团结带领广大人民群众不断创造改革开放和社会主义现代化建设的新业绩。”[①]因此，胡锦涛明确要求，我们党要全面贯彻和落实依法治国的基本方略，这也是随着“人民群众的民主法制意识不断增强，政治参与的积极性不断提高，对发展社会主义民主政治和落实依法治国的基本方略提出了新要求。”[②]“公民政治参与有序扩大。依法治国基本方略深入落实，全社会法制观念进一步增强，法治政府建设取得新成效。”[③]

胡锦涛的这些科学思想，既高度概括了我们党依法治国的基本方略，进一步明确了法制在促进国家政治、经济和社会生活中的地位和作用，科学指明了改革和完善政治体制的基本方向，又具体阐明了依法治国的科学含义，即依法治国的执政方略本质就是发展社会主义民主政治，最根本的是把坚持党的领导、人民当家做主和依法治国统一起来。这是因为，在发展社会主义民主政治过程中，党的领导、人民当家做主和依法治国是一个相互依存、不可分割的整体，党的领导是人民当家做主和依法治国的根本保证，人民当家做主是体现社会主义民主政治的本质要求，而依法治国则是党领导人民治理国家的基本方略。这样，就把坚持党的领导、人民当家做主和依法治国三者有机统一于依法治国方略中，集中体现了党的主张和人民意志、国家意志的一致，并且在依法治国中，更好地发挥党总揽全局、协调各方的领导核心作用，这是我们贯彻和坚持依法治国的执政方略必须遵循的基本方针。依法治国基本方略的提出和全面贯彻，表明了中国共产党人治党治国科学理念的

① 胡锦涛：《在首都各界纪念中华人民共和国宪法公布施行二十周年大会上的讲话》，2002年12月4日。

② 胡锦涛：《在省部级领导干部提高构建社会主义和谐社会能力专题研讨班上的讲话》，2005年2月19日。

③ 胡锦涛：《在中国共产党第十七次全国代表大会上的报告》，2007年10月15日。

形成和成熟,也是我们党经过长期的科学探索而得出的真知灼见。

因此,我们从站在科学发展观战略高度来看,正确理解法制、法治和依法治国的科学内涵,这是贯彻和坚持依法治国基本方略的前提。对于法制的理论界定,我国法理学界通常认为它就是指国家的法律和制度,是由社会主义国家机关制定或认可的,体现以工人阶级为领导的广大人民群众的意志,由国家强制力保证其实施的法律和制度。它的内容包括立法、执法、守法和监督法律实施等四个方面。它的中心环节是依法办事,要求一切国家机关及其工作人员和全体公民都必须严格遵守法律和制度。对于法治的理论界定,一般认为它是同民主相联系的一个国家或地区的依法办事的制度,原则和治国的基本方略。具体地说它应该有三种含义:一是法治就是“法律的统治”。它要求确认法律在实现社会治理和国家管理中的权威性,把法律作为经济社会调整的最基本方式。在这个意义上讲,法治就是一种治国的基本方略。与此相对应的治国方略还有“德治”。二是法治是法的价值理念及相关制度设计的综合体。法律价值理念包括人权、尊重和保障人权、权力受到制约、法律面前人人平等、程序正义等。相关的制度包括立法制度、执法制度、司法制度、人权保障制度等。三是法治意味着在严格依法办事基础上形成的一种秩序类型。严格依法办事是法治的基本要求。严格依法办事就会形成一种新型的法律秩序。它是积极、开放的秩序,它把自由与秩序,理想与现实统一起来。对于依法治国的科学理论界定,“就是广大人民群众在党的领导下,依照宪法和法律规定,通过各种途径和形式管理国家事务,管理经济文化事业,管理社会事务,保证国家各项工作都依法进行,逐步实现社会主义民主的制度化、法律化”①,就是要“高度重视法治在推动

① 胡锦涛:《在首都各界纪念中华人民共和国宪法公布施行二十周年大会上的讲话》,2002 年 12 月 4 日。

经济发展和社会进步中的重要作用”，就是要“充分发挥法治在促进和保障社会和谐方面的重要作用。”①因此，坚持依法治国基本方略，是深入贯彻落实科学发展观的必然要求，也是“树立社会主义法治理念，实现国家各项工作法治化，保障公民合法权益；坚持社会主义政治制度的特点和优势，推进社会主义民主政治制度化、规范化、程序化，为党和国家长治久安提供政治和法律制度保障”②的客观需要。

我们在坚持依法治国基本方略的同时，还要必须坚持依法治国和以德治国相结合，把依法治国与以德治国紧密结合起来，努力建设社会主义道德体系道德建设，是社会主义先进文化建设中心环节，也是实施公民道德建设工程，发扬中华民族传统美德，在全社会倡导爱国守法、明礼诚信、团结友善、勤俭自强、敬业奉献的基本道德规范的重要内容。当前，我们在全面建设小康社会与建设和谐社会和大力发展社会主义市场经济的条件下，如果只讲物质利益和金钱，不讲理想和道德，人们就会失去共同的奋斗目标和正确的行为规范。因此，胡锦涛极其深刻地指出，我们必须要始终坚持把依法治国和以德治国结合起来，不断加强全民族的思想道德建设，促进依法治国基本方略的实施。他的这个科学思想，把道德建设提高到治国方略的高度，是对建设和发展中国特色社会主义的规律性认识，也是对马克思主义的发展和创新。这样，我们必须从依法治国和以德治国相统一的战略高度出发，把这两方面的工作都要抓好并之紧密配合，才能切实保证经济社会的良好秩序，切实保证党和国家事业的兴旺发达、长治久安。我们坚信，在建设和

① 胡锦涛:《在会见出席第22届世界法律大会代表时的讲话》,2005年9月5日。

② 胡锦涛:《在中国共产党第十七次全国代表大会上的报告》,2007年10月15日。

发展中国特色社会主义的历史进程中，只要我们始终坚持以科学发展观为指导，紧密地团结在以胡锦涛为总书记的党中央周围，在党中央的坚强领导下，始终坚定不移地沿着依法治国的道路前进，始终坚定不移地坚持马克思主义在意识形态的指导地位，深入贯彻落实科学发展观，始终坚持将科学发展观永久贯穿于依法治国的整个过程和各个方面，那么，全面建设小康社会、社会主义和谐社会与全面实现中华民族伟大复兴的宏伟目标就一定能够实现。

四、三农思想彰显出国家兴旺发达和长治久安的根本大计

农业问题、农村问题和农民问题，历来被称为“三农”问题。中国共产党诞生以来和新中国成立后，以毛泽东、邓小平和江泽民为核心的党的三代中央领导集体，始终高度重视“三农”问题，并将之列为最需要着力解决的基本问题①。新中国成立后和改革开放以来，特别是党的十三届四中全会以来的伟大历史实践已经充分地证明，正是由于我们党的三代中央领导集体对“三农”问题的高度重视、积极探索和科学实践，不仅使我国农村经济从包产到户，到乡镇企业，再到村民自治，新事物新现象层出不穷，农村经济政治教育、文化和农民的精神面貌发生了翻天覆地的变化，呈现出一派欣欣向荣的新气象和新局面，而且，也为我们党不断认识和解决“三农”问题，奠定了极为坚实和宝贵的物质思想基础。

① 在中国历史上，中华原始先民进入文明社会后，从第一个私有制国家夏王朝到前国民党反动政权的崩溃，综观中国历代封建王朝和各个政权反复更替的缘由，这些封建政权兴衰治乱的原因虽然不尽相同，但都有一个共同点，就是既没有科学考证好当时中国社会中关于农民的最真实状况，也没有解决好中国传统的“三农”问题，因而历代封建政权在执政的问题上，最终都是被中国最广大的农民一票否决，从而永久地丧失其执政资格。因此，“读不懂农民，就读不懂中国”，这是一句马克思主义执政党的意蕴无穷的至理执政箴言。实践证明，随着中国共产党的诞生和新中国的成立，则彻底结束了旧中国封建专制统治和民不聊生的黑暗历史，中国人民从此站立起来了，中华民族的科学发展开启了新的纪元。

党的十六大以来特别是党的十六届一中全会以来，以胡锦涛为总书记的党中央，带领全党和全国各族人民在全面建设小康社会、全面建设社会主义和谐社会、全面建设社会主义创新型社会、全面实现中华民族伟大复兴的历史进程中，更是高度重视和关注农民利益，始终将“三农”问题作为全党工作的重中之重，并放在更加突出的位置来抓。胡锦涛始终认为，农业是安天下的战略产业，建设现代农业，发展农村经济，增加农民收入，是我们全面建设小康社会的重大任务。但是，也要清醒地看到，由于人口众多、人均耕地少、水资源不足、生态环境脆弱，加之农业科技水平还不高，中国在提高农业发展水平、实现农业的可持续发展方面还面临着不少困难，这需要我们继续进行长期和艰巨的努力。这样，我们就必须“要牢固树立和认真落实以人为本，全面、协调、可持续的发展观，把解决好农业、农村、农民问题作为全国工作的重中之重，按照统筹城乡发展的要求，进一步加强农业基础地位，推进农业的可持续发展”，必须要“不断推进农业和农村经济结构调整，保护和提高粮食综合生产能力，推进农业产业化经营，加大对农业发展的支持力度，加强农业科技研究和推广，加强农村基础设施建设，促进农民收入增长，以进一步开创农业和农村发展的新局面。”①他极其深刻地指出，新千年新世纪新阶段，我们必须要扎实推进社会主义新农村建设，必须要进一步做好“三农”工作，必须要进一步解决好“三农”问题。这是事关全面建设小康社会和社会主义现代化建设的全局，必须始终不渝地作为全党工作的重中之重。他明确地要求，我们建设社会主义新农村，总的要求是生产发展、生活宽裕、乡风文明、村容整洁、管理民主。建设社会主义新农村，必须搞好总体规划和具体部署，坚持规划先行，抓好试点示范，有步

① 胡锦涛：《在联合国粮农组织第二十七届亚太区域大会开幕式上的致词》，2004年5月19日。

骤、有计划、有重点地逐步推进。在建设社会主义新农村工作中，必须要坚持发展农村经济为中心任务，促进农村生产力的解放和发展，促进农民持续增收，同时协调推进农村经济建设、政治建设、文化建设、社会建设和党的建设，着力解决广大农民生产生活中最迫切的实际问题。

对此，胡锦涛作为精通中国历史、世界历史，作为始终尊重农民意愿，维护农民利益，增进农民福祉的新中国领袖和马克思主义经典作家，他深刻认识到要彻底解决好中国由于几千年历史积淀形成的和极其复杂的“三农”问题，必须要“善于从中外历史上的成功失败、经验教训中，进一步认识和把握历史发展和社会进步的规律，认识和把握时代发展大势，提高治国理政的才干”，“要坚持以辩证唯物主义和历史唯物主义为指导，认真学习我们党的历史、中国历史、世界历史，深入思考，科学分析，不断提高对共产党执政规律、社会主义建设规律和人类社会发展规律的认识水平，不断提高自觉运用这三个规律的能力”①，必须要进一步增强认识和把握“三农”问题的规律性、自觉性和主动性，必须进一步做好解决“三农”问题中的各项工作，必须要始终把解决“三农”问题作为全党工作的重中之重，必须“要统一思想，提高认识，搞好规划，下更大力气，把建设社会主义新农村的任务落到实处。要充分发挥城市对农村的辐射和带动作用、工业对农业的支持和反哺作用，努力实现粮食稳定增产、农业持续增收，促进农村经济社会全面发展。”②这样，胡锦涛从经济社会建设的全局出发，他极其深刻地指出：“党的十六届五中全会，从全面建设小康社会、加快推进社会主义现代化全局出发，提出了建设社会主义新农村的重大历史任务。我国有 13 亿人口，农村人口占大多数，农业和农村发展搞不上去，

① 胡锦涛：《在中共中央政治局第九次集体学习时的讲话》，2003 年 11 月 24 日。

② 胡锦涛：《在河南江西湖北考察工作时的讲话》，2005 年 8 月 19 日。

农民生活得不到显著改善,我们就不能实现全面建设小康社会的目标,不能实现全国的现代化,不能实现全国人民共同富裕,不能实现国家长治久安。改革开放以来特别是近年来,我们强调解决好'三农'问题是全党工作的重中之重,采取一系列支农惠农的重大方针政策和有效措施,农业和农村发展呈现出良好的态势,农民生活不断有所改善。但是,我们必须清醒地看到,同全面建设小康社会的要求相比,我国农业和农村发展还面临着一些突出的矛盾和问题。全面建设小康社会,最艰巨、最繁重的任务在农村;加快推进现代化,必须妥善处理工农城乡关系。'十一五'时期是我国改革开放的关键时期,也是我国农业和农村发展的一个重要机遇期,我们必须下更大的决心、拿出更多的投入、进行更扎实的努力,推动现代化农业建设迈出重大步伐,在构建新型工农城乡关系方面取得突破性进展,为建设社会主义新农村打下坚实基础"①,始终积极推动农村全面走上生产发展、生态良好、生活富裕的文明发展道路,"全党同志都要从全面建设小康社会、开创中国特色社会主义事业新局面的战略高度,深刻认识建设社会主义新农村的重大意义。"②

我们从胡锦涛的科学思想和科学论述中可以看到,我们党带领全党全国各族人民在进行革命建设改革的伟大历史进程中,始终把科学认识和正确处理"三农"问题,作为决定我们党和国家事业实现科学发展的一个根本问题来抓。新中国成立后特别是改革开放以来,农业和农村经济的飞速发展,为我国胜利实现现代化建设前两步战略目标,作出了极为巨大的贡献,提供了极为坚实的物

① 胡锦涛:《在中共中央政治局第二十八次集体学习时的讲话》,2006 年 1 月 25 日。

② 胡锦涛:《在省部级主要领导干部建设社会主义新农村专题研讨班开班式上的讲话》,2006 年 2 月 14 日。

质基础。而且，从我国经济社会的未来发展看，实现全面建设小康社会、全面建设社会主义和谐社会、全面建设社会主义创新型社会，最繁重、最艰巨的任务在农村，没有农民的小康就没有全国人民的小康，没有农村的和谐就没有全国的和谐，没有农村的稳定就没有全国的稳定，没有农村的科学现代化，就没有社会主义创新型国家意义上的科学现代化。因此，我们必须要从始终站在科学发展观的战略思想高度出发，来认识"三农"问题和分析"三农"问题，要更加重视"三农"问题，更加自觉在全面建设小康社会、全面建设社会主义和谐社会、全面建设社会主义创新型社会的伟大历史进程中，切实将"三农"问题放在工作的重中之重来抓，并科学而认真地解决好。

这样，我们必须坚持以科学发展观为指导，深入贯彻落实科学发展观，并将科学发展观贯穿于解决"三农"问题的整个过程和各个方面。必须"积极探索农业和农村经济发展的新思路、新办法、新途径"①，"大力推进农业和农村经济结构的战略性调整，继续深化农村各项改革"②，全党同志必须"要进一步深刻认识解决好'三农'问题的重要性和紧迫性"③，要切实"加强农业的基础地位"④，必须要始终"按照统筹城乡发展的思路，走城乡互动、工农互促的协调发展道路，充分发挥城市对农村的辐射和带动作用，加大对农业和农村的投入，加强对农民增收的扶持，加快农村发展和农民致富步伐"⑤，"始终坚持农业基础地位不动摇，始终坚持加强、支持、

① 胡锦涛：《在北京市考察工作时的讲话》，2003 年 1 月 24 日。

② 胡锦涛：《在湖南考察工作时的讲话》，2003 年 10 月 1 日。

③ 胡锦涛：《在山东河南考察工作时的讲话》，2003 年 12 月 12 日。

④ 胡锦涛：《在纪念毛泽东同志诞辰 110 周年座谈会上的讲话》，2003 年 12 月 26 日。

⑤ 胡锦涛：《在参加十届全国人大二次会议湖北代表团审议时的讲话》，2004 年 3 月 9 日。

保护农业不动摇”,始终做到“把增加农民收入作为农业和农村工作的中心任务,坚持多予、少取、放活的方针,建立健全促进农民收入持续增长的长效机制”①,“真正做到把政策交给群众、把措施落到实处”②,要真正“落实好良种补贴和减负政策”,要“充分调动农民的种粮积极性,努力促进粮食增产,又切实保护农民的利益,促进农民增收”,要“进一步提高农业综合效益”③,“努力实现农民收入持续较快增长。要通过企业带动、机制保证、科技支撑、加工增值等措施,大力推进农业产业化,努力探索农民收入持续增长的新途径。”④同时,各级领导干部特别是主要领导同志,必须要切实按照党中央提出建设社会主义新农村的五点要求⑤,带头深入农村调查研究,特别要多到条件差、困难大的地方去,与基层干部群众共同研究发展农村经济、增加农民收入的措施。必须要进一步加强和改进党对农村工作的领导,要继续完善村民自治,切实加强以村党组织为核心的村级组织配套建设,健全村党组织领导的充满活力的村民自治机制,为农村改革和发展提供坚强的组织保证。农村干部一定要加深对农民群众的感情,要尊重农民,平等对待农民,切实做到维护和实现好农民的利益,在自觉遵循党的农村工作的基本准则中,全面推进农村社会主义物质文明、政治文明、精神文明和社会文明的协调发展,积极促进农村社会实现科学发展和全面进步,并逐步缩小城乡社会事业发展的差距,切实使“社

① 胡锦涛:《在中共中央政治局第十一次集体学习时的讲话》,2004年3月29日。

② 胡锦涛:《在陕西考察工作时的讲话》,2004年4月9日。

③ 胡锦涛:《在海南考察工作时的讲话》,2004年4月24日。

④ 胡锦涛:《在四川考察工作时的讲话》,2004年8月13日。

⑤ 胡锦涛:《在中共中央政治局第二十八次集体学习时的讲话》,2006年1月25日。

会主义新农村建设成为全党全国的共同行动"①,切实使"建设社会主义新农村成为惠及广大农民的民心工程"②,不断开创建设社会主义新农村的新局面。

第二节 科学发展观强调要坚决反腐败党才能立于不败之地

党的十六大以来,胡锦涛始终高度重视党风廉政建设和反腐败工作。他对党风廉政建设和反腐败工作的重视,不是停留在口头上做一般号召,而是亲身躬行和以身作则。他深刻指出:"党风廉政建设和反腐败工作,是党和国家的重要工作,也是党的建设新的伟大工程的重要组成部分"③,"推进反腐倡廉工作,要继续坚持标本兼治、惩防并举。面对当前一些领域腐败现象依然易发多发的态势,我们必须继续严肃查处违纪违法案件,特别是要坚决查处大案要案。对腐败分子,发现一个就要坚决查处一个,绝不能姑息,绝不能手软。"④他谆谆地教诲全党:"我们党已经成立八十六年,在全国执政五十八年,拥有七千多万党员,党的自身建设任务比过去任何时候都更为繁重。党领导的改革开放既给党注入巨大活力,也使党面临许多前所未有的新课题新考验。世情、国情、党情的发展变化,决定了以改革创新精神加强党的建设既十分重要又十分紧迫。必须把党的执政能力建设和先进性建设作为主线,坚持党要管党、从严治党,贯彻为民、务实、清廉的要求,以坚定理

① 胡锦涛:《在中央经济工作会议上的讲话》,2005年11月29日。

② 胡锦涛:《在中共中央政治局第二十八次集体学习时的讲话》,2006年1月25日。

③ 胡锦涛:《在中纪委第二次全会上的讲话》,2003年2月19日。

④ 胡锦涛:《在中纪委第三次全会上的讲话》,2004年1月12日。

想信念为重点加强思想建设，以造就高素质党员、干部队伍为重点加强组织建设，以保持党同人民群众的血肉联系为重点加强作风建设，以健全民主集中制为重点加强制度建设，以完善惩治和预防腐败体系为重点加强反腐倡廉建设，使党始终成为立党为公、执政为民，求真务实、改革创新，艰苦奋斗、清正廉洁，富有活力、团结和谐的马克思主义执政党。”①

实践证明，胡锦涛在党风廉政建设和反腐败的理论和实践上，既重视理论创新，又重视实践探索，始终把理论创新当作反腐倡廉工作实践的指南，不断为实践探索提供新的精神动力，并从理论与实践的结合上，积极寻找一条行之有效的反腐倡廉之路，因而使其科学的廉政思想成为科学发展观博大恢弘科学体系的重要组成部分，他的廉政思想既是我们党在新的历史时期和新的历史条件下，总结反腐倡廉工作实践得出的重要结论，也是我们当前深入开展党风廉政建设和反腐败斗争的科学思想指南。这样，我们在新形势下，就必须要在科学发展观的指导下，牢固树立科学廉政观，始终坚持将科学发展观贯穿于党风廉政建设和反腐败工作的整个过程和各个方面，这对当前深入开展的党风廉政建设和反腐倡廉工作，具有至关重要的指导意义和深远的历史意义。

一、要深刻认识党章对党和国家事业科学发展的指导意义

马克思主义认为，科学制定和执行党章，是无产阶级政党进行制度和法规建设的一个核心内容。我们从马克思主义的党建理论来看，党章是中国共产党进行各项建设的最基本的法理基础，它作为我们党自身的根本大法，是我们党和全体党员整体意志具有严密组织性的体现，是规范和制约全党行为的总章程，是把握党的正

① 胡锦涛：《在中国共产党第十七次全国代表大会上的报告》，2007 年 10 月 15 日。

确政治方向的根本准则，是坚持从严治党的根本依据。实践已经充分证明，始终保持科学性、先进性的党章及其规定，是我们党能够形成在思想、组织上和行动上高度统一的重要保证，是我们党的建设新的伟大工程实现科学发展的最基本条件。因此，中国共产党和新中国领袖毛泽东、邓小平、江泽民、胡锦涛等马克思主义经典作家都十分重视科学制定和执行党章。毛泽东指出，我们党和国家的建设必须“要有一个章程，……使全国人民有一条清楚的轨道，使全国人民感到有一条清楚的明确的和正确的道路可走，就可以提高全国人民的积极性。”①邓小平认为：“国要有国法，党要有党规党法。党章是最根本的党规党法。没有党规党法，国法就很难保障。”②邓小平不仅指出党章在党规党法中的地位，把党章和国法联系起来，提到了国法的保障高度，这也就指出了党章的特殊意义。实践证明，科学制定党章的目的在于付诸实施，党章的科学性和先进性需要在执行中进行验证。同时，执行党章的实际意义在于，党章作为我们党的根本大法，它能以最高法规的效力去规范全体党员的行动，统一全党的意志。而我们要做到这一点，就一定要维护党章所具有的严肃性和权威性。而这个严肃性和权威性，只能在执行中去体现。这就要求全党同志特别是各级领导干部，对党章要采取严肃的态度，决不允许以任何消极的态度去对待党章，更不允许有任何践踏党章的行为出现。对此，江泽民则指出，我们讲加强政治纪律，最基本的就是要遵守党章，按党章的规定去做。对于党章中的各项规定，所有共产党员，特别是各级领导干部更应该遵守。他在党的十五大报告中，当谈到从严治党，保持党的先进性和纯洁性，增强党的凝聚力和战斗力的问题时强调：

① 《毛泽东著作选读》下册，第710页。

② 《邓小平文选》第2卷，第147页。

“要严格按党章办事，按党的制度和规定办事”。①

新世纪新阶段，以胡锦涛为总书记的党中央，在当前党和国家的各项事业正处在科学发展的新形势下，更是高度重视学习党章、遵守党章、贯彻党章、维护党章的问题。对此，胡锦涛强调指出：“要紧密联系建设中国特色社会主义的丰富实践，紧密联系党的建设特别是党风廉政建设和反腐败工作的现实需要，认真学习党章，自觉遵守党章，切实贯彻党章，坚决维护党章，努力促进党的执政能力建设和先进性建设，不断解决好提高党的领导水平和执政水平、提高拒腐防变和抵御风险能力两大历史性课题，更好地团结带领全国各族人民为全面建设小康社会、加快推进社会主义现代化而努力奋斗。”他谆谆教诲全党同志特别是各级领导干部：“总结我们党自身建设包括党风廉政建设和反腐败工作的实践经验，可以得出一个重要结论，就是要始终把学习党章、遵守党章、贯彻党章、维护党章作为全党的一项重大任务抓紧抓好。要通过学习贯彻党章进一步坚定理想信念，进一步加强道德修养，进一步发展党内民主，进一步严明政治纪律，进一步强化制约监督，进一步加强制度建设。”②必须“全面巩固和发展先进性教育活动成果，着力加强基层党的建设。先进性是马克思主义政党的生命所系、力量所在，要靠千千万万高素质党员来体现。要扎实抓好党员队伍建设这一基础工程，坚持不懈地提高党员素质。认真学习和遵守党章，增强党员意识，建立党员党性定期分析制度，拓宽党员服务群众渠道，构建党员联系和服务群众工作体系，健全让党员经常受教育、永葆先进性长效机制，使党员真正成为牢记宗旨、心系群众的先进分子。加强和改进流动党员管理，加强进城务工人员中党的工作，建立健全城乡一体党员动态管理机制。提高发展党员质量，

① 《中国共产党第十五次全国代表大会文件汇编》，第51页。

② 胡锦涛：《在中纪委第六次全会上的讲话》，2006年1月6日。

优化党员队伍结构,及时处置不合格党员"①。

这样,全党同志特别是各级领导干部,就必须切实做到党章规定的"四个服从",即党员个人服从党的组织,少数服从多数,下级组织服从上级组织,全党各级组织和全体党员服从党的全国代表大会和中央委员会。我们必须要坚定不移地坚决维护党中央的权威,就要保证党中央的政令畅通,党中央决定的事情都要认真办好。在党的基本路线和总方针、总政策、总目标以及关系全局的重大问题上,全体党员特别是各级领导干部,都应当无条件地同党中央保持高度一致。在当前,我们贯彻学习党章,就是要使全党同志特别是各级领导干部进一步坚定理想信念,继续推动不断深化对科学发展观的认识,帮助广大党员、干部掌握和运用辩证唯物史观和科学发展史观的强大思想武器,无论在"任何时候任何情况下都确保在理想信念上不犹疑、不含糊、不动摇,矢志不渝地为实现党在社会主义初级阶段的基本路线、基本纲领而奋斗。"②必须要坚定不移地把推动贯彻落实科学发展观,坚定不移地坚持用科学发展观武装全党同志特别是各级领导干部的头脑,必须要坚决防止和纠正违背科学发展观的各种错误行为,作为加强党的集中统一、维护和巩固党中央权威的头等大事来抓,作为学习党章、遵守党章、贯彻党章、维护党章的重要内容来抓,这是学习遵守党章,坚决贯彻维护党章的最高尊严和在党内最高法规地位的具体体现,也是坚定不移地贯彻执行维护党章最重要的实际行动。全党同志特别是各级领导干部,必须要经常"对照党章进行检查,根据各自的具体情况,作出达到和坚持党章规定的合格标准的努力计划,并保证其实现。各级领导干部,特别是高级干部,更应该严格遵守党

① 胡锦涛:《在中国共产党第十七次全国代表大会上的报告》,2007 年 10 月 15 日。

② 胡锦涛:《在中纪委第六次全会上的讲话》,2006 年 1 月 6 日。

章、遵守《关于党内政治生活的若干准则》,起模范作用。”①从而在全党形成人人讲党章,人人学习党章,人人遵守党章,人人贯彻党章,人人维护党章的生动局面。

因此,我们在当前新的历史时期和新的历史条件下,全党同志特别是各级领导干部,必须从站在科学发展观的战略高度出发,进一步明确学习党章、遵守党章、贯彻党章、维护党章的重大意义就在于要始终严明政治纪律,就在于要坚决维护党中央权威和确保中央政令畅通;要进一步认识党章是我们党立党治党管党的总章程,要深刻认识党章在党内具有最高的权威性和最大的党规约束力;要进一步把学习贯彻党章的要求贯穿于学习实践科学发展观活动的全过程;要进一步依据党章的规定和结合学习实践科学发展观的经验,进一步突出实践特色,努力健全和完善党的思想、组织和作风建设的长效机制;要进一步按照党章的要求切实加强和提高党性修养。同时,通过学习党章、遵守党章、贯彻党章、维护党章的根本出发点和落脚点,就是要使党章始终集中体现出马克思主义执政党的科学性和先进性,始终成为指导我们党胜利完成历史赋予和肩负的执政使命,朝着以人为本、全面协调可持续的科学发展道路上进行新的伟大实践,始终成为促进经济社会和人的全面发展,实现人与自然的和谐发展,保证世世代代永续发展的光辉典范。

二、明确指出两个务必对于党风廉政建设的深远历史影响

胡锦涛主席在党的十六大闭幕不久,就带领中央书记处的领导同志到西柏坡学习考察,回顾我们党领导人民进行革命斗争历史,重温毛泽东在党的七届二中全会上的讲话,特别是关于“两个务必”的谆谆教诲。这给了全党深刻的教育,在全党和全国人民中引起了强烈反响,集中体现了我们党继往开来的坚强决心和夺

① 《邓小平文选》第3卷,第39页。

取新的胜利的豪情壮志。实践证明,“两个务必”是我们党保持马克思主义政党本色,是抵制各种腐朽思想侵蚀的强大思想武器,是我们党总结中国历代政权盛衰兴亡的经验教训,是对“其兴也勃焉,其亡也忽焉”历史周期律的深刻反思,是要求中国共产党人必须始终坚持代表人民执好政、掌好权,要始终把人民的根本利益代表好,就必须做到谦虚谨慎、不骄不躁、艰苦奋斗、勤政不息,必须要始终保持同人民群众的血肉联系,必须要始终保持党的先进性,必须要始终保持中国共产党人艰苦奋斗的精神,在深化对科学发展观科学内涵和精神实质的认识上要狠下工夫,在改造主观世界上要狠下工夫,在保持和人民群众的血肉联系上要狠下工夫,在保持艰苦奋斗的精神上要狠下工夫。只有这样,我们才能始终保持马克思主义执政党的先进性,才能保证马克思主义执政党始终孜孜追求坚持以人为本,致力于实现全面协调可持续的科学发展的先进本质,才能不断取得反腐败工作的伟大胜利,才能使我们党永远成为中国特色社会主义现代化建设事业的坚强领导核心。

可见,我们在当前新的历史时期和新的历史条件下,必须要按照党的十六大、十七大和十七届三中、四中、五中全会的要求,努力开创建设和发展中国特色社会主义的新局面,真正把我国经济社会的发展切实转入全面协调可持续发展的科学发展轨道,必须坚持以科学发展观为指导,坚定不移地将科学发展观贯穿于党风廉政建设和反腐败工作的全过程,按照科学发展观和“五个统筹”的要求,紧密结合当代中国的国情和时代特征,始终坚持“两个务必”,全党同志要始终按照“学习党章、遵守党章、贯彻党章、维护党章”①的指导思想,坚定不移地切实做到“四个牢记”——即,始终牢记我国的基本国情和我们党的庄严使命,树立为党和人民长期艰苦奋斗的思

① 胡锦涛:《在中纪委第六次全会上的讲话》,2006 年 1 月 6 日。

想;始终牢记全心全意为人民服务的宗旨,始终不渝地为最广大人民谋利益;始终牢记党的基本理论、基本路线、基本纲领和基本经验,以艰苦奋斗的精神做好各项工作;始终牢记党和人民的重托和肩负的历史责任,自觉在艰苦奋斗的实践中加强党性锻炼。

因此,我们只有始终坚持"两个务必",只有始终做到"四个牢记",只有这样,全党同志特别是各级领导干部才能在全面建设小康社会进程中发挥先锋模范作用,才能始终坚定共产主义理想信念和始终坚持党的根本宗旨,才能始终做到忠实执行党的群众路线,才能始终坚持权为民所用、情为民所系、利为民所谋,才能克服形式主义、官僚主义,才能始终保持同人民群众的血肉联系,才能始终坚持做到清正廉洁,自觉反腐倡廉、拒腐防变和永葆共产党人的政治本色,才能始终做到求真务实,大力发扬谦虚谨慎、艰苦奋斗的优良传统,才能始终做到为党、为国家、为人民兢兢业业地工作,才能始终坚定不移地为建设和发展中国特色社会主义现代化事业奋斗终生。

三、在坚决反对形式主义和官僚主义中始终做到求真务实

胡锦涛在总结我国改革开放和现代化建设的成功经验,科学汲取世界上其他国家发展进程中的经验教训,从党和国家事业在未来科学发展的战略全局出发,突出强调了在全党大力弘扬求真务实的作风和求真务实的精神,对于坚决防止和克服形式主义、官僚主义,对于全面建设小康社会和全面实现中华民族伟大复兴的极端重要性。他指出:"十三届四中全会以来,江泽民同志再三强调,形式主义、官僚主义是一大祸害,必须狠煞形式主义、官僚主义的歪风,时时处处坚持重实际、说实话、务实事、求实效,大力发扬脚踏实地、埋头苦干的工作作风。"①他强调在工作实践中,一定要

① 胡锦涛:《在中央纪委第三次全体会议上的讲话》,2004年1月12日。

坚持求真务实,要坚决防止和克服形式主义、官僚主义,这是辩证唯物主义和历史唯物主义一以贯之的科学精神,是我们党的思想路线的核心内容,也是党的优良传统和共产党人必须具备的政治品格。同时,他全面深刻地论述了求真务实的丰富内涵和具体要求,科学指明了新世纪新阶段党风廉政建设和反腐倡廉工作的战略模式。

胡锦涛始终认为,当前在党风廉政建设和反腐倡廉工作方面,人民群众反映最大最强烈的就是形式主义和官僚主义,并指出:"一是不思进取、得过且过,不认真学习理论,不用心汲取新知识,不深入思考新问题,思想上故步自封、停滞不前,工作上敷衍了事、庸碌无为。二是作风飘浮、工作不实,以会议落实会议,以文件落实文件,满足于一般号召,抓工作浮光掠影,搞调研蜻蜓点水,身子沉不下去,对实际情况不甚了了。三是好大喜功、急功近利,不按客观规律办事,不顾现实条件,提不切实际的高指标,搞违背科学的瞎指挥,导致决策失误,造成严重浪费。四是随心所欲、自搞一套,不认真贯彻执行中央的方针政策和工作部署,甚至搞'上有政策、下有对策',不仅损害国家的全局利益,而且侵犯群众的切身利益。五是心态浮躁、追名逐利,一事当前,总是算计个人得失,习惯于做表面文章,热衷于搞'形象工程'、'政绩工程',脱离实际,劳民伤财。六是弄虚作假、欺上瞒下,报喜不报忧,掩盖矛盾和问题,蒙蔽群众,欺骗上级。七是明哲保身、患得患失,在原则问题上采取事不关己、高高挂起的态度,奉行'你好、我好、大家好'的处世哲学,不开展批评,不让人批评,甚至压制批评。八是贪图享受、奢侈浪费,追求低级趣味,热衷于个人享乐,大吃大喝,大手大脚,铺张浪费。九是以权谋私、与民争利,干工作不是先考虑群众利益,而是先考虑小团体、本部门、本单位的利益,乱收费、乱集资、乱摊派,侵害群众利益,甚至中饱私囊。十是高高在上、脱离群众,对群众的安危冷暖漠不关心,工作方法简单粗暴,甚至肆意欺压群众。等等。这些问题都是同党的宗旨和性质格格不入的，都是同人民群众的利益格格不入的，必然会引起群众的强烈不满。由于这些问题的存在，致使一些本来可以做好的事情没有做好，一些本来应该解决的问题久拖不决，一些本来可以缓解的矛盾进一步激化。这些不良风气如不坚决刹住，势必严重削弱党员干部队伍的战斗力，势必损害党同人民群众的血肉联系，最终势必妨碍全面建设小康社会宏伟目标的顺利实现。"①

胡锦涛针对当前还存在着形式主义和官僚主义的现象，他明确强调，对于这些现象的存在，必须引起全党上下的高度重视，必须痛下决心把这两股歪风刹住，越快越好。全党同志特别是各级领导干部要坚持发扬党的优良作风，按照"两个务必"、"四个牢记"和"八个坚持、八个反对"的要求，始终保持昂扬向上的精神状态，带领群众坚定不移地贯彻中央的决策和部署，解放思想、实事求是，与时俱进、开拓创新，不断打开工作的新局面。同时，要面对消极腐败现象在一些领域仍然易发多发的态势，各级党委和政府要进一步增强责任感和紧迫感，按照中央的要求，坚定不移地把党风廉政建设和反腐败工作不断引向深入。我们从胡锦涛的科学思想和科学论述中，可以极为深刻地感受到，他不仅深刻阐明了加强党风廉政建设和反腐败工作的极端重要性，不仅全面分析了当前党风廉政建设和反腐败工作面临的形势，而且还明确提出了党风廉政建设和反腐败工作必须把握的重要原则和任务。这对于全党进一步认识形式主义和官僚主义的巨大危害性，进一步推进新世纪新阶段的党风廉政建设和反腐败工作，具有极其重要的指导意义和深远的历史意义。

因此，新世纪新阶段，必须坚持以科学发展观为指导，深入贯

---

① 胡锦涛:《在中央纪委第三次全体会议上的讲话》,2004 年 1 月 12 日。

彻落实科学发展观，坚持求真务实，大力发扬谦虚谨慎、艰苦奋斗的优良传统，坚决克服形式主义和官僚主义。全党同志特别是各级领导干部，各级党委和政府都要紧紧围绕党和国家事业大局，始终坚持抓好科学发展这个党执政兴国的第一要务，要从切实贯彻和维护党章的最高权威性和先进性出发，要紧密联系党的建设特别是党风廉政建设和反腐败工作的现实需要，不断解决好提高党的领导水平和执政水平、提高拒腐防变和抵御风险能力这两大历史性课题，以坚定不移的态度、坚强有力的工作和坚持不懈的努力，要以高度的政治责任感和肩负的历史使命感，旗帜鲜明、坚定不移地抓好反腐倡廉的各项工作，要切实担负起反对形式主义和官僚主义的政治责任，发挥好总揽全局、协调各方的重要作用，不断推进党风廉政建设和反腐败工作，为深入贯彻落实科学发展观提供坚强有力的思想、组织、作风和制度保障，从而为更好地实现全面建设小康社会作出新的更大贡献。

四、健全与社会主义市场经济体制相适应的预防腐败体系

胡锦涛深刻指出："反腐倡廉制度建设是惩治和预防腐败体系建设的重要内容，是加强反腐倡廉建设的紧迫任务。要以建立健全惩治和预防腐败体系各项制度为重点，以制约和监督权力为核心，以提高制度执行力为抓手，加强整体规划，抓紧重点突破，逐步建成内容科学、程序严密、配套完备、有效管用的反腐倡廉制度体系，切实提高制度执行力、增强制度实效。"①他认为，反腐倡廉工作要适应新形势新任务的需要，要坚持标本兼治、综合治理的方针，在继续下大气力惩处腐败的同时，加强教育，发展民主，健全法制，强化监督，创新体制，把反腐倡廉寓于各项重要政策措施之中，

① 胡锦涛:《在十七届中央纪委第五次全体会议上的讲话》，2010 年 1 月 12 日。

从源头上预防和解决腐败问题,更好地为实现全面建设小康社会的奋斗目标服务。因此,他反复指出:"建立健全教育、制度、监督并重的惩治和预防腐败体系,深入推进反腐倡廉工作"①,"各级干部特别是领导干部都要自觉坚持和实践全心全意为人民服务的宗旨,按照立党为公、执政为民的本质要求,牢记'两个务必',树立正确的政绩观,认真解决党风方面人民群众反映突出的问题,坚决克服和纠正形式主义、官僚主义,切实做到为民、务实、清廉。"②必须"要坚持不懈地开展党风廉政建设,建立健全与社会主义市场经济体制相适应的教育、制度、监督并重的惩治和预防腐败体系,旗帜鲜明、毫不动摇地把反腐败斗争深入进行下去。"③对此,他进一步强调:"中国共产党的性质和宗旨,决定了党同各种消极腐败现象是水火不相容的。坚决惩治和有效预防腐败,关系人心向背和党的生死存亡,是党必须始终抓好的重大政治任务。全党同志一定要充分认识反腐败斗争的长期性、复杂性、艰巨性,把反腐倡廉建设放在更加突出的位置,旗帜鲜明地反对腐败。坚持标本兼治、综合治理、惩防并举、注重预防的方针,扎实推进惩治和预防腐败体系建设,在坚决惩治腐败的同时,更加注重治本,更加注重预防,更加注重制度建设,拓展从源头上防治腐败工作领域。严格执行党风廉政建设责任制。坚持深化改革和创新体制,加强廉政文化建设,形成拒腐防变教育长效机制、反腐倡廉制度体系、权力运行监控机制。健全纪检监察派驻机构统一管理,完善巡视制度。切实加强领导干部廉洁自律工作,提高党员干部拒腐防变能力。坚决纠正损害群众利益的不正之风,切实解决群众反映强烈的问

① 胡锦涛:《在中央纪委第三次全体会议上的讲话》,2004 年 1 月 12 日。

② 胡锦涛:《在纪念毛泽东同志诞辰 110 周年座谈会上的讲话》,2003 年 12 月 26 日。

③ 胡锦涛:《在邓小平同志诞辰 100 周年纪念大会上的讲话》,2004 年 8 月 22 日。

题。坚决查处违纪违法案件,对任何腐败分子,都必须依法严惩,决不姑息!"①他并从各个层面科学论述了切实构建中国特色的廉政预警监督机制,对于全面建设小康社会和全面实现中华民族伟大复兴的重要意义。

胡锦涛从建立健全预防腐败的廉政监督体系的层面出发,他认为:"治标和治本,是反腐倡廉相辅相成、相互促进的两个方面。只有抓紧治标,严惩各种腐败行为,有效抑制腐败分子的猖獗活动,才能为治本创造前提条件。只有抓好治本,从源头上不断铲除腐败滋生蔓延的土壤,才能巩固和发展反腐败取得的成果,从根本上解决腐败问题。"②要通过建立健全预防腐败的廉政监督体系,努力铲除腐败现象滋生的土壤和条件,加大从源头上预防和解决腐败问题的力度,是根本之策,是我们党在反腐败工作中取得的一条重要经验。可见,切实构造从根本上遏制腐败的预防体系和约束机制,是一项十分艰巨复杂的社会系统工程,它的最终构建取决于我国经济体制和政治体制改革的进一步深化,取决于社会主义政治文明和精神文明建设的进一步加强,特别是国民道德文化素质的进一步提高。但我们不能因此放弃努力和探索,而要通过认真抓好当前反腐败各项工作的每一个环节,要对预防、遏制和全面治理腐败进行深入的研究和分析,从而建立健全教育、制度、监督并重的惩治和预防腐败体系,逐步建立起与时代目标相契合的预防和遏制腐败的廉政监督机制。因此,在党风廉政建设和反腐败工作实践中,"在建立健全教育、制度、监督并重的惩治和预防腐败体系的过程中,我们既要坚持多年来反腐倡廉工作中行之有效的成功经验,保持工作的连续性、稳定性,又要不断总结各地区各

---

① 胡锦涛:《在中国共产党第十七次全国代表大会上的报告》,2007 年 10 月 15 日。

② 胡锦涛:《在中央纪委第五次全体会议上的讲话》,2005 年 1 月 11 日。

部门创造的新鲜经验，借鉴国外反腐败的有益做法，研究新情况、解决新问题，不断进行创新，使教育、制度、监督相互配套、相互促进、共同发挥作用。”“总之，全党要共同努力，推动教育、制度、监督并重的惩治和预防腐败体系更好地建立健全起来”①，这是党中央在总结历史经验、科学判断形势基础上作出的重大战略决策，是反腐倡廉工作向纵深发展的必然要求，是在发展社会主义市场经济条件下更好地防治腐败的必由之路。

胡锦涛从进一步完善各级领导干部的自律约束机制的层面出发，他始终认为，反腐倡廉的经验证明，不受监督的权力必然被滥用，权力被滥用必定导致腐败，进一步强化对权力特别是高层权力的监督约束机制，这是消除权力腐败的关键。因此，完善各级领导干部的自律约束机制，搞好党政领导干部廉洁自律，是反腐败工作十分重要的环节。胡锦涛极其深刻地指出，加强监督制约，形成权力正确行使的有效机制。加强对权力运行的监督制约，保证各级干部把人民赋予的权力用来为人民服务，始终是我们党执政所面临的一个重大课题。这个问题解决得如何，直接关系到坚持和巩固党的执政地位，直接关系到党风廉政建设和反腐败工作的成效。必须要进一步加大预防腐败的工作力度，必须继续在加强教育上下工夫，使领导干部自觉拒腐防变，带头廉洁自律。必须要建立健全并完善各级领导干部的自律约束机制，进一步规范各级领导干部的行政行为，要切实抓好各级领导干部的廉洁自律，是消除各种腐败现象的关键。必须要从领导体制和工作机制方面着手，坚持党政齐抓共管，纪委组织协调，部门各负其责，依靠群众的支持和参与，形成反腐倡廉整体合力的有效机制。同时，在深入开展反腐倡廉的工作过程中，必须要深入抓好党风廉政建设责任制的贯彻

① 胡锦涛：《在中纪委第三次全会上的讲话》，2004 年 1 月 12 日。

落实。党风廉政建设责任制,对各级领导班子和领导干部在党风廉政建设和反腐败工作中应负的责任以及责任追究等问题作出了明确规定,是推进反腐倡廉工作的重要制度保障。各级党委、政府和领导干部一定要强化责任意识,切实负起领导责任。对党风廉政建设方面的失职行为,要坚决依据有关规定追究责任,以维护责任制的严肃性。各地区、各部门只有认真贯彻落实这一要求,才能对反腐败工作形成强有力的领导,才能不断取得党风廉政建设和反腐败工作的新胜利。同时我们还要坚持从领导干部廉洁自律、查办违纪违法案件、纠正部门和行业不正之风三项工作一起抓,只有严厉查处腐败案件,才能狠狠打击腐败分子的嚣张气焰,才能用实际成果取信于民,鼓舞人民群众同腐败现象作斗争的信心,才能有效地巩固我们党的执政地位,才能真正形成结构合理、配置科学、程序严密、制约有效的权力运行机制和各级领导干部的自律约束机制。当前,我们必须要继续保持查处违纪违法案件的工作力度,以查处发生在领导机关和领导干部中滥用权力、牟取私利的违法违纪案件为重点,严厉惩处腐败分子;以解决群众反映的突出问题为重点,必须要严肃查办发生在基层的以权谋私的案件,坚决纠正损害群众利益的不正之风。总之,对任何违纪违法行为,都必须毫不留情地予以追究,决不能手软。

胡锦涛从必须要在全党大力倡导廉政建设的法制化的层面出发,他高度强调必须要用加强法制建设来保障反腐败工作的极端重要性,并明确地指出这项工作取得的成绩与不足。对此,胡锦涛指出:“加强党风廉政制度建设,建设反腐倡廉的制度体系。依靠制度惩治和预防腐败,是做好反腐倡廉工作的根本途径。这些年来,我们高度重视党风廉政制度建设,取得了显著成绩,但还存在不少问题和不足。比较突出的问题是:适应新形势下反腐倡廉要求的法律法规体系还不健全,有的法规制度缺乏相应的配套和细化措施,有的法规制度内容落后于实践,许多好的法规制度落实不到位,没有发挥出应有的作用。制度建设仍然是深入开展反腐倡廉工作必须着力解决好的重大课题。要适应新形势新任务的要求,进一步健全法制,……充分发挥制度在防范和克服腐败现象中的重要作用。"他进一步指出:"反腐倡廉的各项法规制度要真正发挥作用,首先必须科学合理、切实可行。我们一定要把实际情况摸清楚,把存在的问题研究透,努力使所制定的法规制度符合事物发展的客观规律,避免主观随意性,提高建章立制的质量和水平。要注意抓好法规制度的系统配套,既制定好总体方案和长远规划,又设计好每一项具体的法规制度,使各项法规制度相互衔接、相互照应。制定法规制度要充分走群众路线,广泛听取方方面面的意见和建议,有些还要先行试点,在取得经验的基础上再加以推广。要抓紧对现有法规制度进行梳理,已经过时的要停止执行,有明显缺陷的要抓紧修订完善,需要细化的要尽快制定实施细则,特别要根据时代发展和实践需要及时制定新的法规制度,实现制度建设的与时俱进。"因而,胡锦涛针对客观存在的实际情况,他进一步强调:"再好的法规制度,如果不去执行,也会形同虚设。许多法规制度之所以没有发挥应有的效力,一个重要原因是执行不力。我们一定要在狠抓落实上下工夫,对反腐倡廉各项法规制度的落实情况进行经常性的督促检查,严厉查处违反法规制度的行为,做到令行禁止、违者必究,努力使法规制度成为党员干部必须遵守的行为准则。"①必须要继续在完善制度上下工夫,推进反腐倡廉工作的制度化、法制化,发挥法规制度的规范和保障作用;继续在强化监督上下工夫,保证把人民赋予的权力用来为人民谋利益;继续以改革统揽预防腐败的各项工作,通过深化改革、创新体制,从源头上预防和解决腐败问题。要经过努力,建立起思想道德教育的

① 胡锦涛:《在中纪委第三次全会上的讲话》,2004 年 1 月 12 日。

长效机制、反腐倡廉的制度体系、权力运行的监控机制，建成完善的惩治和预防腐败体系。这样，胡锦涛明确地要求："当前要重点抓好以下工作。一是要把推动贯彻落实科学发展观作为党风廉政建设的重要内容，督促各级领导干部牢固树立科学发展观和正确政绩观，坚决防止和纠正违背科学发展观的错误行为。二是要把解决损害群众利益的突出问题作为党风政风建设的工作重点，严肃查处损害群众利益的突出问题。三是要加强对党员领导干部的反腐倡廉教育，促进领导干部廉洁从政。四是要严肃查处违反党的纪律的行为，严肃查办领导干部滥用权力、谋取私利、贪污贿赂、失职渎职等方面的案件。五是要认真开展治理商业贿赂专项工作，坚决纠正不正当交易行为，依法查处商业贿赂案件，六是要坚持以改革统揽预防腐败的各项工作，抓紧建立健全教育、制度、监督并重的惩治和预防腐败体系，不断铲除腐败现象滋生蔓延的土壤和条件。"同时，他还要求："各级纪律检查机关要全面履行党章赋予的职责，带头遵守党章，充分发挥职能作用，坚决查处各种违反党章的行为，为学习党章、遵守党章、贯彻党章、维护党章继续做出积极努力。要紧紧围绕实施中央为推进改革发展稳定而采取的重大举措加强监督检查，增强各级党组织和广大党员、干部贯彻执行党的路线方针政策和工作部署的自觉性和坚定性，为促进经济社会又快又好发展提供有力保障。要正确处理坚决惩治腐败和有效预防腐败的关系，正确处理抓好重点工作和全面履行职能的关系，正确处理履行自身职责和发挥好其他部门作用的关系，深入推进党风廉政和反腐败工作，各级党委务必认真落实党风廉政建设责任制，加强对纪律检查工作的领导，坚决支持纪律检查机关依照党章开展工作。"①

① 胡锦涛：《在中纪委第六次全会上的讲话》，2006年1月6日。

他从必须进一步抓好反腐倡廉制度建设的层面出发，深刻指出："切实抓好反腐倡廉制度建设，必须不断提高制度执行力。各级党委、政府和纪检监察机关要切实加强制度执行的组织领导，保证反腐倡廉各项制度得到切实执行。要切实加强制度宣传教育，增强全党制度意识，筑牢遵纪守法思想基础，把制度转化为党员、干部的行为准则、自觉行动。要切实加强制度执行情况监督检查，切实查处违反制度的行为，着力在领导干部特别是高中级干部中树立法律面前人人平等、制度面前没有特权、制度约束没有例外的意识，教育引导领导干部带头学习制度、严格执行制度、自觉维护制度。"他要求："一是要进一步加强反腐倡廉教育制度建设，加强和改进教育培训工作，加强和改进反腐倡廉宣传教育工作，提高反腐倡廉教育的科学性、规范性、有效性。二是要进一步加强监督制度建设，认真执行和不断完善各项监督制度，改革和完善党内监督体制，健全权力运行监控机制，拓宽监督渠道，增强监督合力，加大监督制度创新力度，建立健全决策权、执行权、监督权既相互制约又相互协调的权力结构和运行机制。三是要进一步加强预防制度建设，推进廉政风险防控机制建设，建立健全预防腐败信息系统，建立健全防止利益冲突制度，形成有效预防腐败的长效机制。四是要进一步加强惩治制度建设，建立健全腐败案件及时揭露、发现、查处机制，建立腐败现象易发多发领域调查分析和专项治理制度，健全党风廉政建设责任制及其配套制度。"①

我们从胡锦涛的科学论述中可以看到，始终深入开展党风廉政建设和反腐败工作，这是关系党和国家兴衰成败和生死存亡的重大问题，中国共产党成为马克思主义执政党，这是历史的选择、人民的选择。我们党越是长期执政，反腐倡廉的任务越艰巨，越要

① 胡锦涛：《在十七届中央纪委第五次全体会议上的讲话》，2010年1月12日。

坚定不移地反对腐败，越要提高拒腐防变和抵御风险的能力。这样，必须坚持以科学发展观为指导，充分认识科学发展观和反腐倡廉工作之间的辩证关系，始终按照科学发展观的要求，紧密结合当代中国新的实际和时代特征，要始终坚持做到“两个务必”，要始终坚持把“四个牢记”贯穿到精神世界的每个角落，始终不忘党和人民的重托和肩负的历史责任，自觉在艰苦奋斗的实践中加强党性锻炼，在坚决反对形式主义和官僚主义中始终做到求真务实，切实建构起中国特色的廉政预警监督机制，并坚持将科学发展观贯穿于党风廉政建设和反腐败工作的全过程，扎实推进党风廉政建设和反腐败工作，为深入贯彻落实科学发展观提供有力的思想、组织、作风和制度保障，从而在全面建设小康社会和全面实现中华民族伟大复兴的伟大历史进程中，始终做到权为民所用、情为民所系、利为民所谋，实现好、维护好、发展好最广大人民的根本利益，保证人民群众共享改革发展的成果，不断增强社会主义的生机和活力，不断坚持全面推进社会主义的自我完善，不断开拓马克思主义理论发展创新的新境界，不断开创中国特色党风廉政建设和反腐倡廉工作的新局面。

第三节　科学发展观指出要巩固好发展好最广泛的统一战线

党的十六大以来特别是党的十七大以来，以胡锦涛为杰出代表的当代中国共产党人，在当前新的历史时期和新的历史条件下，从站在党的建设、政权建设和加强党的执政能力建设的战略思想高度，科学实现了对共产党执政规律、社会主义建设规律、人类社会发展规律的真理认知，创造性地将马克思主义统一战线理论、政党理论和民主政治理论，同中国改革开放的具体实践和时代特征紧密结合起来，对我国当前统一战线的地位、性质、任务、范围和对象等各个基本问题，都科学阐明了新思想、新理论和新观点，并将这些思想贯穿到我国经济社会的各个领域，进一步继承、丰富、发展和创新了马克思主义统战理论的思想宝库，从而使其科学的统战思想，不仅成为科学发展观理论体系的重要组成部分，也成为当前切实做好各项统战工作的根本指针。因此，进入新世纪新阶段，我们在当前"全面贯彻落实科学发展观、推动经济社会发展转入科学发展轨道的关键时期"①，对科学发展观科学体系蕴涵的统一战线理论进行深入研究，对于深刻认识"伟大的事业需要坚强的团结，坚强的团结推进伟大的事业。统一战线是我们党执政兴国的重要法宝，也是我们实现中华民族伟大复兴的重要法宝。我们要把中国特色社会主义伟大事业不断推向前进，必须最广泛地凝聚和发挥各党派、各团体、各民族、各阶层和各界人士的智慧和力量，求真务实，锐意进取，共同开创改革开放和社会主义现代化建设的新局面"②等各个方面，必然具有极其重要的思想意义、理论意义、现实意义、指导意义和极为深远的人类世界历史意义。

一、马克思主义经典作家对于统一战线的思考和理论阐述

新世纪新阶段，我们从科学发展观的战略高度来看，《共产党宣言》的发表，标志着科学社会主义的诞生。实践证明，《共产党宣言》不仅是无产阶级政党第一个"周详的理论和实践的党纲"③，而且在这个纲领中还包含着丰富的统一战线的科学思想理论，它是马克思主义统一战线理论确立和形成的根本标志。可见，马克

① 胡锦涛：《在全国政协新年茶话会上的讲话》，2006年1月1日。

② 胡锦涛：《在中共中央举行党外人士迎春座谈会上的讲话》，2006年1月24日。

③ 《马克思恩格斯选集》第1卷，第228页。

思主义统一战线理论，作为科学社会主义的重要组成部分，它从开始起就包含在科学社会主义的科学体系之中，是随着马克思主义和无产阶级解放运动的产生而产生，发展而发展的。马克思恩格斯在领导国际共产主义运动的过程中，高度重视无产阶级统一战线的问题。他们始终认为，无产阶级及其政党领导的政权的历史使命就是要解放全人类，就是彻底消灭剥削制度和剥削阶级，在全世界范围内实现共产主义。无产阶级政党为了完成这个伟大的历史使命，就必须要团结一切可以团结的力量，必须认识到建立无产阶级统一战线的必要性和重要性。同时，无产阶级政党在统一战线中必须坚持党的领导地位。这是因为，无产阶级政党是无产阶级根本利益的代表者，“一方面，在各国无产者的斗争中，共产党人强调和坚持整个无产阶级的不分民族的共同利益；另一方面，在无产阶级和资产阶级的斗争所经历的各个发展阶段上，共产党人始终代表整个运动的利益。”①“共产党人为工人阶级的最近的目的和利益而斗争，但是他们在当前的运动中同时代表运动的未来。”②也就是说，只有始终坚持无产阶级政党的领导，无产阶级运动才会有正确的政治方向，无产阶级统一战线才会有明确的斗争目标。

因此，马克思恩格斯明确指出统一战线的根本问题，就是无产阶级的自身统一和同盟军的问题，无产阶级政党和共产党人的态度就是要联合，对于一切能够团结合作的小资产阶级甚至资产阶级的派别，只要可能也要采取在一定时期内的联合态度，“共产党人到处都支持一切反对现存的社会制度和政治制度的革命运动”，“共产党人到处都努力争取全世界的民主政党之间的团结和协议”甚至“在德国，只要资产阶级采取革命的行动，共产党就同

① 《马克思恩格斯选集》第1卷，第264页。

② 《马克思恩格斯选集》第1卷，第284页。

它一起去反对君主专制、封建土地所有制和小市民的反动性。”①“共产党一分钟也不忽略教育工人尽可能明确地意识到资产阶级和无产阶级的敌对的对立,以便德国工人能够立刻利用资产阶级统治所必然带来的社会的和政治的条件作为反对资产阶级的武器,以便在推翻德国的反动阶级之后立即开始反对资产阶级本身的斗争。”②马克思恩格斯的这些科学思想论述,明确了无产阶级政党进行革命统一战线的同盟者的范围和对象,指明了无产阶级统一战线的革命方向,以及建立革命统一战线的政治基础和策略原则,进而形成了马克思主义统一战线的科学思想体系。可见,马克思主义的统一战线理论,强调了无产阶级政党要根据不同的社会历史条件和不同的奋斗目标、任务,尽可能地联合、巩固和扩大同盟军,尽可能地团结一切可以团结的力量,以取得无产阶级革命的最终胜利。同时,还明确强调无产阶级政党在统一战线中,要始终保持党的领导性和独立性的原则,在领导无产阶级统一战线的过程中,完成自己肩负的历史使命。但是,我们也应该看到,因为限于历史时代的条件,马克思恩格斯还没有领导无产阶级执政党进行社会主义建设的实践经验,他们不可能在对掌握国家政权的无产阶级执政党的统一战线工作,提出明确的预见,规定出具体的路线、方针和政策。因此,对于这个伟大任务的具体解决,也就历史地选择并留给了他们之后的无产阶级领袖列宁和新中国领袖毛泽东、邓小平、江泽民、胡锦涛等马克思主义经典作家来担当。

马克思恩格斯之后,列宁在领导国际共产主义运动和领导俄国革命和社会主义建设的伟大事业中,在支援殖民地、半殖民地的民主民族解放运动中,他进一步丰富和发展了马克思主义统一战线的科学理论,并从多方面对这一思想理论进行了科学论述和实

① 《马克思恩格斯选集》第1卷,第285页。

② 《马克思恩格斯选集》第1卷,第286页。

践，为马克思主义统战理论增加了新的内容。列宁始终认为，无产阶级同盟军在社会主义的实践中占有很重要的地位。因此，他明确地指出："要想战胜比较强的敌人，只有尽最大的努力，同时必须极精细、极留心、极谨慎，极巧妙地一方面利用敌人之间的一切裂痕，哪怕是最小的'裂痕'，并且利用各国资产阶级之间以及本国资产阶级各集团或各派别之间的一切利害冲突，另一方面要利用一切机会，哪怕是极小的机会，来获得大量的同盟者，尽管这些同盟者是暂时的，动摇的、不稳定的、靠不住的、有条件的"，如果要是"谁不懂得这一点，谁就是丝毫不懂得马克思主义，根本不懂得现代的科学社会主义。……以上所说的一切，对于无产阶级夺取政权以前和以后的时期，都是一样适用的。"①

列宁基于这样的思想认识，他深刻地指出，对于无产阶级建立工农联盟的问题，在胜利之前是夺取政权的基本保证，在夺取政权之后是无产阶级专政的最高原则，必须要从理论与实践的结合上进行解决，必须明确地认识到工农联盟对整个无产阶级事业的发展具有极其重要的作用，马克思主义政党必须始终"坚持这种看法，即无产阶级在资产阶级民主革命中的作用是领袖的作用，为了把革命进行到底无产阶级必须和农民共同行动，革命阶级不夺取政权就不可能取得胜利"②，而保证这个胜利的"最高原则就是维护无产阶级同农民的联盟，使无产阶级能够保持领导作用和国家权力。"③因此，他始终强调，无产阶级执政党最重要的任务就是要争取群众，并明确提出了工人"统一战线"的概念。他明确指出："为了反抗整个资本家阶级，单靠单个工人工厂的联合，甚至单个工业部门的工人的联合，显然是不够了。整个工人阶级的共同行

① 《列宁全集》第 31 卷，第 52 页。
② 《列宁全集》第 15 卷，第 352 页。
③ 《列宁全集》第 32 卷，第 477 页。

动就成了绝对的需要。"[①]列宁的统战理论,进一步发展了马克思主义统一战线理论,并增添了新的思想内容,这说明马克思主义统战思想发展"到列宁的时代,统一战线的问题更发展了,凡是一切反对帝国主义和反对帝国主义战争的人都要联合。"[②]

总体说来,无产阶级领袖马克思、恩格斯、列宁关于马克思主义统一战线的思想,不仅是科学社会主义理论体系的重要组成部分,同时,马克思主义统一战线的科学理论具有与时俱进和永续发展的理论品质,也对以后的新中国领袖毛泽东、邓小平、江泽民、胡锦涛等马克思主义经典作家产生了极其深远的影响,是毛泽东思想、邓小平理论、"三个代表"重要思想、科学发展观科学体系中统战理论的思想渊源和理论基础。

二、中国共产党领导的统一战线的历史形成及其科学发展

在整个人类社会的发展史上,"中国是一个具有五千多年历史的文明古国,为人类文明进步作出了巨大贡献。1840 年以后,由于西方列强的入侵和封建统治的腐败,中国逐渐成为半殖民地半封建国家,民族危机空前深重,人民处于水深火热之中。"[③]同时,中国近代由于受到了帝国主义的野蛮侵略,使之汇集了帝国主义同中华民族的矛盾,封建主义同人民大众的矛盾,民族资产阶级同官僚资产阶级的矛盾,民族资产阶级同地主阶级之间的矛盾,无产阶级同帝国主义、封建主义、官僚资本主义以及资产阶级之间的矛盾,农民阶级同地主阶级之间等近代世界发展史上的各种矛盾。伟大的中国共产党诞生于这样的国家,处在这样的时代。

以毛泽东为杰出代表的中国共产党人,在领导全党全国各族

---

① 《列宁全集》第 2 卷,第 77 页。

② 周恩来:《在人民政协学习委员会上的讲话》,1950 年 4 月 27 日。

③ 胡锦涛:《在首都各界纪念全国人民代表大会成立 50 周年大会上的讲话》,2004 年 9 月 15 日。

人民进行新民主主义革命和社会主建设的历史进程中，以马克思主义执政党的坚定意志和共产党人的模范行动发挥了中流砥柱的作用，创造性地将马克思主义普遍真理同中国国情相结合，创立形成了作为全党智慧结晶的毛泽东思想，进一步丰富和发展了马克思列宁主义，也进一步丰富和发展了马克思列宁主义关于统一战线的科学思想理论。他在《〈共产党人〉发刊词》中深刻指出："十八年的经验，已使我们懂得：统一战线，武装斗争，党的建设，是中国共产党在中国革命中战胜敌人的三大法宝，三个主要的法宝"，并进一步指出："正确地理解了这三个问题及其相互关系，就等于正确地领导了全部中国革命。"[①]因此，毛泽东在领导我们党建立和发展统一战线的历史进程中，在当时的历史条件下，正确地解决了关于中国共产党领导的爱国统一战线的性质、任务、对象，动力，前途和发展方向等一系列的问题，特别是在我们党和各民主党派的关系上，提出了"长期共存，互相监督"的八字方针等思想，这对于我们切实做好我国当前的统一战线工作，仍然具有重要的指导意义。

党的十一届三中全会以来，以邓小平为核心的第二代中央领导集体，领导全国各族人民在建设中国特色社会主义事业的历史进程中，继承、丰富和发展了马克思列宁主义、毛泽东思想的统一战线理论，并使之成为邓小平理论的重要组成部分。邓小平依据中国国情和现代化建设的实际情况，创造性地提出并明确了新时期统一战线的理论、方针、政策和任务。邓小平始终认为，中国在改革开放的新的历史时期，统一战线内部的阶级关系已经发生了根本变化，工人阶级已经全面得到加强，农民已是有 20 多年历史的集体农民，知识分子已经成为工人阶级的一部分，大陆范围内剥

① 《毛泽东选集》第 2 卷，第 606 页。

削阶级已经消灭,资本家阶级已经不复存在,他们已经被改造成为自食其力的劳动者。因此,我国统一战线的地位、性质、范围都发生了根本变化。但是,统一战线在社会主义的建设中,仍然是一个重要法宝,不是可以缩小而是应该扩大和加强,统一战线要高举爱国主义和社会主义旗帜,要发展大陆范围内和大陆范围以外的广泛的爱国统一战线。他明确指出,各民主党派已成为一部分社会主义劳动者和拥护社会主义的爱国者的政治联盟,都是为社会主义服务的政治力量,要始终坚定不移地贯彻落实"长期共存,互相监督"、"肝胆相照,荣辱与共"的方针,发展中国共产党与各民主党派的关系,这就要逐步完善中国共产党领导的多党合作和政治协商制度,并使这一政治制度的特点和优点进一步得到发展。他认为在新的历史时期,我国各民族关系已发展成为新型的社会主义民族关系,因而民族平等、民族团结和各民族共同繁荣,永远是我国统一战线工作和民族工作的根本指导方针。同时,要以"一国两制"的方针解决港澳主权的回归和台湾问题,实现祖国的完全统一。实践证明,邓小平的这些关于统一战线的思想理论,对于建设中国特色的统一战线工作具有重要的指导意义。

党的十三届四中全会特别是党的十四大以来,以江泽民为核心的第三代中央领导集体,始终高度重视我国的统一战线工作,他领导全党和全国各族人民在全面建设中国特色社会主义现代化事业的伟大进程中,在总结中外历史经验的基础上,站在时代和历史的高度,汇集了全党、全军和全国各族人民的智慧,创造性地将马克思列宁主义、毛泽东思想、邓小平理论中的统一战线思想理论,同我国新时期统一战线工作的实践结合起来,提出了一系列关于统一战线的思想理论原则、方针、政策和策略,使之成为"三个代表"重要思想博大恢弘科学体系的重要组成部分,也为马克思主义统一战线科学思想理论增添了新的内容。江泽民深刻地指出:"中国革命和建设的历史经验证明,把绝大多数人团结在共产党周围，结成最广泛的统一战线，是我们战胜一切困难、夺取革命和建设事业胜利的强大力量源泉，是我们党在政治上的一个巨大优势。它不仅是中国新民主主义革命的一个基本特点，也是建设有中国社会主义的一大特色。”①他明确强调：“所谓统一战线，其实质就是要在一个共同的目标之下，在共产党的领导之下，实现全国各民族、各党派、各阶层、各方面人民最广泛的团结。没有这种广泛的团结，就没有统一战线；没有统一战线，也就谈不上工人阶级及其先锋队的领导权。”“今后无论遇到什么情况，我们都要把坚持和发展中国共产党领导的爱国统一战线，作为一项关系党和社会主义兴衰存亡的长期战略方针，丝毫也不能动摇。”②“我们要永远发扬中华民族伟大的团结精神，发展最广泛的爱国统一战线，把一切可以团结的力量都团结起来，把全民族的意志、智慧和力量集中到实现四化、振兴中华和完成祖国统一的总目标上来。”③我们要“这样做的目的，是为了团结民主党派广大成员同我们党一道前进”④，“在即将到来的二十一世纪，中国人民将基本实现祖国的现代化和中华民族的伟大复兴。”⑤实践证明，江泽民的科学思想和科学论述，不仅极大地丰富和发展了马克思主义统一战线思想理论，同时，这也是我们能够切实做好统一战线工作的根本思想指针。

新世纪新阶段，以胡锦涛为杰出代表的当代中国共产党人，从站在科学认知人类文明的战略高度，在“我们伟大的祖国呈现出

---

① 江泽民：《努力发展最广泛的爱国统一战线》，1990 年 6 月 11 日。

② 江泽民：《在七届人大四次会议、全国政协七届四次会议党员负责人会议上的讲话》，1991 年 3 月 23 日。

③ 江泽民：《在西安事变六十周年纪念大会上的讲话》，1996 年 12 月 12 日。

④ 江泽民：《坚持和完善共产党领导的多党合作和政治协商制度》，2000 年 12 月 4 日。

⑤ 江泽民：《在接见全国侨务工作会议代表时的讲话》，1999 年 1 月 18 日。

一派欣欣向荣的喜人景象，各族人民正满怀信心地朝着全面建设小康社会的宏伟目标阔步前进”①的壮志豪情中，在领导全党和全国各族人民向着全面建设小康社会、全面建设社会主义和谐社会、全面建设社会主义创新型国家、全面实现中华民族的伟大复兴、全面倡导整个国际社会和世界各国携手建设持久和平、共同繁荣的和谐世界的伟大历史进程中，在世界形势发生深刻变化的国际大环境下，科学把握当今世界的发展走向，科学全面汲取人类文明进步成果中的积极因素与合理内核，并汇集了13亿中国人民的创造精神和集体智慧，创造性地将马克思列宁主义、毛泽东思想、邓小平理论和“三个代表”重要思想中的关于统一战线工作的科学思想理论，同我国改革开放和现代化建设中的新形势结合起来，并对我国当前统一战线的地位、性质、任务、范围、对象等各个基本问题，都科学阐明了新的思想、新的理论和新的观点，并将这些思想贯穿到我国经济社会的各个领域，特别是在统一战线中增加社会主义事业的建设者的新的科学理论表述，是我国当前统一战线的工作已经进入坚持以人为本，全面协调可持续的科学发展阶段的重要标志，这不仅进一步地丰富、发展和创新了马克思主义统一战线科学思想理论宝库，而且，它作为科学发展观科学思想体系的重要组成部分，也是我国统一战线工作的根本指南。

胡锦涛在深情回顾统一战线在中国革命建设改革各个历史时期的巨大作用时，他深刻地指出：“中国是一个有着五千多年悠久历史的文明古国。长期以来，中国人民以自己的勤劳智慧创造了灿烂的中华文明，为人类文明进步作出了重大贡献。”但是，中国自“19世纪中叶以后，由于列强的野蛮侵略和封建统治的腐败无能，中华民族陷入了丧权辱国、民不聊生的悲惨境地。面对内忧外

① 胡锦涛：《在全国政协举行新年茶话会上的讲话》，2004年1月1日。

患，中国人民不懈抗争”①，英勇奋斗。在中国共产党的正确领导下，“在长期的革命斗争中，毛泽东同志和他的战友们缔造了一个用马克思列宁主义革命理论和革命风格武装起来的无产阶级政党、一个在党的绝对领导下为人民的解放事业英勇奋战的人民军队、一个团结全民族绝大多数人共同奋斗的统一战线。我们党依靠这三大法宝，团结带领人民浴血奋战、顽强奋斗，终于夺取了新民主主义革命的胜利，实现了近代以来几代中国人梦寐以求的民族独立和人民解放。”②胡锦涛强调：“统一战线是中国共产党团结一切可以团结的力量，夺取革命、建设和改革事业胜利的重要法宝，也是中国共产党执政兴国的重要法宝。共产党领导的多党合作和政治协商制度是我国的一项基本政治制度，也是我国社会主义政治制度的特有优势。以毛泽东、邓小平、江泽民同志为核心的中共中央三代领导集体，为统一战线和我国这项基本政治制度的建立和发展倾注了巨大心血，作出了重大贡献。中共十六大把统一战线和这项基本政治制度写入了中国共产党领导人民建设中国特色社会主义必须坚持的基本经验，表明了我们党巩固和发展最广泛的爱国统一战线、坚持和完善我国这项基本政治制度不可动摇的决心。”必须要始终不渝地坚持爱国统一战线这个重要法宝和战略方针，必须要“进一步巩固和发展最广泛的爱国统一战线，把各方面的智慧和力量都凝聚起来，把全社会全民族的积极性和创造性都发挥出来，万众一心地为实现中华民族的伟大复兴而努力奋斗”③，万众一心地创造我们的幸福生活和美好未来。

胡锦涛始终高度重视爱国统一战线的问题，并对统一战线的

① 胡锦涛：《在二〇〇五年北京〈财富〉全球论坛开幕式上的演讲》，2005 年 5 月 16 日。

② 胡锦涛：《在纪念毛泽东同志诞辰 110 周年座谈会上的讲话》，2003 年 12 月 26 日。

③ 胡锦涛：《在中共中央举行民主协商会上的讲话》，2003 年 2 月 26 日。

科学内涵进行了阐述："我国统一战线已经发展成为包括全体社会主义劳动者、社会主义事业的建设者、拥护社会主义的爱国者和拥护祖国统一的爱国者的最广泛的联盟。要不断巩固社会主义劳动者之间的团结，充分发挥包括知识分子在内的工人阶级、广大农民推动我国先进生产力发展和社会全面进步根本力量的重大作用，不断巩固和发展中国共产党领导的统一战线的基础。要切实做好团结包括新的社会阶层在内的全体社会主义事业的建设者的工作，进一步加强同他们的联系，了解他们的愿望和要求，坚定他们走中国特色社会主义道路的信念，引导他们爱国、敬业、诚信、守法，维护他们的合法权益，鼓励他们为促进国家发展、改善人民生活和增加社会财富多贡献智慧和力量。要坚持高举爱国主义旗帜，发挥人民政协组织的优势，多形式、多渠道、多领域地开展工作，广泛团结香港特别行政区同胞、澳门特别行政区同胞、台湾同胞和海外侨胞以及海内外各方面爱国力量，共同为中华民族的伟大复兴而奋斗。"①他并满怀豪情地指出："展望未来，发展前景催人奋进，工作任务艰巨繁重。我们一定要大力弘扬万众一心、埋头苦干、开拓创新的精神。万众一心，就是要巩固全党全国各族人民团结奋斗的共同思想基础，最广泛最充分地调动一切积极因素，形成全国上下心往一处想、劲往一处使的生动局面，凝聚起全面建设小康社会的强大合力。埋头苦干，就是要准确认识国际国内的发展环境，准确认识我国发展的阶段性特征，准确认识我国经济社会发展面临的主要问题，准确认识实现我国经济社会又快又好发展的基本要求，牢记'两个务必'，长期艰苦奋斗，脚踏实地为完成改革发展稳定的各项任务而努力奋斗。开拓创新，就是要坚持解放思想、实事求是、与时俱进，注重分析新情况新问题，不断深化对客

① 胡锦涛：《在庆祝中国人民政治协商会议成立55周年大会上的讲话》，2004年9月21日。

观规律的认识，通过理论创新推动制度创新、科技创新、文化创新以及其他各方面的创新，大力提高自主创新能力，努力建设创新型国家，不断开创党和人民事业发展的新局面。”①

可见，新世纪新阶段，必须坚持以科学发展观为指导，进一步坚持和完善中国共产党领导的多党合作和政治协商制度，进一步巩固和壮大最广泛的爱国统一战线，在统战工作中始终做到以人为本，全面协调可持续发展，始终坚持把科学发展观贯穿于统战工作的整个过程和各个方面，积极促进经济社会与人的全面发展，实现人与自然的和谐发展，始终抓好科学发展这个党执政兴国的第一要务，切实做到发展要有新思路、改革要有新突破、开放要有新局面、各项工作要有新举措，始终围绕以经济建设为中心，团结一切可以团结的力量，万众一心地把中国特色社会主义现代化事业不断推向前进。

三、必须坚持完善共产党领导的多党合作和政治协商制度

中国共产党领导的多党合作和政治协商制度，是马克思主义统一战线理论与我国具体国情相结合的产物，是我国社会主义的一项基本政治制度，是推进党和人民事业科学发展的必然要求，它在中国革命建设改革和社会主义现代化事业中具有重要意义。对此，胡锦涛深刻指出：“中国共产党领导的多党合作和政治协商制度是我国的一项基本政治制度，在我国政治生活中发挥着非常重要的作用。实践证明，坚持‘长期共存、互相监督、肝胆相照、荣辱与共’的方针，经常就党和国家工作中的重大事项同各民主党派、全国工商联和无党派人士进行协商，充分发扬民主，有利于推进决策的科学化、民主化，有利于中国共产党加强执政能力建设，更好地团结带领全国各族人民进行社会主义现代化建设。”②我国的多

① 胡锦涛：《在全国政协新年茶话会上的讲话》，2006 年 1 月 1 日。

② 胡锦涛：《在中共中央举行民主协商会上的讲话》，2003 年 2 月 26 日。

党合作，就是在中国共产党领导的中国共产党与民盟、民革、农工党、民进、民建、九三学社、致公党和台盟等民主党派互相团结合作、互相监督的制度，与此相应的多党派合作的重要政治形式和组织形式是中国人民政治协商会议。历史和客观地看，在中国革命建设和改革中，在共同要求建设和发展科学社会主义的政治思想基础上，中国共产党和各民主党派逐步建立起了亲密合作、风雨同舟的关系。政治协商是共产党领导的多党合作和政治协商制度的一项重要内容，是我国社会主义民主的一种重要形式。政治协商，就是中国共产党同各民主党派、人民团体及各方面的代表人士，在共同遵守宪法和基本路线的基础上，就有关国家事务和地方事务的重大问题，进行各种形式的充分讨论，集中各方面提出的正确意见，始终采取协商一致的原则来解决问题。政治协商，它是充分发扬社会主义民主，充分发挥民主党派参政议政作用，正确处理人民内部矛盾的有效制度，也有利于广开言路、广纳群言，保证决策的民主化和科学化。进行政治协商的主要组织形式是中国人民政治协商会议。实践已经充分证明，中国人民政治协商会议是中国共产党把马克思列宁主义统一战线理论、政党理论和民主政治理论同中国具体实践相结合的伟大创造，“是中国共产党同各民主党派、人民团体和各族各界人士风雨同舟、团结奋斗的伟大成果。”①

新中国成立后，在中国共产党的帮助下，各民主党派参加了人民政权和人民政协的工作，并完成了自身性质的重大转变。1956年，我国的社会主义制度基本确立以后，毛泽东及时总结了同民主党派长期合作的成功经验，充分肯定了多党合作比只有一个党好，并明确提出了“长期共存、互相监督”的方针，并将之写进了党的八大决议中。1979年10月，邓小平认为在中国共产党的领导下，

① 胡锦涛:《在庆祝中国人民政治协商会议成立55周年大会上的讲话》,2004年9月21日。

实行多党派的合作，这是由我国具体历史条件和现实条件决定的，也是我国政治制度的一个特点和优点，提出了适应新时期的多党合作理论，他并指出中国的社会主义现代化建设事业，继续需要政协就有关国家的大政方针、政治生活和四个现代化建设中的各项社会经济问题，进行协商、讨论，实行互相监督，切实发挥对宪法和法律实施的监督作用。1982 年，党的十二大将"长期共存、互相监督"的方针，发展为"长期共存、互相监督、肝胆相照、荣辱与共"的十六字方针。党的十三大明确把共产党领导的多党合作和政治协商制度，与人民代表大会制度一并列为中国特色的社会主义政治制度。1989 年，在江泽民主持制定的《中共中央关于坚持和完善中国共产党领导的多党合作和政治协商制度的意见》中，全面阐述了我国实行多党合作制的基本原则、基本内容、基本方针和措施，使共产党领导的多党合作和政治协商制度进一步规范化和制度化。1993 年召开的全国人民代表大会把中国共产党领导的多党合作和政治协商制度长期存在发展载入我国宪法，上升为国家意志。党的十五大把坚持和完善中国共产党领导的多党合作和政治协商制度，作为我们党的基本纲领的重要内容，并强调要继续推进人民政协政治协商、民主监督、参政议政的规范化、制度化。

2002 年，党的十六大明确提出，"要坚持和完善中国共产党领导的多党合作和政治协商制度，加强同民主党派合作共事，更好地发挥我国社会主义政党制度的特点和优势"①，必须要坚持"长期共存、互相监督、肝胆相照、荣辱与共"的方针。2004 年，党的十六届四中全会强调，坚持和完善中国共产党领导的多党合作和政治协商制度，巩固、发展和壮大最广泛的爱国统一战线。贯彻长期共存、互相监督、肝胆相照、荣辱与共的方针，加强同民主党派合作共

① 胡锦涛：《在庆祝中国人民政治协商会议成立 55 周年大会上的讲话》，2004 年 9 月 21 日。

事,健全有关重大问题决策前协商的制度,真诚接受民主党派监督,巩固同党外人士的联盟。中国共产党支持人民政协围绕团结和民主两大主题履行政治协商、民主监督、参政议政的各项职能。2005 年,中央颁发了《中共中央关于进一步加强中国共产党领导的多党合作和政治协商制度建设的意见》,这是我国政治生活中特别是关于统一战线和多党合作中的一件大事。《意见》坚持以马克思列宁主义、毛泽东思想、邓小平理论、"三个代表"重要思想和科学发展观为指导,全面贯彻中共十六大和十六届三中、四中全会精神,体现了科学执政、民主执政、依法执政的要求,在认真总结历史经验的基础上对中国共产党领导的多党合作和政治协商的原则、内容、方式和程序等作了科学规范,是指导新世纪新阶段我国统战工作和多党合作事业的纲领性文件。这充分说明,"中国共产党始终高度重视并坚持和完善中国共产党领导的多党合作和政治协商制度,保证人民政协发挥政治协商、民主监督和参政议政的重要作用,巩固和发展了最广泛的爱国统一战线。"①

新世纪新阶段,面对新的形势和任务,必须坚持以科学发展观为指导,按照《中共中央关于加强党的执政能力建设的决定》和《中共中央关于进一步加强中国共产党领导的多党合作和政治协商制度建设的意见》的要求,从党和国家事业发展全局的战略高度,进一步加强中国共产党领导的多党合作和政治协商制度建设,这对于深入贯彻落实科学发展观,对于全面建设小康社会,发展社会主义民主政治、建设社会主义政治文明,对于维护社会安定团结与和谐稳定都具有十分重要的意义。这样,就必须通过加强中国共产党领导的多党合作和政治协商制度建设,最大限度地团结一切可以团结的力量,必须要调动一切积极因素,巩固壮大最广泛的爱国统一战线,

---

① 胡锦涛:《在首都各界纪念中华人民共和国宪法公布施行二十周年大会上的讲话》,2002 年 12 月 4 日。

共同推进中国特色社会主义的伟大事业，更好地体现和发挥我国社会主义政治制度和政党制度的特点和优势，进一步实现党的领导、人民当家做主和依法治国的有机统一，不断发展我国社会主义民主政治。必须要始终坚持把促进科学发展作为多党合作和政治协商的根本任务，围绕中心、服务大局，全面推进社会主义物质文明、政治文明、精神文明、社会文明协调发展和人的全面发展，必须"要更好地坚持和完善中国共产党领导的多党合作和政治协商制度，切实贯彻长期共存、互相监督、肝胆相照、荣辱与共的方针，进一步巩固和发展同民主党派和无党派人士的团结合作，要更好地发展壮大爱国统一战线"①，必须要深入研究多党合作面临的新情况和新问题，认真总结实践中的新经验和新做法，必须在坚持的基础上不断完善，不断推进中国共产党领导的多党合作和政治协商的制度化、科学化、规范化和程序化的科学系统建设，使"爱国统一战线发展壮大，政党关系、民族关系、宗教关系、阶层关系、海内外同胞关系更加和谐"②，必须从着眼于深入贯彻落实科学发展观，致力于推动科学发展、促进社会和谐，不断为推动经济社会又好又快发展献计出力；必须从着眼于巩固民主团结的政治局面，不断为建设和发展社会主义民主政治献计出力；必须从着眼于实现国家长治久安，为建设社会主义和谐社会献计出力；从着眼于发展成果由人民共享，为解决关系群众切身利益的突出问题献计出力；必须从着眼于善于借鉴人类政治文明的有益成果，把促进科学发展作为履行职能的第一要务，为坚定不移地走科学发展道路献计出力，不断开创中国共产党领导的多党合作和政治协商工作的新局面。

① 胡锦涛：《在全国政协新年茶话会上的讲话》，2006年1月1日。

② 胡锦涛：《在纪念党的十一届三中全会召开30周年大会上的讲话》，2008年12月18日。

四、统一战线对构建和谐社会与缔造和谐世界的重要作用

实践证明,中国特色的爱国统一战线始终在与社会主义现代化事业同步发展中,体现其重要法宝地位的作用和意义。统一战线作为中国共产党总路线总任务的重要组成部分,历来都是服从并服务于中国共产党的总路线和总任务。胡锦涛在当前新的历史时期,在当前经济全球化的国际大环境下,从站在对共产党执政规律、社会主义建设规律和人类社会发展规律科学认知的高度,在全面深入地分析目前国内外发展大势的基础上,他认为我国正处在全面建设小康社会、加快推进社会主义现代化的新的发展阶段,我们要全面建设惠及十几亿人口的更高水平的小康社会,任务十分艰巨繁重。他并指出在人民生活总体上达到小康、人均国内生产总值跃上1000美元的台阶后,我国改革发展进入了一个关键时期,经济结构深刻调整,社会利益关系也更为复杂,新情况和新问题层出不穷。特别是我国正处于人均GDP从1000美元到3000美元跨越的关键阶段,世界上许多国家的发展进程表明,这既是一个有着巨大发展潜力和动力的重要机遇期,又是一个充满各种困难和挑战的高风险期,这就要求我们必须要切实抓住重要战略机遇期,解决好我国在发展中遇到的各种问题,确保经济社会协调发展和国家长治久安,这就要求我们必须适应我国经济社会发展的深刻变化,必须要把建设社会主义和谐社会作为重要的战略目标提出来,必须要明确建设的主要内容并将其摆在重要的位置,努力调动各方面的积极力量切实加以实现。

胡锦涛指出,只要我们适应了我国改革发展进入关键时期的客观要求,"全党同志在建设中国特色社会主义的伟大实践中,更加自觉地加强社会主义和谐社会建设"①,并切实做好建设和谐社会的各项工作,就必然能使社会主义物质文明、政治文明、精神文

① 胡锦涛:《在省部级主要领导干部提高构建社会主义和谐社会能力专题研讨班上的讲话》,2005年2月19日。

明建设与和谐社会建设全面发展，就必然能使经济更加发展、民主更加健全、科教更加进步、文化更加繁荣、社会更加和谐、人民生活更加殷实，就必然能形成全体人民各尽其能、各得其所而又和谐相处的大好政治局面，巩固和发展民主团结、生动活泼、安定和谐的政治局面，就必然能体现出广大人民群众的最根本利益和共同愿望，我们伟大的祖国就必然会更加呈现出一派欣欣向荣的喜人景象。胡锦涛认为："全面建设小康社会、加快推进社会主义现代化，是全国各族人民在中国共产党领导下共创自己美好生活的事业，也是需要全国各族人民同心同德奋斗才能完成的事业。在全面建设小康社会的征程上，人民政协肩负的责任重大，地位重要。进一步动员、组织、团结全国各族人民和一切爱国力量为实现新世纪新阶段我国发展的宏伟目标而奋斗，是摆在我们面前的一项重大任务，也是人民政协的历史使命。"①"现在，前进方向已经指明，大政方针已经确定，发展蓝图已经绘就，实现这一宏伟目标"②，"既需要我们党坚持不懈努力，也需要各民主党派、工商联和无党派人士的支持和帮助"③，需要共产党和各民主党派更加紧密地团结合作，需要紧紧依靠全国各族人民的共同团结奋斗，需要紧紧依靠全体中华儿女的团结奋斗，"为全面建设小康社会、实现中华民族的伟大复兴而继续努力奋斗。"④我们从胡锦涛的科学论述中可以看到，全面建设小康社会、建设社会主义和谐社会，是我们党提出的重大战略任务，这表明随着我国经济社会的不断发展，中国特色社会主义事业的总体布局，更加明确地由社会主义经济建设、政

---

① 胡锦涛：《在庆祝中国人民政治协商会议成立55周年大会上的讲话》，2004年9月21日。

② 胡锦涛：《在走访各民主党派中央和全国工商联时的讲话》，2002年12月23日。

③ 胡锦涛：《在中共中央召开党外人士座谈会上的讲话》，2004年9月20日。

④ 胡锦涛：《在纪念中国人民抗日战争暨世界反法西斯战争胜利60周年大会上的讲话》，2005年9月3日。

治建设、文化建设三位一体发展为社会主义经济建设、政治建设、文化建设、社会建设四位一体，使社会主义物质文明、政治文明、精神文明建设与和谐社会建设全面发展，这既是我们党对共产党执政规律、社会主义建设规律、人类社会发展规律真理认知的必然结果，是建设和发展中国特色社会主义不断向更高目标迈进的内在要求。也是全党全国各族人民在我们党领导下共同创造自己美好生活的事业，也是需要全党全国各族人民同心同德奋斗才能完成的伟大事业。

党的十六大以来的伟大实践已经说明，社会主义和谐社会作为一种充满创造活力、各方面利益关系不断得到有效协调、社会管理体制不断创新与和谐稳定的社会，统一战线体现和追求的也是一种和谐与协调，它在本质上是与建设社会主义和谐社会相一致的。而且，统一战线作为建设社会主义和谐社会的重要因素，它能极大地调动各方面的积极性，在促使全社会空前团结与和谐的过程中，能够有效形成政通人和、社会稳定、人民安居乐业的大好局面。可见，统一战线在建设和谐社会中具有重大的实践意义。这是因为，进入新世纪新阶段，爱国统一战线已经发展成为全体社会主义劳动者、社会主义事业的建设者、拥护社会主义的爱国者和拥护祖国统一的爱国者的联盟，具有空前的广泛性和包容性，它的本身构成反映社会结构的总体面貌，它自身的内部团结是全社会和谐的基础，其本质就是大团结与大联合。因为建设社会主义和谐社会的工作，就是必须不断巩固社会主义劳动者之间的团结，充分发挥包括知识分子在内的工人阶级、广大农民推动经济社会发展根本力量的重大作用，必须不断加强同包括新的社会阶层在内的全体社会主义事业建设者的团结，鼓励和支持他们为经济社会发展积极贡献力量，必须不断搞好同港澳台同胞、海外侨胞和海内外各方面爱国力量的团结，共同为祖国统一和民族振兴而奋斗，而要切实做好这些工作，这恰恰是统一战线自身的优势和基本的社会实践。这样，新时期的统一战线作为当前建设社会主义和谐社会的有效途径，在我国这样一个有着13亿人口的发展中大国，在改革开放和发展社会主义市场经济新的历史条件下，它必然能够为在全社会形成一种普遍谅解和厚德宽容、团结互助的良好社会风尚和平等友爱、融洽和谐的社会人际环境作出积极的贡献，并切实发挥出极其重要的和不可替代的作用。

因此，人民政协作为是中国共产党把马克思列宁主义统一战线理论、政党理论和民主政治理论同中国具体实践相结合的伟大创造，作为中国共产党同各民主党派、人民团体和各族各界人士风雨同舟、团结奋斗的伟大成果，作为中国人民爱国统一战线的政治组织，在当前新的历史时期和新形势下，在全面建设中国特色社会主义现代化建设的伟大历史进程中，所肩负的历史责任重大，地位重要，特别是我国在本世纪头20年的重要战略机遇期中面临促进科学发展的关键时期，如何动员好、组织好和团结好全国各族人民和调动一切积极因素，为“实现全面建设小康社会的宏伟目标，完成中华民族伟大复兴的神圣事业，必须团结一切可以团结的力量。新世纪新阶段的爱国统一战线工作和人民政协工作，必须以此为根本出发点和落脚点”①，也是人民政协肩负的一项重大任务。这就要求人民政协作为中国共产党领导的统一战线组织，必须始终高举马克思主义、毛泽东思想、邓小平理论、“三个代表”重要思想和科学发展观伟大旗帜，坚持以科学发展观为指导，深入贯彻落实科学发展观，按照科学发展观和“五个统筹”的要求，切实发挥好人民政协自身具有的政治协商、民主监督和参政议政的优势，从着眼于为全面建设社会主义和谐社会提供坚实的物质基础，积极促进我国经济社会实现全面协调可持续发展，坚持把促进科学发展

① 胡锦涛:《在全国政协举行新年茶话会上的讲话》,2004年1月1日。

作为履行人民政协职能的第一要务，把各方面的力量和智慧凝聚到经济建设这个中心上来，切实把经济社会发展转入以人为本，全面协调可持续的科学发展轨道。从着眼于为建设社会主义和谐社会提供可靠的政治保障，始终坚持和完善我国的基本政治制度，要通过发展高度民主、法制完备、富有效率、充满活力的社会主义民主政治，要进一步建立“健全民主制度，丰富民主形式，切实保证人民依法实行民主选举、民主决策、民主管理、民主监督”，使之成为建设社会主义和谐社会的重要内容和基本标志，因为“和谐社会首先是一个民主法治的社会”①，这就需要始终认识到人民代表大会制度、共产党领导的多党合作和政治协商制度以及民族区域自治制度，这些基本制度构成了我国民主政治的基本框架，体现了我国的性质和发展方向。坚持和完善这些基本政治制度，是发展社会主义民主政治、建设社会主义政治文明的根本要求，也是建设社会主义和谐社会的政治保障。统一战线要为建设社会主义和谐社会服务，必须要始终围绕增强党和国家的生机活力，更好地体现与发挥我国政治制度、政党制度的特点和优势，要充分调动统一战线成员的积极性主动性创造性，不断扩大有序的政治参与，推进民主决策和科学决策，促进党的领导、人民当家做主和依法治国的有机统一。从着眼于为建设社会主义和谐社会提供坚强有力的精神动力和不竭的力量源泉，就必须要不断推进社会主义先进文化建设，充分发挥统一战线成员在先进文化建设中的独特优势，有针对性地加强统一战线成员的思想道德建设，大力开展以爱国主义为核心的民族精神和以改革创新为核心的时代精神教育，要不断发展丰富多彩且具有中国风格、中国特色的社会主义文化，促进全社会共同理想和精神支柱的牢固确立。要从着眼于为建设社会主义

① 胡锦涛：《在会见出席第22届世界法律大会代表时的讲话》，2005年9月5日。

和谐社会创造良好的社会环境和氛围，切实维护和保持社会稳定，这就必须做到坚持以人为本，始终把最广大人民的根本利益放在首位，尊重和维护爱国统一战线全体成员的合法权益，努力为他们排忧解难，全面促进经济社会的协调发展和安定团结，为建设和发展中国特色社会主义事业服务，为深入贯彻落实科学发展观、推动经济社会又好又快发展服务，为推进社会主义经济建设、政治建设、文化建设、社会建设的总体布局服务，为"全面推进党的思想建设、组织建设、作风建设和制度建设"①达到党章的要求，切实为促进经济社会实现科学发展提供根本政治保证服务。

同时，在此基础上，统一战线的各项工作要从始终坚持站在科学发展观的战略思想高度，要切实从促进实现全球和谐的政治、经济、文化层面的大战略视角出发，始终坚持"高举和平、发展、合作的旗帜，坚持走和平发展道路，坚持独立自主的和平外交政策，坚持互利共赢的对外开放战略，积极开展双边外交和多边外交，并在和平共处五项原则的基础上同世界各国加强友好交往和互利合作，同世界各国人民一道，致力于建设一个持久和平、共同繁荣的和谐世界"②而不懈努力，必须要尽最大努力团结当今整个国际社会和世界各国中一切可以团结的和平与发展力量，从着眼于全球经济贸易的战略视角出发，积极促进中国在未来建立全球宏大战略经济贸易中的引领地位；从着眼于全球战略政治关系出发，积极促进中国在未来与世界各国建立全面的战略合作伙伴关系；从着眼于全球战略文化交流出发，必须要善于用科学发展观这一强大的思想武器去武装全人类的头脑，积极促进全球经济、政治、文化等各个方面切实转入以人为本，全面协调可持续发展的科学发展轨道，切实使当今人类社会朝着携手建设一个持久和平与共同繁荣的和谐世界

① 胡锦涛:《在全国政协新年茶话会上的讲话》,2006 年 1 月 1 日。

② 胡锦涛:《在全国政协新年茶话会上的讲话》,2006 年 1 月 1 日。

的方向演进，真正体现出中国特色的爱国统一战线，在全面建设小康社会、和谐社会与和谐世界的伟大历史进程中，作为中国共产党执政兴国以及维护世界和平、促进共同发展的重要法宝作用。

第四节 科学发展观全面吸取人类文明进步成果的合理内核

在人类社会的历史演进中，在整个无产阶级革命事业的伟大历史进程中，无产阶级领袖马克思、恩格斯、列宁、毛泽东、邓小平、江泽民、胡锦涛等马克思主义经典作家，对于迄今以来人类社会的一切文明成果的科学态度，他们历来都主张进行批判性的借鉴和继承。我们知道，马克思主义科学体系的创立、形成和诞生，就是积极地汲取和借鉴了德国的古典哲学、英国的古典政治经济学、十九世纪初法国空想社会主义学说的思想理论成果中的合理内核。列宁指出："无产阶级文化不是从天上掉下来的，也不是那些无产阶级文化专家杜撰出来的，如果认为是这样，那完全是瞎说。无产阶级文化应当是在资本主义社会、地主社会和官僚社会的压迫下创造出来的全部知识合乎规律的发展。"①毛泽东指出："我们决不可拒绝继承和借鉴古人和外国人，哪怕是封建阶级和资产阶级的东西。"②邓小平强调："关起门来搞建设是不能成功的，中国的发展离不开世界"③，要"向资本主义发达国家学习先进的科学、技术、经营管理方法以及其他一切对我们有益的知识和文化。"④江

① 《列宁选集》第4卷，第348页。

② 《毛泽东选集》第3卷，第817页。

③ 《邓小平文选》，第3卷，第78页。

④ 《邓小平文选》，第3卷，第44页。

泽民也认为:“要积极吸收我国历史文化和外国文化中的一切优秀成果。”①

新世纪新阶段,胡锦涛更加明确强调:“文明的多样性是人类社会的基本特征,也是人类进步的动力。各个民族、各种文明应该和谐共处,相互学习,相互借鉴,开展平等的对话和交流。”②“要认真研究和借鉴其他国家历史发展提供的经验教训,站在世界文明发展的历史高度,进一步认清当今世界风云变幻的规律性趋势,进一步认清我国的基本国情和发展大势,更好地掌握加快我国发展的主动权。”③因此,在当前世界各国已经逐步进入共同缔造和谐世界的国际大背景下,我们根据马克思、恩格斯、列宁、毛泽东、邓小平、江泽民、胡锦涛等马克思主义经典作家的科学思想原则,始终坚持以科学发展观为指导,始终坚持从站在马克思主义的辩证唯物史观和科学发展史观的全球战略视野,来全面审视分析和研究迄今以来人类社会的一切文明进步成果的合理内核,进一步把握发展规律、创新发展理念、转变发展方式、破解发展难题,对于深入贯彻落实科学发展观,“进一步推动学习实践科学发展观向深度和广度发展”④,必然具有重大的理论意义和实践意义。

一、在考察我国古代发展思想的价值取向中把握发展规律

胡锦涛始终认为,在中国历史上关于发展的思想理论源远流长,我国自先秦以来的各种文献和史料典籍中,就有过不少有关对社会发展思想的记载:“比如,孔子说过‘和为贵’;墨子提出了‘兼

① 江泽民:《在庆祝中华人民共和国成立40周年大会上的讲话》,1989年9月29日。

② 胡锦涛:《会见巴基斯坦总统穆沙拉夫时的讲话》,2003年11月3日。

③ 胡锦涛:《在中共中央政治局第九次集体学习时的讲话》,2003年11月24日。

④ 胡锦涛:《在全党深入学习实践科学发展观活动总结大会上的讲话》,2010年4月6日。

相爱’、‘爱无差等’的理想社会方案；孟子描绘了‘老吾老以及人之老，幼吾幼以及人之幼’的社会状态；《礼记·礼运》中描绘了‘大道之行也，天下为公，选贤与能，讲信修睦。故人不独亲其亲，不独子其子，使老有所终，壮有所用，幼有所长，矜、寡、孤、独、废疾者皆有所养’这样一种理想社会。”①也就是说，在当今整个人类社会的所有关于人与人、人与社会、人与自然的全面、和谐、可持续发展的科学思想理念和内涵，在我国历史上早就已经体现出了极其可贵的思想理论萌芽，迄今以来的中华民族和一部中国的文明史、思想史、发展史，实际上就是中国人民始终在反复探索和不懈追求坚持以人为本，全面、协调、可持续的科学发展观，促进经济社会和人的全面发展，实现人与自然的和谐发展，保证一代接一代地永续发展的伟大历史。

实践已经充分说明，胡锦涛作为精通中国历史和世界历史的马克思主义经典作家，他始终对中国优秀的传统思想文化有着极为深厚的眷恋之情，同时，又有高度的中国优秀传统文化素养，并坚持用有着几千年悠久文明历史的灿烂的中华文明成果，作为理论创新和实践创新的深厚底蕴。因此，他正是从站在始终坚持马克思主义的指导地位，善于把中华民族的优秀传统文化与世界各国的先进文明成果结合起来的战略高度出发，对于我国早就体现出来的、关于发展思想理论萌芽的、优秀的传统思想文化和文明成果，他指出：“中国是有着几千年悠久文明历史的伟大国家，中国人民是创造了灿烂文化的伟大人民，中华民族是有着自强不息精神的伟大民族。在长期的历史进程中，中国人民辛勤劳动、艰苦创业，克服了无数的艰难险阻，创造了一个又一个人间奇迹”②，“为

① 胡锦涛：《在省部级主要领导干部提高构建社会主义和谐社会能力专题研讨班上的讲话》，2005年2月19日。

② 胡锦涛：《在纪念毛泽东同志诞辰110周年座谈会上的讲话》，2003年12月26日。

人类社会发展作出了不可磨灭的贡献。16世纪以前,中国经济科技发展处于世界前列。"①世界各国人民完全可以从伟大而灿烂的中华文明中,"能够生动地感受到中华文明源远流长、博大精深的深厚底蕴,感受到中华民族自强不息、顽强奋进的壮阔历程"②,感受到"中华文化历来包含鼓励创新的丰富内涵,强调推陈出新、革故鼎新,强调'天行健,君子以自强不息'"③的伟大中华民族精神。

胡锦涛指出,中华民族历来就有治史、学史、用史的传统。我们党在领导革命建设和改革的过程中,一贯重视对历史经验的借鉴和运用。在新形势下,我们要更加重视学习历史知识,更加注重用中国历史特别是中国革命史来教育党员干部和人民。不仅要学习中国历史、还要学习世界历史,不仅要有深远的历史眼光、而且要有宽广的世界眼光。全党同志要"在深刻变化的国际环境中,我们要更加重视学习历史知识,善于从中外历史上的成功失败、经验教训中进一步认识和把握历史发展和社会进步的规律,认识和把握时代发展大势,提高治国理政的才干,不断开创中国特色社会主义事业的新局面"④,要根据中国革命建设改革的特点,"不断在实践的基础上推进理论创新"⑤,"不断把马克思主义中国化推向前进,不断把中国特色社会主义事业推向前进",不断"使党的理论和路线方针政策顺应时代发展的潮流和我国社会发展进步的要求、反映全国各族人民的利益和愿望"⑥,不断促进社会主义物质

---

① 胡锦涛:《在法国国民议会的演讲》,2004年1月27日。

② 胡锦涛:《在2005年北京〈财富〉全球论坛开幕式上的演讲》,2005年5月16日。

③ 胡锦涛:《在全国科学技术大会上的讲话》,2006年1月9日。

④ 胡锦涛:《在中共中央政治局第九次集体学习时的讲话》,2003年11月24日。

⑤ 胡锦涛:《在中共中央政治局第二十六次集体学习时的讲话》,2005年11月25日。

⑥ 胡锦涛:《在新时期保持共产党员先进性专题报告会上的讲话》,2005年1月14日。

文明、政治文明、精神文明与和谐社会的建设协调发展,不断为人类和平与发展的崇高事业作出新的更大贡献。

因此,我们当前在新的历史时期和新形势下,必须坚持以科学发展观为指导,在着力加强马克思主义理论学习和研究现实问题的同时,加强对中国传统历史文化知识的学习,这既是切实提高领导水平和领导能力的现实要求,也是培养科学文化素质和综合能力的重要途径。各级领导干部学习历史知识,必须把深入理解国情、切实解决中国的现实问题作为立足点,要在认真学习中国传统的历史文化知识中,促进对我们党的历史进行深入思考和科学分析,不断提高对共产党执政规律、社会主义建设规律和人类社会发展规律的认识水平,不断提高自觉运用三个规律指导实践的实际能力,更好促进社会主义物质文明、政治文明、精神文明与和谐社会的建设协调发展。全党同志特别是各级领导干部,必须全面把握中国传统文化的理论精华,深刻认识"中国是一个有着五千多年悠久历史的文明古国。在漫长的历史演进中,中国人民为创造美好生活始终自强不息、顽强奋斗。在上个世纪的100年中,前50年,中国人民为争取民族独立和自身解放而顽强斗争、浴血奋战,终于建立了人民当家做主的新国家——中华人民共和国;后50年,中国各族人民万众一心、埋头苦干,努力探索符合自己国情的发展道路,为建设自己的美好生活而不懈奋斗,取得了巨大成就。"①实践已经充分证明,"我们在建设社会主义伟大事业中取得的一切成就,都要归功于全国各族人民的团结奋斗,归功于我国社会主义制度的建立和发展。历史昭示我们,只有中国共产党才能领导中国人民建立社会主义制度,只有社会主义才能救中国、发展中国,只有坚持走中国特色社会主义道路才能实现中华民族的伟

① 胡锦涛:《在巴西国会的演讲》,2004年11月12日。

大复兴。这是中国近代以来特别是我们党领导人民奋斗的历史反复证明了的真理。"[①]而这个伟大的真理，就集中体现在马克思主义之中、集中体现在毛泽东思想之中、集中体现在中国特色社会主义理论体系之中、集中体现在科学发展观之中，只要我们始终坚持高举马克思列宁主义、毛泽东思想、邓小平理论、"三个代表"重要思想和科学发展观伟大旗帜，深入贯彻落实科学发展观，并在党中央坚强领导下，始终坚定不移地沿着马克思主义真理开辟的科学发展道路不断前进，那么我们任何困难都可以克服，任何风险和挑战都可以战胜，我们就一定能够肩负起时代赋予的光荣使命，就一定能够胜利地到达中国特色社会主义现代化建设的光辉彼岸，就一定能够实现马克思主义执政党的崇高理想和伟大目标。

二、在分析中国传统朴素民本思想的内核中创新发展理念

胡锦涛强调，在漫长的人类文明发展史上，中华民族是一个历史悠久的伟大民族，在数千年的历史岁月中，"我们伟大的民族是一个历经磨难而又自强不息的民族"[②]，我们伟大的祖国是一个有着五千多年灿烂文明历史的国家，虽历经磨难却生生不息，并在不断追求实现科学发展中逐步壮大，这在世界民族国家的发展史上堪称是一个人间奇迹。对此，他极其深刻地指出，历史是一条奔流不息的长河，今天由昨天发展而来，明天是今天的延续。"今天，历史的接力棒已经传到我们的手中"[③]，而我们延续和发展中华文明的最好办法，就是要把全面实现中华民族伟大复兴的光辉事业

---

① 胡锦涛:《在纪念毛泽东同志诞辰110周年座谈会上的讲话》,2003年12月26日。

② 胡锦涛:《在邓小平同志诞辰100周年纪念大会上的讲话》,2004年8月22日。

③ 胡锦涛:《在纪念毛泽东同志诞辰110周年座谈会上的讲话》,2003年12月26日。

继续地推向前进，就是要把实现中华民族伟大复兴的史诗继续谱写下去，就是要把马克思主义不断中国化，就是要始终保持马克思主义政党的先进性，就是要始终代表中国先进生产力的发展要求，就是要始终代表中国先进文化的前进方向，就是要始终代表最广大人民的根本利益，就是要始终保持同人民群众的血脉联系，就是要始终保持与时俱进的品质，就是要始终走在时代的前列，就是要不断提高执政能力、巩固执政地位、完成执政使命，这是历史赋予我们党的神圣使命。而我们要实现历史赋予我们党的神圣使命的关键，就是要"对人类社会创造的一切文明成果包括政治文明的有益成果，我们要积极借鉴"①和科学汲取其积极因素与合理内核，要根据中国革命建设和改革的实际情况并紧密结合时代特征，不断将马克思主义中国化推向前进，不断进行理论创新，"不断提高对共产党执政规律、社会主义建设规律和人类社会发展规律的认识水平，不断提高自觉运用这三个规律的能力"②，并站在世界文明发展的历史高度，进一步认清当今世界风云变幻的规律性趋势，进一步认清我国的基本国情和人类世界历史的发展大势，始终掌握促进加快我国实现科学发展的主动权。

我们从胡锦涛的科学论述中，可以深刻地感到，科学发展观作为马克思主义和人类文明进步成果的集大成者，它的创立、形成和诞生，是五千年自强不息的伟大的中华民族精神科学升华的历史必然性，而五千年源远流长的中华文明，也必然是其理论创新和实践创新的深厚底蕴。而我们从站在科学发展观的战略高度来看，客观的情况也是如此，正因为中国五千年源远流长的中华文明和灿烂辉煌的优秀传统文化对胡锦涛影响极深，其坚持以人为本、全

① 胡锦涛：《在首都各界纪念全国人民代表大会成立50周年大会上的讲话》，2004年9月15日。

② 胡锦涛：《在中共中央政治局第九次集体学习时的讲话》，2003年11月24日。

面协调可持续发展，促进经济社会和人的全面发展，实现人与自然的和谐发展，保证世世代代永续发展的思想内涵，特别是“以人为本”的发展理念，必须要追溯到中华文明缘起之初的夏商周三代礼乐文化，至少要追溯到西周礼乐文化时期周公敬德保民的思想，才能真正领会“以人为本”最高理念的思想源流及其精神实质。

因此，我们从站在科学发展观的战略高度来回顾整个中国历史，就可以看到在中国古代政治思想演变的漫长的历史进程中，西周经过周公“制礼作乐”，礼乐文化在西周进入繁荣阶段。西周礼乐文化与远古及夏商两代礼乐文化相比，无论在内容还是在形式上都有历史突破性的进展，可以称之为仪态万方，它不仅使我国“各民族多彩多姿的文化交相辉映，中华文明焕发出蓬勃的生机和活力”①，“为人类文明进步作出了巨大贡献。”②同时，我们还可以看到，中国古代在政治思想上强调敬德保民，是从周公开始的。周公经历了灭商兴周的全过程并深刻认识到了德与民的联系。他认为判断统治者有没有德，要看“民情”，也就是要看人心向背。因此，周公教诲统治者：“人无于水监，当于民监”，指出只有“保享于民”，才能使国家长治久安。周公的这个思想为周初贵族们所接受，他们也承认，“民之所欲，天必从之”；“天视自我民视，天听自我民听”。由于看到了人民群众的力量，统治者就必须考虑怎样“保民”的问题。为此，周公提出了统治者要“知稼穑之艰难”，要了解民间疾苦，既要“怀保……惠鲜鳏寡”；另一方面又要“明德慎罚”，宽用、慎用刑罚。可见，敬德保民思想的提出，进一步凸现了人事的作用，作为周代政治和社会生活中的一个新的因素，这无疑是历史的进步和思想理论的创新。同时，敬德保民既是周代礼

① 胡锦涛：《在中央民族工作会议上的讲话》，2005 年 5 月 27 日。

② 胡锦涛：《在首都各界纪念全国人民代表大会成立 50 周年大会上的讲话》，2004 年 9 月 15 日。

乐文化在政治思想观念形态上的一个突出特点，又是先秦儒家以孔子为主要代表的仁政思想和民本思想的重要来源，并对后世历代先进的政治家和思想家产生了极其深远的影响。对此，我们可以从胡锦涛对中国古代传统的优秀思想文化和对孔、孟、墨等先秦诸子百家的思想学说，以及对《礼记·礼运》等历史典籍和文献的极为熟知中①，可以很深刻地感受到，胡锦涛正是全面汲取了中华古代优秀文化成果中的积极因素和合理内核，从而使有着五千多年灿烂伟大的中华文明，最终成为创立科学发展观理论体系的深厚底蕴。

这样，在当前新的科学发展时期，全党同志特别是各级领导干部，在对中国传统的优秀历史文化知识的学习中，必须深刻领会和准确把握科学发展观的理论内涵，这就要求我们必须坚持以科学发展观为指导，始终做到以人为本，全面协调可持续发展，始终牢记全心全意为人民服务的宗旨，始终不渝地为最广大人民谋利益，要做到心中装着人民群众，始终同人民群众同呼吸、共命运、心连心。只有这样，才能保持我们党同人民群众的血肉联系，才能增强抵御腐朽思想侵蚀的能力，才能不断与时俱进、开拓创新。全党同志特别是各级领导干部，要坚持深入基层、深入群众，倾听群众呼声，关心群众疾苦，要时刻把人民群众的安危冷暖挂在心上，切实做到权为民所用，情为民所系，利为民所谋。尤其要关心那些生产和生活遇到困难的群众，深入到贫困地区、困难企业中去，深入到下岗职工、农村贫困人口、城市贫困居民等困难群众中去，千方百计地帮助他们解决生活中的实际困难。必须要通过扎实有效的工作，实实在在地为人民群众谋利益，带领人民群众创造自己的幸福生活。要深刻认识到以人为本的根本目的，就是要扎扎实实解决

---

① 胡锦涛:《在省部级主要领导干部提高构建社会主义和谐社会能力专题研讨班上的讲话》,2005 年 2 月 19 日。

好最广大人民群众最关心、最直接、最现实的利益问题而不懈努力，不断把人民群众的利益维护好、实现好、发展好，“更好地实现发展为了人民、发展依靠人民、发展成果由人民共享”①，这既是深入贯彻落实科学发展观的必然要求，也是全面建设小康社会、全面建设社会主义和谐社会、全面建设社会主义创新型国家、全面实现中华民族伟大复兴的必然要求。

三、在审视西方经济发展思想的历史嬗变中转变发展方式

胡锦涛深刻指出：“一部人类文明史就是人类不断在以往历史的基础上有所发现、有所发明、有所创造、有所前进的历史。”②“人类历史发展的过程，就是各种文明不断交流、融合创新的过程。加强文明对话，有利于各国、各民族的相互了解和相互学习，有利于促进世界和平与发展的崇高事业。”③因此，我们从这一指导思想出发，对西方文明进步成果中的积极因素与合理内核进行深入研究和科学分析，对于深入贯彻落实科学发展观，加快转变经济发展方式和优化调整经济结构，将会大有裨益。

我们从站在科学发展观的战略高度来看，西方古典发展思想是西方古代文明的重要组成部分，它的产生和形成可以追溯到久远的古希腊时期，并以柏拉图和亚里士多德的社会发展思想最具有代表性。古希腊哲学大师柏拉图在著作《理想国》中，他极力主张整体统一的理想社会学说。柏拉图始终认为，应该把社会视作一个整体的系统，应该摆脱并超越只关心个体发展的狭隘的自由观，应该始终高度关注于社会整体全面的发展。这样，他就指出了

① 胡锦涛：《在中共中央举行党外人士迎春座谈会上的讲话》，2006 年 1 月 24 日。

② 胡锦涛：《在中共中央政治局第九次集体学习时的讲话》，2003 年 11 月 24 日。

③ 胡锦涛：《致第二十八届世界遗产委员会会议的贺辞》，2004 年 6 月 26 日。

一个整体发展的社会应该崇尚知识和教育,最高统治者应该始终意识到教育是人类社会文明发展的头等大事和重要手段,国家应该在积极干预教育的活动中,使教育朝着全面协调的科学方向发展。这是因为,任何统治阶级的统治思想和治国经验,必然是通过教育而不断得到传承并延续的。同时,柏拉图还主张理想社会必须制订公平的法律,以均贫富,在实现社会和谐与稳定中,控制犯罪与道德沦丧。可见,柏拉图的整体主义的社会分析模式,这在早期西方关于社会发展研究的方法论上具有开创性,因而有其科学合理的思想内核。柏拉图之后,亚里士多德作为古希腊伟大而博学的思想家之一,他进一步继承、丰富、发展和创新了柏拉图的发展思想。亚里士多德的发展理论有很强的现实性,其内容与方法都具有现代社会学的特点。亚里士多德认为,国家政体的好坏取决实现和谐与稳定的程度,取决于该政体能否为全体人民谋福利和是否有促进美德的良好法律,因为引起国家和社会不稳定与不和谐的因素很多,但社会财富分配不均,引起贫富之争;社会权利分配不等,造成憎恨与不安是两个最关键的因素。此外,腐败、贪污、政治家的疏忽、种族矛盾等亦是不可忽视的重要因素。亚里士多德认为实现国家与社会和谐的最好办法就是要始终培养人民的美德。另外,古希腊智者学派提出关于"人是万物的尺度"(普罗泰哥拉语)的科学理论,亦有其积极因子,也应给予充分的关注。总体说来,古希腊时期的古典发展思想,展现出西方早期人们对社会发展问题的最直接的理解和思考,并对后世西方的发展思想产生了重大的影响。因此,我们将古希腊视为西方古代发展思想的渊源所在,这是符合西方古代文明产生的实际情况的。

古希腊、古罗马之后,西方社会的发展进入最黑暗的中世纪之后,由于当时占统治地位的是基督教神学,因此这个历史时期的发展思想无不打上神学的烙印,没有太大的思想理论建树。西方社会发展至16、17世纪,随着西欧封建制度的没落和资本主义的萌芽，并伴随资本主义原始积累的进程和多种社会矛盾的出现，掀起了规模浩大的农民和城市贫民反封建的斗争，西方这些早期的无产者的阶级地位，决定了他们具有极为强烈的财产公有和消灭阶级差别的社会愿望和理想，进而产生了莫尔①、康帕内拉②、闵采尔③的早期空想社会主义的社会发展理论。莫尔第一次提出私有制是万恶之源，认为贫富对立的根源是私有制，他因而坚决主张彻底废除私有制。莫尔对于圈地运动的深刻批判，受到了马克思的重视，在《资本论》中分析资本原始积累时曾多次作了引证④。康帕内拉对当时的资本主义私有制进行了尖锐的批判，认为现实社会中的种种罪恶现象都是由贫富对立引起的，贫与富是国家制度的主要缺点，而自私自利是万恶之源，因此，他主张废除私有制，实行财产公有。"太阳城"就是根据财产公有原则建立的。闵采尔则提出实行一切财产公有，平均分配产品；主张用革命手段推翻一切反动统治，建立人民民主政权，把一切权力交给人民，来实现他的"千载太平天国"。恩格斯曾对闵采尔的空想社会主义给予很高的评价，认为它是"刚刚开始发展的无产阶级因素的解放条件的天才预见。"⑤此外，温斯坦莱⑥也从建立他的理想社会——民主与法制的"自由共和国"；他第一次区分了生产资料和生活资

① 托马斯·莫尔(1478—1535)是英国近代空想社会主义的创始人。1516年，其代表作《乌托邦》一书的出版，标志着空想社会主义的产生，并使之成为社会主义思想史的先驱。

② 托马斯·康帕内拉(1568—1639)是意大利的著名思想家、空想社会主义者。他的代表作是1602年在监狱里写成的《太阳城》。

③ 闵采尔(1490—1525)是德国的农民战争的杰出领袖。

④ 《马克思恩格斯全集》第23卷，第787页。

⑤ 《马克思恩格斯全集》第7卷，第414页。

⑥ 温斯坦莱(1609—1652)是英国掘地派运动的领导人。他认为土地是上帝赋予人的，人人可以使用，应禁止私人占有土地等财富，使社会成为土地公有、正义和自由的世界，从而建立他的理想社会——民主与法制的"自由共和国"。

料，提出了应该保护生产资料公有制和生活资料私有制的深刻见解；强调家庭教育、社会教育与学校教育相结合；他开创的以理性原则为武器、以法律条文为主要形式来批判资本主义旧世界的方式，对18世纪法国的社会发展思想产生了深刻影响。18世纪中叶，法国的资本主义经济已经有所发展，进入资产阶级革命的酝酿时期，声势浩大的启蒙运动不仅为法国大革命做好了舆论准备，也促进了无产阶级先驱者意识的发展。这一时期空想社会主义发展思想的特点是不再使用乌托邦的梦幻般的文学描写形式，开始从理论上进行论证社会主义的原则，共产主义思想的微光终于发展为“直接共产主义的理论。”①18世纪空想社会主义的主要代表人物是摩莱里②、马布利③和巴贝夫④。摩莱里在《自然法典》中，在运用自然状态的思想和理论抨击私有制度的同时，用庄严、简明的法律条文勾画出理想社会的轮廓，并把理想社会置于现实生活的基础上，构造了较为完整的空想社会主义大厦，《自然法典》是一部比较完整的空想共产主义纲领。马布利的空想社会发展思想理论，则是他在与重农学派的论战中形成和发展的，比较富于理论性和逻辑性。巴贝夫作为一位坚强不屈的革命家，他的革命实践活动和革命学说，尤其是他提出的人民革命和人民专政等新的思想理论，既对十九世纪欧洲的社会主义运动包括巴黎公社革命产生

① 《马克思恩格斯选集》第3卷，第406页。

② 摩莱里（1720—1780）是18世纪法国优秀的思想家。他出身平民，当过教员，钻研过英国唯物主义哲学家的著作，他把自然状态作为观察问题的出发点和归宿以及衡量善恶的标准，并且表明了他的空想社会发展思想。

③ 马布利（1709—1785）出生在法国贵族家庭，青年时代受过系统的社会科学教育，曾做过神甫，担任过外交官，后来辞去官职，专门进行科学研究，并在政治、历史和法律等方面有不少撰著，现存有《马布利全集》15卷。

④ 佛朗斯瓦·诺艾尔·巴贝夫（1760—1797）是18世纪末法国平等派运动的杰出领袖。他出身贫苦的农民家庭，亲身体验到法国劳动人民的疾苦。他在《平民宣言》、《在高等法院的终审辩护词》以及一些书信中表达了自己的空想社会主义的思想。

了极其深远的影响,也是对社会主义发展理论的重要贡献。

胡锦涛在全面深入考察了西方的古典发展思想后认为,必须充分肯定西方古典发展思想特别是法国的启蒙运动和大革命,对人类社会的文明进步与发展所作出的巨大贡献。他深刻指出:"法兰西民族和中华民族都是历史文化悠久的伟大民族,虽然分处欧亚大陆两端,相距万里之遥,但两国人民的交往源远流长。500 年前,法国文学巨匠拉伯雷在其传世之作《巨人传》中就曾喻示'智慧的神瓶'在中国。18 世纪,法国启蒙运动思想家伏尔泰、孟德斯鸠等人在其划时代的著述中,从伦理道德、科学技术和民风民俗等方面,对中国进行了引人入胜的描述。在法国启蒙先哲的推动下,欧洲曾出现过长达半个世纪的'中国热'。19 世纪以来,西学东渐,法兰西文明被大量介绍到中国。伏尔泰、孟德斯鸠、卢梭、笛卡儿、雨果、巴尔扎克、大仲马等大师的作品多次被翻译成中文,为中国人了解西方打开了重要窗口。法国大革命为近代中国人民推翻封建专制统治的斗争带来了重要启迪。"①可见,西方古典发展思想中的积极因素与合理内核,在当前全面建设小康社会、全面建设社会主义和谐社会、全面实现中华民族伟大复兴的新的历史时期和新的历史条件下,也是胡锦涛在创立科学发展观博大恢弘科学体系时,予以借鉴和参考的重要思想价值资源之一。

四、在把握当代西方发展思想的演进脉络中破解发展难题

胡锦涛始终认为:"在人类历史上,各种文明都以自己的方式为人类文明进步作出了积极贡献。"②我们必须要"尊重文化的多样性,实现各种文明共同进步。文化、信仰和价值观的多样性是人类文明发展的重要特征,也是人类文明发展的重要动力。没有各

① 胡锦涛:《在法国国民议会的演讲》,2004 年 1 月 27 日。

② 胡锦涛:《在联合国成立 60 周年首脑会议上的讲话》,2005 年 9 月 15 日。

种文明的相互交流,就没有人类文明的进步。应该尊重各国根据各自国情选择的发展道路和发展模式,尊重各国人民在历史进程中创造的多彩文明和生活方式,促进不同文明的相互借鉴和取长补短,以促进世界多样性和人类社会全面进步。"①他在全面分析当今的世界发展大势并提出共同缔造和谐世界的基础上,深刻指出:"进入新世纪以来,国际形势继续发生深刻而复杂的变化,世界多极化和经济全球化的趋势在曲折中发展,我们既面临着必须紧紧抓住的发展机遇,也面临着必须认真应对的严峻挑战"②,在这种机遇和挑战并存的情况下,必须要"对人类社会创造的一切文明成果包括政治文明的有益成果,我们要积极借鉴,但不照搬别国政治体制的模式。"③

这是因为,新中国成立以来特别是改革开放以来的"经验表明,一个国家坚持什么样的发展观,对这个国家的发展会产生重大影响,不同的发展观会导致不同的发展结果。坚持以人为本,树立和落实全面、协调、可持续的发展观"④,"是对党的三代中央领导集体关于发展的重要思想的继承和发展,是马克思主义关于发展的世界观和方法论的集中体现,是同马克思列宁主义、毛泽东思想、邓小平理论和'三个代表'重要思想既一脉相承又与时俱进的科学理论,是我国经济社会发展的重要指导方针,是发展中国特色社会主义必须坚持和贯彻的重大战略思想","是立足社会主义初级阶段基本国情,总结我国发展实践,借鉴国外发展经验,适应新

① 胡锦涛:《在罗马尼亚议会的演讲》,2004年6月14日。

② 胡锦涛:《在中国科学院第十二次院士大会、中国工程院第七次院士大会上的讲话》,2004年6月2日。

③ 胡锦涛:《在首都各界纪念全国人民代表大会成立50周年大会上的讲话》,2004年9月15日。

④ 胡锦涛:《在中央人口资源环境工作座谈会上的讲话》,2004年3月10日。

的发展要求提出来的。”[①]对此，胡锦涛明确要求，实践永无止境，创新永无止境。在新的发展阶段继续全面建设小康社会、发展中国特色社会主义，必须坚持以邓小平理论和“三个代表”重要思想为指导，深入贯彻落实科学发展观。必须坚持解放思想、实事求是、与时俱进，勇于变革、勇于创新，永不僵化、永不停滞，不为任何风险所惧，不被任何干扰所惑，使中国特色社会主义道路越走越宽广，让当代中国马克思主义放射出更加灿烂的真理光芒。

我们从胡锦涛的科学论述中可以深刻地看到，科学发展观作为马克思主义和人类文明进步成果的集大成者，它科学总结并吸取了世界上其他国家在发展进程中的经验教训，因而当代西方关于发展的思想理论精髓，也必然为这一马克思主义一脉相承博大恢弘科学体系广采集收。因此，我们当前在全面建设小康社会、全面建设社会主义和谐社会的新的历史时期和新形势下，全面深入地考察并科学把握当代西方发展思想的整个演进脉络，对于我们全面领会和深刻理解科学发展观理论体系的思想精髓，将具有重要意义。实际情况也是如此，二战以后，在整个世界范围内，关于社会发展的问题日益成为世界各国和整个人类社会面临的重大紧迫问题，国际社会、各国政府、有关研究机构都极为重视对社会发展的问题的研究，各种当代社会发展理论跌宕起伏，竞相出现，各种社会发展学说众说纷纭，并在思想理论价值方面良莠不齐，但这些关于社会发展的思想理论中，包含着大量有思想价值的积极因子和合理内核，成为胡锦涛在全面分析当今的世界大势和科学判断人类历史发展的必然趋势，进而创立形成科学发展观博大恢弘的科学理论体系，并进一步揭示人类社会发展规律时的丰富理论资源。

我们从站在科学发展观的战略高度来看，半个多世纪以来，当

① 胡锦涛:《在中国共产党第十七次全国代表大会上的报告》,2007 年 10 月 15 日。

代国外发展思想的形成和演进大致经历了三个历史阶段。第一个历史阶段是从战后初期至60年代末期,这是当代国外发展思想形成的早期阶段,也是世界上几乎所有国家和地区都在忙于战后的恢复、重建和发展时期。战后新独立的发展中国家,迫切希望振兴本国经济,并能够在较短的时间内迅速实现经济增长和进一步消除贫困的现象。西方工业国家面对战后的物资匮乏,也把加速发展本国的经济增长和发展视为当时最紧迫的问题①。第二个历史阶段是从60年代末期至80年代初期,这是当代国外发展思想深刻变化的时期。这一时期,战后各国在发展实践中已经意识到片面强调单纯的经济增长与各国受到能源资源限制之间的矛盾。也就是说,片面追求急功近利式的经济增长,往往会造成对资源的掠夺性开采并造成浪费,使自然环境污染、生态系统遭到严重破坏,引起其他社会问题,并会最终影响世界各国的全面协调和可持续的发展以及最终影响全人类的生存环境。

胡锦涛对这种以破坏自然环境污染和人类生态系统为代价的发展方式,历来极为反感并且坚决反对。因此,他从维护全人类的根本利益和世世代代永续发展的思想出发,始终强调要"构建资源节约型的经济发展模式,努力发展循环经济。人类发展的历史

① 当代国外关于发展思想形成的早期阶段,它们是以罗斯托的"经济成长阶段论"、纳克斯的"贫困恶性循环理论"、罗森斯坦—罗丹提出的"'大推进'平衡增长理论"以及威廉·阿瑟·刘易斯提出的"二元经济结构论"、帕森斯提出的"现代化理论",以及联合国第一个十年发展计划(1960—1979)等发展思想为主要代表。这些发展理论的主要特点是:它们研究广大发展中国家和地区怎样从传统落后、不发达状态下向先进的、发达状态下的工业化社会进行转化,并通过对各种发展模型和战略,以及经济结构和政策变革的比较,试图探索经济落后国家的经济发展规律和过程,有一定的理论价值。但这些思想理论普遍存在以西方为中心的思想倾向,试图将西方思想价值观念和意识形态的东西,通过经济的形式强加给广大的发展中国家。而且,其发展思想中片面强调将GDP的增长,作为衡量社会发展进步程度的根本标志的理论也并不科学。

经验表明，发展绝不能以浪费资源、破坏环境为代价。否则，将使人们付出沉重代价，最终也会危及发展本身。”①这样，他就科学汲取了这一时期国外发展思想中关于用政治学、经济学、哲学、社会学、战略学、未来学等多学科、跨学科联合攻关，综合研究社会发展问题的新特点，以及强调在社会发展中应坚持以人的发展为中心，充分协调经济增长与政治民主，科学技术、文化教育、福利保障、环境保护等多方面因素的相互关系，注意社会各方面的整体、协调发展等思想理论中的积极因素和合理内核。

第三个历史阶段是从80年代初期至90年代末期，这是当代国外发展思想较为科学的时期。在这一历史时期，国际形势发生了深刻的变化，旧的两极格局在大战略思维模糊形态的掩盖下继续存在，“世界的基本格局和发展方向没有改变，国际形势总体稳定、局部动荡的基本态势也没有改变。”②但世界政治、经济格局已经日益朝着经济全球化、政治多极化、国际关系民主化和发展模式多样化的方向演进，科技进步也日新月异，经济全球化和区域一体化趋势进一步加强，国际生产要素优化重组和产业转移的速度加快，国际社会间的经济发展更加紧密地联系在一起，这些都为世界各国实现经济合作共赢提供了有利条件。同时，各种全球性发展问题日益突出，全球地缘政治经济等利益方面的矛盾，并没有因为外交辞令的客套和谦逊而消解，西方发达国家与世界发展中国家在发展问题上的关系更加错综复杂，既有共同利益又存在大量矛盾。特别是由于社会历史和现实等方面的诸多原因，世界发展不平衡的问题日益突出，广大发展中国家背负着沉重的债务负担，外部经济环境仍在恶化，南北发展差距进一步拉大；新的贸易壁垒和保护主义不断出现，多边贸易体制的发展面临困难；能源资源消耗

① 胡锦涛：《在亚太经合组织工商领导人峰会上的演讲》，2004年11月19日。

② 胡锦涛：《在莫斯科国际关系学院的演讲》，2003年5月28日。

大幅度增长,生态破坏和环境恶化问题更加严重;包括地区冲突、恐怖主义在内的各种不确定、不稳定因素,日益严重威胁着世界和平与整个人类社会的发展进程。

因此,人类社会面临着全球性问题的严峻形势,迫切呼唤能够凝聚和解决全球性问题的人类思想共识,整个国际社会和世界各国需要共同建设持久和平、共同繁荣的和谐世界,已经成为向往和平与发展的全人类的共同心声和迫切心愿。胡锦涛有感于此,他对这一时期国外关于研究广大发展中国家社会发展问题的理论成果,特别是对人口、资源、自然生态环境、南北经济差距、东西方经济、政治关系、文化思想以及人的全面发展等影响社会发展的各种理论成果中的积极因子与合理内核更加留意并科学借鉴和汲取。总体说来,胡锦涛对于迄今以来人类社会所有的文明进步成果和先进的思想价值资源,他始终从"坚持马克思主义的指导地位,善于把中华民族的优秀传统文化与世界各国的先进文明成果结合起来"①的世界观和方法论出发,以其渊博的马克思主义学识和丰富的领导马克思主义执政党进行治党治国的革命经验,极富开拓性和创造性地把自然科学、人文科学、社会科学等方方面面的知识、方法、手段协调并集成起来。他在全面深入科学严谨地研究了从地球有生命的起源到人类的诞生并进入文明社会后的所有社会形态的文明发展史后,并科学汲取了这些迄今以来人类社会一切文明进步成果的积极因素和合理内核,从全方位、多层次、宽领域、超视野地入手研究经济社会发展和社会形态、自然形态的大系统,在科学解决了涉及经济社会发展的方方面面,涉及经济活动、社会活动和自然界的复杂关系,涉及人与经济社会环境、自然环境的相互作用的深层次问题的基础上,最终实现对共产党执政规律、社会主

① 胡锦涛:《在考察广州老城区大塘街社区服务中心时的讲话》,2004 年 12 月 22 日。

义建设规律和人类社会发展规律真理认知，在当前世界多极化、经济全球化、国际关系民主化趋势深入发展和世界形势发生了深刻变化的国际大环境下，准确地把握了当今世界的科学发展走向，在领导全党和全国各族人民沿着中国特色社会主义道路，向着全面建设小康社会的宏伟目标，向着全面建设社会主义和谐社会，向着全面实现中华民族伟大复兴的伟大历史进程中，以五千年伟大而自强不息的中华民族精神，作为其科学理论创新的深厚的思想底蕴，创造性地将马克思列宁主义、毛泽东思想、邓小平理论和“三个代表”重要思想，同我国革命建设改革的具体实际和时代特征紧密地结合起来，从而创立形成了符合当代中国实际和世界发展潮流的坚持以人为本，全面协调可持续的科学发展观，促进经济社会和人的全面发展，实现人与自然的和谐发展，保证全人类世世代代永续发展的博大恢弘的科学理论体系。

第五章　科学发展观开创了当代中国实现科学发展的新局面

在人类社会的历史演进中，社会主义社会作为人类历史上崭新的社会形态，它是以经济建设为中心的全面发展、全面进步的社会。全面建设小康社会、建设和谐社会、创新型国家的宏伟目标，就是要实现经济建设、政治建设、文化建设、社会建设全面发展的目标。而科学发展观，揭示的是发展的普遍规律，是立足社会主义初级阶段基本国情，总结我国发展实践，借鉴国外发展经验，适应新的发展要求提出来的，是社会主义建设规律的集中体现，"是对党的三代中央领导集体关于发展的重要思想的继承和发展，是马克思主义关于发展的世界观和方法论的集中体现，是同马克思列宁主义、毛泽东思想、邓小平理论和'三个代表'重要思想既一脉相承又与时俱进的科学理论，是我国经济社会发展的重要指导方针，是发展中国特色社会主义必须坚持和贯彻的重大战略思想"①。因此，在当前新的历史时期和新的历史条件下，"进一步推动学习实践科学发展观向深度和广度发展"②，"动员和组织全国

① 胡锦涛：《在中国共产党第十七次全国代表大会上的报告》，2007 年 10 月 15 日。

② 胡锦涛：《在全党深入学习实践科学发展观活动总结大会上的讲话》，2010 年 4 月 6 日。

各族人民投身社会主义事业的历史创造中深化对社会主义建设规律的认识"①,深刻认识我国处于并将长期处于社会主义初级阶段的基本国情没有变,人民日益增长的物质文化需要同落后的社会生产之间的矛盾这一社会主要矛盾没有变,同时我国发展呈现一系列新的阶段性特征、面临一系列新情况新问题,继续提高运用科学理论分析和解决实际问题能力,进一步推动科学发展、促进社会和谐,不断开创中国特色社会主义建设的新局面,将具有十分重大的现实意义和深远的历史意义。

第一节　科学发展观集中体现对社会主义建设规律的真理认知

新世纪新阶段,当今世界正处在大发展大变革大调整时期,国际形势继续发生深刻复杂的变化,经济全球化和区域经济一体化深入发展,多边主义和国际关系民主化深入人心,世界格局处于向多极化过渡的重要时期。我国正处在改革发展的关键阶段,已经站在新的发展历史起点上,机遇前所未有,挑战也前所未有,机遇大于挑战。我们必须坚持以科学发展观为指导,深刻分析世情、国情、党情的新变化,针对新的国际国内条件,进一步深化认识和准确把握社会主义建设规律,继续抓住和用好重要战略机遇期,加快转变经济发展方式,全面推进经济建设、政治建设、文化建设、社会建设以及生态文明建设,切实把我国经济社会发展转入全面协调可持续发展的科学发展轨道。

① 胡锦涛:《在中共中央政治局第十七次集体学习时的讲话》,2004 年 12 月 1 日。

一、科学社会主义的本质就是大力解放和发展社会生产力

在人类社会的历史进程中，马克思主义诞生以来，特别是社会主义制度确立和新中国革命建设改革的伟大实践已经说明，马克思、恩格斯、列宁、毛泽东、邓小平、江泽民、胡锦涛等马克思主义经典作家，在无产阶级革命事业和社会主义建设的各个历史时期，对社会主义的本质和根本任务的科学探索与论述就从未间断。他们在对社会主义的本质和根本任务的辛勤探索和重要论述中，科学阐明了什么是社会主义、怎样建设社会主义、怎样发展社会主义等问题的认识达到了真理性的高度。而这个伟大真理，就极其深刻地体现在马克思列宁主义之中、体现在毛泽东思想之中、体现在邓小平理论之中、体现在“三个代表”重要思想之中、体现在科学发展观之中，体现在党的基本理论、基本路线、基本纲领、基本方略和基本经验之中，体现在建设和发展中国特色社会主义的伟大实践之中。

我们从站在科学发展观的战略高度来看，马克思主义自诞生以来，马克思恩格斯对于社会主义问题的论述中，他们没有直接对社会主义的本质问题进行论述，但他们对社会主义社会基本特征的理论论述非常丰富。他们在深刻考察资本主义社会基本矛盾的演变和发展趋势时，认为生产资料的私人占有和生产的社会化之间的矛盾，在资本主义社会自身的范围内不可能得到解决。马克思恩格斯正是基于这种思想认识，他们认为社会主义是社会生产力发展的本质要求，是资本主义生产方式内在矛盾运动的必然产物，社会主义代替资本主义是人类社会发展的必然历史趋势，从而奠定了社会主义本质的基本思想。他们在此基础上，也对未来社会的经济特征做了基本的预测。主要设想为，消灭资本主义社会私有制，全社会共同占有生产资料，达到共同富裕；根据社会需要有计划地调节社会生产，商品货币关系不复存在；个人消费品实行按劳分配；消灭阶级和阶级差别，国家逐步消亡；人成为社会和自

然界的主人,实现了人的全面发展。这些理论论述,可以说马克思恩格斯从总体上回答了什么是社会主义的本质问题。

但是,我们需要指出的是,"马克思、恩格斯设想的未来社会是建立在资本主义发达国家同时取得革命胜利的基础之上的"①,前提必须是要实现社会生产力的巨大增长和高度发展。他们认为,人类在社会实践中创造自己的历史,但"每一代都利用以前各代遗留下来的材料、资金和生产力"。② 也就是说,社会主义代替资本主义虽然是人类社会发展的历史必然性,但这归根到底要由社会主义社会生产力的发展水平及与之相适应的生产关系的成熟程度所决定。因此,马克思和恩格斯特别反对在缺乏社会主义实践经验的情况下,来制定所谓社会主义的发展纲领,以免这些条条框框的空谈会束缚住未来社会主义者的手脚。这样,马克思在1881 年,当荷兰工人运动活动家纽文胡斯提出要制定关于社会主义革命后的行动纲领问题时,他深刻指出:"在将来某个特定的时刻应该做些什么,应该马上做些什么,这当然完全取决于人们将不得不在其中活动的那个特定的历史环境。但是,现在提出这个问题是虚无缥缈的,因而实际上是一个幻想的问题,对这个问题的唯一的答复应当是对问题本身的批判。"③在马克思恩格斯的晚年,他们的视线开始投向俄国和东方社会,他们认为以资本主义和现代无产阶级一定程度的发展为前提,经济文化落后的国家可以走上社会

① 胡锦涛:《在省部级主要领导干部提高构建社会主义和谐社会能力专题研讨班上的讲话》,2005 年 2 月 19 日。

② 《马克思恩格斯选集》第 1 卷,第 88 页。

③ 《马克思恩格斯全集》第 35 卷,第 154 页。恩格斯基于同样的深刻思考,他在1891 年,当德国经济学家和哲学家康·施米特在写信征求自己的意见,提出他要从理论上解决资本主义向共产主义过渡的发展道路问题时,恩格斯也作出同样的回答:"您的第二个写作计划——向产主义社会的过渡阶段——还需要认真考虑;然而,我劝您:放它九年,先不拿出来!这是目前存在的所有问题中最难解决的一个,因为情况在不断地变化。"《马克思恩格斯全集》第 38 卷,第 123 页。

主义道路,甚至有可能跨越资本主义的"卡夫丁峡谷"①,先于资本主义发达的西欧而首先开创社会主义的历史进程。但是总体说来,由于社会历史条件的复杂性,马克思恩格斯没有亲身经历社会主义建设的伟大实践,他们对经济文化相对落后的东方国家走上社会主义道路之后,如何建设社会主义的问题,他们没有也不可能作出准确预测和提供现成的答案。因此,我们不可能从马克思恩格斯那里找到社会主义建设的全部现成答案,真正的马克思主义者必须结合革命建设的实际情况,通过实践来不断加以回答,要根据实践并紧密结合时代特征对马克思主义进行继承、丰富、发展和创新。

马克思恩格斯之后,列宁在俄国十月革命胜利后,他在领导苏维埃俄国向社会主义过渡的伟大实践中,在马克思主义指导下,积极探索俄国社会主义建设的具体特点,科学论证了落后国家进行社会主义经济建设。列宁认为社会主义的本质和根本任务就是"无产阶级取得政权以后,它的最主要最根本的利益就是增加产品数量,大大提高社会生产力"②,"提高劳动生产率是一个根本的任务,因为不这样就不可能最终地过渡到共产主义。"③可见,"无产阶级专政不只是对剥削者使用的暴力,甚至主要的不是暴力。这种革命暴力的经济基础,它富有生命力和必获胜利的保证,在于无产阶级代表着并实现着比资本主义更高的社会劳动组织。实质就在这里。共产主义力量的源泉和必获全胜的保证就在这里。"④

① "卡夫丁峡谷",它是在古罗马卡夫丁城附近的一条峡谷。公元前321年,在第二次萨谟奈战争期间,萨姆尼特人在此打败了古罗马军队,并强迫他们担负着"牛轭"通过峡谷,这在当时看来是一种痛苦和磨难。

② 《列宁全集》第33卷,第159页。

③ 《列宁选集》第3卷,第748页。

④ 《列宁选集》第4卷,第9页。列宁认为,社会主义必须有高于资本主义发展的先进社会生产力和先进的科学技术。因此,他提出了这样的公式:"苏维埃政权+普鲁士的铁路管理制度+美国的技术和托拉斯组织+美国的国民教育等等=总和=社会主义。"《列宁文稿》第3卷,第94页。

也就是说，马克思主义执政党及其领导的政权，要达到消灭阶级和阶级差别，要达到最终消灭贫困现象，最根本的是要靠社会生产力的发展，必须要创造高于资本主义的劳动生产力，这才是社会主义强大生命力的不竭源泉。

列宁正是从这个意义上，他提出了一系列关于依靠广大人民群众，开展社会主义劳动竞赛；重视吸收西方资本主义国家的先进科学技术和管理经验；反对平均主义、贯彻按劳分配原则，实行奖金制度，充分重视发挥知识分子专家作用的重要措施。但是，经过十月革命胜利后的初步实践，他意识到俄国的当时的历史实际与马克思恩格斯最初设想有着很大的差异。基于此，列宁深刻地指出，马克思恩格斯所提供的只是一般的指导原则，由于各个国家的历史情况、经济状况、社会性质、民族特点以及所处的国际环境不同，对马克思主义原理的具体应用，在各个国家也将是各不相同的，必须要从各国不同的国情出发，而这通过历史实践和各国人民创造性地进行选择，“一切民族都将走到社会主义，这是不可避免的，但是一切民族的走法却不完全一样，在民主的这种或那种形式上，在无产阶级专政的这种类型或那种类型上，在社会生活各方面的社会主义改造的速度上，每个民族都会有自己的特点。”①总体说来，列宁对于什么是社会主义，怎样建设社会主义，他认为：“要论述一下社会主义，我们还办不到；达到完备形式的社会主义是个什么样子，这我们不知道，也无法说。”②在他看来，建成完备的社会主义是一个长期复杂的过程，需要在实践中继续探索。因此，“列宁同样也不能承担为他去世以后五十年、一百年所产生的问题提供现成答案的任务。我们真正的马克思列宁主义者必须根据

① 《列宁全集》第23卷，第64、65页。

② 《列宁全集》第34卷，第60页。

现在的情况,认识、继承和发展马克思列宁主义。”①

俄国十月革命之后中国革命的伟大胜利,这是马克思主义在占世界四分之一人口中取得的又一辉煌胜利。新中国成立以后,毛泽东在长期的中国革命建设实践中,他意识到中国社会主义建设之初借鉴苏联的模式,“这在当时是完全必要的,同时又是一个缺点,缺乏创造性,缺乏独立自主的能力。这当然不应当是长久之计。”②因此,他在探索中国社会主义建设道路时,认为必须要适合中国国情。他在《论十大关系》中,正式提出要把马克思主义与中国实际相结合,学习别国长处,借鉴别国经验,走自己的路,把中国建设成为伟大的社会主义国家。他正确分析了三大改造完成后国内形势和主要矛盾的变化,提出我们党在今后的根本任务,制定了党在经济、政治、组织等方面的方针和政策,取得了探索中国社会主义建设道路的重要成果。随后,毛泽东又从经济建设、经济体制改革、民主政治建设、思想文化建设等方面,进一步探索中国社会主义建设道路的问题,并在《关于正确处理人民内部矛盾的问题》中,提出了关于社会主义社会矛盾的学说,取得了探索中国自己的社会主义建设道路的新成果,为以后建设中国特色社会主义奠定了极为坚实的理论基础和实践基础。

党的十一届三中全会以来,邓小平继续对社会主义本质和根本任务的问题进行了深刻的思考。他在总结新中国成立以来正反两方面经验的基础上明确指出:“我们建立的社会主义制度是个好制度,必须坚持。我们马克思主义者过去闹革命,就是为社会主义、共产主义崇高理想而奋斗。现在我们搞经济改革,仍然要坚持社会主义道路,坚持共产主义的远大理想,年轻一代尤其要懂得这

① 《邓小平文选》第3卷,第291页。

② 《毛泽东著作选读》下册,第831页。毛泽东基于这样的思考,他深刻地指出:“前八年照抄外国经验,但从一九五六年提出十大关系起,开始找到自己的一条适合中国的路线。”《建国以来毛泽东文稿》第9册,中央文献出版社1996年版,第213页。

一点。但问题是什么是社会主义,如何建设社会主义。我们的经验教训有许多条,最重要的一条,就是要搞清楚这个问题。”他指出:“贫穷不是社会主义,社会主义要消灭贫穷。不发展生产力,不提高人民的生活水平,不能说是符合社会主义要求的。”①“我们搞改革开放,把工作重心放在经济建设上,没有丢马克思,没有丢列宁,也没有丢毛泽东。老祖宗不能丢啊!问题是要把什么叫社会主义搞清楚,把怎么样建设和发展社会主义搞清楚。”②他明确指出:“社会主义的本质,是解放生产力,发展生产力,消灭剥削,消除两极分化,最终达到共同富裕。”③“社会主义阶段的最根本任务就是发展生产力”④,只有把大力发展社会生产力作为根本任务,才符合社会主义的本质要求,才是解决我国现阶段主要矛盾的根本途径。邓小平对社会主义本质的科学论述,开辟了中国特色社会主义事业发展的新时期。党的十三届四中全会以来,江泽民在社会主义建设的新的历史时期,他继续加深了对什么是社会主义,怎样建设社会主义的科学认识,积累了治党治国新的宝贵经验。实践证明,“受命于重大历史关头的党的第三代中央领导集体,高举邓小平理论伟大旗帜,坚持改革开放、与时俱进,在国内外政治风波、经济风险等严峻考验面前,依靠党和人民,捍卫中国特色社会主义,创建社会主义市场经济新体制,开创全面开放新局面,推进党的建设新的伟大工程,创立‘三个代表’重要思想,继续引领改革开放的航船沿着正确方向破浪前进。”⑤

党的十六届一中全会以来特别是党的十七大以来,胡锦涛对为什么要发展社会主义、怎样发展社会主义的认识,上升到全新的

① 《邓小平文选》第3卷,第116页。

② 《邓小平文选》第3卷,第369页。

③ 《邓小平文选》第3卷,第373页。

④ 《邓小平文选》第3卷,第63页。

⑤ 胡锦涛:《在中国共产党第十七次全国代表大会上的报告》,2007年10月15日。

战略高度。胡锦涛深刻指出:“当前,我国进入了全面建设小康社会、加快推进社会主义现代化的新的发展阶段。党和人民在新世纪新阶段的任务,就是紧紧抓住并充分运用本世纪头20年的重要战略机遇期,集中力量全面建设惠及十几亿人口的更高水平的小康社会。为了实现这一宏伟目标”,最“关键是要抓好发展这个党执政兴国的第一要务,聚精会神搞建设,一心一意谋发展,不断发展社会生产力和增强综合国力。”①这是因为,我国作为当今世界上最大的发展中国家,自改革开放以来,虽然取得了很大成就,“但中国有13亿人口,底子薄,生产力不发达,发展很不平衡”②,“生产力和科技、教育比较落后,实现工业化和现代化还有很长的路要走。我国人民生活总体上达到了小康水平,但现在达到的小康还是低水平的、不全面的、发展很不平衡的小康,巩固和提高目前达到的小康水平,还需要进行长期的艰苦奋斗。同世界先进水平相比,我国的经济实力、科技实力、国防实力还存在很大的差距,我们仍然面临发达国家在经济科技等方面占优势的压力。”③

胡锦涛始终认为,“科学发展观,是用来指导发展的,不能离开发展这个主题,离开了发展这个主题就没有意义了”④,“在当今世界日趋激烈的竞争中,一个国家、一个民族要发展起来,必须锐意改革、着力发展、坚持开放、以人为本、促进和谐。锐意改革,就是要跟上时代潮流,勇于变革、勇于创新,坚决冲破一切妨碍发展的思想观念,坚决改变一切束缚发展的规定和做法,坚决革除一切影响发展的体制弊端,为社会发展进步提供强大动力。着力发展,就是要始终把发展作为第一要务,坚持科学发展,着力把握发展规

① 胡锦涛:《在纪念毛泽东同志诞辰110周年座谈会上的讲话》,2003年12月26日。

② 胡锦涛:《在法国国民议会的演讲》,2004年1月27日。

③ 胡锦涛:《在西柏坡学习考察时的讲话》,2002年12月6日。

④ 胡锦涛:《在中央人口资源环境工作座谈会上的讲话》,2004年3月10日。

律、创新发展理念、转变发展方式、破解发展难题，不断解放和发展社会生产力，实现经济社会又好又快发展”①。因而，胡锦涛明确要求：“发展中国特色社会主义，最根本的就是一切都要从社会主义初级阶段这个最大的实际出发。在社会主义初级阶段这个不发达阶段，社会主要矛盾是人民日益增长的物质文化需要同落后的社会生产之间的矛盾。这就决定了社会主义的根本任务是解放和发展社会生产力，不断改善人民生活。中国解决所有问题的关键在于依靠自己的发展。30 年来，我们既毫不动摇地坚持发展是硬道理的战略思想，牢牢扭住经济建设这个中心，不断解放和发展社会生产力，不断夯实我国社会主义制度的物质基础。”②

我们从马克思、恩格斯、列宁、毛泽东、邓小平、江泽民、胡锦涛等马克思主义经典作家的科学论述中可以看到，科学社会主义的本质和根本任务，就是要大力解放和发展社会生产力。因此，我们在当前新的历史条件下，必须坚持以科学发展观为指导，始终坚持抓好科学发展这个党执政兴国的第一要务，进一步解放和发展社会生产力，紧紧抓住本世纪头二十年并且可以大有作为的重要战略机遇期，全面建设社会主义和谐社会，始终把全国各族人民的根本利益落实到科学发展的各个方面，在促进科学发展上狠下工夫，在建设和谐社会上狠下工夫，在切实增强自主创新和加快转变经济发展方式上狠下工夫，在消除阻碍科学发展的体制机制上狠下工夫，在改进干部作风和求真务实上狠下工夫，不断增强运用科学发展观指导实践的自觉性和坚定性，着力把握发展规律、创新发展理念、转变发展方式、破解发展难题，不断解放和发展社会生产力，实现经济社会又好又快发展。

---

①　胡锦涛：《在日本早稻田大学的演讲》，2008 年 5 月 8 日。

②　胡锦涛：《在纪念党的十一届三中全会召开 30 周年大会上的讲话》，2008 年 12 月 18 日。

二、在保持长期的艰苦奋斗中不断发展创新初级阶段理论

马克思主义诞生以后，马克思恩格斯对未来社会主义社会发展的阶段性问题，他们依据19世纪中叶欧洲的社会历史条件，科学地预测了无产阶级革命后社会发展的总趋势。他们认为，在资本主义社会和共产主义社会之间，必然有一个过渡时期；共产主义社会将分为低级阶段（即还没有完全摆脱受旧的社会形态影响的初级阶段）和实行各尽所能、按需分配的高级阶段。但是，由于马克思恩格斯在当时还处于无产阶级革命的非常时期，他们在当时面临的主要任务是要领导无产阶级夺取政权，而不是直接从事社会主义社会的建设，社会主义的发展阶段问题对于他们来说，并不是一个很现实的问题。因此，他们对于社会的发展阶段性问题，并未作详尽的研究，而只是提出了一些极为原则的科学设想。当前，我们在全面建设小康社会、全面建设社会主义和谐社会的今天，完全可以看到，人类社会不断走向科学发展的伟大历史进程，将能够科学解决这个问题的历史期盼，留给了马克思恩格斯之后的科学社会主义的伟大实践者——无产阶级领袖列宁、毛泽东、邓小平、江泽民、胡锦涛等马克思主义经典作家。

十月革命胜利后，列宁在领导俄国进行社会主义建设的伟大实践中，他对社会主义社会的阶段性问题，进行了深刻的思考。[①]列宁认为："我们在剥夺了地主资本家以后，只获得了建设初级形式的社会主义的可能性，但是这里还丝毫没有共产主义的东西。"[②]也就是说，俄国在建设之初，"我们刚刚迈出了最初几步。

① 列宁在《国家与革命》中，他依据马克思关于共产主义社会分为两个阶段的设想，并从当时俄国经济文化落后的国情出发，他明确指出当时的俄国，要经历一系列阶段才能过渡到社会主义。因此，列宁在详细阐述了这两个阶段之间的差别后，正式将共产主义第一阶段称为社会主义社会。

② 《列宁选集》第4卷，第142页。

我们不知道，而且也不可能知道，过渡到社会主义还要经过多少阶段。”①“我们还没有超出从资本主义向社会主义过渡的最初几个阶段。俄国的特点使这一过渡更加复杂。这些特点在大多数文明国家内是没有的。”②列宁基于这种科学思考，他明确指出：“怎样设想一个发达的社会主义社会，这也不困难，这也已经解决了。但是怎样从旧的、习惯了的、大家都熟悉的资本主义向新的、还没有产生的、还没有牢固基础的社会主义过渡，却是一个最困难的任务。”③因此，他认为对这个最困难的任务，只能在社会主义建设的历史实践中，“只有经过多次的尝试——其中每次单独的尝试都会是片面的，都会有某种不相称的毛病——才能从一切国家无产者的革命合作中建立起完整的社会主义。”④列宁的这些科学论述，为以后的毛泽东、邓小平、江泽民、胡锦涛等马克思主义经典作家，对社会主义发展阶段的认识奠定了极为深厚的理论基础。

我们从列宁的科学论述中可以看到，在马克思主义的发展史上，虽然科学社会主义的理论设想在马克思恩格斯那里已经得到解决，但在无产阶级政党夺取政权和建立社会主义国家后，在社会主义建设的历史实践中，什么是社会主义、怎样建设社会主义、社会主义本身有哪些发展阶段、怎样建立起完整的社会主义、怎样发展社会主义，他认为对于这些问题的研究和解决，要在无产阶级事业的伟大实践中，需要靠一切国家无产者的革命合作中，才能完成和建立起完整的社会主义。实践证明，列宁对这个问题的断言是极为科学和英明的，他的这一思想认识，对他之后的毛泽东、邓小平、江泽民、胡锦涛等马克思主义经典作家的影响既是深刻的，也是极其深远的。事实上也是如此，《共产党宣言》发表以来的历史

---

① 《列宁全集》第34卷，第44页。
② 《列宁全集》第34卷，第45页。
③ 《列宁全集》第38卷，第113页。
④ 《列宁全集》第34卷，第285页。

已经充分证明,科学社会主义在理论与实践中出现的各种原理性和历史性的问题,也正是通过无产阶级领袖马克思、恩格斯、列宁、毛泽东、邓小平、江泽民、胡锦涛等马克思主义经典作家在科学深刻的思考后,并通过不断地进行总结革命建设改革经验的基础上,在全面汲取人类文明进步成果中的积极因素和合理内核的基础上,终于在社会主义建设的伟大实践中得到了基本解决,最终形成了永恒指导意义的马克思列宁主义、毛泽东思想、邓小平理论、"三个代表"重要思想、科学发展观的科学理论体系。

中国共产党在领导中国革命和建设的历史过程中,形成了两个具有创造性的新民主主义理论和社会主义初级阶段理论。1940年1月,毛泽东对中国民主革命近20年的经验教训进行了深刻总结,并写出了《新民主主义论》。他从当时中国的基本国情出发,科学地回答了我国新民主主义革命的性质、任务、对象、前途、路线、纲领等一系列基本问题。他始终认为:"只有认清中国社会的性质,才能认清中国革命的对象、中国革命的任务、中国革命的动力、中国革命的性质、中国革命的前途和转变。所以,认清中国社会的性质,就是说,认清中国的国情,乃是认清一切革命问题的基本的根据。"①我们党在民主革命时期,正是由于全面深刻地认识和把握了中国处于半殖民地半封建社会这一基本国情,才正确地解决了新民主主义革命的一系列基本问题,并引导中国革命取得了胜利。新中国成立以后,毛泽东对社会主义的发展阶段做了有益的探索,他于1959年底提出了社会主义这个阶段可能分为两个阶段,第一阶段是不发达的社会主义,第二阶段是比较发达的社会主义。毛泽东对社会主义可能再分为"不发达的"和"比较发达"的两个阶段发展的科学设想,为后来的邓小平、江泽民、胡锦涛等

① 《毛泽东选集》第2卷,第633页。

马克思主义经典作家，进一步深入探索社会主义建设规律提供了坚实的理论基础和实践基础。

党的十一届三中全会以来，邓小平在总结社会主义建设正反两方面经验的基础上，对我国社会主义所处的历史阶段作出理论概括，并逐步形成社会主义初级阶段理论。江泽民也指出："社会主义是共产主义的初级阶段，而中国又处在社会主义的初级阶段。在我们这样的东方大国，经过新民主主义走上社会主义道路，这是伟大的胜利。但是，我国进入社会主义的时候，就生产力发展水平来说，还远远落后于发达国家。这就决定了必须在社会主义条件下经历一个相当长的初级阶段，去实现工业化和经济的社会化、市场化、现代化。这是不可逾越的历史阶段。"①可见，我们只有深刻认识社会主义初级阶段的理论，坚定不移地执行党的路线、方针、政策，那么，"随着经济发展和社会全面进步，将来条件具备时，我国社会主义建设"，才"会进入更高的发展阶段。"②

胡锦涛在新的历史时期和新的历史条件下，从国家宪法层面的战略思想高度出发，明确指出："宪法全面体现党在社会主义初级阶段的基本路线，集中反映全国各族人民的共同意志和根本利益。"③对此，胡锦涛极其深刻地指出，我国正处于并将长期处于社会主义初级阶段，人民日益增长的物质文化需要同落后的社会生产之间的矛盾仍然是我国社会的主要矛盾。我们必须要始终"清醒地认识到，中国人口多、底子薄，发展很不平衡，人民生活远不富裕。中国仍然是一个发展中国家，正处于并将长期处于社会主义

① 江泽民：《高举邓小平理论伟大旗帜，把建设中国特色社会主义事业全面推向二十一世纪》，1997 年 9 月 12 日。

② 江泽民：《在庆祝中国共产党成立八十周年大会上的讲话》，2001 年 7 月 1 日。

③ 胡锦涛：《在首都各界纪念中华人民共和国宪法公布施行二十周年大会上的讲话》，2002 年 12 月 4 日。

初级阶段”①,“实现全面建设小康社会的宏伟目标,进而实现把中国建设成为富强民主文明的社会主义现代化国家的宏伟目标,还需要我们进行长期的艰苦奋斗”②,还“需要进行长期的艰苦努力。”③他正是基于这样深刻的科学思想认识,进而语重心长地告诫全党同志:“全党同志特别是各级领导干部必须清醒地看到激烈的国际竞争给我们带来的严峻挑战,清醒地看到我们肩负的任务的艰巨性和复杂性,清醒地看到我们工作中存在的困难和风险,增强忧患意识,居安思危,深刻认识坚持艰苦奋斗的极端重要性,牢固树立为党和人民长期艰苦奋斗的思想。”④

因此,胡锦涛反复强调,新世纪新阶段“首先要准确认识国际国内的发展环境,准确认识我国发展的阶段性特征,准确认识我国经济社会发展面临的主要问题,准确认识实现我国经济社会又快又好发展的基本要求,在指导思想上形成共识,在实际工作中形成合力,更好地动员组织广大党员和人民群众为实现我们党提出的宏伟目标而奋斗。”⑤他明确指出:“中国特色社会主义的实践在发展,我们对社会主义建设规律的认识也在不断深化。我们要尊重实践、尊重群众,在人民创造历史的伟大实践中,不断深化对社会主义建设规律的认识,并创造性地运用规律来指导研究和解决我国改革开放和现代化建设中的重大问题,使我们的思想和行动更加符合客观实际、更加符合社会主义初级阶段的国情和时代发展的要求、更加符合人民群众的愿望和利益。”实践证明,“只有善于科学总结经验、注重认真学习经验,才能把中国特色社会主义道路

① 胡锦涛:《在莫斯科国际关系学院的演讲》,2003 年 5 月 28 日。

② 胡锦涛:《在首都各界纪念全国人民代表大会成立 50 周年大会上的讲话》,2004 年 9 月 15 日。

③ 胡锦涛:《在亚太经合组织工商领导人峰会上的演讲》,2003 年 10 月 19 日。

④ 胡锦涛:《在西柏坡学习考察时的讲话》,2002 年 12 月 6 日。

⑤ 胡锦涛:《在河南江西湖北考察工作时的讲话》,2005 年 8 月 19 日。

坚持好、发展好。”必须“坚持从我国国情出发，坚持以宽广的眼界观察世界，科学分析和判断我国社会主义社会的主要矛盾，全面把握我国经济、政治、文化和社会发展的基本特征，努力从推动我国生产关系同生产力、上层建筑同经济基础相适应的实践中深化对社会主义建设规律的认识。要坚持以人为本、全面协调可持续的科学发展观，正确认识和处理社会主义物质文明、政治文明、精神文明与和谐社会建设的关系，从促进经济社会协调发展和人的全面发展的实践中深化对社会主义建设规律的认识”①，必须要切实抓好发展这个党执政兴国的第一要务，必须要始终把全国各族人民的根本利益落实到科学发展的各个方面，必须要“团结一切可以团结的力量，保持社会安定团结，为全面建设小康社会凝聚最广大、最深厚的力量”②，“共同为全面建设小康社会而努力奋斗”③，“共同把我们国家的事情办好”④，不断将社会主义社会推向更高更好的社会阶段和社会形态。

三、实现国民经济又好又快发展关键是转变经济发展方式

马克思主义认为，人类社会作为统一的物质世界的一部分，如同客观的自然界一样，它也是按照自己固有的规律进行科学发展。因此，在人类社会发展的历史进程中，虽然受到地理环境⑤、

① 胡锦涛:《在中共中央政治局第十七次集体学习时的讲话》,2004 年 12 月 1 日。

② 胡锦涛:《在全国政协新年茶话会上的讲话》,2005 年 1 月 1 日。

③ 胡锦涛:《在青海考察工作时的讲话》,2005 年 12 月 16 日。

④ 胡锦涛:《在中共中央召开党外人士座谈会上的讲话》,2003 年 11 月 18 日。

⑤ 地理环境是指人类社会在发展过程中，各个民族和国家在特定的环境下所处的自然条件，包括气候，地形、河流、海洋、土壤、自然资源的分布情况等。地理环境是人类社会存在和实现科学发展的必要条件，它为人类提供物质生活资料和社会生产的资源，并深刻影响到社会生产发展的速度、生产部门的分布和科学发展方向，还影响到政治建设、经济建设、文化建设和社会建设各个方面的科学发展。

人口因素[1]和生产方式等诸多社会物质生活条件的影响，但是，其中只有物质资料的生产方式，才是影响人类社会发展的决定力量。这是因为，人类社会的生产方式既决定着社会的结构、性质和面貌，制约着整个人类社会生活，政治生活，经济生活和精神生活的整个过程和各个方面，也决定着人类社会的社会形态不断从低级社会向高级社会逐步实现科学发展。这样，马克思主义创始人始终强调，必须遵循社会关系一定要适合社会生产力发展状况的规律，必须遵循上层建筑一定要适应社会经济基础发展需要的规律。新世纪新阶段，必须坚持以科学发展观为指导，必须深刻认识到，我国已进入只有调整经济结构才能促进持续发展的关键时期。我们站在全面建设小康社会、加快推进社会主义现代化的高度，按照加快经济发展方式转变的要求，切实增强经济结构调整的紧迫感和自觉性，努力实现经济社会又好又快发展。

党的十六大以来，胡锦涛始终认为："中国特色社会主义道路，是我们党在长期实践中经过艰辛探索而逐步开辟出来的，是一条实现中国繁荣富强和中国人民幸福安康的正确道路"，"从改革开放的伟大实践中，从历史比较和国际观察中，我们更加深刻地认识到，中国特色社会主义道路是我国进一步实现民族振兴、国家富强和人民幸福的必由之路、成功之路、胜利之路"[2]，这就是毛泽东同志缔造的，"就是邓小平同志开辟的、以江泽民同志为核心的党

① 人口因素是指从事社会物质生产和人自身实现科学发展的人类的总和，它包括人口的数量、质量、构成，分布、变动等多种因素。人口因素是社会存在和发展的最前提条件。因为人是地球的主人，人是人类社会的主体和社会关系的总和，如果地球上没有一定数量和质量的人，那就什么也不用谈了。因此，我们始终坚持以科学发展观为指导，促进经济社会与人的全面发展，实现人与自然的和谐发展的同时，还要高度关注人口的质量和构成状况，这也是会对人类社会的科学发展产生重要影响的因素。

② 胡锦涛：《在中共中央政治局第十七次集体学习时的讲话》，2004 年 12 月 1 日。

的第三代中央领导集体坚持并发展了的中国特色社会主义道路。坚持这条道路，就要坚持中国共产党的领导和社会主义制度，坚持并在实践中不断完善有利于推动中国特色社会主义事业蓬勃发展的各方面的体制制度和方针政策，更好地实现社会主义现代化和中华民族的伟大复兴。”①“我们要始终坚持对外开放的基本国策”，“不断提高在对外开放条件下推动我国经济发展的规律性认识。全面认识世界经济发展变化带来的有利条件和不利因素，善于趋利避害，继续推动我国经济持续快速健康发展。”②“统筹国内发展和对外开放，这是中央从国内外发展大局出发，针对我国发展的新形势新任务向全党提出的一个重要要求。在我国的发展进程中，国际环境中的有利因素和不利因素将长期并存，我们要充分利用有利因素，积极化解不利因素，努力变挑战为机遇。要适应经济全球化趋势不断发展和我国加入世贸组织后的新形势，加快熟悉和善于运用国际规则和国际惯例，在更大范围、更广领域和更高层次上参与国际经济技术合作和竞争，优化资源配置，以开放促改革促发展。”③

胡锦涛指出，实现未来经济发展目标，关键要在加快转变经济发展方式、完善社会主义市场经济体制方面取得重大进展。要大力推进经济结构战略性调整，更加注重提高自主创新能力、提高节能环保水平、提高经济整体素质和国际竞争力。要深化对社会主义市场经济规律的认识，从制度上更好发挥市场在资源配置中的基础性作用，形成有利于科学发展的宏观调控体系。他指出：“加快转变经济发展方式，推动产业结构优化升级。这是关系国民经

① 胡锦涛：《在纪念毛泽东同志诞辰110周年座谈会上的讲话》，2003年12月26日。

② 胡锦涛：《在中共中央政治局第二次集体学习时的讲话》，2003年1月28日。

③ 胡锦涛：《在中共中央政治局第十次集体学习时的讲话》，2004年2月23日。

济全局紧迫而重大的战略任务。要坚持走中国特色新型工业化道路,坚持扩大国内需求特别是消费需求的方针,促进经济增长由主要依靠投资、出口拉动向依靠消费、投资、出口协调拉动转变,由主要依靠第二产业带动向依靠第一、第二、第三产业协同带动转变,由主要依靠增加物质资源消耗向主要依靠科技进步、劳动者素质提高、管理创新转变。发展现代产业体系,大力推进信息化与工业化融合,促进工业由大变强,振兴装备制造业,淘汰落后生产能力;提升高新技术产业,发展信息、生物、新材料、航空航天、海洋等产业;发展现代服务业,提高服务业比重和水平;加强基础产业基础设施建设,加快发展现代能源产业和综合运输体系。确保产品质量和安全。鼓励发展具有国际竞争力的大企业集团。"①

当前,随着我国全方位开放日益实现科学发展,我国国内市场和国际市场的联系日益紧密,国内经济和国际经济的互动明显增强,这既给我国改革发展带来了难得的发展机遇,也提出了严峻的挑战。我们必须清醒认识到,加快经济发展方式转变是我国经济领域的一场深刻变革,关系改革开放和社会主义现代化建设全局。必须深刻认识加快经济发展方式转变是适应全球需求结构重大变化、增强我国经济抵御国际市场风险能力的必然要求,是提高可持续发展能力的必然要求,是在后国际金融危机时期国际竞争中抢占制高点、争创新优势的必然要求,是实现国民收入分配合理化、促进社会和谐稳定的必然要求,是适应实现全面建设小康社会奋斗目标新要求、满足人民群众过上更好生活新期待的必然要求。只有加快经济发展方式转变,才能实现我们党对全国各族人民作出的庄严承诺,更好满足广大人民群众日益增长的物质文化需要。对此,胡锦涛明确强调:"第一,加快推进经济结构调整,把调整经

① 胡锦涛:《在中国共产党第十七次全国代表大会上的报告》,2007年10月15日。

济结构作为转变经济发展方式的战略重点，按照优化需求结构、供给结构、要素投入结构的方向和基本要求，加快调整国民收入分配结构，加快调整城乡结构，加快推进城镇化，加快调整区域经济结构和国土开发空间结构，既着眼于化解过去积累的矛盾和问题，又为经济不断迈上新台阶、长期保持平稳较快发展创造条件。第二，加快推进产业结构调整，适应需求结构变化趋势，完善现代产业体系，加快推进传统产业技术改造，加快发展战略性新兴产业，加快发展服务业，促进三次产业在更高水平上协同发展，全面提升产业技术水平和国际竞争力。第三，加快推进自主创新，紧紧抓住新一轮世界科技革命带来的战略机遇，更加注重自主创新，加快提高自主创新能力，加快科技成果向现实生产力转化，加快科技体制改革，加快建设宏大的创新型科技人才队伍，谋求经济长远发展主动权、形成长期竞争优势，为加快经济发展方式转变提供坚强有力的科技支撑。第四，加快推进农业发展方式转变，坚持走中国特色农业现代化道路，加快构建粮食安全保障体系，加快构建现代农业产业体系，加快推进农业科技创新，加快推进农业经营体制机制创新，大幅提高农业综合生产能力，大幅降低农业生产经营成本，大幅增强农业可持续发展能力，全面提高农业现代化水平，扎实推进社会主义新农村建设。第五，加快推进生态文明建设，深入实施可持续发展战略，大力推进资源节约型、环境友好型社会建设，加快推进节能减排，加快污染防治，加快建立资源节约型技术体系和生产体系，加快实施生态工程，推动整个社会走上生产发展、生活富裕、生态良好的文明发展道路。第六，加快推进经济社会协调发展，针对社会发展和民生领域的突出问题，大力推进以改善民生为重点的社会建设，加快提高教育现代化水平，加快实施扩大就业的发展战略，加快社会保障体系建设，加快发展面向民生的公益性社会服务，更好推进经济社会协调发展。第七，加快发展文化产业，在重视发展公益性文化事业的同时，坚持经济效益与社会效益相统一,深化文化体制改革,加快公共文化服务体系建设,加快发展经营性文化产业,加快开拓文化市场。第八,加快推进对外经济发展方式转变,坚持对外开放的基本国策,坚持互利共赢的开放战略,统筹好国内发展和对外开放,加快调整出口贸易结构,加快调整进口贸易结构,加快提高利用外资质量和水平,加快实施"走出去"战略,不断提高开放型经济水平"①,在重要领域和关键环节实现改革的新突破,着力构建充满活力、富有效率、更加开放、有利于科学发展的体制机制,形成有利于加快经济发展方式转变的制度安排,努力促进经济社会又好又快发展。

四、坚持以经济建设为中心为人类社会创造雄厚的物质基础

马克思主义自诞生起,马克思在《〈政治经济学批判〉序言》中指出:在人类社会的发展进程中,"无论哪一种社会形态,在它所能容纳的全部生产力发挥出来以前,是决不会灭亡的;而新的更高的生产关系,在它的物质存在条件在旧社会的胎胞里成熟以前,是决不会出现的。所以,人类只能提出自己能够解决的任务,因为只要仔细考察就可以发现,任务本身,只有在解决它的物质条件已经存在或者至少是在生成过程中的时候,才会产生。"②也就是说,从社会主义社会产生之后并逐步科学发展到共产主义社会,是要"以生产力的巨大增长和高度发展为前提的",这是"因为如果没有这种发展,那就只会有贫穷的普遍化;而且在极端贫困的情况下,就必须重新开始争取必需品的斗争,也就是说,全部陈腐的东

① 胡锦涛:《在省部级主要领导干部深入贯彻落实科学发展观加快经济发展方式转变专题研讨班上的讲话》,2010 年 2 月 3 日。

② 《马克思恩格斯选集》第 2 卷,第 83 页。我们从马克思主义的科学观点看,社会主义社会的产生,是社会生产力科学发展的客观要求和必然结果,社会主义制度的巩固和科学发展,最终也要依靠社会生产力实现高度的科学发展。

西又要死灰复燃。”①这些“决不依个人‘意志’为转移的个人的物质生活，即它们的相互制约的生产方式和交往方式，是国家的现实基础。”②因此，世界上的任何一个民族和国家，如果不能始终坚持以经济建设为中心，在实现全面、协调、可持续的科学发展中，创造出更加雄厚的物质基础，“不用说一年，就是几个星期，也要灭亡，这是每一个小孩都知道的。”③因此，社会主义代替资本主义虽然是人类历史发展的必然趋势，但社会主义取代资本主义的历史必然性是否能变成现实，这归根到底要由社会主义经济基础是否雄厚所决定。

实践证明，马克思的这些科学思想观念，对毛泽东、邓小平、江泽民、胡锦涛等马克思主义经典作家产生了极其巨大的影响，是中国特色社会主义市场经济理论的思想来源，也是我们党始终坚持以经济建设为中心，大力解放和发展社会生产力，不断增强综合国力，始终抓好科学发展这个党执政兴国的第一要务，全面推动经济持续快速协调健康发展等各项工作的科学依据。新中国成立后，毛泽东为了推进社会主义经济的发展，他从我国商品生产落后的实际情况出发，明确指出我国需要有一个发展商品生产的阶段，要正确认识中国计划经济和市场的关系，要正确认识商品价值规律。1956 年底，他在同工商界人士谈话中曾认为：“可以消灭了资本主义，又搞资本主义，当然要看条件。”④毛泽东的这一科学思想认识，为后来邓小平进一步探索和形成中国特色的社会主义市场经济理论，提供了有益的启示。党的十一届三中全会以后，邓小平总结新中国成立以来正反两方面的经验，指出中国要发展，在坚持社会主义基本制度的同时，必须对原有的经济体制进行根本性的变

① 《马克思恩格斯选集》第 1 卷，第 86 页。

② 《马克思恩格斯全集》第 3 卷，第 377 页。

③ 《马克思恩格斯选集》第 4 卷，第 368 页。

④ 《毛泽东选集》第 5 卷，第 434 页。

革,并深刻指出:“计划多一点还是市场多一点,不是社会主义与资本主义的本质区别。计划经济不等于社会主义,资本主义也有计划;市场经济不等于资本主义,社会主义也有市场。计划和市场都是经济手段。”②他始终强调:“现代化建设的任务是多方面的,各个方面需要综合平衡,不能单打一。但是说到最后,还是要把经济建设当作中心。离开了经济建设这个中心,就丧失物质基础的危险。其他一切任务都要服从这个中心,围绕这个中心,决不能干扰它,冲击它。”①邓小平的科学论断,非常明确界定了市场经济的属性,从而解除了社会主义与市场经济对立起来的思想束缚,为我国最终确立社会主义市场经济体制的目标模式奠定了理论基础,实现全党工作中心向经济建设的转移,开辟了社会主义事业发展的新时期。江泽民指出:“党的十一届三中全会确定以经济建设为中心,这是我们党在深刻总结历史经验基础上作出的战略决策,实践已经充分证明这个决策是完全正确的。经济是基础,解决中国的所有问题,归根到底要靠经济的发展。”②“财大才能气粗,落后就要挨打。”③“社会主义现代化建设是我们当前最大的政治。坚持以经济建设为中心,解放和发展生产力,是解决我国现阶段社会的主要矛盾,巩固和发展社会主义制度的基本途径。坚持党的基本路线不动摇,关键是坚持以经济建设为中心不动摇。”④进一步丰富和发展了中国特色的社会主义市场经济理论。

新世纪新阶段,胡锦涛强调:“把经济建设搞上去,实现全面、协调、可持续发展,是全面建设小康社会的必然要求,是解决中国一切问题的基础,也是当代中国最大的政治。中国共产党要承担

① 《邓小平文选》第3卷,第373页。

② 江泽民:《关于讲政治》,1996年3月3日。

③ 江泽民:《在成都主持召开国有企业改革和发展座谈会时的讲话》,1999年4月22日。

④ 江泽民:《在全国社会治安工作会议上的讲话》,2001年4月2日。

起推动中国社会进步、实现中华民族伟大复兴的历史使命，必须始终紧紧抓好发展这个执政兴国的第一要务，把坚持党的先进性和发挥社会主义制度的优越性，落实到发展先进生产力、发展先进文化、实现最广大人民的根本利益上来。”①他指出：“发展是硬道理。我们党作为执政党，首先要有驾驭社会主义市场经济的能力，要坚持以经济建设为中心。”②这是因为，“社会主义社会应是物质文明、政治文明和精神文明全面、协调发展的社会。物质文明是社会发展的物质基础和决定力量，精神文明是社会发展的精神动力和智力支持，政治文明是社会发展的制度保障和重要条件。实现全面建设小康社会的宏伟目标，要求我们坚定不移地发展社会主义市场经济、社会主义民主政治和社会主义先进文化，不断促进社会主义物质文明、政治文明和精神文明的协调发展。”③可见，“经济建设是党和国家的中心工作，经济发展是各方面发展的基础。只有坚持以经济建设为中心，不断解放和发展生产力，才能为抓好发展这个党执政兴国的第一要务、为全面发展形成坚实的物质基础。在任何时候任何情况下，我们都必须紧紧扭住经济建设这个中心不放松，同时又要切实防止片面性和单打一，全面推进社会主义物质文明、政治文明、精神文明建设”④，必须要在社会经济发展的基础上，着力提高经济增长的质量和效益，努力实现速度和结构、质量、效益相统一，经济发展和人口、资源、环境相协调，不断保护和增强发展的可持续性，切实“推动社会主义物质文明、政治文明、精神文明与和谐社会建设全面发展，不断满足人民群众日益增长

---

① 胡锦涛：《在中共中央召开党外人士座谈会上的讲话》，2003年11月18日。

② 胡锦涛：《在考察广州老城区大塘街社区服务中心时的讲话》，2004年12月22日。

③ 胡锦涛：《在中共中央政治局第八次集体学习时的讲话》，2003年9月29日。

④ 胡锦涛：《在参加十届全国人大二次会议西藏代表团审议时的讲话》，2004年3月5日。

的物质文化需要，促进人的全面发展”①。

可见，我们在新的历史条件下，必须坚持以科学发展观为指导，自觉坚持运用马克思主义的立场、观点、方法观察和思考发展问题，特别是要全面准确地把握科学发展观的实践特色，真正发挥科学发展观的指导作用。必须要准确认识我国经济社会发展的阶段性特征，必须要科学地把握以经济建设为中心和全面发展的辩证关系，切实做到坚持以经济建设为中心，紧紧抓住重要战略机遇期，加快推进经济社会的发展，并能够保持强劲的发展速度。必须要在不断优化结构、提高质量和效益的基础上，进一步加快转变经济发展方式，调整经济结构，实现速度、结构、质量、效益的有机统一。从最广大人民的根本利益出发，不断满足人民群众日益增长的物质文化需求，不断为推动科学发展、促进社会和谐，提供强大而坚实的物质基础。

第二节　科学发展观高度强调发展是解决中国所有问题的关键

胡锦涛深刻指出：“要坚持把发展作为党执政兴国的第一要务，按照全面建设小康社会的要求，努力促进国民经济持续快速健康发展。”②“实践证明，发展是解决中国一切问题的关键，发展应该是以人为本、全面协调可持续的科学发展。深入贯彻落实科学发展观，必须始终抓住发展这个党执政兴国的第一要务，把科学发展新要求和当前发展阶段新特征结合起来，加快经济发展方式转

① 胡锦涛：《在陈云同志诞辰100周年纪念大会上的讲话》，2005年6月13日。

② 胡锦涛：《在中共中央政治局研究经济工作会议上的讲话》，2002年12月2日。

变,着力提高经济发展质量和效益,牢牢把握发展主动权。"①这就需要坚持以科学发展观为指导,"始终把最广大人民的根本利益作为一切工作的出发点和落脚点"②,"坚持发展为了人民、发展依靠人民、发展成果由人民共享,切实解决人民群众最关心、最直接、最现实的利益问题,千方百计为困难群众多办好事实事,进一步凝聚起广大人民群众的力量"③,不断"增强运用科学发展观指导实践的自觉性和坚定性"④,深刻认识科学发展是解决中国一切问题的关键。

一、从牢记党的宗旨出发正确处理好改革发展稳定的关系

改革开放以来的经验已经证明,改革是实现科学发展的根本动力,是我们实现小康社会的宏伟目标的必由之路,也是我们当前在对内实现和谐发展,对外实现和平发展的伟大历史进程中,全面实现中华民族伟大复兴和迈向共产主义社会的必由之路。但不可否认的是,改革作为一场深刻的社会历史性变革,它必然也会带来不同利益的调整、各种机制的转换和思想观念的更新。因此,我们在当前新的历史发展阶段,必须深刻认识到,实现科学发展是社会改革的目的,也是促进社会和谐稳定的根本保证。目前,解决中国所有问题的关键必须要靠科学发展,而在改革与科学发展的过程中,稳定是改革和科学发展的基本前提,没有稳定也就使改革与科学发展难以为继。这就要求我们正确处理好改革发展稳定的关系,始终做好改革发展稳定的各项工作,不断开创中国特色社会主义事业的新局面,不断夺取改革开放和现代化建设的新胜利。

---

① 胡锦涛:《在全党深入学习实践科学发展观活动总结大会上的讲话》,2010 年 4 月 6 日。

② 胡锦涛:《在贵州考察工作时的讲话》,2005 年 2 月 11 日。

③ 胡锦涛:《在青海考察工作时的讲话》,2005 年 12 月 13 日。

④ 胡锦涛:《在山西考察工作时的讲话》,2005 年 7 月 31 日。

胡锦涛指出:"面对复杂多变的国际形势,面对国内改革发展稳定的艰巨任务,面对前进道路上的困难和挑战"①,"我们既面临着宝贵机遇和有利条件,也面临着不少新矛盾、新问题和新挑战。我们必须保持清醒头脑,必须保持开拓进取的精神状态"②,正确处理好改革发展稳定的关系,进一步加强社会主义民主法制建设,"要把提高立法质量摆在更加突出的位置,进一步提高立法工作水平。制定和修改法律法规,要坚持以宪法为依据,维护国家法制的统一;坚持以人为本,把实现好、维护好、发展好最广大人民的根本利益作为根本出发点和归宿;坚持科学发展观,从法律上体现统筹城乡发展、统筹区域发展、统筹经济社会发展、统筹人与自然和谐发展、统筹国内发展和对外开放的要求","要坚持把立法同改革发展稳定的重大决策紧密结合起来,为促进社会主义物质文明、政治文明和精神文明的协调发展服务"③,始终"自觉服从和服务于国家改革发展稳定的大局"④,"使我们党更加朝气蓬勃地团结带领全国各族人民全面建设小康社会、开创中国特色社会主义事业新局面。"⑤

因此,胡锦涛要求在正确处理好改革发展稳定的关系时,要始终牢记党的根本宗旨,始终不渝地为最广大人民谋利益,始终牢记党和人民的重托,自觉坚持在艰苦奋斗中加强党性锻炼。这是因为,"我们党的根基在人民、血脉在人民、力量在人民"⑥,始终坚持

① 胡锦涛:《在全国组织工作会议代表座谈会上的讲话》,2002年12月17日。

② 胡锦涛:《在全国政协新年茶话会上的讲话》,2003年1月1日。

③ 胡锦涛:《在首都各界纪念全国人民代表大会成立50周年大会上的讲话》,2004年9月15日。

④ 胡锦涛:《在庆祝中国人民政治协商会议成立55周年大会上的讲话》,2004年9月21日。

⑤ 胡锦涛:《在全国组织工作会议代表座谈会上的讲话》,2002年12月17日。

⑥ 胡锦涛:《在山东考察工作时的讲话》,2005年4月10日。

"关心群众生产生活，是贯彻我们党全心全意为人民服务宗旨、始终保持党同人民群众血肉联系的根本要求，也是充分调动广大人民群众积极性、万众一心地推进改革开放和社会主义现代化建设的重要保证。"①这样，胡锦涛明确强调："各级领导干部要坚持深入基层、深入群众，倾听群众呼声，关心群众疾苦，时刻把人民群众的安危冷暖挂在心上，做到权为民所用，情为民所系，利为民所谋。尤其要关心那些生产和生活遇到困难的群众，深入到贫困地区、困难企业中去，深入到下岗职工、农村贫困人口、城市贫困居民等困难群众中去"②，要"紧密联系改革开放和现代化建设的实际，联系本地区本部门的工作实际，联系广大干部群众的思想实际，更好地回答人民群众关心的难点和热点问题，更好地解决推进改革发展稳定各项工作所面临的实际问题"，要"切实解决群众在生产和生活中遇到的实际困难，创造性地做好各项工作"③，"把实现最广大人民的根本利益落实到改革发展稳定的各项工作中去"④，自觉地为民尽责、为党分忧，真正为人民掌好权、用好权，始终"坚持把改革的力度、发展的速度和社会可以承受的程度统一起来，使改革发展稳定相互协调、相互促进，确保人民群众安居乐业，确保社会政治稳定和国家长治久安。"⑤"坚持问政于民、问需于民、问计于民，广泛吸收群众参与，虚心听取群众意见，主动接受群众评判，凝聚民心，集中民智，形成了推动科学发展的强大合力。实践证明，推动科学发展，一定要尊重人民主体地位，紧紧依靠人民群众，切实

① 胡锦涛：《在广东考察工作时的讲话》，2003 年 4 月 15 日。

② 胡锦涛：《在西柏坡学习考察时的讲话》，2002 年 12 月 6 日。

③ 胡锦涛：《在会见学习贯彻十六大精神中央宣讲团成员时的讲话》，2002 年 12 月 15 日。

④ 胡锦涛：《在山东考察工作时的讲话》，2005 年 4 月 10 日。

⑤ 胡锦涛：《在省部级主要领导干部提高构建社会主义和谐社会能力专题研讨班上的讲话》，2005 年 2 月 19 日。

体现人民意愿,把全社会的发展积极性引导到推动科学发展上来。深入贯彻落实科学发展观,必须把实现好、维护好、发展好最广大人民的根本利益作为一切工作的出发点和落脚点,使贯彻落实科学发展观的过程成为不断为民造福的过程,最大限度地把人民群众的智慧和力量凝聚到推动科学发展上来。"①

胡锦涛强调,正确处理改革发展稳定关系,一定要真情关怀和真心爱护广大基层干部,充分发挥他们在改革发展稳定中的作用。他认为广大基层干部是党和国家干部队伍的重要组成部分,是做好基层工作的骨干力量。党和国家的各项方针政策和工作部署,最终要靠广大基层干部团结带领群众去贯彻和实施;推动社会主义物质文明、政治文明、精神文明协调发展,最终要靠广大基层干部组织广大人民群众去实现。对此,他满怀深情地指出:"改革开放以来,我们党团结带领全国各族人民不懈奋斗,使国家面貌发生了巨大变化。这些成就的取得,是我们坚持党的基本理论、基本路线、基本纲领、基本经验的结果,是全国各族人民同心同德、团结奋斗的结果,也是工作在各个地区、各条战线、各个领域千千万万基层干部辛勤工作的结果。基层干部奋战在改革发展稳定工作的第一线,承担着艰巨繁重的任务,兢兢业业地工作,默默无闻地奉献,为人民共和国的发展壮大建立了历史功绩。对广大基层干部长期以来为党和人民事业发展作出的重要贡献,党永远不会忘记,祖国永远不会忘记,人民永远不会忘记。"②

同时,胡锦涛也要求广大基层干部,在改革发展稳定工作中,要深入贯彻落实科学发展观,尊重客观规律,尊重群众的首创精神,带领群众推动经济发展和社会全面进步。要切实维护基层群

---

① 胡锦涛:《在全党深入学习实践科学发展观活动总结大会上的讲话》,2010 年 4 月 6 日。

② 胡锦涛:《在北京市考察工作时的讲话》,2004 年 10 月 2 日。

众的民主权利，推动基层各项民主制度的贯彻落实，坚持依法办事，自觉接受群众监督，确保把人民赋予的权力真正用来为人民谋利益。要切实推动基层文化建设，深入细致地开展思想政治工作，广泛开展群众性精神文明创建活动，不断满足人民群众日益增长的精神文化需要。必须要切实做好协调关系、化解矛盾的工作，兼顾不同方面群众的利益，正确处理人民内部矛盾，关心人民群众的生产生活，努力维护社会稳定。要切实提高自身的综合素质，切实提高自身的思想政治水平和实际工作能力，大力弘扬求真务实精神，要进一步增强使命感和责任感，不断提高创造性开展工作的能力，真正成为人民群众信赖的贴心人、带头人。为胜利完成改革发展稳定的任务，各级党委和政府都要加强对基层工作的指导，加强对基层干部的业务培训，倾听基层干部的心声，设身处地地体谅基层干部的难处，关心他们的身心健康，想方设法帮助他们解决工作生活上遇到的困难，为他们开展工作创造必要的良好条件。

因此，我们在新形势下，各级党委和政府在正确处理改革发展稳定关系的过程中，必须坚持以科学发展观为指导，始终坚持全心全意为人民服务的党的根本宗旨，始终把人民呼声作为第一信号，把人民利益放在第一位置，不断提高人民物质文化生活水平，促进人的全面发展。促进和谐，就是要以解决人民最关心、最直接、最现实的利益问题为重点，着力促进社会公平正义、增强社会创造活力，最大限度增加和谐因素，最大限度减少不和谐因素，确保人民安居乐业、社会安定有序、国家长治久安。进一步推动科学发展、促进社会和谐，实现经济社会又好又快发展。

二、必须紧紧抓住本世纪头二十年的重要战略发展机遇期

胡锦涛始终高度重视重要战略机遇期的问题，他认为本世纪头 20 年对我国来说是一个必须紧紧抓住并且可以大有作为的重要战略机遇期。我们必须坚持以科学发展观为指导，“顺应国内

外形势发展变化，抓住重要战略机遇期，发扬求真务实、开拓进取精神，坚持理论创新和实践创新，着力推动科学发展、促进社会和谐，完善社会主义市场经济体制，在全面建设小康社会实践中坚定不移地把改革开放伟大事业继续推向前进”①，这是党中央在科学分析国内外形势的基础上作出的一个重大战略判断。我们必须准确把握并坚持这个重大战略判断，始终以“开拓进取的精神状态，聚精会神搞建设，一心一意谋发展，集中力量把我们自己的事情办好”②，坚定不移地为实现奋斗目标而努力。

对此，胡锦涛指出：“能否抓住机遇，加快发展，是关系一个政党、一个国家、一个民族兴衰成败的重大问题。历史上，我国曾经有过丧失机遇而落伍的深刻教训，也有过抓住机遇实现快速发展的成功经验。现在，我们正处在又一个难得的有利发展时机。机不可失，时不再来，必须紧紧抓住机遇，只争朝夕地工作，根本目的是要把我们自己的事情办好，加快社会主义现代化建设的步伐，确保实现十六大提出的宏伟目标。”③因此，能否抓住重要的战略机遇，这“无论是从中国社会的发展历程看，还是从世界上其他国家的发展历程看，能不能抓住机遇、加快发展，是一个国家能不能赢得主动、赢得优势、赢得胜利的关键所在。历史一再表明，机遇极为宝贵，稍纵即逝。在历史发展的关键时期，把握住了机遇，落后的国家和民族就有可能实现跨越式发展，成为时代发展的弄潮儿；而丧失了机遇，原本强盛的国家和民族也会不进则退，成为时代发展的落伍者。本世纪头20年，对我国来说，是一个必须紧紧抓住

① 胡锦涛：《在中国共产党第十七次全国代表大会上的报告》，2007年10月15日。

② 胡锦涛：《在全国政协新年茶话会上的讲话》，2003年1月1日。

③ 胡锦涛：《在参加十届全国人大一次会议西藏代表团审议时的讲话》，2003年3月5日。

并且可以大有作为的重要战略机遇期"①,我们一定要以科学发展观为指导,深入贯彻落实统筹城乡发展、统筹区域发展、统筹经济社会发展、统筹人与自然和谐发展、统筹国内发展和对外开放的要求,坚定不移地抓好发展这个党执政兴国的第一要务,进一步做好改革发展稳定的各项工作,不断开创党和国家事业科学发展的新局面。

我们从胡锦涛的科学论述中,可以深刻感到一个政党、一个国家、一个民族能否抓住宝贵的重要战略发展机遇,这对一个政党、一个国家、一个民族的兴衰成败影响极大,并能从根本上改变一个政党、一个国家、一个民族的命运。可见,胡锦涛的科学论述,对于进一步加快推进社会主义现代化进程,全面实现中华民族的伟大复兴,具有重要的战略意义。这是因为,中国已经明确了本世纪头20年的奋斗目标,就是紧紧抓住重要战略机遇期,全面建设惠及十几亿人口的更高水平的小康社会。但是,由于我国在相当长时期内仍然是发展中国家,从中国的具体国情看,"我们在推进改革开放和社会主义现代化建设中所肩负任务的艰巨性和繁重性世所罕见,我们在改革发展稳定中所面临矛盾和问题的规模和复杂性世所罕见,我们在前进中所面对的困难和风险也世所罕见。要妥善解决这些矛盾和问题、战胜这些困难和风险,就必须善于从千头万绪、纷繁复杂的事物和事物的普遍联系中抓住主要矛盾和矛盾的主要方面,同时又必须善于统筹协调、把握平衡,在事物的普遍发展中形成有利于突破主要矛盾和矛盾主要方面的合力,不断提高驾驭复杂局面、解决复杂问题能力,不断推动经济社会向前发展"②,"这是一个宏伟目标,也是一项艰巨任务"③。我们为了实

① 胡锦涛:《在中共中央政治局第九次集体学习时的讲话》,2003年11月24日。

② 胡锦涛:《在纪念党的十一届三中全会召开30周年大会上的讲话》,2008年12月18日。

③ 胡锦涛:《在同团中央新一届领导班子成员和团十五大部分代表座谈时的讲话》,2003年7月25日。

现这个宏伟目标，必须要坚持以科学发展观为指导，“从最广大人民的根本利益出发，不断满足人民群众日益增长的物质文化需求，努力促进人的全面发展。我们将坚持以经济建设为中心，把发展作为第一要务，推动经济建设、政治建设、文化建设与和谐社会建设全面发展。我们将坚持社会主义市场经济的改革方向，进一步推动制度创新，不断深化改革，激发全社会的创造活力，增强经济社会发展的内在动力。我们将坚持对外开放的基本国策，建立更加开放的市场体系，在更大范围、更广领域、更高层次上参与国际经济技术合作和竞争。我们将坚持走新型工业化道路，着力调整经济结构和加快转变经济增长方式，提高经济增长的质量和效益，大力发展循环经济，建设资源节约型、环境友好型社会，走生产发展、生活富裕、生态良好的文明发展道路。我们相信，只要坚定不移地走符合中国国情的发展道路，我们就一定能够实现既定的奋斗目标，为维护世界和平、促进共同发展发挥更大的建设性作用。”①

新世纪新阶段，我们必须以科学发展观为指导，“正确认识和科学判断形势，始终是我们党制定和贯彻正确的路线方针政策的重要依据。面对深刻变化的国际形势，我们要抓住和用好战略机遇期，做好改革发展稳定的各项工作，不断把我国的现代化建设推向前进，就必须科学判断国际形势的发展变化，正确应对世界多极化和经济全球化以及科技进步的发展趋势，妥善处理影响世界和平与发展的各种复杂问题和不确定因素。这是我们在实现全面建设小康社会宏伟目标的征程上将长期面对的重大课题，也是在新的历史条件下加强党的执政能力建设、提高党的领导水平和执政

① 胡锦涛:《在二〇〇五年北京〈财富〉全球论坛开幕式上的演讲》,2005 年 5 月 16 日。

水平的必然要求。”[1]必须要始终坚持以宽广的眼界观察世界、分析形势，清醒地看到激烈的国际竞争带来的严峻挑战，清醒地看到前进道路上的困难和风险，紧紧抓住并切实用好重要战略机遇期，牢牢把握我国发展的主动权，团结和带领全国人民不断夺取中国特色社会主义事业的新胜利。

三、始终用科学发展和改革创新的办法解决前进中的问题

胡锦涛指出，中国自 20 世纪 70 年代末实行改革开放的政策以来，始终坚持走中国特色社会主义道路，全面推进现代化建设，国家综合国力显著增强，人民生活总体上达到小康水平，经济、政治和文化等各领域的建设都取得了显著的成就，实现了发展的历史性跨越。进入新世纪新阶段，我们党在团结带领全国各族人民在实现全面建设小康社会的伟大历史征程中，始终坚持以科学发展观为指导，准确把握国内外形势，明确提出符合我国国情、顺应时代要求、凝聚人民意志的发展目标、指导方针和总体部署，并始终牢牢抓住科学发展这个党执政兴国的第一要务，始终坚持以经济建设为中心，聚精会神搞建设、一心一意谋发展，不断推进改革开放，有效地抑制了经济运行中出现的不稳定不健康因素，从容应对加入世界贸易组织后的新变化，国民经济持续较快发展，工业化、城镇化、市场化、国际化步伐进一步加快，经济体制改革不断深化，对外贸易迈上新台阶，国家财政收入大幅度增加，价格总水平保持基本稳定，城乡人民生活进一步改善，民族团结不断巩固，各项社会事业取得了新进步，社会主义民主政治和精神文明建设继续加强，我国的经济实力、综合国力和国际地位得到了显著提高。

但是，他也深刻指出我国在经济发展方面，仍然存在一些亟待解决的突出问题，要清醒地认识到，由于我国人口多、底子薄，耕地

---

① 胡锦涛：《在中共中央政治局第十次集体学习时的讲话》，2004 年 2 月 23 日。

少,我国仍然是当今世界上最大的发展中国家,正处于并将长期处于社会主义初级阶段,社会生产力还不发达,人民生活还不富裕,社会发展很不平衡,城乡区域发展也不平衡,粗放型经济增长方式没有根本转变,经济结构不够合理,自主创新能力不强,经济社会发展与资源环境的矛盾日益突出,解决"三农"问题的任务相当艰巨,就业压力依然较大,收入分配中的矛盾问题较多,影响发展的体制机制问题亟待解决,需要处理好社会利益关系的难度加大,我们在前进道路上仍面临不少亟待解决的矛盾和问题,也许还会遇到来自国际国内的各种困难和风险,中国的现代化事业任重道远。这是我们在实现全面建设小康社会宏伟目标的征程上将长期面对的重大课题。

因此,我们要实现全面建设小康社会的宏伟目标,必须深入贯彻落实科学发展观,必须继续进行长期的艰苦奋斗。只要我们集中一切力量全面建设小康社会,"加快推进社会主义现代化"①,始终"坚持走新型工业化道路,大力实施科教兴国战略、可持续发展战略和人才强国战略,推进经济结构的战略性调整,加强农业的基础地位,积极推进西部大开发,有效发挥中部地区综合优势,振兴东北地区等老工业基地,鼓励东部有条件地区率先基本实现现代化。努力在经济社会协调发展的基础上促进人的全面发展,在开发利用自然中实现人与自然的和谐相处。"②始终紧紧抓住经济建设这个中心不动摇,坚定不移地走符合中国国情的发展道路,始终坚持抓好科学发展这个党执政兴国的第一要务,切实抓住并用好重要的发展战略机遇期,正确处理改革发展稳定的关系,我们的目标就一定能够实现。而且,我们目前"已进入全面建设小康社会、

① 胡锦涛:《在莫斯科国际关系学院的演讲》,2003 年 5 月 28 日。

② 胡锦涛:《在纪念毛泽东同志诞辰 110 周年座谈会上的讲话》,2003 年 12 月 26 日。

加快推进社会主义现代化的新的发展阶段"①,正处在一个新的科学发展的历史起点。"我相信,只要坚持正确的发展战略,统筹城乡发展、统筹人与自然和谐发展、统筹国民发展和对外开放,我们就一定能逐步实现中国现代化建设的各项目标,为地区和全球经济发展作出更大的贡献。"②

我们从胡锦涛的科学论述中可以看到,全面实现建设小康社会的宏伟目标,切实解决好在前进道路上仍面临不少亟待解决的矛盾和问题,以及或许还会遇到的来自国际国内的各种困难和风险,就必须坚持在科学发展观的指导下,切实理清发展思路,创新发展模式,继续加强和改善宏观调控,不断增强科学调控的能力,加快转变经济发展方式,推进经济结构的战略性调整,坚持走新型工业化道路,大力实施科教兴国战略、可持续发展战略和人才强国战略,保持和增强发展的可持续性,推动经济社会又好又快发展。这是因为,我们只有在科学发展观的指导下,继续加强和改善宏观调控,才能保持宏观经济政策的连续性和稳定性。当前,我国经济发展正处于世界经济周期的上升阶段,一定要在保持宏观经济政策的连续性和稳定性的过程中,进一步增强信心和稳定大局;一定要在更加重视总量调控和结构优化的过程中,正确把握调控的时机和力度,引导经济平稳运行。这样,就必须要始终以科学发展观为指导,继续坚持扩大内需的方针,果断实施积极的财政政策和适度宽松的货币政策,要密切关注宏观经济形势的变化,针对苗头性问题,适时适度进行调控,增强调控的科学性、预见性和有效性。要在强化税收征管、增加收入的同时,按照建立公共财政的要求,进一步加大调整财政支出结构的力度,保证各项重点支出。实施稳健的货币政策,必须要把握好货币供应量的调节力度,综合运用

① 胡锦涛:《在澳大利亚联邦议会的演讲》,2003年10月24日。

② 胡锦涛:《在亚太经合组织工商领导人峰会上的演讲》,2003年10月19日。

各种货币政策工具，切实发挥货币政策和财政政策、产业政策协调配合的综合效应，适当控制货币信贷的投放，调整货币信贷结构，保持货币供应量的适度增长。一定要在目前我国经济发展正处于一个关键时期的过程中，进一步加快经济发展方式转变，切实紧紧抓住结构调整这条主线全面推进结构调整，这是事关我国经济社会发展全局的关键之处。

同时，必须加快提升制造业水平，加快发展以信息技术为主要代表的高新技术产业，运用先进适用技术改造传统产业，全面提高制造业的竞争力。要努力缓解经济发展中的瓶颈制约，进一步安排好电源和电网建设，加强大型煤炭基地的建设，加快重要交通干线和枢纽的建设。要突出抓好节约能源、节约原材料和节约用水工作，搞好重要资源的综合利用。要进一步加快发展第三产业，切实把加快发展服务业作为扩大就业、优化产业结构、提高国民经济整体效益和促进经济社会协调发展的重大举措，积极创造有利于服务业加快发展的政策和体制环境。要大力发展和积极引导非公有制经济，进一步放宽市场准入，加强服务和监管，充分发挥个体私营等非公有制经济在发展经济、繁荣市场、扩大就业、增加税收等方面的重要作用。一定要积极促进区域经济协调发展，积极推进西部大开发，有效发挥中部地区的综合优势，支持中西部地区加快改革发展，振兴东北地区等老工业基地，鼓励有条件的东部地区率先基本实现现代化，逐步形成东、中、西部经济互联互动、优势互补、协调发展的新格局。充分利用国际国内两个市场、两种资源，必须始终站在科学发展观的战略高度，切实用全球战略眼光，在国际生产要素重组和产业转移加快的新形势下，从更大范围和更宽领域提高应变能力，进一步增强忧患意识和风险意识，进一步统筹国内发展和对外开放。同时，进一步深化改革和加大开放的力度，不断消除阻碍科学发展的体制机制障碍，改革必须是全面改革，必须“涉及经济、政治、文化等各个领域，我们不仅进行经济体制改革，也进行政治体制改革。"①进一步在实践中增强自主创新能力，走出一条中国特色自主创新之路，进一步发挥科学技术是第一生产力的重要作用，使科学技术和科技自主创新能力在建设小康社会的历史进程中，真正成为国家综合国力和竞争力的核心，真正成为解决各种矛盾、问题和各种困难、风险的决定性力量。只有这样，我们在全面实现建设小康社会宏伟目标的伟大历史进程中，才能切实解决好在前进道路上面临的各种矛盾和问题以及来自国际国内的各种困难和风险，才能在落实科学发展观的各个方面都交出优异的答卷。

四、在实现奋斗目标中使物质精神政治社会文明协调发展

当前，我国进入加快推进社会主义现代化的新的发展阶段，党和人民在新世纪新阶段的任务，就是紧紧抓住并充分运用本世纪头 20 年的重要战略机遇期，全面建设惠及十几亿人口的更高水平的小康社会。"概括起来说，就是要经过 20 年的努力，争取到 2020 年国内生产总值比 2000 年翻两番，按现在人民币对美元的汇率估算，将达到 4 万多亿美元。到那时，中国经济更加发展、民主更加健全、科教更加进步、文化更加繁荣、社会更加和谐、人民生活更加殷实。"②要实现全面建设小康社会的宏伟目标，必须坚持以科学发展观为指导，"坚持马克思主义基本原理同中国具体实际相结合，解放思想、实事求是、与时俱进，不断推进实践基础上的理论创新，不断推进马克思主义的中国化，不断巩固党和人民共同奋斗的思想基础。我们要坚持以科学发展观统领经济社会发展全局，切实抓好发展这个党执政兴国的第一要务，紧紧扭住经济建设

① 胡锦涛：《在法国国民议会的演讲》，2004 年 1 月 27 日。

② 胡锦涛：《在莫斯科国际关系学院的演讲》，2003 年 5 月 28 日。

这个中心不动摇”①,“必须在经济发展的基础上,推动社会全面进步和人的全面发展,促进社会主义物质文明、政治文明、精神文明协调发展”②,不断满足人民群众日益增长的物质文化需要,不断促进人的全面发展。

对此,胡锦涛指出:“发展社会主义民主政治,建设社会主义政治文明同建设社会主义物质文明、精神文明一起作为全面建设小康社会的重要目标,这是我们党在建设中国特色社会主义的实践中取得的新的重大认识,也是我们继续建设中国特色社会主义事业必须完成好的重大任务。建设中国特色社会主义,必须坚持以经济建设为中心,不断解放和发展社会生产力,大力发展社会主义物质文明,同时必须大力发展社会主义政治文明和社会主义精神文明,为现代化建设提供有力的政治和法律保障,提供强大的精神动力和智力支持。”③“社会主义社会应是物质文明、政治文明和精神文明全面、协调发展的社会。物质文明是社会发展的物质基础和决定力量,精神文明是社会发展的精神动力和智力支持,政治文明是社会发展的制度保障和重要条件。实现全面建设小康社会的宏伟目标,要求我们坚定不移地发展社会主义市场经济、社会主义民主政治和社会主义先进文化,不断促进社会主义物质文明、政治文明和精神文明的协调发展。”④

从胡锦涛的科学论述中可以看到,物质文明为政治文明和精神文明提供物质基础,它也决定着政治文明和精神文明的发展程度。这是因为,“人们首先必须吃、喝、住、穿,然后才能从事政治、科学、艺术、宗教等等;所以,直接的物质的生活资料的生产,从而

① 胡锦涛:《在陈云同志诞辰100周年纪念大会上的讲话》,2005年6月13日。

② 胡锦涛:《在中央人口资源环境工作座谈会上的讲话》,2004年3月10日。

③ 胡锦涛:《在首都各界纪念中华人民共和国宪法公布施行二十周年大会上的讲话》,2002年12月4日。

④ 胡锦涛:《在中共中央政治局第八次集体学习时的讲话》,2003年9月29日。

一个民族或一个时代的一定的经济发展阶段，便构成基础，人们的国家设施、法的观念、艺术以至宗教观念，就是从这个基础上发展起来。”①这就需要坚持运用马克思主义的立场、观点、方法观察和思考问题，真正发挥科学发展观在实践中的重要指导作用。同时，必须准确把握以经济建设为中心和全面发展的辩证关系，只有坚持以经济建设为中心，不断解放和发展社会生产力，为政治文明和精神文明的全面发展，提供坚实的物质基础。在大力发展物质文明的同时，还要高度重视推进社会主义政治文明，这是我们党领导人民坚持和发展人民民主长期实践的必然结论，是全面建设小康社会的重要目标，也是保持经济社会持续发展和国家长治久安的重要保证。

实践证明，坚持政治文明建设的正确方向，最根本的是要坚持党的领导、人民当家做主和依法治国的有机统一，这是我们推进社会主义政治文明建设必须遵循的基本方针，也是我国社会主义政治文明区别于资本主义政治文明的本质特征。这就要求我们必须坚持和完善社会主义民主制度，丰富民主形式，健全民主程序，扩大公民有序的政治参与，保证人民群众依法进行民主选举、民主决策、民主管理和民主监督。推进决策科学化民主化，保证党和政府的各项决策符合人民利益，适应经济社会发展的实际。要根据改革开放和发展社会主义市场经济的需要，加快立法步伐，提高立法质量，坚持依法行政、公正司法，促进依法治国方略的落实，为建设和发展中国特色社会主义提供有力的法律保障。按照公正司法和严格执法的要求，积极稳妥地推进司法体制改革，保障在全社会实现公平和正义。要进一步转变政府职能，减少行政审批，改进管理方式，提高行政效率，努力形成运转协调、廉洁高效的行政管理体

① 《马克思恩格斯选集》第3卷，第776页。

制。"在社会主义市场经济条件下,政府的主要职能是经济调节、市场监管、社会管理、公共服务。要以转变政府职能为重点,继续推进政企分开、政资分开、政事分开、政府与市场中介组织分开,加强和完善宏观调控,减少和规范行政审批,把政府职能切实转到经济调节、市场监管、社会管理、公共服务上来。要完善行政管理决策机制,坚持实行民主集中制,健全对涉及经济社会发展全局的重大事项决策的协商和协调机制,健全对专业性、技术性较强的重大事项决策的专家论证、技术咨询、决策评估制度,健全对与群众利益密切相关的重大事项决策的公示、听证制度,推进行政管理决策科学化、民主化。"①必须以领导干部特别是主要领导干部为重点,以人财物的管理和使用为重点,以关键岗位和薄弱环节为重点,改革和完善监督机制,切实做到用制度管权、用制度管事、用制度管人,保证把人民赋予的权力切实用来为人民谋利益,在积极调动群众参与社会主义建设的历史进程中,为推进物质文明和精神文明发展提供政治动力和政治保障。在发展物质文明和精神文明的同时,要大力发展精神文明,为物质文明和政治文明建设提供精神动力和智力支持,这是因为人类社会的进步离不开精神动力的作用和科学文化的繁荣。

我们必须从全面建设小康社会的全局和实现中华民族伟大复兴的高度,深刻认识加强文化建设的战略意义,在推进社会主义物质文明和政治文明建设的同时,更加自觉地推进社会主义文化建设。"深入研究新形势下我国文化建设面临的新情况新问题,善于在更加开放的环境中建设中国特色社会主义文化。我们要发扬与时俱进的时代精神,坚持古为今用、推陈出新,大力发扬中华文化的优秀传统,大力弘扬中华民族的伟大精神,使中华民族的优秀

① 胡锦涛:《在中共中央政治局第二十七次集体学习时的讲话》,2005 年 12 月 20 日。

文化成为新的历史条件下鼓舞我国各族人民不断前进的精神力量。同时，我们要坚持从我国国情出发，坚持以我为主、为我所用，辩证取舍、择善而从，积极吸收借鉴国外文化发展的有益成果，更好地推动我国文化的发展繁荣。一切有利于加强我国社会主义文化建设的有益经验，一切有利于提高我国人民精神境界的文化成果，一切有利于发展我国社会主义文化事业和文化产业的管理方式，都要积极研究借鉴。要始终高举社会主义文化旗帜，在文化观念上决不照抄照搬，在发展模式上决不简单模仿，坚决防范和抵御各种腐朽落后的文化观念侵蚀干部群众的思想，确保国家的文化安全和社会稳定。”①“要充分发挥人民在文化建设中的主体作用，调动广大文化工作者的积极性，更加自觉、更加主动地推动文化大发展大繁荣，在中国特色社会主义的伟大实践中进行文化创造，让人民共享文化发展成果”②，不断发展社会主义市场经济、社会主义民主政治和社会主义先进文化，不断促进社会主义物质文明、政治文明、精神文明与和谐社会建设协调发展，促进经济社会和人的全面发展。

第三节　科学发展观明确提出人与自然和谐发展的实践性原则

马克思主义认为，人与自然的关系是人类生存与发展的最基本关系，它反映着人类文明与自然演化的相互作用，人类的生存发展依赖于自然，同时也影响着自然的结构、功能与演化过程。我们

① 胡锦涛：《在中共中央政治局第七次集体学习时的讲话》，2003 年 8 月 12 日。

② 胡锦涛：《在中国共产党第十七次全国代表大会上的报告》，2007 年 10 月 15 日。

站在科学发展观的战略高度来看，人与自然的关系主要体现在两个方面，一是人类向自然索取“有用物”①和真正尊重自然规律，“按照自然规律办事”②，并从自然得到需要的资源与空间，享受生态系统提供的服务功能，向自然环境排放废弃物；二是自然对人类的影响与反作用，既包括人与自然的和谐发展，也包括自然环境对人类生存发展的制约，自然灾害、环境污染与生态退化对人类所造成的负面影响。可见，我们如何科学认识和正确处理人与自然和谐发展的辩证关系，这是一个关系到当今世界能否全面实现和谐，是一个关系到当今人类社会和世界经济能否实现可持续发展，也“是一个具有现实意义和长远意义的重大课题，既关乎世界各国当前的发展进程，也关乎全人类的发展未来。世界各国有远见的政治家和负责任的企业家，都应该为此而共同努力。”③

一、高度重视并明确强调人与自然和谐发展的极端重要性

胡锦涛始终认为，在人类社会漫长的历史进程中，全人类为发展丰富多彩的世界文明作出了积极贡献，“大自然也造就了旖旎的风光。”④但是，由于社会历史的变迁和人类活动的影响，以及传统的工业发展模式，人类社会至今还没有完全“实现经济发展和人口、资源、环境相协调，坚持走生产发展、生活富裕、生态良好的文明发展道路”⑤，世界各地在发展的过程中，相继出现了各种掠夺自然、破坏自然的做法，人与自然的和谐关系遭到人为的破坏。因此，他极其深刻地指出，如果人与自然的关系不和谐，往往会影

① 《马克思恩格斯全集》第46卷，第393页。

② 胡锦涛：《在省部级主要领导干部提高构建社会主义和谐社会能力专题研讨班上的讲话》，2005年2月19日。

③ 胡锦涛：《在亚太经合组织工商领导人峰会上的演讲》，2004年11月19日。

④ 胡锦涛：《致第二十八届世界遗产委员会会议的贺辞》，2004年6月26日。

⑤ 胡锦涛：《在亚太经合组织工商领导人峰会上的演讲》，2004年11月19日。

响人与人的关系、人与社会的关系。如果生态环境受到严重破坏、人们的生产生活环境恶化,如果资源能源供应高度紧张、经济发展与资源能源矛盾尖锐,人与人的和谐、人与社会的和谐是难以实现的。这样,他进一步强调:“环境是经济社会可持续发展的依托,是我们共同生存的家园”①,而“人口资源环境工作,都是涉及人民群众切身利益的工作,一定要把最广大人民的根本利益作为出发点和落脚点。要着眼于充分调动人民群众的积极性、主动性和创造性,着眼于满足人民群众的需要和促进人的全面发展,着眼于提高人民群众的生活质量和健康素质,切实为人民群众创造良好的生产生活环境,为中华民族的长远发展创造良好的条件。”②因此,我们必须要从科学发展观的战略高度出发,切实做好人口资源环境工作,必须要保证对自然环境的充分保护和适度利用,努力实现人与自然和谐发展的目标,这既是历史赋予我们的崇高责任,也是实现人类文明延续与保持可持续发展的必然要求。

胡锦涛明确指出:“我们要清醒地看到,我国是一个有近13亿人口的发展中大国,正处于并将长期处于社会主义初级阶段,解决好人口资源环境问题是一项长期的艰巨的任务,人口资源环境工作仍然面临着一些亟待解决的突出问题和严峻挑战。对此,全党同志务必高度重视,坚决克服盲目乐观、麻痹松懈和消极畏难的情绪,牢固树立可持续发展观念,不断增强人口意识、资源意识和环境意识,继续坚持不懈地把人口资源环境工作抓紧抓好。”③而可持续发展,就是要促进人与自然的和谐,实现经济发展和人口、资源、环境相协调,坚持走生产发展、生活富裕、生态良好的文明发展道路,能够保证一代接一代地永续发展。因此,全党同志都要认

① 胡锦涛:《在参加首都义务植树活动时的讲话》,2005年4月2日。
② 胡锦涛:《在中央人口资源环境工作座谈会上的讲话》,2004年3月10日。
③ 胡锦涛:《在中央人口资源环境工作座谈会上的讲话》,2003年3月9日。

识到人口资源环境工作是强国富民安天下的大事，是全面建设小康社会的必然要求，一定要认识到"做好人口资源环境工作，对保持国民经济持续快速健康发展、不断提高经济增长的质量和效益，对不断提高人民群众的生活质量、促进人的全面发展，对改善生态环境、促进人与自然的和谐，都具有十分重大的意义。各地区各部门都要从确保实现全面建设小康社会宏伟目标的战略高度，进一步增强责任感和使命感，坚定不移地按照十六大提出的要求做好人口资源环境的各项工作。"他深刻地指出："人口资源环境工作必须尊重自然规律和社会发展规律。我们确定的工作重点、方向和各项措施只有符合客观规律才能取得成功。反之，脱离了客观实际，违背了客观规律，就难以取得成功，甚至可能带来严重后果，受到客观规律的惩罚。我们要善于从实践中总结经验、吸取教训，自觉地去认识和把握规律，不断提高工作水平。"因此，胡锦涛明确地要求："各级党委和政府要坚持党政一把手亲自抓、负总责，完善目标管理责任制，坚持一级抓一级、一级带一级，确保责任到位、措施到位、投入到位。要真正做到有法可依、有法必依、执法必严、违法必究，把人口资源环境工作切实纳入依法治理的轨道。"我们"必须紧紧依靠人民群众。要坚持专门队伍和群众参与相结合的工作思路，把广大人民群众的积极性充分发挥出来，形成做好人口资源环境工作的广泛群众基础。只要充分调动和发挥人民群众的积极性，我们就能不断开创人口资源环境工作的新局面。"①

我们从胡锦涛的科学思想中可以看到，统筹人与自然的和谐发展，其实质就是要始终做到坚持以人为本，并切实在科学发展观的指导下，坚定不移地走全面协调可持续的科学发展道路，以生产发展为基础，以生活富裕为目标，以生态良好为条件，在真正尊重

① 胡锦涛：《在中央人口资源环境工作座谈会上的讲话》，2003年3月9日。

经济规律和自然规律的过程中，认真探索以科技文明进步和提高自主创新能力，积极带动调整经济结构和转变增长方式，选择有利于节约资源与保护自然环境的产业结构和消费方式，把自然生态环境建设与经济社会的发展有机结合起来，寓自然生态环境建设于各项建设事业的发展之中，从而推动整个经济社会走上生产发展、生活富裕、生态良好的文明发展道路，这是当前和今后缓解人口资源压力、实现经济社会全面协调可持续的科学发展的最根本途径。对此，"各级党委和政府一定要从促进经济社会全面发展、确保实现全面建设小康社会宏伟目标的战略高度，明确责任、扎实工作，联系实际、深化改革，不断提高领导水平，创新人口资源环境工作的体制机制，发动全社会力量参与人口资源环境工作，推动人口资源环境工作不断迈上新台阶"①，必须要在准确认识我国已经进入科学发展的历史时期中，坚定不移地走适合中国国情的科学发展道路。

可见，我们必须坚持以科学发展观为指导，按照统筹人与自然和谐发展的根本性原则，要深入理解统筹人与自然和谐发展的辩证关系，充分认识人与自然和谐发展的必要性、紧迫性和极端重要性。全党同志特别是各级领导干部，要认真学习科学发展观理论体系中，关于人与自然和谐发展的深刻思想内涵，必须要进一步强化我国人口多、人均资源少和环境保护压力大的国情意识，进一步强化经济效益、社会效益和环境效益相统一的效益意识，进一步强化节约资源、保护生态和资源循环利用的可持续发展意识，进一步增强做好人口资源环境工作的责任感和紧迫感。全党同志特别是各级领导干部，要不断增强运用科学发展观指导实践的自觉性和坚定性，"在经济发展的基础上，推动社会全面进步和人的全面发

① 胡锦涛：《在中央人口资源环境工作座谈会上的讲话》，2005年3月12日。

展，促进社会主义物质文明、政治文明、精神文明协调发展。必须着力提高经济增长的质量和效益，努力实现速度和结构、质量、效益相统一，经济发展和人口、资源、环境相协调，不断保护和增强发展的可持续性。”[①]“要按照人与自然和谐发展的要求，强化环境保护和监督管理，抓紧解决严重威胁人民群众健康安全的环境污染问题，促进自然资源系统和社会经济系统良性循环。”[②]各级党委和政府，全党同志特别是各级领导干部在工作实践中，必须要进一步落实环境保护领导责任制，“要把思想统一到科学发展观上来”[③]，要始终做到坚持理论和实际相结合，因地制宜、因时制宜地把科学发展观和“五个统筹”的要求，切实贯穿于做好这项工作的全过程。

二、深刻指出我国人口资源环境工作仍然面临着严峻挑战

胡锦涛指出，纵观历史，放眼世界，能否顺应时代潮流、把握发展机遇，依靠人民的智慧和力量，走出一条适合自己国情的发展道路，是一个国家在日趋激烈的国际竞争中赢得主动、加快发展的关键。“经验表明，一个国家坚持什么样的发展观，对这个国家的发展会产生重大影响，不同的发展观往往会导致不同的发展结果。”[④]改革开放以来，中国各族人民在我们党的坚强领导下，踏上了改革开放和建设中国特色社会主义的历史征程，并取得了举世公认的发展成就，社会主义市场经济体制已经初步建立，开放型经济已经形成，“中国经济持续快速增长，各项社会事业全面发展，社会生产力和综合国力实现了历史性跨越，人民生活总体上达到

---

① 胡锦涛:《在中央人口资源环境工作座谈会上的讲话》,2004 年 3 月 10 日。

② 胡锦涛:《在山东考察工作时的讲话》,2005 年 4 月 11 日。

③ 《国务院关于落实科学发展观加强环境保护的决定》,2005 年 12 月 3 日。

④ 胡锦涛:《在亚太经合组织工商领导人峰会上的演讲》,2004 年 11 月 19 日。

小康水平。"[①]实践证明,中国之所以能够发生这样巨大的变化,最关键的原因就是我们始终坚持走中国特色的社会主义道路,始终坚持改革开放,不断用深化改革的方法来激发全体人民的积极性、主动性和创造性。新世纪新阶段,"我们已经明确了本世纪头20年的奋斗目标,这就是全面建设惠及十几亿人口的更高水平的小康社会,到2020年实现国内生产总值比2000年翻两番,达到4万亿美元,人均国内生产总值达到3000美元,使经济更加发展、民主更加健全、科教更加进步、文化更加繁荣、社会更加和谐、人民生活更加殷实。"[②]为了实现这一目标,13亿中国人民将坚定不移地走和平发展的道路。我们将在科学发展观指引下,"按照以人为本、全面协调可持续的科学发展观的要求"[③],坚定不移地"坚持生产发展、生活富裕、生态良好的文明发展道路,建设资源节约型、环境友好型社会,实现速度和结构质量效益相统一、经济发展与人口资源环境相协调,使人民在良好生态环境中生产生活,实现经济社会永续发展。"[④]但是,他也明确强调,我们必须要清醒地看到,我国虽然是一个在改革开放中发生历史性巨变的国家,同时"也是一个有13亿人口的世界上最大的发展中国家"[⑤],正处于并将长期处于社会主义初级阶段。我国虽然在改革开放中取得了举世瞩目的巨大的发展成就,我国人口多,"底子薄,生产力不发达,发展很不平衡。虽然中国国内生产总值排在世界前六位,但人均国内生产总值刚刚超过1000美元,排在世界一百位以后。中国要实现现代化,使全体人民都过上富裕生活,还有很长的路要走。"[⑥]而且由

---

① 胡锦涛:《在罗马尼亚议会的演讲》,2004年6月14日。

② 胡锦涛:《在博鳌亚洲论坛2004年年会开幕式上的演讲》,2004年4月24日。

③ 胡锦涛:《在巴西国会的演讲》,2004年11月12日。

④ 胡锦涛:《在中国共产党第十七次全国代表大会上的报告》,2007年10月15日。

⑤ 胡锦涛:《在阿根廷参众两院的演讲》,2004年11月17日。

⑥ 胡锦涛:《在法国国民议会的演讲》,2004年1月27日。

于在生态环境、自然资源与经济社会发展等方面的矛盾还比较突出,在人口资源环境工作中的形势不容乐观,要彻底解决好我国人口资源环境问题,这是一项长期的艰巨的任务,我们仍然面临着一些亟待解决的突出问题和严峻挑战。

对此,胡锦涛认为:“浩瀚而宝贵的历史知识既是人类总结昨天的记录,又是人类把握今天、创造明天的向导。一部人类文明史就是人类不断在以往历史的基础上有所发现、有所发明、有所创造、有所前进的历史。中华民族历来就有治史、学史、用史的传统。我们党在领导革命、建设和改革的过程中,一贯重视对历史经验的借鉴和运用。”①他科学地指明了人与自然的辩证关系,仍然是全人类生存与发展的最基本关系,明确提出了人与自然和谐发展的根本性原则,进一步强调了人与自然和谐发展的极端重要性,并且深刻指出我国在人口资源环境工作方面取得的重大成绩、存在的突出问题、面临的严峻形势和挑战。他在分析后深刻地指出:“综合分析国际发展大势和我国经济政治文化的发展状况,可以看出,我国的改革发展正处于一个关键时期。在我们面前有许多必须解决而且回避不了的问题,有许多必须抓紧而不能拖延的任务”②,我们从前面贯彻落实科学发展观与统筹人与自然和谐发展的角度看,当前我国发展势头很好,“经过全党全国共同努力,我国人口资源环境工作取得了重大成绩,同时人口资源环境工作还存在一些事关我国经济社会发展全局的突出问题”③,比如,“人口、资源、环境对经济发展的压力越来越大,特别是资源的制约作用日益明显;生态环境总体恶化的趋势尚未根本扭转,环境治理的任务依然

① 胡锦涛:《在中共中央政治局第九次集体学习时的讲话》,2003 年 11 月 24 日。

② 胡锦涛:《在参加全国政协十届二次会议民建工商联联组讨论会上的讲话》,2004 年 3 月 4 日。

③ 胡锦涛:《在中央人口资源环境工作座谈会上的讲话》,2005 年 3 月 12 日。

相当艰巨；大江大河防洪体系尚不完善，农村基础设施比较薄弱；消耗高、资源浪费、污染环境等粗放经营方式仍比较严重，如此等等。这些问题，既是我国现代化建设进程中需要不懈努力解决的长期问题，也是当前必须下大气力解决的紧迫问题。如果这些问题不能得到有效解决，最终势必影响经济社会发展的全局。我们必须清醒地看到，我国人口多、资源人均占有量少的国情不会改变，不可再生性资源储量和可用量不断减少的趋势难以改变。从长远看，经济发展和人口、资源、环境的矛盾会越来越突出，可持续发展的压力会越来越大。我们必须按照科学发展观的要求，立足当前，着眼长远，坚持用改革和发展的办法，坚持依靠科技进步和创新，抓紧解决这些问题。”①

这样，他进一步指出：大量事实表明，人与自然的关系不和谐，往往会影响人与人的关系、人与社会的关系。如果生态环境受到严重破坏、人们的生产生活环境恶化，如果资源能源供应高度紧张、经济发展与资源能源矛盾尖锐，人与人的和谐、人与社会的和谐是难以实现的。目前，我国的生态环境形势相当严峻，一些地方环境污染问题相当严重。随着人口增多和人们生活水平的提高，经济社会发展与资源环境的矛盾还会更加突出。如果不能有效保护生态环境，不仅无法实现经济社会可持续发展，人民群众也无法喝上干净的水，呼吸上清洁的空气，吃上放心的食物，由此必然引发严重的社会问题。因此，胡锦涛谆谆地告诫全党同志并明确要求，我们一定要切实加强生态环境建设和治理工作，“要科学认识和正确运用自然规律，学会按照自然规律办事，更加科学地利用自然为人们的生活和社会发展服务，坚决禁止各种掠夺自然、破坏自然的做法。要引导全社会树立节约资源的意识，以优化资源利用、

① 胡锦涛：《在中国科学院第十二次院士大会、中国工程院第七次院士大会上的讲话》，2004 年 6 月 2 日。

提高资源产出率、降低环境污染为重点，加快推进清洁生产，大力发展循环经济，加快建设节约型社会，促进自然资源系统和社会经济系统的良性循环。要加强环境污染治理和生态建设，抓紧解决严重威胁人民群众健康安全的环境污染问题，保证人民群众在生态良性循环的环境中生产生活，促进经济发展与人口、资源、环境相协调。要增强全民族的环境保护意识，在全社会形成爱护环境、保护环境的良好风尚。”①

我们从胡锦涛对当前人口、资源、环境所面临形势的科学分析来看，改革开放以来，我国经济发展确实取得了巨大的成就。但是，由于我国的经济增长在一个较长的时期内，基本是建立在高消耗、高污染的传统发展模式上，有些地区以牺牲环境为代价实现经济增长，出现了对环境的污染和生态破坏，严重地制约了经济社会的可持续发展。由于我国人口多、资源短缺、环境容量有限，在社会主义现代化建设中，必须更加注重节约资源和保护环境。我们如果继续延续传统发展方式，资源难以为继，环境不堪重负，将对实现全面建设小康社会的奋斗目标，特别是对当前全面建设和谐社会将产生消极影响。这是因为，根据马克思主义基本原理和我国社会主义建设的实践经验，根据新世纪新阶段我国经济社会发展的新要求新趋势新特点，我们所要建设的和谐社会，应该是民主法治、公平正义、诚信友爱、充满活力、安定有序、人与自然和谐相处的社会。民主法治，就是社会主义民主得到充分发扬，依法治国的基本方略得到切实落实，各方面积极因素得到广泛调动；公平正义，就是社会各方面的利益关系得到妥善协调，人民内部矛盾和其他社会矛盾得到正确处理，社会公平和正义得到切实维护和实现；诚信友爱，就是全社会互帮互助、诚实守信，全体人民平等友爱、融洽相处；充满活力，就是

① 胡锦涛：《在省部级主要领导干部提高构建社会主义和谐社会能力专题研讨班上的讲话》，2005年2月19日。

能够使一切有利于社会进步的创造愿望得到尊重，一切创造活动得到支持，创造才能得到发挥，创造成果得到肯定；安定有序，就是社会组织机制健全，社会管理完善，社会秩序良好，人民群众能够安居乐业，社会保持安定团结；人与自然和谐相处，就是生产发展，生活富裕，生态良好。社会主义和谐社会的这些基本特征是相互联系、相互作用的，需要在全面建设小康社会的进程中全面把握和体现。这就要求我们，必须坚持以科学发展观为指导，始终按照统筹人与自然和谐发展的战略要求，把科学发展观贯穿于我国人口资源环境工作的整个过程和各个方面，真正以良好的工作态势和良好风尚，使之成为建设社会主义和谐社会和创新型国家的重要标志。

三、科学揭示解决好我国人口资源环境问题的战略性对策

胡锦涛认为我国的人口资源环境问题既然是在发展中产生的，也必须要在科学发展中加以解决。他始终认为，人口、资源、环境工作是关系到我国经济社会的可持续发展，关系到人民群众切身利益和根本利益的重大问题，全党同志特别是各级领导干部，都要从深入贯彻落实科学发展观、实现全面建设小康社会的宏伟目标、全面建设社会主义和谐社会和全面实现中华民族伟大复兴的战略高度，进一步明确和深化认识新世纪新阶段我国人口资源环境的工作重点和工作方向。对此，他明确强调："人口资源环境工作必须尊重自然规律和社会发展规律。我们确定的工作重点、方向和各项措施只有符合客观规律才能取得成功。反之，脱离了客观实际，违背了客观规律，就难以取得成功，甚至可能带来严重后果，受到客观规律的惩罚。我们要善于从实践中总结经验、吸取教训，自觉地去认识和把握规律，不断提高工作水平。"①我们必须

① 胡锦涛：《在中央人口资源环境工作座谈会上的讲话》，2003年3月9日。

"要始终把控制人口、节约资源、保护环境放在重要战略位置,把工作抓得紧而又紧、做得实而又实。要把握全局,突出重点,全面推进,着眼于加快解决关系人民群众切身利益的人口资源环境问题,力求每年都有新的进展。"①一定要采取更加切实有效的措施,在努力解决好人口资源环境工作的过程中,促进经济社会又好又快发展,全面推动"人与自然和谐发展,使发展具有更加坚实的基础。"②必须要始终按照统筹人与自然和谐发展的要求,把科学发展观贯穿于我国人口、资源、环境工作的全过程,"努力在经济社会协调发展的基础上促进人的全面发展,在开发利用自然中实现人与自然的和谐相处"③,使我国的人口资源环境工作坚定不移地走全面、协调和可持续的科学发展道路,真正以科学发展的态势和良好的精神面貌,不断为全面建设小康社会,全面建设社会主义和谐社会作出新的更大的贡献。

因此,胡锦涛反复强调:"人口和计划生育工作,主要任务是稳定低生育水平,提高出生人口素质,同时要努力促进出生人口性别比的平衡,积极应对老龄人口、流动人口、就业人口增加带来的问题,为全面建设小康社会创造良好的人口环境。国土资源工作,要坚持开发和节约并举,把节约放在首位,在保护中开发,在开发中保护,最大限度地发挥资源的经济效益、社会效益和环境效益。环境保护工作,要着眼于人民喝上干净的水、呼吸清洁的空气、吃上放心的食物,在良好的环境中生产生活,坚持预防为主、防治结合,集中力量先行解决危害群众健康的突出问题。水利工作,要继续坚持全面规划、统筹兼顾、标本兼治、综合治理,坚持兴利除害结

① 胡锦涛:《在中央人口资源环境工作座谈会上的讲话》,2004 年 3 月 10 日。

② 胡锦涛:《在亚太经合组织第十一次领导人非正式会议上的讲话》,2003 年 10 月 20 日。

③ 胡锦涛:《在纪念毛泽东同志诞辰 110 周年座谈会上的讲话》,2003 年 12 月 26 日。

合、开源节流并重、防洪抗旱并举,对水资源进行合理开发、高效利用、优化配置、全面节约、有效保护和综合治理,下大气力解决洪涝灾害、水资源不足和水污染问题。”①“人口和计划生育工作要加强人口发展战略研究,制定人口中长期发展规划,创新计划生育工作的思路和机制,建立健全对农村部分计划生育家庭奖励扶助制度。国土资源工作要落实最严格的耕地保护制度,加强国土资源调查评价工作,进一步加强地质灾害防治工作。环境保护工作要加强环境监管,加快重点流域、重点区域的环境治理,加强农村环境保护和生态环境保护。水利工作要加强供水工程建设,提高对水资源在时间和空间上的调控能力,积极建设节水型社会,切实做好防汛抗旱工作。”②

这样,他进一步要求:“当前和今后一个时期,人口资源环境工作要贯彻落实科学发展观,按照调整经济结构和转变经济增长方式的要求,突出重点,全面推进,力求取得更大的成效。人口和计划生育工作要积极探索创新开展工作的思路和方式方法,继续做好人口发展战略研究,在稳定低生育水平的基础上着力提高人口质量,提高计划生育技术服务水平,继续综合治理出生人口性别比升高的问题。国土资源工作要按照建设节约型社会的要求,积极探索建立国土资源管理的新机制,全面落实土地管理的各项措施,节约和集约使用土地,切实保护耕地特别是基本农田,加强资源管理、提高资源利用效率,保护利用好我国优势矿产资源。环境保护工作要大力推进循环经济,加快推行清洁生产,加大治理污染的力度,加强生态保护和建设工作。水利工作要把切实保护好饮用水源、让群众喝上放心水作为首要任务;要完善水资源管理体

① 胡锦涛:《在中央人口资源环境工作座谈会上的讲话》,2003年3月9日。

② 胡锦涛:《在中央人口资源环境工作座谈会上的讲话》,2004年3月10日。

制,积极推广先进实用的节水技术,加强防汛抗旱和水利建设。”① “要进一步加强和改进立法工作,提高立法质量”,要始终做到“坚持以人为本,把实现好、维护好、发展好最广大人民的根本利益作为根本出发点和归宿;坚持科学发展观,从法律上体现统筹城乡发展、统筹区域发展、统筹经济社会发展、统筹人与自然和谐发展、统筹国内发展和对外开放的要求”②,坚持把立法同人口、资源、环境工作的重大决策结合起来,坚持走群众路线,充分发扬民主,广泛听取社会各方面对人口资源环境工作的意见和建议,力求使制订的法律法规严谨周密、切实可行,使之为促进社会主义物质文明、政治文明、精神文明建设与和谐社会建设全面发展服务。

可见,我们从胡锦涛科学揭示和解决好我国人口资源环境问题的战略性对策出发,全党同志就必须要从站在科学发展观的战略高度,始终坚持在科学发展观的指导下,深入贯彻落实科学发展观,坚定不移地用科学发展观来武装我们的头脑,深刻认识科学发展观对于做好人口资源环境工作的永久性和决定性的战略指导意义。必须要始终按照统筹人与自然和谐发展的科学要求,认真做好新形势下的人口资源环境工作。必须要进一步做好人口和计划生育管理服务工作,切实创新工作思路和机制,继续稳定低生育水平。要加快建立流动人口以现居住地管理为主的计划生育工作机制,总结并建立农村部分计划生育家庭奖励扶助制度和“少生快富”扶贫工程的试点经验,完善制度,规范运作,扩大试点。必须要进一步加强土地管理,推进土地征用制度改革,切实保护基本农田和农民权益,坚决纠正和防止土地征用中侵害农民利益的问题。必须要认真贯彻《国务院关于深化改革严格土地管理的决定》,进

① 胡锦涛:《在中央人口资源环境工作座谈会上的讲话》,2005年3月12日。

② 胡锦涛:《在首都各界纪念全国人民代表大会成立50周年大会上的讲话》,2004年9月15日。

一步加强土地利用计划管理，严格规范建设项目用地审批，严格土地使用标准和条件，抓好土地利用总体规划修编工作。要彻底清理整顿各类开发区，坚决制止乱占滥用耕地，强化土地规划约束和用途管制，坚决查处违法违规批地用地案件，严肃处理责任人，典型案件公开曝光。必须要重点抓好节约利用能源资源，大力发展循环经济，要始终坚持做到开发与节约并举，要把节约使用资源放在优先位置，建设能源资源节约型的和谐社会。要突出抓好节煤、节电、节油、节水和降低重要原材料消耗工作，把节约能源资源放在首位，运用经济、法律和必要的行政手段和措施，务求节约能源资源取得重要进展。要大力推广节能降耗生产技术工艺，开展清洁生产，建立城乡废旧物资和再生资源回收利用系统，提高资源循环利用率和无害化处理率。必须要进一步解决好严重威胁人民群众健康安全的环境污染的突出问题，加大治理力度并切实抓好重点流域、区域、海域、城市以及三峡库区污染防治。要加快城市大气污染的治理工作，严把建设项目环境准入关，大力削减排污总量，切实遏制二氧化硫、烟尘、工业粉尘排放量上升势头，严格环境执法。必须要进一步加大南水北调工程治污工作力度，妥善处理规模化畜禽养殖场的污染物，减少种植业和养殖业水源污染，大力发展农业节水灌溉，指导和帮助农民合理使用农药化肥。继续实施天然林保护、退耕还林还草等生态建设工程。全面推进节水型社会建设，大力提高水资源利用效率。加强城市工业和服务业节水管理，提高污水废水处理回收利用水平。研究水价改革，建立有利于促进节约用水和水资源合理利用的水价形成机制。必须要不断创新人口资源环境工作的体制机制，切实加快调整经济结构和转变经济增长方式，稳定低生育水平，加强能源资源开发管理和综合利用，进一步加大自然环境保护和生态建设的力度，要始终把做好人口资源环境工作与搞好宏观调控结合起来，与深化改革开放结合起来，要进一步发动全社会力量共同参与人口资源环境工作，

"切实做到发展要有新思路、改革要有新突破、开放要有新局面、各项工作要有新举措"①,积极促进经济社会全面协调可持续发展,在不断建设社会主义和谐社会的新的社会形态中,万众一心地努力把我们伟大祖国建设得更加繁荣富强,不断开创建设中国特色社会主义现代化事业的新局面。

四、始终要求深化认识人与自然和谐发展的深远历史意义

胡锦涛指出:"切实做好人口资源环境工作,对保持国民经济持续快速健康发展、不断提高经济增长的质量和效益,对不断提高人民群众的生活质量、促进人的全面发展,对改善生态环境、促进人与自然的和谐,都具有十分重大的意义。各地区各部门都要从确保实现全面建设小康社会宏伟目标的战略高度,进一步增强责任感和使命感,坚定不移地按照十六大提出的要求做好人口资源环境的各项工作。"②"科学发展观,是用来指导发展的,不能离开发展这个主题。坚持以经济建设为中心,紧紧抓住和切实用好重要战略机遇期,大力解放和发展社会生产力,对我们这样一个发展中大国加快实现现代化具有重大战略意义。"③他明确要求,只有坚持以经济建设为中心,不断增强综合国力,才能为抓好科学发展这个党执政兴国的第一要务、为全面协调发展打下坚实的物质基础。全党全国都要增强推动科学发展、促进社会和谐的紧迫感,在任何时候任何情况下都紧紧扭住经济建设这个中心不放松,坚定不移地推动经济又好又快发展,切实做好新时期新形势下的人口资源环境工作,进一步转变经济发展方式,努力实现以人为本、全

① 胡锦涛:《在参加全国政协十届二次会议民建工商联联组讨论会上的讲话》,2004年3月4日。

② 胡锦涛:《在中央人口资源环境工作座谈会上的讲话》,2003年3月9日。

③ 胡锦涛:《在中央人口资源环境工作座谈会上的讲话》,2004年3月10日。

面协调可持续的科学发展。

胡锦涛从经济社会发展全局的战略高度指出："要坚持以信息化带动工业化，以工业化促进信息化，走出一条科技含量高、经济效益好、资源消耗低、环境污染少、人力资源优势得到充分发挥的新型工业化路子。不断探索和走出一条既适应现代经济、科技发展要求、又适合我国国情的新型工业化道路，对我国实现全面、协调、可持续发展具有重大意义。"①他从推动经济可持续发展的战略高度指出："实现世界经济可持续发展，是一个具有现实意义和长远意义的重大课题，既关乎世界各国当前的发展进程，也关乎全人类的发展未来。世界各国有远见的政治家和负责任的企业家，都应该为此而共同努力。"②他要求要尊重自然规律，根据自然的承载能力和承受能力规划经济社会发展，同时要积极开展生态环境保护和建设，降低污染物排放，加强对废弃物的再次利用，加快治理环境污染和促进生态修复，保护生物多样性，必须坚决禁止各种掠夺自然、破坏自然的做法。他从共同缔造和谐世界的战略高度指出："应该积极推动建立健全开放、公平、非歧视的多边贸易体制，进一步完善国际金融体制，为世界经济增长营造健康有序的贸易环境和稳定高效的金融环境；应该加强全球能源对话和合作，共同维护能源安全和能源市场稳定，为世界经济增长营造充足、安全、经济、清洁的能源环境；应该积极促进和保障人权，努力普及全民教育，实现男女平等，加强公共卫生能力建设，使人人享有平等追求全面发展的机会和权利。"③他明确强调，历史昭示我们，在机遇和挑战并存的重要历史时期，只有世界各国人民更加紧

① 胡锦涛：《在中国科学院第十二次院士大会、中国工程院第七次院士大会上的讲话》，2004年6月2日。

② 胡锦涛：《在亚太经合组织工商领导人峰会上的演讲》，2004年11月19日。

③ 胡锦涛：《在联合国成立60周年首脑会议上的讲话》，2005年9月16日。

密团结起来,共同把握机遇、应对挑战,才能为人类社会发展创造光明的未来,才能携手建设一个持久和平、共同繁荣的和谐世界。

因此,全党同志特别是各级领导干部,必须坚持以科学发展观为指导,"进一步推动学习实践科学发展观向深度和广度发展"①,要按照统筹人与自然和谐发展的根本性原则,要深入理解统筹人与自然和谐发展的辩证关系,充分认识人与自然和谐发展的必要性与紧迫性,充分认识做好我国当前的人口资源环境工作,对于全面建设小康社会的宏伟目标,对于全面建设社会主义和谐社会,对于全面实现中华民族的伟大复兴,对于共同缔造持久和平与共同繁荣的和谐世界,对于实现人与自然的和谐发展等方面,都具有极其重大的战略意义和实践意义。这样,就必须按照自然规律和按照自然规律办事,紧紧依靠科技和教育的全面进步,建立健全政策法规,鼓励公众广泛参与,"构建资源节约型的经济发展模式,努力发展循环经济"②,"坚持走生产发展、生活富裕、生态良好的文明发展道路"③,这是实现全面建设小康社会和全面建设社会主义和谐社会的必然选择,"是树立和落实科学发展观的必然要求,是坚持以人为本的具体体现。全社会都要坚持不懈地做好爱护环境、保护环境、建设环境的工作,努力实现人与自然和谐发展的目标"④,切实把我们伟大的祖国"建设成为富强民主文明和谐的社会主义现代化国家"⑤,这无疑是伟大的中华民族对人类文明做出的新的杰出历史贡献。

---

① 胡锦涛:《在全党深入学习实践科学发展观活动总结大会上的讲话》,2010年4月6日。

② 胡锦涛:《在亚太经合组织工商领导人峰会上的演讲》,2004年11月19日。

③ 胡锦涛:《致"21世纪论坛"2005年会议的贺信》,2005年9月4日。

④ 胡锦涛:《在参加首都义务植树活动时的讲话》,2005年4月2日。

⑤ 胡锦涛:《在中国共产党第十七次全国代表大会上的报告》,2007年10月15日。

第四节　科学发展观是中国制定国家发展规划的理论实践依据

新世纪新阶段，胡锦涛指出："中国从自己的发展实践中深刻认识到，每个国家的发展都是一个持续的过程，今天的发展既是昨天发展的继续，又是明天发展的基础。要实现国家发展的长远目标，在制订发展规划、选择发展战略、确定发展道路和实施发展举措时，必须既考虑眼前的发展要求，又考虑未来的发展需要，既着力改善民众的现实生活，又重视发展的长远利益。"①"我们提出树立和落实科学发展观，就是要以实现人的全面发展为目标，让发展的成果惠及全体人民；就是要以经济建设为中心，实现经济发展和社会全面进步；就是要统筹城乡发展、统筹区域发展、统筹经济社会发展、统筹人与自然和谐发展、统筹国内发展和对外开放，推进生产力和生产关系、经济基础和上层建筑相协调；就是要促进人与自然的和谐，走生产发展、生活富裕、生态良好的文明发展道路。树立和落实科学发展观，要依靠全党全国人民思想认识的普遍提高，依靠正确的方针政策和工作措施，依靠科学有效的制度和机制。"②对此，他在党的十七大报告中明确强调："要深化对社会主义市场经济规律的认识，从制度上更好发挥市场在资源配置中的基础性作用，形成有利于科学发展的宏观调控体系"，要"完善国家规划体系。发挥国家发展规划、计划、产业政策在宏观调控中的

① 胡锦涛：《在亚太经合组织工商领导人峰会上的演讲》，2004 年 11 月 19 日。

② 胡锦涛：《在中国科学院第十二次院士大会、中国工程院第七次院士大会上的讲话》，2004 年 6 月 2 日。

导向作用,综合运用财政、货币政策,提高宏观调控水平。"①这就要求,在当前新的历史时期和新的历史条件下,必须高举中国特色社会主义伟大旗帜,坚持以科学发展观为指导,更加突出科学发展观的实践特色,通过制定集中体现以人为本、全面协调可持续和统筹兼顾要求的国家发展规划,更加突出国家发展规划在顶层设计和规划体系中的引领作用,不断创新国家经济社会发展规划体系,更加完善宏观调控体系。

一、科学发展永远是党科学制定国家发展规划的第一要义

从站在科学发展观的战略高度来看,国家发展规划是政府职能在引领经济社会发展的集中体现。当前,我国经济社会的发展,已经处在工业化、信息化、城镇化、市场化、国际化进程加快的新的历史阶段。我们的伟大目标是,到我们党成立 100 年时建成惠及十几亿人口的更高水平的小康社会,到新中国成立 100 年时基本实现现代化,建成富强民主文明和谐的社会主义现代化国家。只要我们不动摇、不懈怠、不折腾,坚定不移地推进改革开放,坚定不移地走中国特色社会主义道路,就一定能够胜利实现这一宏伟蓝图和奋斗目标。因此,必须坚持以科学发展观为指导,真正把发展这个党执政兴国第一要务的理念,永久贯穿于科学制定《规划》的整个过程和各个方面。这是因为,"科学发展观,是立足社会主义初级阶段基本国情,总结我国发展实践,借鉴国外发展经验,适应新的发展要求提出来的。进入新世纪新阶段,我国发展呈现一系列新的阶段性特征,主要是:经济实力显著增强,同时生产力水平总体上还不高,自主创新能力还不强,长期形成的结构性矛盾和粗放型增长方式尚未根本改变;社会主义市场经济体制初步建立,同时影响发展的体制机制障碍依然存在,改革攻坚面临深层次矛盾

① 胡锦涛:《在中国共产党第十七次全国代表大会上的报告》,2007 年 10 月 15 日。

和问题；人民生活总体上达到小康水平，同时收入分配差距拉大趋势还未根本扭转，城乡贫困人口和低收入人口还有相当数量，统筹兼顾各方面利益难度加大；协调发展取得显著成绩，同时农业基础薄弱、农村发展滞后的局面尚未改变，缩小城乡、区域发展差距和促进经济社会协调发展任务艰巨；社会主义民主政治不断发展、依法治国基本方略扎实贯彻，同时民主法制建设与扩大人民民主和经济社会发展的要求还不完全适应，政治体制改革需要继续深化；社会主义文化更加繁荣，同时人民精神文化需求日趋旺盛，人们思想活动的独立性、选择性、多变性、差异性明显增强，对发展社会主义先进文化提出了更高要求；社会活力显著增强，同时社会结构、社会组织形式、社会利益格局发生深刻变化，社会建设和管理面临诸多新课题；对外开放日益扩大，同时面临的国际竞争日趋激烈，发达国家在经济科技上占优势的压力长期存在，可以预见和难以预见的风险增多，统筹国内发展和对外开放要求更高。”①

对此，胡锦涛明确指出：“当今世界正处在大发展大变革大调整时期，和平、发展、合作的时代潮流更加强劲。世界多极化、经济全球化深入发展，多边主义和国际关系民主化深入人心，开放合作、互利共赢成为国际社会广泛共识，国与国相互依存更加紧密”②。他深刻分析了国际国内的发展条件，“国际金融危机发生以来，我国发展的外部环境和内部条件发生了很大变化，加快转变经济发展方式的紧迫性更加凸显出来。从国际上看，世界经济走出国际金融危机最困难的时期并出现复苏，同时国际金融危机影响依然存在，各种全球性问题相互交织，影响世界经济全面复苏的不确定因素依然较多。在这样的背景下，各国尤其是主要大国都

① 胡锦涛：《在中国共产党第十七次全国代表大会上的报告》，2007 年 10 月 15 日。

② 胡锦涛：《在第 64 届联大一般性辩论时的讲话》，2009 年 9 月 23 日。

在对自身经济发展进行战略筹划,纷纷把发展新能源、新材料、信息网络、生物医药、节能环保、低碳技术、绿色经济等作为新一轮产业发展的重点,加大投入,着力推进。世界范围内生产力、生产方式、生活方式、经济社会发展格局正在发生深刻变革。培育新的经济增长点、抢占国际经济科技制高点已经成为世界发展大趋势,科技竞争在综合国力竞争中的地位更加突出。从国内看,新中国成立60多年特别是改革开放30多年来,我国社会主义经济建设、政治建设、文化建设、社会建设以及生态文明建设取得举世瞩目的伟大成就。面对国际金融危机冲击,我们坚定信心、迎难而上,努力化挑战为机遇,迅速采取一系列重大应对措施,统筹做好保增长、保民生、保稳定各项工作,实现经济总体回升向好,为推动世界经济复苏作出重要贡献。同时,我们必须清醒地看到,尽管我国经济总量已列世界前茅,但生产力水平总体上还不高,产业结构不合理,城乡、区域发展不平衡,长期形成的结构性矛盾和粗放型增长方式尚未根本改变,工业化、城镇化快速发展同能源资源和生态环境的矛盾日趋突出,影响科学发展的体制机制障碍依然存在"①,"我们一定要坚持抓好发展这个党执政兴国的第一要务,更好地做到发展成果由人民共享。在当前国际形势深刻变化特别是国际金融危机不断扩散和蔓延的情况下,我们要更加自觉、更加坚定地牢牢扭住经济建设这个中心,继续聚精会神搞建设、一心一意谋发展,坚持走生产发展、生活富裕、生态良好的文明发展道路。要深入贯彻落实科学发展观,坚持第一要义是发展……着力把握发展规律、创新发展理念、转变发展方式、破解发展难题,全面推进社会主义现代化事业,更好实施科教兴国战略、人才强国战略、可持续发展战略,加快推进经济结构战略性调整,加快提高自主创新能

① 胡锦涛:《在中国科学院第十五次院士大会、中国工程院第十次院士大会上的讲话》,2010年6月7日。

力、建设创新型国家，加快建设资源节约型、环境友好型社会，不断增强经济实力、科技实力、综合国力，提高国际竞争力和抗风险能力，为发展中国特色社会主义打下坚实基础。我们要切实实施好进一步扩大内需、促进经济增长的各项措施，妥善应对国际金融危机以及来自国际经济环境的各种风险，全力保持经济平稳较快发展。我们党领导人民全面建设小康社会、进行改革开放和社会主义现代化建设的根本目的，是要通过发展社会生产力，不断提高人民物质文化生活水平，促进人的全面发展。我们要时刻把群众的安危冷暖放在心上，真诚倾听群众呼声，真实反映群众愿望，真情关心群众疾苦，多为群众办好事、办实事，特别是要千方百计帮助困难群众排忧解难，切实抓好地震灾区灾后恢复重建，切实保障人民经济、政治、文化、社会权益，不断促进社会和谐稳定。"①

因此，我们必须坚持以科学发展观为指导，深刻认识"十二五"时期是全面建设小康社会的关键时期，是深化改革开放、加快转变经济发展方式的攻坚时期。深刻认识并全面把握国内外形势新变化新特点，科学分析我国全面参与经济全球化的新机遇新挑战，全面认识工业化、信息化、城镇化、市场化、国际化深入发展的新形势新任务，准确把握我国发展面临的新课题新矛盾，必须立足社会主义初级阶段这个最大的实际，必须坚持把发展作为党执政兴国第一要务的理念，贯穿于制定国民经济和社会发展规划的全过程，对于科学编制"十二五"发展规划，继续抓住和用好我国发展的重要战略机遇期、保持经济更好更快发展，更加自觉地走科学发展道路，对于夺取全面建设小康社会新胜利、开创中国特色社会主义事业新局面，奋力开拓中国特色社会主义更为广阔的发展前景，具有重大而深远的意义。

① 胡锦涛：《在纪念党的十一届三中全会召开30周年大会上的讲话》，2008年12月18日。

二、坚持以人为本是党科学制定国家发展规划的核心理念

胡锦涛指出:“坚持以人为本,就是要以实现人的全面发展为目标,从人民群众的根本利益出发谋发展、促发展,不断满足人民群众日益增长的物质文化需要,切实保障人民群众的经济、政治和文化权益,让发展的成果惠及全体人民。”①这是因为,“我们党的根基在人民、血脉在人民、力量在人民。”②“实现全面建设小康社会的宏伟目标,说到底是为了造福于人民群众。坚持以人为本,必须体现在不断实现人民群众的经济、政治、文化利益上,体现在做好关心群众生产生活的各项工作上,体现在帮助人民群众办实事、办好事上,让人民群众享受到经济社会发展的成果”③,也“是坚持立党为公、执政为民的必然要求。我们党在全部执政活动中,都要把维护和实现最广大人民的根本利益作为一切工作的出发点和落脚点。坚持以人为本,要从人民群众最现实、最关心、最直接的问题抓起,当前尤其要把做好就业再就业工作摆到十分重要的位置,加快社会保障体系建设,健全和落实好城市最低生活保障制度,使一时未能就业的群众和生活困难的群众都能得到基本的生活保障。”④

胡锦涛始终认为,对于一切涉及人民群众切身利益的各项工作,都必须要始终做到坚持以人为本,“始终把最广大人民的根本利益作为党和国家工作的根本出发点和落脚点,在经济发展的基础上不断满足人民群众日益增长的物质文化需要,促进人的全面发展;必须尊重人民群众的创造精神,通过深化改革、创新体制,调动一切积极因素,激发全社会的创造活力;必须注重社会公平,正

① 胡锦涛:《在中央人口资源环境工作座谈会上的讲话》,2004 年 3 月 10 日。

② 胡锦涛:《在山东考察工作时的讲话》,2005 年 4 月 10 日。

③ 胡锦涛:《在吉林考察工作时的讲话》,2004 年 5 月 16 日。

④ 胡锦涛:《在参加十届全国人大二次会议辽宁代表团审议的讲话》,2004 年 3 月 8 日。

确反映和兼顾不同方面群众的利益，正确处理人民内部矛盾和其他社会矛盾，妥善协调各方面的利益关系；必须正确处理改革发展稳定的关系，坚持把改革的力度、发展的速度和社会可以承受的程度统一起来，使改革发展稳定相互协调、相互促进，确保人民群众安居乐业，确保社会政治稳定和国家长治久安。为了促进社会主义和谐社会建设，要切实保持经济持续快速协调健康发展、发展社会主义民主、落实依法治国的基本方略、加强思想道德建设、维护和实现社会公平和正义、增强全社会的创造活力、加强社会建设和管理、处理好新形势下的人民内部矛盾、加强生态环境建设和治理工作、做好保持社会稳定的工作。”①我们必须要按照以人为本的要求，从解决关系人民群众切身利益的现实问题入手，更加注重经济社会协调发展，加快发展社会事业，促进人的全面发展；更加注重社会公平，使全体人民共享改革发展成果；更加注重民主法制建设，正确处理改革发展稳定的关系，保持社会稳定和安定团结。

可见，胡锦涛关于以人为本的科学论述，不仅是对中国革命建设改革的经验总结和理论的高度升华，也是我们全面建设小康社会，努力构建社会主义和谐社会，必须要长期坚持的指导思想。因此，建设和发展中国特色社会主义，必须以科学发展观为指导，“必须坚持以人为本。全心全意为人民服务是党的根本宗旨，党的一切奋斗和工作都是为了造福人民。要始终把实现好、维护好、发展好最广大人民的根本利益作为党和国家一切工作的出发点和落脚点，尊重人民主体地位，发挥人民首创精神，保障人民各项权益，走共同富裕道路，促进人的全面发展，做到发展为了人民、发展

① 胡锦涛：《在省部级主要领导干部提高构建社会主义和谐社会能力专题研讨班上的讲话》，2005 年 2 月 19 日。

依靠人民、发展成果由人民共享。”①始终把以人为本的发展理念，贯穿于制定国民经济和社会发展规划的整个过程，使规划在继承以往各个社会形态成功经验的基础上进一步开拓创新，不断把总结经验与研究解决实际问题结合起来，正确反映和兼顾不同方面群众的根本利益，使之更加符合客观实际、更加符合当前社会主义初级阶段的国情特征和时代发展的要求、更加符合人民群众的共同愿望和根本利益，并要在指导、动员和组织全国各族人民在学习、贯彻和实践《规划》中，指导全国各族人民在投身中国特色社会主义事业的历史进程中，进一步加深对社会主义建设规律的认识，在最广泛和最充分地调动一切积极因素的基础上，在实现全面建设小康社会的宏伟目标和中华民族的伟大复兴中，切实发挥出“更大的建设性作用”②，不断将中国特色社会主义现代化事业全面推向前进。

三、全面协调可持续是党科学制定国家发展规划基本要求

科学社会主义诞生和社会主义制度确立以来，革命建设改革的实践已经证明，社会主义社会作为人类文明史上崭新的社会形态，并在不断进行自我完善的伟大历史进程中，向更高更好社会形态迈进的社会。可见，社会主义社会自身固有的历史先进性，其指导思想也就必然是要始终坚持以人为本，全面协调可持续的科学发展观，也就必然是一个始终以经济建设为中心，并始终在积极促进社会主义物质文明、政治文明、精神文明与和谐社会建设协调发展的基础上，实现推进经济建设、政治建设、文化建设、社会建设全面发展，以经济发展促进社会全面进步和文化繁荣的社会主义社

① 胡锦涛:《在中国共产党第十七次全国代表大会上的报告》,2007 年 10 月 15 日。

② 胡锦涛:《在二〇〇五年北京〈财富〉全球论坛开幕式上的演讲》,2005 年 5 月 16 日。

会。这样,如何促进全面协调可持续的发展,就应该是在科学制定《规划》中所体现出的基本要求。

对此,胡锦涛指出:"全面发展,就是要以经济建设为中心,全面推进经济、政治、文化建设,实现经济发展和社会全面进步","必须在经济发展的基础上,推动社会全面进步和人的全面发展,促进社会主义物质文明、政治文明、精神文明协调发展。必须着力提高经济增长的质量和效益,努力实现速度和结构、质量、效益相统一,经济发展和人口、资源、环境相协调,不断保护和增强发展的可持续性。必须坚持理论和实际相结合,因地制宜、因时制宜地把科学发展观的要求贯穿于各方面的工作。""协调发展,就是要统筹城乡发展、统筹区域发展、统筹经济社会发展、统筹人与自然和谐发展、统筹国内发展和对外开放,推进生产力和生产关系、经济基础和上层建筑相协调,推进经济、政治、文化与和谐社会建设的各个环节、各个方面相协调","在经济发展的基础上,推动社会全面进步和人的全面发展,促进社会主义物质文明、政治文明、精神文明协调发展。必须着力提高经济增长的质量和效益,努力实现速度和结构、质量、效益相统一,经济发展和人口、资源、环境相协调。""可持续发展,就是要促进人与自然的和谐,实现经济发展和人口、资源、环境相协调,坚持走生产发展、生活富裕、生态良好的文明发展道路,保证一代接一代地永续发展。"①

从胡锦涛的科学论述中,可以深刻认识到,深入贯彻落实科学发展观,加快转变经济发展方式和进一步优化调整经济结构,是缓解人口资源环境压力、实现经济社会全面协调可持续发展的根本途径。要加快调整不合理的经济结构,彻底转变粗放型的经济增长方式,使经济增长建立在提高人口素质、高效利用资源、减少环

① 胡锦涛:《在中央人口资源环境工作座谈会上的讲话》,2004年3月10日。

境污染、注重质量效益的基础上,努力建设资源节约型、环境友好型社会。同时,还要清醒地认识到,加快转变经济发展方式和优化调整经济结构对缓解人口资源环境压力、实现全面协调可持续发展的极端重要性,真正把做好工作的着力点放到转变经济发展方式和优化调整经济结构上来,必须切实认清"深化改革、创新体制机制是调整经济结构和转变经济增长方式的根本动力。要进一步推进改革,完善社会主义市场经济体制,有针对性地消除导致产业结构低度化和经济增长方式粗放的体制性根源,形成有利于调整经济结构和转变经济增长方式的体制机制,使企业、政府、市场能够互补互动,形成调整经济结构和转变经济增长方式的强大合力。"①

因此,我国所面临的人口、资源、环境实际情况已经充分说明,我们必须坚持以科学发展观为指导,"必须坚持全面协调可持续发展。要按照中国特色社会主义事业总体布局,全面推进经济建设、政治建设、文化建设、社会建设,促进现代化建设各个环节、各个方面相协调,促进生产关系与生产力、上层建筑与经济基础相协调。坚持生产发展、生活富裕、生态良好的文明发展道路,建设资源节约型、环境友好型社会,实现速度和结构质量效益相统一、经济发展与人口资源环境相协调,使人民在良好生态环境中生产生活,实现经济社会永续发展"②。这样,我们在科学制定《规划》的过程中,必须把全面协调可持续发展的理念作为科学制定《规划》的基本要求。

四、统筹兼顾必然是党科学制定国家发展规划的根本方法

胡锦涛始终认为,纵观世界各国的发展历程,经济发展和社会

---

① 胡锦涛:《在中央人口资源环境工作座谈会上的讲话》,2005年3月12日。

② 胡锦涛:《在中国共产党第十七次全国代表大会上的报告》,2007年10月15日。

进步，都离不开科学制定好的国家发展规划。因此，他明确指出："必须坚持统筹兼顾。要正确认识和妥善处理中国特色社会主义事业中的重大关系，统筹城乡发展、区域发展、经济社会发展、人与自然和谐发展、国内发展和对外开放，统筹中央和地方关系，统筹个人利益和集体利益、局部利益和整体利益、当前利益和长远利益，充分调动各方面积极性。统筹国内国际两个大局，树立世界眼光，加强战略思维，善于从国际形势发展变化中把握发展机遇、应对风险挑战，营造良好国际环境。既要总揽全局、统筹规划，又要抓住牵动全局的主要工作、事关群众利益的突出问题，着力推进、重点突破。"①可见，科学发展观的根本方法是统筹兼顾，集中体现出唯物辩证法在发展规划问题上的科学化运用，深刻揭示了实现推动科学发展、促进社会和谐的基本途径，深刻反映了坚持以人为本、全面协调可持续发展的必然要求。深入贯彻落实科学发展观，必须善于把握经济社会发展全局，处理好各方面的重大关系，必须将统筹兼顾的根本方法，成为贯穿于科学制定国家发展规划活的灵魂。

实践证明，统筹兼顾是我们党在建设和发展社会主义过程中形成的重要经验，是正确处理经济社会发展的重要原则，是全面建设小康社会、加快推进社会主义现代化必须坚持的根本方法。当前，我国正处在改革发展的关键阶段，推动科学发展、促进社会和谐，必须坚持统筹兼顾，按照总揽全局，统筹规划、立足当前，着眼长远、全面推进，重点突破、兼顾各方，综合平衡的要求，认真处理好改革发展稳定问题，正确解决好不同方面的利益，把各方面的积极性充分发挥出来，更好推进党和国家的事业科学发展。这就要求我们在科学制定国家发展规划的过程中，要从党和国家全局出

① 胡锦涛：《在中国共产党第十七次全国代表大会上的报告》，2007 年 10 月 15 日。

发,正确认识和妥善处理建设和发展中国特色社会主义现代化事业中的重大关系。要坚持统筹全局、兼顾各方,把现代化建设各领域各环节统筹好、协调好,把社会各阶层各群体的利益关系统筹好、协调好,全面推进经济建设、政治建设、文化建设、社会建设共同发展。

必须正确认识和妥善处理涉及经济社会发展的重大关系,实现经济社会各构成要素的良性互动和协调发展。要统筹城乡发展,按照形成城乡经济社会发展一体化新格局的要求,贯彻工业反哺农业、城市支持农村的方针,逐步改变城乡二元经济结构,正确处理好工业和农业、城市和农村、城镇居民和农民的关系,进一步加快社会主义新农村建设步伐,着力解决好"三农"问题,逐步缩小城乡发展差距,推动农村经济社会全面发展,努力实现城乡共同繁荣。要统筹区域发展,继续推进国家区域发展总体战略,深入推进西部大开发,全面振兴东北地区等老工业基地,大力促进中部地区崛起,积极支持东部地区率先发展,继续发挥各个地区的优势和积极性,引导生产要素跨区域合理流动和产业合理布局,加强国土规划,推动形成主体功能区,完善区域政策,注重实现基本公共服务均等化,加大国家对欠发达地区财政转移支付力度,大力扶持革命老区、民族地区、边疆地区、贫困地区经济社会发展,有效扭转区域发展差距拉大的趋势,逐步形成东中西部相互促进、优势互补、共同发展的新格局。要统筹经济社会发展,进一步发挥政府在促进就业、调节分配、完善社会保障、实现社会公平等方面的引领作用,更加注重社会全面发展,继续加快科技、教育、文化、卫生、体育、社会保障、社会管理等社会事业发展,不断满足人民群众在精神文化、健康安全等方面的需求,提高人的素质和人力资源能力,实现经济发展与社会进步的有机统一。要统筹人与自然和谐发展,坚持节约资源和保护环境的基本国策,高度重视资源和生态环境问题,处理好经济建设、人口增长与资源利用、生态环境保护的关系，不断增强可持续发展的能力，推动整个社会走上生产发展、生活富裕、生态良好的文明发展道路。要统筹国内发展和对外开放，善于从国际形势发展变化中把握发展机遇、应对风险挑战，处理好国内发展和国际环境的关系，既利用好外部的有利条件，又发挥好我们自身的优势，统筹利用好国内国际两个市场、两种资源，立足于扩大内需，真正把扩大内需与扩大外需、利用内资与利用外资结合起来，努力实现国内发展和对外开放相协调。统筹把握好国内产业发展和国际产业分工，统筹处理好不断完善我国社会主义市场经济体制和参与制定国际经济贸易规则，善于运用我国综合优势，为我国现代化拓展更加广阔的市场空间和提供持久可靠的资源保障。要统筹中央和地方关系，尊重基层和人民群众的首创精神，正确处理中央和地方的关系，合理划分经济社会事务管理的权限和职责，做到事权与财权相匹配、权力与责任相一致，既维护中央的统一领导，又更好地发挥地方积极性。要统筹个人利益和集体利益、局部利益和整体利益、当前利益和长远利益，就要坚持从全体人民的整体利益、长远利益和根本利益出发，做到个人利益服从集体利益、局部利益服从整体利益、当前利益服从长远利益，既切实维护好最广大人民的根本利益，又着力解决好人民最关心、最直接、最现实的利益问题。要统筹国内国际两个大局，深刻认识国内大局和国际大局、内政和外交的紧密联系，善于从国际形势和国际条件的发展变化中把握发展方向、用好发展机遇、创造发展条件、掌握发展全局，做到审时度势、因势利导、内外兼顾、趋利避害，为我国科学发展营造良好国际环境。这既是科学发展观的总体要求，也是解决当前经济社会发展中诸多矛盾必须遵循的基本原则。只有达到这样的要求，才能推动经济持续快速协调健康发展和社会全面进步，当然，人类社会是不断向前发展的，人们对科学发展观的思想认识，也是不断提高的，随着理论和实践的不断发展，我们对科学发展观的理解和认识也会不断深化。

因此，我们必须坚持以科学发展观为指导，按照以人为本、全面协调可持续发展和“五个统筹”的要求，深刻认识并全面把握国内外形势的新变化和新特点，顺应各族人民过上更好生活新期待，将坚持科学发展，继续抓住和用好我国发展的重要战略机遇期，进一步加强和改善宏观调控，进一步加快转变经济发展方式和优化调整优化经济结构，进一步深化改革开放，切实保障和改善民生，继续加大对“三农”的支持力度，推动经济社会又好又快发展的科学发展理念，永久贯穿于科学制定国家《国民经济和社会发展规划》的整个过程和各个方面，使科学编制的国家发展规划既体现出科学性、全局性、战略性、长远性，又和当前国际社会的千年发展目标，与当今人类社会的可持续发展、和谐发展前景交相辉映，从而使之在建设和发展中国特色社会主义的伟大历史进程中，不断用科学发展着的马克思主义来指导新的伟大实践，永远为马克思主义执政党指导国家实现科学发展的各项任务而团结奋斗，必然具有重大而深远的理论意义和实践意义。

第六章　科学发展观将贯穿于经济社会发展的整个历史过程

科学发展观作为中国特色社会主义理论体系的最新成果，是发展中国特色社会主义的普遍真理。这个理论体系，既坚持了科学社会主义的基本原则，又根据我国实际和世界发展潮流并紧密结合时代特征赋予其鲜明的中国特色，科学实现对共产党执政规律、社会主义建设规律、人类社会发展规律的真理认知，是党最可宝贵的政治和精神财富，是全国各族人民团结奋斗的共同思想基础，是扎根于当代中国的科学社会主义，是马克思主义关于发展的世界观和方法论的集中体现，是坚持和发展中国特色社会主义的根本指导思想，开创了马克思主义新境界，开创了全人类携手建设和谐世界的新纪元，开创了一个伟大的和谐时代，必然会永久地贯穿于当今人类社会在未来历史发展的整个过程和各个方面。

第一节　科学发展观集中体现对人类社会发展规律的真理认知

新世纪新阶段，以胡锦涛为杰出代表的当代中国共产党人，始终高举中国特色社会主义伟大旗帜，胡锦涛以无产阶级革命家、政治家、思想家、战略家和理论家的博大胸襟、恢弘气度和卓识远见，在"当今世界正处在大发展大变革大调整时期,和平、发展、合作的时代潮流更加强劲,世界多极化、经济全球化深入发展,多边主义和国际关系民主化深入人心,开放合作、互利共赢成为国际社会广泛共识,国与国相互依存更加紧密"①的国际大背景下,在全面推进社会主义经济建设、政治建设、文化建设、社会建设和党的建设的同时,紧密结合新的时代条件,在丰富实践的基础上大胆探索,在科学认识的前提下勇于创新,以实践基础上的理论创新回答了一系列重大理论和实际问题,形成了科学发展观科学理论体系,集中体现了中国共产党对人类社会发展规律的深入认识和把握,既为党和人民事业的发展提供了根本指导思想,其科学的和谐世界观,也为人类社会的发展指明了前进方向,实现了对共产党执政规律、社会主义建设规律、人类社会发展规律的真理认知,从而开辟了马克思主义新境界。

一、更加明晰了马克思主义关于人的全面发展的思想轨迹

马克思主义认为,在人类社会漫长的历史演进中,人类社会历史不断进步的过程,也是不断促进经济社会与人的全面发展相统一的过程,而社会主义作为比资本主义更高级的社会形态,其先进社会的本质属性和根本性原则,就是使全人类逐步获得解放,能够真正成为自觉自由的人类社会的历史实践主体,就是促进和实现人与社会的全面发展,这是马克思主义对科学社会主义社会的本质要求。因此,在当前新的历史条件下,我们一旦从站在科学发展观的战略思想高度来回顾历史,可以清楚地看到,人与社会的全面发展理论既是马克思主义理论的重要组成部分,也是包括中国共产党在内的无产阶级政党永久追求的价值目标。事实也是如此,

① 胡锦涛:《在第64届联大一般性辩论时的讲话》,2009年9月23日。

《共产党宣言》发表以来的历史已经证明，不断促进人与社会全面发展的这个价值目标，始终贯穿于无产阶级领袖马克思、恩格斯、列宁和新中国领袖毛泽东、邓小平、江泽民、胡锦涛等马克思主义经典作家理论与实践的全过程。

1894年1月3日，朱·卡内帕请求恩格斯为从1894年3月起，将在日内瓦出版的《新纪元》周刊题词，以用来表述未来社会主义新纪元的基本思想，并区别于但丁说过的"一些人统治，另一些人受苦难"的旧纪元的用语。而恩格斯则是这样的答复："我打算从马克思的著作中给您寻找一行您所要求的题词。马克思是当代唯一能够和伟大的佛罗伦萨人相提并论的社会主义者。但是，除了从《共产党宣言》中摘录下列一段话外，我再也找不出合适的了：'代替那存在着阶级和阶级对立的资产阶级旧社会的，将是这样一个联合体，在那里，每个人的自由发展是一切人的自由发展的条件。'"①可见，恩格斯把在《共产党宣言》中的关于每个人的自由发展，是一切人的自由发展的条件，作为未来社会主义新纪元基本思想的题词，这是因为无产阶级始终把人的自由全面发展，作为全人类解放的最终价值目标。

对此，胡锦涛指出："马克思、恩格斯创立了唯物史观和剩余价值学说，提出了无产阶级革命的理论和战略策略，实现了社会主义由空想到科学的历史性飞跃。马克思、恩格斯对未来社会的发展方向作出了科学设想。他们在《共产党宣言》中明确提出：'代替那存在着阶级和阶级对立的资产阶级旧社会的，将是这样一个联合体，在那里，每个人的自由发展是一切人的自由发展的条件。'按照马克思、恩格斯的设想，未来社会将在打碎旧的国家机器、消灭私有制的基础上，消除阶级之间、城乡之间、脑力劳动和体

① 《马克思恩格斯全集》第39卷，第189页。

力劳动之间的对立和差别，极大地调动全体劳动者的积极性，使社会物质财富极大丰富、人民精神境界极大提高，实行各尽所能、各取所需，实现每个人自由而全面的发展，在人与人之间、人与自然之间都形成和谐的关系。”[①]在这里，我们可以看到，胡锦涛已经深刻阐明了马克思主义关于人的自由全面发展思想形成的动态过程。因此，以科学发展观为指导，再次对客观历史进行回顾，对于深刻领会和准确把握科学发展观的科学体系，对于深入贯彻落实科学发展观，始终坚持用科学发展观武装头脑，始终坚持以人为本，坚持一切从实际出发，永远尊重人民群众的首创精神，更加自觉地按照客观规律办事，“不断提高运用马克思主义立场、观点和方法来认识规律、把握规律、指导工作的能力”[②]，扎扎实实地推进改革开放和社会主义现代化建设等各个方面，都有重要意义。

我们从站在科学发展观的战略高度回顾历史，可以看到马克思在中学阶段[③]，他对人的全面发展思想已经形成了初步认识，在中学毕业时写的德语作文《青年在选择职业时的考虑》中，明确提出：“如果我们选择了最能为人类福利而劳动的职业，那么，重担就不能把我们压倒，因为这是为大家而献身，那时我们所感到的就不是可怜的、有限的、自私的乐趣，我们的幸福将属于千百万人，我

---

① 胡锦涛：《在省部级主要领导干部提高构建社会主义和谐社会能力专题研讨班上的讲话》，2005 年 2 月 19 日。

② 胡锦涛：《在中央纪委第三次全体会议上的讲话》，2004 年 1 月 12 日。

③ 卡尔·亨利希·马克思，1818 年 5 月 5 日诞生于普鲁士莱茵省特利尔城的一个犹太人家庭。父亲亨利希·马克思是一个名律师，曾任特利尔城律师协会主席，他受法国启蒙思想的影响，具有一定的自由思想。马克思生长的莱茵省，这是在普鲁士封建国家中资本主义经济比较发达的省份，资产阶级的自由主义运动相对发展，他就读的特利尔中学，也是自由主义思想比较活跃的学校，校长约·胡腾巴赫，是当地著名的具有自由主义思想的教育家。马克思自小就生活在这样的环境，深受民主自由主义、人道主义和理性主义等启蒙思想的熏陶和影响，少年时期的马克思就赞成进步，并牢固树立了为全人类造福的科学世界观。

们的事业将默默地、但永恒发挥作用地存在下去。”[①]马克思正是在青少年时期的深刻认识，才有后来关于人的全面发展的理论源头。大学是马克思发生重大转折的时期，1841年春，《德谟克利特的自然哲学和伊壁鸠鲁的自然哲学的差别》博士论文的发表，这鲜明地标志着马克思主义人学思想的启蒙。他所提出的个人在本性上应当是自由的思想原则，表明了马克思已经开始对关于人的问题进行深刻地思考和探索。以《1844年经济学—哲学手稿》为标志，初步形成了人的全面发展思想，马克思在《手稿》中，深刻批判了资本主义异化劳动造成了人的片面畸形发展，并指出：“工人生产得越多，他能够消费的越少；他创造价值越多，他自己越没有价值、越低贱；工人的产品越完美，工人自己越畸形；工人创造的对象越文明，工人自己越野蛮；劳动越有力量，工人越无力；劳动越机巧，工人越愚钝，越成为自然界的奴隶。”[②]因而他提出只有在新的社会主义社会中才能获得最终的解放，也就在“已经产生的社会，创造着具有人的本质的这种全部丰富性的人，创造着具有丰富的、全面而深刻的感觉的人作为这个社会的恒久的现实。”[③]可见，马克思在这里已经将人的本质与现实世界联系起来，将现实世界中的一切都归结到人的本质的意义上去理解、衡量和说明现实，明确提出了人的全面发展的思想理念。1845年春，马克思《关于费尔巴哈的提纲》一文，指出了费尔巴哈和旧唯物主义的根本缺点，阐明了辩证唯物主义的基本原理。《提纲》“包含着新世界观的天才萌芽的第一个文件，是非常宝贵的。”[④]他既指出了人是一切社会关系的总和，又指出人的实践是社会的本质，人是社会的目的。马克思已开始认识到实践对人的决定性作用。以1845年9月《德意志意识形态》为标志，

① 《马克思恩格斯全集》第40卷，第7页。

② 《马克思恩格斯全集》第42卷，第92、93页。

③ 《马克思恩格斯全集》第42卷，第126页。

④ 《马克思恩格斯选集》第4卷，第208页。

他对人的全面发展已经做出辩证唯物主义的论证，在着重考察社会与个人的发展规律后，指出："个人的全面发展，只有到了外部世界对个人才能的实际发展所起的推动作用为个人本身所驾驭的时候，才不再是理想、职责等等，这也正是共产主义者所向往的"，"社会关系允许他均匀地发展全部的特征"，"任何人的职责、使命、任务就是全面地发展自己的一切能力，其中也包括思维的能力。"①这时，他关于人的全面发展思想已趋于成熟。以1848年《共产党宣言》的发表为标志，马克思站在唯物史观的高度，在继承前人优秀思想成果的基础上，创立形成了科学社会主义理论，并彻底地赋予了人以具体化、社会化、实践化特征，并勾画了一整套实现人的全面发展的蓝图，并指明实现人的自由发展的条件的正确途径。此后，在《资本论》中，马克思进一步强调，未来的科学社会主义社会将是一个自由人的联合体，新社会的特征不仅表现为共同占有生产资料、实现生产力的高度发展，而且表现为对社会生产进行有意识、有计划的控制，实现人的全面而自由的发展。也就是说，在未来的科学社会主义社会里，每个人既能获得和其他人一样的合乎社会各方面要求的全面发展，又能获得自身全面发展的社会条件，在平等的基础上，通过自身的全面发展促进全社会一切人的全面发展。

我们从胡锦涛的科学论述中，可以明确认识马克思主义关于人的全面发展的思想形成的动态过程。同时，胡锦涛关于人与人之间、人与社会之间、人与自然之间的科学理论，更加深刻认识到全面发展的特殊意义。这是因为，我们从科学发展观的实践特色中，可以看到人类社会如何始终做到以人为本，全面协调可持续的科学发展理念，坚定不移地走科学发展道路，要善于从本国、本地区的实际出发，扬长避短，因地制宜，坚持有所为、有所不为，科学

① 《马克思恩格斯全集》第3卷，第330页。

制定本国本区域的发展战略，积极培育和发展既具有国际市场竞争力，又要具有本区域特色的优势产业和产品，培育和壮大特色经济，要始终在坚持实施可持续发展战略中，下大气力把自然生态环境保护好、建设好，合理开发和节约使用各种自然资源，实现资源的永续利用和自然生态系统良性循环，始终将科学发展理念贯穿于认真处理好人与人、人与自然、人与社会关系的全过程，在“不断探索和走出一条符合自身实际的新路子，大力推进体制创新和科技创新，做好转变观念的工作”①过程中，始终坚持走新型工业化道路，加快转变经济发展方式和调整经济结构，提高经济增长的质量和效益，大力发展循环经济、绿色经济、低碳经济，建设资源节约型、环境友好型社会，走生产发展、生活富裕、生态良好的文明发展道路，坚持“始终不渝地把自身的发展与人类共同进步联系在一起，既充分利用世界和平发展带来的机遇发展自己，又以自身的发展更好地维护世界和平、促进共同发展”②，“在推进经济发展的同时，要加强社会主义政治文明和精神文明建设，发展民主，加强法制，促进社会全面进步和人的全面发展，创造一流的人文环境和一流的社会风尚”③，“建立适应可持续发展要求的生产方式和消费方式，努力促进社会经济系统和自然生态系统良性循环，促进经济社会全面进步和人的全面发展。”④这不仅成为衡量社会文明的重要标志，也为我们始终处理好人与人、人与社会、人与自然的关系，为促进经济社会与人的全面发展指明前进方向。

二、科学揭示出人的全面发展是社会发展进步的必然要求

胡锦涛认为，人类社会的历史像是一条奔流不息的长河，今天

① 胡锦涛:《在内蒙古考察工作时的讲话》,2003 年 1 月 4 日。

② 胡锦涛:《在联合国成立 60 周年首脑会议上的讲话》,2005 年 9 月 15 日。

③ 胡锦涛:《在北京市考察工作时的讲话》,2003 年 1 月 24 日。

④ 胡锦涛:《在亚太经合组织商业峰会上的演讲》,2007 年 9 月 6 日。

由昨天发展而来,明天是今天的延续。"一部人类文明史就是人类不断在以往历史的基础上有所发现、有所发明、有所创造、有所前进的历史"①,人类不断认识世界和改造世界的过程,说到底不外是人类通过人类的物质和精神劳动而诞生的过程,是使自然界逐步成为自己的无机身体,是不断使自然界的自然发展实现科学发展烙印的过程,是"努力在经济社会协调发展的基础上促进人的全面发展,在开发利用自然中实现人与自然的和谐相处"②的过程,是始终坚持"完善推动科学发展、加快经济发展方式转变的思路和举措"③的过程,是"切实把经济社会发展转入以人为本、全面协调可持续发展的轨道"④的过程,是人类不断在继承汲取前人发展经验的基础上,进一步"团结奋斗,开拓进取,再创辉煌"⑤的过程。人不仅是人类社会历史发展的前提和结果,而且,始终追求实现以人为本,全面协调可持续的科学发展,也是合乎人类社会历史发展规律的必然要求,这二者之间的关系是辩证统一的。

胡锦涛正是基于这样的科学认识,因而在无产阶级革命事业的伟大历史进程中,他和马克思、恩格斯、列宁、毛泽东、邓小平、江泽民等马克思主义经典作家一样,始终强调人民群众是人类社会历史的创造者和推动者,始终强调人民群众的历史主体地位作用,始终强调人民群众的根本利益和迫切的时代要求、时代愿望,决定着人类社会历史的发展趋势和发展方向。他深刻指出:"纵观历

① 胡锦涛:《在中共中央政治局第九次集体学习时的讲话》,2003年11月24日。

② 胡锦涛:《在纪念毛泽东同志诞辰110周年座谈会上的讲话》,2003年12月26日。

③ 胡锦涛:《在省部级主要领导干部深入贯彻落实科学发展观加快经济发展方式转变专题研讨班上的讲话》,2010年2月3日。

④ 胡锦涛:《在20国集团财长和央行行长会议开幕式上的讲话》,2005年10月15日。

⑤ 胡锦涛:《在同神舟六号航天员费俊龙、聂海胜的亲切实时通话》,2005年10月15日。

史，放眼世界，能否顺应时代潮流、把握发展机遇，依靠人民的智慧和力量，走出一条适合自己国情的发展道路，是一个国家在日趋激烈的国际竞争中赢得主动、加快发展的关键"①，要"实现全面建设小康社会的宏伟目标，说到底是为了造福于人民群众。坚持以人为本，必须体现在不断实现人民群众的经济、政治、文化利益上，体现在做好关心群众生产生活的各项工作上，体现在帮助人民群众办实事、办好事上，让人民群众享受到经济社会发展的成果。"②这样，他明确要求："树立和落实科学的发展观，努力实现经济社会全面进步和人的全面发展。在当今新的时代条件下，应该坚持以人为本，实现全面、协调、可持续发展。要以实现人的全面发展为目标，从广大民众的根本利益出发谋发展、促发展，让发展的成果惠及全体人民。要以经济建设为中心，全面推进经济、政治、文化建设，实现经济发展和社会全面进步"③，"必须坚持发展为了人民、发展依靠人民、发展成果由人民共享，不断实现好、维护好、发展好最广大人民的根本利益。要坚持把最广大人民的根本利益作为一切工作的根本出发点和落脚点，把改善人民生活作为经济社会发展的目的和归宿，不断增强全社会的创造活力，形成全体人民团结奋斗的强大力量"④，积极推动经济社会又好又快发展。

我们从胡锦涛的科学论述中可以看到，积极推进人的全面发展，同推进社会发展和改善人民物质文化生活是辩证统一的。这是因为，社会的全面发展是人的全面发展的客观前提，没有社会的全面发展也就没有人的全面发展，而且，在不同社会形态和不同时代的人，由于其社会地位、价值观念、思维方式、科学文化素质及其

① 胡锦涛：《在博鳌亚洲论坛2004年年会开幕式上的演讲》，2004年4月24日。
② 胡锦涛：《在吉林考察工作时的讲话》，2004年5月16日。
③ 胡锦涛：《在亚太经合组织工商领导人峰会上的演讲》，2004年11月19日。
④ 胡锦涛：《在江苏考察工作时的讲话》，2005年10月12日。

行为能力的构成与发展，都是建立在特定社会基础之上的，并不同程度地反映了自己所处的时代特征，离开了社会的全面发展，就谈不到人的全面发展，所以社会的全面发展是人的全面发展的客观前提。这样，我们就必须深刻认识到，在改革开放和社会主义现代化建设的今天，社会全面发展为人的全面发展提供了更好的客观条件，必然会更加有力地促进人的全面发展。这就要求我们必须始终坚持以科学发展观为指导，始终坚持以经济建设为中心，要坚定不移地把实现科学发展作为党执政兴国的第一要务，积极推动经济建设、政治建设、文化建设与和谐社会建设的全面发展，必须要始终站在科学发展观的战略高度，认识我国正处于并将长期处于社会主义初级阶段的基本国情，必须要深刻认识社会主义现代化建设的长期性和艰巨性，进一步增强忧患意识和风险意识，始终坚定理想信念，坚持党的根本宗旨，必须要始终发挥先锋模范作用，忠实执行党的群众路线，坚持权为民所用、情为民所系、利为民所谋，克服形式主义、官僚主义，始终保持党同人民群众的血肉联系，必须要坚决纠正损害群众利益的不正之风，永葆共产党人的政治本色。始终坚持把维护好、实现好和发展好最广大人民的根本利益作为一切工作的出发点和落脚点。始终尊重人民群众的首创精神，激发全社会的创造活力，切实增强经济社会发展的内在动力，充分发挥广大干部群众和各方面的积极性、主动性、创造性，团结一切可以团结的力量，保持社会和谐稳定和安定团结，“准确把握人民群众的利益所在，作出切实可行的工作部署，努力把科学发展观落到实处，把中央的方针政策和决策部署落到实处，把维护好、实现好、发展好最广大人民的根本利益落到实处，不断满足人民群众日益增长的物质文化需求，努力促进人的全面发展。”①“扎

① 胡锦涛:《在全国政协新年茶话会上的讲话》,2005 年 1 月 1 日。

扎实实解决好人民群众最关心、最直接、最现实的利益问题，更好地实现发展为了人民、发展依靠人民、发展成果由人民共享”①，不断创造伟大祖国更加美好的未来。

三、高度强调社会主义的本质就是实现人的自由全面发展

胡锦涛指出：“当前，我国进入了全面建设小康社会、加快推进社会主义现代化的新的发展阶段。党和人民在新世纪新阶段的任务，就是紧紧抓住并充分运用本世纪头20年的重要战略机遇期，集中力量全面建设惠及十几亿人口的更高水平的小康社会。”②为了实现这个宏伟目标，必须“坚持以经济建设为中心，坚定不移地推进改革开放，坚持以人为本，树立全面、协调、可持续的发展观，统筹城乡发展，统筹区域发展，统筹经济社会发展，统筹人与自然和谐发展，统筹国内发展和对外开放，继续发展社会主义市场经济、社会主义民主政治和社会主义先进文化，促进经济社会和人的全面发展。”③他具体地阐述了这一科学思想的理论内涵：“坚持以人为本，就是要以实现人的全面发展为目标，从人民群众的根本利益出发谋发展、促发展，不断满足人民群众日益增长的物质文化需要，切实保障人民群众的经济、政治和文化权益，让发展的成果惠及全体人民。全面发展，就是要以经济建设为中心，全面推进经济、政治、文化建设，实现经济发展和社会全面进步。协调发展，就是要统筹城乡发展、统筹区域发展、统筹经济社会发展、统筹人与自然和谐发展、统筹国内发展和对外开放，推进生产力和生产关系、经济基础和上层建筑相协调，推进经济、政治、文化建设的各个

① 胡锦涛：《在中共中央举行党外人士迎春座谈会上的讲话》。

② 胡锦涛：《在纪念毛泽东同志诞辰110周年座谈会上的讲话》，2003年12月26日。

③ 胡锦涛：《在法国国民议会的演讲》，2004年1月27日。

环节、各个方面相协调。可持续发展，就是要促进人与自然的和谐，实现经济发展和人口、资源、环境相协调，坚持走生产发展、生活富裕、生态良好的文明发展道路，保证一代接一代地永续发展。"①"我们提出树立和落实科学发展观，就是要以实现人的全面发展为目标，让发展的成果惠及全体人民。"②

胡锦涛的科学论述，更加明确地指出了社会主义社会的本质就是实现人的全面发展。这是因为，我们从站在科学发展观的战略高度来看，在人类社会漫长的历史进程中，人类社会的发展和演进是在特定的社会历史条件下，它是由我们这个星球上众多人类种群进行各种社会活动因素所综合作用的结果。人类社会作为一个辩证统一的整体，它是由人类社会的主体即人和人类社会的客体即在不同历史阶段的人类社会形态两部分构成的，两者在人的历史实践活动的基础上相互依存、相互制约、相互改变、相互促进，共同推进当今人类社会朝着实现科学发展的方向演进，这应该是马克思主义的辩证唯物史观和科学发展史观的一个基本观点。而在人类社会形态的历史演进和自然更替中，科学社会主义理论体系的形成以及社会主义制度的确立，从根本上改变了人类世界历史的发展方向，实现了人类历史上关于社会关系的最深刻变革，开创了人类发展史上的新纪元，也为实现人的全面发展开辟了广阔的前景。《共产党宣言》发表以来的实践已经证明，在资本主义制度下，广大的劳动人民由于丧失了物质生产资料，被迫出卖劳动力成为雇佣工人，劳动者对资本家和资本形成了依赖关系，人的发展成为畸形的发展。而在社会主义制度中，它确实是比资本主义制度更加优越的社会制度，因而在本质上更能促进人的全面发展。

---

① 胡锦涛:《在中央人口资源环境工作座谈会上的讲话》,2004 年 3 月 10 日。

② 胡锦涛:《在中国科学院第十二次院士大会、中国工程院第七次院士大会上的讲话》,2004 年 6 月 2 日。

在社会主义社会里，物质生产资料由社会全体成员共同占有，这从根本上消除了剥削制度，广大的劳动人民成为国家和社会的主人，参与对国家和社会的管理，广大劳动人民的社会地位的改变，也极大地促进了人的全面发展。同时，社会主义社会克服了资本主义社会的基本矛盾，能够以经济建设为中心，大力解放社会和发展社会生产力，而且能比资本主义更好更快地发展社会生产力，创造出更高的劳动生产率。社会主义物质文明的发展，反映了广大劳动人民利用和改造自然能力的提高，社会物质财富的日益丰富，使人民的物质生活条件不断改善，进而有力地推动了人的全面发展。可见，我们在新形势下，必须"要科学认识和正确把握以经济建设为中心和全面发展的辩证关系。"①

因此，我们必须要清醒认识到，自从社会主义制度确立以后，它作为人类文明发展史上崭新的社会形态和具有强大优越性的社会制度，其自身的先进性也要求我们党在领导全党和全国各族人民在建设和发展社会主义的伟大实践中，在消化和吸收并最终取代资本主义社会的历史进程中，始终遵循人类社会的发展规律，始终按照人类社会的发展规律来规划各项建设，不断地促进经济社会和人的全面协调发展。这就要求我们必须以科学发展观为指导，坚定不移地推动经济持续快速协调健康发展，切实坚持抓好科学发展这个党执政兴国的第一要务，紧紧抓住和用好重要的发展战略机遇期，"在经济发展的基础上，推动社会全面进步和人的全面发展，促进社会主义物质文明、政治文明、精神文明协调发展。必须着力提高经济增长的质量和效益，努力实现速度和结构、质量、效益相统一，经济发展和人口、资源、环境相协调，不断保护和增强发展的可持续性。必须坚持理论和实际相结合，因地制宜、因

① 胡锦涛：《在参加十届全国人大二次会议西藏代表团审议时的讲话》，2004年3月5日。

时制宜地把科学发展观的要求贯穿于各方面的工作。”①“把经济建设搞上去，实现全面、协调、可持续发展，是全面建设小康社会的必然要求，是解决中国一切问题的基础，也是当代中国最大的政治。中国共产党要承担起推动中国社会进步、实现中华民族伟大复兴的历史使命，必须始终紧紧抓好发展这个执政兴国的第一要务，把坚持党的先进性和发挥社会主义制度的优越性，落实到发展先进生产力、发展先进文化、实现最广大人民的根本利益上来”②，要以经济发展全面促进社会全面进步，在保持经济社会又好又快发展的基础上，进一步加快转变经济发展方式，努力实现科学发展，积极促进经济社会和人的全面发展。

四、深刻阐明要达到人的全面发展的实现条件和根本途径

胡锦涛指出：“当前，我国改革发展进入了关键时期，全党全国各族人民正在按照党的十六大描绘的蓝图，聚精会神搞建设，一心一意谋发展，意气风发地推进全面建设小康社会的伟大进程。党和人民事业发展的前景是无限美好的。同时，我们也要清醒地认识到，面对国际形势的深刻变化，面对国内改革发展的繁重任务，我们的前进征程也是充满艰辛的。我们一定要增强忧患意识，做到居安思危，紧紧抓住和用好重要战略机遇期，有效应对前进道路上的各种风险和挑战，坚定不移地把老一辈革命家开创的中国特色社会主义事业推向前进。这是我们的历史责任，也是我们对老一辈革命家的最好纪念。”“我们要始终坚持以马克思列宁主义、毛泽东思想、邓小平理论和‘三个代表’重要思想为指导，坚持马克思主义基本原理同中国具体实际相结合，解放思想、实事求是、与时俱进，不断推进实践基础上的理论创新，不断推进马克思

① 胡锦涛：《在中央人口资源环境工作座谈会上的讲话》，2004年3月10日。

② 胡锦涛：《在中共中央召开党外人士座谈会上的讲话》，2003年11月18日。

主义的中国化，不断巩固党和人民共同奋斗的思想基础。我们要坚持以科学发展观统领经济社会发展全局，切实抓好发展这个党执政兴国的第一要务，紧紧扭住经济建设这个中心不动摇，继续深化各方面的改革，统筹城乡发展，统筹区域发展，统筹经济社会发展，统筹人与自然和谐发展，统筹国内发展和对外开放，推动社会主义物质文明、政治文明、精神文明与和谐社会建设全面发展，不断满足人民群众日益增长的物质文化需要，促进人的全面发展。"①这是胡锦涛在新的历史时期和新形势下，从高度概括并总结古今中外历史经验的基础上，对促进人的全面发展的实现条件与根本途径作出的科学回答。

实践证明，当前改革发展已经进入了关键时期，为了实现和促进人的全面发展，必须切实加强社会主义物质文明建设，为实现人的全面发展提供物质条件。这是因为，"物质文明是社会发展的物质基础和决定力量，精神文明是社会发展的精神动力和智力支持，政治文明是社会发展的制度保障和重要条件"②，而加强和谐社会建设，促进社会和谐是我国发展的重要目标和必要条件，就是说，"构建社会主义和谐社会，同建设社会主义物质文明、政治文明、精神文明是有机统一的。要通过发展社会主义社会的生产力来不断增强和谐社会建设的物质基础，通过发展社会主义民主政治来不断加强和谐社会建设的政治保障，通过发展社会主义先进文化来不断巩固和谐社会建设的精神支撑，同时又通过和谐社会建设来为社会主义物质文明、政治文明、精神文明建设创造有利的社会条件。"③这就要求我们必须始终坚持站在科学发展观的战略

① 胡锦涛：《在陈云同志诞辰100周年纪念大会上的讲话》，2005年6月13日。

② 胡锦涛：《在中共中央政治局第八次集体学习时的讲话》，2003年9月29日。

③ 胡锦涛：《在省部级主要领导干部提高构建社会主义和谐社会能力专题研讨班上的讲话》，2005年2月19日。

高度来观察和思考问题,全面准确地把握科学发展观的深刻内涵和精神实质,始终坚持以科学发展观为指导,真正发挥科学发展观在实践中的根本指导作用,正确把握以经济建设为中心和全面发展的辩证关系,深刻认识"经济建设是党和国家的中心工作,经济发展是各方面发展的基础。只有坚持以经济建设为中心,不断解放和发展生产力,才能为抓好发展这个党执政兴国的第一要务、为全面发展形成坚实的物质基础。在任何时候任何情况下,我们都必须紧紧扭住经济建设这个中心不放松,同时又要切实防止片面性和单打一,全面推进社会主义物质文明、政治文明、精神文明建设。在谋划发展时要充分考虑资源和环境的承受力,统筹考虑当前发展和未来发展的需要,既积极实现当前发展的目标,又为未来的发展创造有利条件,努力实现可持续发展。"①"坚持以经济建设为中心,坚持以提高人民生活水平为发展的根本目的"②,坚持扩大内需的方针,坚持走科技含量高、经济效益好、资源消耗低、环境污染少、人力资源优势得到充分发挥的新型工业化道路,加快调整经济结构,转变经济发展方式,提高自主创新能力,不断深化改革开放,促进城乡区域协调发展,加强和谐社会建设,切实把经济社会发展转入以人为本、全面协调可持续发展的科学发展轨道,积极推动社会主义、政治文明、精神文明与和谐社会建设全面发展,从解决关系人民群众切身利益的现实问题入手,更加注重经济社会协调发展,更加注重社会公平,在切实加快发展社会事业的基础上,保持社会和谐团结,使全体人民共享改革发展成果,早日实现促进经济社会全面进步和人的全面发展的奋斗目标。

---

① 胡锦涛:《在参加十届全国人大二次会议西藏代表团审议时的讲话》,2004年3月5日。

② 胡锦涛:《在联合国成立60周年首脑会议发展筹资高级别会议上的讲话》,2005年9月14日。

第二节　科学发展观必然是构建社会主义和谐社会的历史选择

胡锦涛指出:“我们党提出构建社会主义和谐社会,既是对我国改革开放和现代化建设经验的科学总结,也是在新的国内外形势下提高党的执政能力、贯彻落实科学发展观、更好地推进我国经济社会发展的战略举措。明确提出构建社会主义和谐社会,反映了我们党对中国特色社会主义事业发展规律的新认识,也反映了我们党对执政规律、执政能力、执政方略、执政方式的新认识,为我们紧紧抓住和用好重要战略机遇期、实现全面建设小康社会的宏伟目标提供了重要的思想指导。构建社会主义和谐社会,关系到最广大人民的根本利益,关系到巩固党执政的社会基础、实现党执政的历史任务,关系到全面建设小康社会的全局,关系到党的事业兴旺发达和国家的长治久安”,“全党同志都要从这样的战略高度,深刻认识构建社会主义和谐社会的重大意义,自觉承担起和谐社会建设的历史任务。”①当前,随着我国经济社会的发展,建设中国特色社会主义事业的总体布局,已经更加明确为经济建设、政治建设、文化建设、社会建设四位一体的战略布局,这标志着我国经济社会的发展,已经逐步转入以人为本,全面协调可持续发展的科学发展的时期。因此,我们始终坚持以科学发展观为指导,深入研究党中央提出构建社会主义和谐社会的重大战略举措,必然具有重大的理论意义和实践意义。

① 胡锦涛:《在省部级主要领导干部提高构建社会主义和谐社会能力专题研讨班上的讲话》,2005 年 2 月 19 日。

一、经典作家之前的东西方思想家对和谐问题的理性思考

我们从站在科学发展观的战略高度,来考察一部人类文明发展史,可以看到实现社会和谐,建设美好社会,始终是人类孜孜以求追求的社会理想。而且,这个理想还始终伴随着人类社会历史的变迁与发展而代代相传,以和谐为特征的东西方文化精神生生不息,和谐社会的理想始终鼓舞并催人奋进。今天,以胡锦涛同志为总书记的党中央提出建设社会主义和谐社会,目的是使全社会变得更加和谐稳定。但是,从深入贯彻落实科学发展观的视角,也应该看到构建和谐社会的重大战略思想,同古今中外和谐思想必然有着深刻的渊源关系。这是因为,人类社会的发展,必须"要始终坚持解放思想、实事求是、与时俱进,紧密结合新的时代条件,在丰富实践的基础上大胆探索,在科学认识的前提下勇于创新,不断有所发现、有所创造、有所前进,不断深化对共产党执政规律、社会主义建设规律、人类社会发展规律的认识。"①因此,我们在新的历史条件下,只有自觉从积淀深厚的人类思想宝库中汲取理论精华,具备深远的历史眼光和宽广的世界眼光,才能建设更加美好的和谐社会。

我们从中国古代典籍的记述来看,我国历史上很早就产生过不少有关社会和谐的思想。在中国传统的政治文化中,"和谐"作为一种理想的治国理政的境界,它是中国古代政治社会所要追求的重大的政治目标和原则,是汉民族心理结构中既和谐稳定又富于积极意义的构成模式,甚至可以称之为我国古代社会不断追求的最高政治境界,它对当时及后世的和谐思想产生的影响极为深远。总体说来,"和谐"思想理论基础的产生、形成及基本完善,主要是在春秋战国时期,孔子及先秦儒家在理论上对之作出了极大

① 胡锦涛:《在中共中央政治局第八次集体学习时的讲话》,2008年9月28日。

贡献。但是,“和谐”作为我国古代哲学和政治思想中的重要理论范畴,在孔儒之前,已有单穆公、伶州鸠、史伯、吴公子札和晏婴等多位政治家和思想家,从各个角度对之进行了深刻的论述。所谓“和”,它包括主观感受的“和”同客观对象的“和”两个方面。前者是同精神感受相关的,后者则与社会政治伦理化相关,但两者都是从相互联系中,来探寻那些能够引起真正“和谐”的构成和发展规律①。而晚于史伯的晏婴继续发挥了同史伯相近的思想,《左传·昭公二十年》中记载晏婴与齐侯关于对和谐问题的探讨,晏婴认为,最佳的社会状态存在于“和谐”之中,并论述了和谐状态与国家的政治形态的辩证关系,这是中国古代思想家对于和谐法则的深刻认识。另外,如季札观周乐之后的一些赞词里,也鲜明体现出中国古代政治家所追求“和”的理想,这就说明当时对于和谐的追求,已经具有政治社会的理性内容。同时,他们的思想理论也为后世儒家,即《礼记》所说的“大乐与天地同和”、“乐者,天地之和也”的所本。此外,晏婴所谓的通过对立因素的紧密结合,“济其不及,以泄其过”的说法,已包含着后来儒家孔子“中庸”理论的基本思想。这一理论到孔子之时有了更大发展,这是因为,先秦儒

① 比如,在古籍记载中周景王打算铸造一个大钟,其声高为“无射”,在古音十二律中仅次于“应钟”,而且还要在它的上面加上一个发音为“大林”的钟,也就是比十二律中的第八律“林钟”发音更高的钟。单穆公对此表示反对,他认为社会生活中的精神感受必须符合“和谐”的政治原则,否则就会导致“上失其民,作则不济,求则不获”(《国语·周语下》)。但周景王对单穆公言论有所置疑,又询问乐官伶州鸠,伶州鸠也发表同单穆公相同的意见,主张“夫政象乐,乐从和”,“细抑大陵,不容于耳,非和也”(《国语·周语下》),并明确地指出“和”具有重大的社会功能,它能使自然和经济社会得到和谐的发展,使国家安宁,天下太平。单穆公和伶州鸠之后,史伯与晏婴又从政治的角度,对“和”与社会的关系作了细致论述。另根据《国语》记载,当郑桓公问史伯“周其弊乎?”史伯回答说:“殆于必弊者也。《泰誓》曰:‘民之所欲,天必从之。’”(《国语·郑语》)史伯从事物的复杂性、多样性和互补性来论述君主应该使社会处于和谐的状态。

家以稳定社会秩序为目的,要求人们将行为、情感限制在社会伦常的规范内,因而也更加重视情感与理性精神的有机结合,这主要表现在"礼"与"和"的互相渗透上①。

对此,胡锦涛作为精通中国历史和世界历史的马克思主义经典作家,他和毛泽东、邓小平、江泽民等深受全国各族人民衷心爱戴的新中国领袖一样,作为一位终身信仰马克思主义和具有渊博的马克思主义学识的无产阶级革命家、政治家、思想家、战略家和理论家,既对中国优秀的传统思想文化有着深厚的眷恋之情,又有高度的中国优秀传统文化素养,并始终坚持从悠久灿烂的中华文明成果中,汲取积极因素与合理内核,使具有几千年源远流长、博大精深的中华文明和中国优秀的传统思想文化,成为其科学理论创新的深厚思想底蕴。他指出:"我国历史上就产生过不少有关社会和谐的思想。比如,孔子说过'和为贵';墨子提出了'兼相爱'、'爱无差等'的理想社会方案;孟子描绘了'老吾老以及人之老,幼吾幼以及人之幼'的社会状态;《礼记·礼运》中描绘了'大道之行也,天下为公,选贤与能,讲信修睦。故人不独亲其亲,不独子其子,使老有所终,壮有所用,幼有所长,矜、寡、孤、独、废疾者皆有所养'这样一种理想社会。"②而且,中国自秦汉之后的历代政权,都将国家和经济社会能否实现"和谐",作为自己的政治追求的核心和政治的评价标准,并在政治实践中对"和谐"思想理论不

① 比如,孔子就有过"礼之用,和为贵"(《论语·学而》)的说法。这里的"和"是沟通协调的意思。礼的本质,就是要求人的行为在礼仪的约束下中规中矩,人的情感在礼仪的节制下达到含蓄和谐,其核心的内容在于立,在于别异,即在于区别尊卑贵贱,使人按一定的社会地位安身立命而不僭越,使社会各阶层各等级之间井然有序,这就体现出一种强烈的社会"和谐"的理性精神。总地看,中和思想由盛行于先秦的尚中思想、孔子中庸思想与先秦尚和思想结合而成,它在春秋末年晏婴等人处粗具雏形,至孔子而臻大成,并使之成为一种具有普遍性的国家政治社会和谐观。

② 胡锦涛:《在省部级主要领导干部提高构建社会主义和谐社会能力专题研讨班上的讲话》,2005年2月19日。

断进行继承、丰富、发展和创新。

从西方的历史来看，西方“和谐”思想最早源于古希腊。根据恩格斯的科学论述，雅典城邦国家的产生，是国家起源的典型形式，并将雅典的城邦国家称之为古代高度发展的国家形态[①]。恩格斯认为，在那些星罗棋布地坐落在爱琴海沿岸和诸岛屿上的城邦国家中，很早就建立起奴隶制的国家形式——民主共和国，并有着相当发达的民主政治和相当完备的国家机构。雅典城邦经过了公元前 594 年梭伦改革、公元前 509 年克里斯蒂尼改革，使雅典城邦的国家、法律、民主政治以及监督机制较为完备，尤其到了公元前 450 年至公元前 430 年的伯里克利担任最高执政官的时代，雅典城邦的奴隶主民主政治达到鼎盛。而且，在希腊城邦国家中，不但产生了民主政治和国家权力系统，而且也萌发了对后世具有重要影响的“和谐”思想，这些思想具体表现在希腊伟大的思想家苏格拉底、柏拉图、亚里士多德深入研究希腊城邦的多种政体的论述之中。因此，将古希腊作为西方古代政治和谐思想的渊源所在，它是当之无愧的。古希腊思想家柏拉图，将“公正即和谐”的理念，引入其“理想国”的设想之中，并第一次把分工的思想用于解释国家及其职能，体现出公正和谐的思想观点。柏拉图始终认为，国家是在农业、畜牧业、手工业和商业发展的过程中形成的，超越于宗法部落组织的社会组织，是由社会分化和社会分工不同所决定的人们的特殊联合体。柏拉图还针对当时的社会形态，提出国家应当是有治国、护国和生产三个阶级，而三个阶级之间应该是公正与和谐的。柏拉图的这些思想对亚里士多德产生了启发作用。

柏拉图之后，古希腊的思想家亚里士多德（前 384—322 年），他在研究了 150 余部城邦宪法后，相继写出了《政治学》和《雅典

① 《马克思恩格斯选集》第 4 卷，第 115 页。

政制》等政治学巨著，并首次提出了一个国家的政权应该由中等阶层来掌握，这样能够很好地协调贫富两个阶层的利益，避免矛盾和冲突，从而实现政治和国家社会的稳定与和谐。总之，古希腊思想家苏格拉底、柏拉图和亚里士多德等人关于“和谐”的政治思想，都对后世西方的思想家产生了极为深远的影响。比如，在“1803 年，法国空想社会主义者傅立叶发表《全世界和谐》一文，指出现存资本主义制度是不合理的，必将为‘和谐制度’所代替。1824 年，英国空想社会主义者欧文在美国印第安纳州进行的共产主义试验，也以‘新和谐’命名。”①因此，总体说来，19 世纪空想社会主义者在当时的时代背景下，不仅继承了西方社会以往关于“和谐”思想的理论成果，同时，也是马克思恩格斯在创立科学社会主义的直接思想理论来源之一。

二、无产阶级领袖和新中国领袖关于和谐思想的精神演进

我国古代思想家以及西方空想社会主义者关于和谐社会的理想，反映了人们对美好社会生活的向往和追求，但在存在阶级压迫和阶级剥削的旧制度下，这些设想是无法实现的。马克思恩格斯在继承前人思想成果的基础上，创立了科学社会主义理论，他们运用辩证唯物主义并把它彻底贯彻到社会历史领域，系统地阐述了历史唯物主义的基本原理。马克思恩格斯在运用辩证唯物史观对资本主义制度进行深入分析的基础上，批判吸收了古典经济学的劳动价值论，创立形成了剩余价值学说。实践证明，正是由于辩证唯物史观和剩余价值学说的创立，才使社会主义思想走出乌托邦的荒野，从空想发展为科学，并指明建设和谐社会的正确途径。同时，由于社会主义制度的确立，使建设社会主义和谐社会也由设想

① 胡锦涛:《在省部级主要领导干部提高构建社会主义和谐社会能力专题研讨班上的讲话》,2005 年 2 月 19 日。

变成了现实。对此，胡锦涛深刻指出："关于社会主义社会建设的理论，是马克思主义理论的重要组成部分。马克思、恩格斯在继承前人思想成果的基础上，创立了科学社会主义理论，勾画了美好社会的蓝图，指明了实现美好社会理想的正确途径。……马克思、恩格斯创立了唯物史观和剩余价值学说，提出了无产阶级革命的理论和战略策略，实现了社会主义由空想到科学的历史性飞跃。"①

我们从胡锦涛的科学论述中，可以看到马克思主义唯物史观的创立，为社会主义从空想变为科学特别是为建设社会主义和谐社会提供了正确的思想指导。事实也是如此，马克思恩格斯批判地吸收了德国古典哲学中的辩证法和唯物主义思想，克服了旧哲学中唯物主义与辩证法相分离、自然观与历史观相矛盾的缺陷，他们把唯物主义和辩证法统一起来，把辩证唯物主义自然观与历史观统一起来，并用这种科学的方法研究人类社会历史现象，发现了社会发展的一般规律，创立了唯物史观。正是由于这个伟大发现，"社会主义现在已经不再被看作是某个天才头脑的偶然发现，而被看作两个历史地产生的阶级即无产阶级和资产阶级之间斗争的必然产物。它的任务不再是构想出一个尽可能完善的社会体系，而是研究必然产生这两个阶级及其相互斗争的那种历史的经济过程；并在由此造成的经济状况中找出解决冲突的手段。"②也就是说，社会存在决定社会意识，物质资料的生产是人类社会生存和发展的基础，"我们首先应当确定一切人类生存的第一个前提，也就是一切历史的第一个前提，这个前提是：人们为了'能够创造历史'，必须能够生活。但是为了生活，首先就需要吃喝住穿行以及其他东西。因此第一个历史活动就是生产满足这些需要的资料，

① 胡锦涛：《在省部级主要领导干部提高构建社会主义和谐社会能力专题研讨班上的讲话》，2005年2月19日。

② 《马克思恩格斯选集》第3卷，第423页。

即生产物质生活本身"[①],"所以,一切社会变迁和政治变革的终极原因,不应当在人们的头脑中,在人们对永恒真理和正义的日益增进中去寻找,而应当在生产方式和交换方式的变更中去寻找;不应当在有关时代的哲学中去寻找,而应当在有关时代的经济中去寻找。"[②]由此可见,马克思主义辩证唯物史观的形成,是人类思想认识史上的空前变革,它科学揭示人类社会发展的一般规律,为建设社会主义和谐社会指明了方向。

马克思恩格斯之后,列宁在领导俄国十月革命和社会主义建设的过程中,就怎样建设社会主义社会提出了一系列重要思想。他明确提出,只有社会主义才可能广泛推行和真正支配根据科学原则进行的产品的社会生产和分配,以便使所有劳动者过最美好、最幸福的生活;生气勃勃的创造性的社会主义是由人民群众自己创立的;社会主义国家应当大力帮助农民,消除城乡对立;必须把国民经济的一切大部门建立在同个人利益的结合上面;必须发扬民主,改革国家机关,精简机构,反对官僚主义,最大限度地发挥人民群众的积极性和创造性;必须时时处处千方百计地巩固党同群众的联系,等等。列宁这些关于社会主义革命和社会主义建设的一系列论述,对今天构建和谐社会仍然具有指导意义。

新中国成立后,在革命建设改革的长期伟大实践中,我们党不断探索和发展中国特色社会主义社会建设理论,以毛泽东为核心的党的第一代中央领导集体把马克思主义基本原理同中国革命建设的具体实际相结合,取得了新民主主义革命的胜利,建立了人民当家做主的新中国,进而建立了社会主义制度,为建设社会主义和谐社会创造了根本的政治前提,并奠定了极为坚实的物质基础和思想基础。党的十一届三中全会以后,以邓小平为核心的党的第

① 《马克思恩格斯选集》第1卷,第79页。

② 《马克思恩格斯选集》第3卷,第618页。

二代中央领导集体,在深刻总结新中国成立以来正反两方面的经验后,果断地把党和国家的工作重点转移到社会主义现代化建设上来,坚定不移地实行改革开放,开辟了建设中国特色社会主义的新道路。党的十三届四中全会以后,以江泽民为核心的党的第三代中央领导集体,根据国内外形势的发展变化,根据我国经济社会发展的新要求,进一步丰富和发展了我们党关于社会主义社会建设的理论,并在实践中带领全党全国各族人民,将中国特色社会主义和改革开放伟大事业,成功推向21世纪。

党的十六大以来,以胡锦涛同志为总书记的党中央,根据新世纪新阶段确定的战略目标,提出了建设社会主义和谐社会的战略任务。党的十六届三中全会提出牢固树立和落实科学发展观,按照"五个统筹"的要求,推进经济社会全面协调可持续发展;强调要发展党内民主和人民民主,要充分调动一切积极因素;坚持以人为本,要始终坚持做到立党为公、执政为民,做到权为民所用、情为民所系、利为民所谋,始终把最广大人民的根本利益作为党和国家工作的根本出发点和落脚点,切实做好关心群众生产生活的工作,全面建设和发展社会主义。党的十六届四中全会明确提出了建设社会主义和谐社会新理念,强调要适应我国社会的深刻变化,始终把和谐社会建设摆在重要位置,并要求全党同志不断提高建设社会主义和谐社会的能力。这是我们党执政理念的升华,是我们党长期形成的关于建设和社会主义理论和实践的集中体现,符合马克思主义的基本原理,符合马克思主义关于社会主义社会的科学设想。我们党在社会主义社会建设理论和实践上取得的新进展,既是对党执政经验的总结,也是对国外一些执政党执政经验教训的借鉴;既是对我国社会主义建设规律认识的深化,也是对共产党执政规律、社会主义建设规律、人类社会发展规律认识的深化;既是对中国特色社会主义理论的丰富和发展,也是对马克思主义关于社会主义社会建设理论的丰富和发展。党的十六届五中全会指出:“必须加强和谐社会建设。促进社会和谐是我国发展的重要目标和必要条件。要按照以人为本的要求,从解决关系人民群众切身利益的现实问题入手,更加注重经济社会协调发展,加快发展社会事业,促进人的全面发展;更加注重社会公平,使全体人民共享改革发展成果;更加注重民主法制建设,正确处理改革发展稳定的关系,保持社会安定团结。”①党的十七大强调:“深入贯彻落实科学发展观,要求我们积极构建社会主义和谐社会”,并进一步阐明:“社会和谐是中国特色社会主义的本质属性”②因此,我们在新的历史时期,必须始终坚持以科学发展观为指导,坚定不移地将科学发展观贯穿于构建社会主义和谐社会的全过程。

三、社会主义只有实现和谐才能顺利迈进更高的发展阶段

1848 年《共产党宣言》的发表,标志着科学社会主义的诞生。马克思通过研究资本主义社会的基本矛盾,揭示了社会主义代替资本主义的历史必然性,指出资产阶级是“生产方式和交换方式的一系列变革的产物”,“资产阶级在历史上曾经起过非常革命的作用”③,“资本主义在它的不到一百年的阶级统治中所创造的生产力,比过去一切时代创造的全部生产力还要多,还要大。”④过去当封建社会的生产关系束缚新的生产力发展时,资产阶级适应生产力发展的要求,推翻了封建制度,建立了资本主义经济制度和政治制度。但是,随着社会生产力的发展,社会化大生产与生产资料的资本主义私人占有之间的矛盾日益尖锐,必然导致周期性经济

① 《中共中央关于制定国民经济和社会发展第十一个五年规划的建议》,2005 年 10 月 11 日。

② 胡锦涛:《在中国共产党第十七次全国代表大会上的报告》,2007 年 10 月 15 日。

③ 《马克思恩格斯选集》第 1 卷,第 274 页。

④ 《马克思恩格斯选集》第 1 卷,第 256 页。

危机的加深和无产阶级同资产阶级矛盾的激化。历史已充分证明了这个科学断言,1825 年英国爆发了第一次经济危机,以后每 8—10 年爆发一次。资本主义社会经济危机的周期性爆发,深刻说明"一方面,资本主义生产方式暴露出自己无能继续驾驭这种生产力。另一方面,这种生产力本身已日益增长的威力要求消除这种矛盾,要求摆脱它作为资本的那种属性,要求在事实上承认它作为社会生产力的那种属性。"①"生产资料的集中和劳动的社会化,达到了同它们的资本主义外壳不能相容的地步。这个外壳就要炸毁了。资本主义的丧钟就要敲响了。剥夺者就要被剥夺了。"②也就是说,"资产阶级的关系已经太狭窄了,再容纳不了它本身所造成的财富了","资产阶级用来推翻封建制度的武器,现在却对准资产阶级自己了。"③并进一步指出:"随着大工业的发展,资产阶级赖以生产和占有产品的基础本身也就从它的脚下被挖掉了。它首先生产的是它自身的掘墓人。资产阶级的灭亡和无产阶级的胜利同样是不可避免的。"④资本主义生产的社会化发展,经济危机的爆发和沉重打击,迫使资本主义生产关系在一定限度内做出调整。马克思恩格斯晚年已经看到了资本主义的股份公司、垄断组织和国有资本的发展是资本主义私有制的转化形式,它们在一定程度上缓和了矛盾,促进了生产力的发展。"但是,无论转化为股份公司,还是转化为国家财产,都没有消除生产力的资本属性。"⑤特别是 2008 年,"由美国次贷危机引发的金融危机对国际金融市场造成严重冲击,给世界各国经济发展和人民生活带来严重影响,引起

① 《马克思恩格斯选集》第 3 卷,第 434 页。
② 《马克思恩格斯全集》第 23 卷,第 831、832 页。
③ 《马克思恩格斯选集》第 1 卷,第 278 页。
④ 《马克思恩格斯选集》第 1 卷,第 263 页。
⑤ 《马克思恩格斯选集》第 3 卷,第 436 页。

了世界各国政府和人民的忧虑”①,成为人类社会共同面临的全球性挑战。可见,资本主义及其资产阶级的国家,不管它的形式如何,在本质上资本关系并没有被消灭,而是被推到了矛盾的极点,这也预示着资本主义基本矛盾的最终解决,只能废除资本主义私有制,建立社会主义公有制,实现生产资料和产品的社会占有,便成为生产力发展和生产社会化的必然要求。这样,社会主义不再是空想社会主义者的主观构想与良好愿望,而是立足于对资本主义生产方式内在矛盾的客观分析得出的科学结论,这是科学社会主义理论体系的核心观点。

当然,马克思也明确指出,社会主义代替资本主义虽然是历史发展的总趋势,但只有当资本主义生产关系再也不能容纳生产力发展的时候,才会最终被更高形式的生产关系所代替,社会主义取代资本主义的历史必然性能否变成现实,归根到底要由社会生产力的发展水平及与之相适应的生产关系的成熟程度所决定。他们始终强调,无产阶级在上升为统治阶级后,“工人阶级不能简单地掌握现成的国家机器,并运用它来达到自己的目的”②,而是必须在建立了自己的政权以后,一步一步地夺取资产阶级的全部资本,把一切生产工具集中在国家即组织成为统治阶级的无产阶级手里,无产阶级将利用自己的政治统治不断地改造社会,不断使社会在更加和谐中进一步解放和发展社会生产力,“把一切生产工具集中在国家即组织成为统治阶级的无产阶级手里,并且尽可能快地增加生产力的总量”③,作为无产阶级掌握政权后的最根本任务。这是因为,人类社会的各种社会形态和社会类型都是建立在一定的经济关系、经济基础之上的完整统一的有机体系,社会生产

① 胡锦涛:《在第七届亚欧首脑会议开幕式上的讲话》,2008年10月24日。

② 《马克思恩格斯选集》第1卷,第249页。

③ 《马克思恩格斯选集》第1卷,第293页。

活动是一切历史向前发展的最基本条件，“人们在自己生活的社会生产中发生一定的、必然的、不以他们的意志为转移的关系，即同他们的物质生产力的一定发展阶段相适合的生产关系。这些生产关系的总和构成社会的经济结构，即有法律的和政治的上层建筑竖立其上并有一定的社会意识形式与之相适应的现实基础”。[①]“各个人借以进行生产的社会关系，即社会生产关系，是随着物质生产资料、生产力的变化和发展而变化和改变的。生产关系总和起来就构成所谓社会关系，构成所谓社会，并且是构成一个处于一定历史发展阶段上的社会，具有独特的特征的社会。”[②]而且，马克思在科学论述共产主义社会的第一阶段社会主义社会时，他更是明确地强调指出：“我们这里所说的是这样的共产主义社会，它不是在自身基础上已经发展了的，恰好相反，是刚刚从资本主义社会中产生出来的，因此它在各方面，在经济、道德和精神方面都还带着它脱胎出来的那个社会的痕迹。”[③]就是说，在社会主义社会的初级阶段，虽然已经确立了社会生产资料公有制，从根本上消灭了资产阶级不劳而获的剥削现象，但由于受到社会生产力发展水平的制约，经济和社会发展在各方面还存在着许多不成熟、不完善的地方，它还不得不对社会产品实行“按劳分配”的原则，劳动者的收入和实际生活水平仍有差别，城乡之间、工农之间、脑力劳动与体力劳动之间也还存在着一定差别等等，这些都需要社会主义社会要在全面地实现和谐中，不断加以完善，才能逐步进入更为高级的社会阶段。这样，1890 年 9 月，恩格斯在致约·布洛赫的信中也指出：“历史过程中的决定性因素归根到底是现实生活的生产和再生产，无论马克思和我都从来没有肯定过比这更多的东西。

① 《马克思恩格斯选集》第 2 卷，第 23 页。
② 《马克思恩格斯选集》第 1 卷，第 345 页。
③ 《马克思恩格斯选集》第 3 卷，第 10 页。

如果有人在这里加以歪曲，说经济因素是唯一决定的因素，那么，他就是把这个命题变成毫无内容的、抽象的、荒诞无稽的空话。”① 在马克思恩格斯看来，社会主义社会必须经过长期进行改造旧的环境的斗争，改变传统的发展观念，使之各方面都能全面和谐的发展，“共产主义革命就是同传统的所有制关系实行最彻底的决裂；毫不奇怪，它在自己的发展进程中要同传统的观念实行最彻底的决裂。”②他们始终认为，经济社会的发展进步并不单一地表现为社会生产力的发展水平和经济的增长速度，而是表现为社会系统中各要素的相互作用、协调发展及由此而产生的整体功能和综合实力，社会主义只有达到物质财富极大丰富，才能最终代替资本主义，并顺利进入更高更好的社会形态。

实践已经证明，在长期的中国革命建设改革的历史进程中，新中国领袖毛泽东、邓小平、江泽民、胡锦涛等马克思主义经典作家，他们始终坚持以马克思主义为指导，并始终紧密结合时代特征，不断深化对共产党执政规律、社会主义建设规律和人类社会发展规律的科学认知，进一步指明了坚信封建社会代替奴隶社会，资本主义代替封建主义，社会主义必然代替资本主义的历史总趋势。新世纪新阶段，以胡锦涛同志为总书记的党中央，准确地把握了人类社会和平发展的历史趋势，深刻指出我们既要牢牢把握社会主义必然代替资本主义的历史趋势，又要看到当代资本主义社会的生产力在其生产关系所能容纳的范围内还在发展的现实；既要充分发挥社会主义制度的优越性，又要大胆吸收和借鉴当今世界各国尤其是发达资本主义国家的一切反映现代社会化大生产要求的先进经营方式、管理方法；既要胸怀共产主义远大理想，又要立足于我国社会主义初级阶段的实际，通过改革不断推进社会主义制度

① 《马克思恩格斯选集》第 4 卷，第 695、696 页。

② 《马克思恩格斯选集》第 1 卷，第 271、272 页。

的自我完善,大力发展社会生产力,不断增强综合国力,从而在激烈的国际竞争中赢得主动权,不断体现社会主义社会确实优于资本主义社会的特点。同时,他还明确强调在建设和谐社会的伟大历史进程中,要始终坚持马克思主义在意识形态的指导地位,"坚持政治文明建设的正确方向,最根本的是要坚持党的领导、人民当家做主和依法治国的有机统一。这是我们推进社会主义政治文明建设必须遵循的基本方针,也是我国社会主义政治文明区别于资本主义政治文明的本质特征。"①必须要始终坚持以人为本,牢固树立和全面贯彻落实科学观,从而使我们党对共产党执政规律、社会主义建设规律和人类社会发展规律的认识趋向成熟。

第三节　科学发展观是实现马克思主义最高纲领的根本性指南

马克思主义认为,无产阶级政党的纲领就是一面伟大的旗帜,是实现奋斗目标的政治宣言,是衡量无产阶级政党强大生命力和坚持党的宗旨的根本标志。同时,也关系到马克思主义执政党科学发展的光明前途。说到底就是党的纲领既回答了"举什么旗、走什么路、以什么样的精神状态"②,"实现什么样的发展、怎样发展等重大理论和实际问题"③,也决定党和国家的科学发展方向,而且还要集中体现共产党执政规律、社会主义建设规律和人类社会发展规律的真理性。《共产党宣言》发表以来,特别是社会主义

① 胡锦涛:《在中共中央政治局第八次集体学习时的讲话》,2003 年 9 月 29 日。

② 胡锦涛:《在全国政协新年茶话会上的讲话》,2008 年 1 月 1 日。

③ 胡锦涛:《在中国共产党第十七次全国代表大会上的报告》,2007 年 10 月 15 日。

制度确立后和新中国革命建设改革的实践已经证明,马克思、恩格斯、列宁、毛泽东、邓小平、江泽民、胡锦涛等马克思主义经典作家,在整个国际共产主义运动和中国革命建设改革的不同历史时期,都十分清楚党的纲领在党的建设中的重要地位,都非常重视党的纲领建设。而马克思主义、毛泽东思想、邓小平理论、“三个代表”重要思想和科学发展观,它们作为一脉相承而又与时俱进的科学理论体系,就集中体现了无产阶级政党的纲领思想和理论创新的典范。

新世纪新阶段,胡锦涛始终要求“坚持把马克思主义作为立党立国的根本指导思想,紧密结合我国国情和时代特征大力推进理论创新,在实践中检验真理、发展真理,用发展着的马克思主义指导新的实践”①,始终要求全党同志在学习历史中进一步提高和增强实践党的纲领的本领,要始终坚定共产主义的理想信念,必须要始终坚持以马克思主义为指导,认真学习我们党的历史、中国历史、世界历史,深入思考,科学分析,不断提高对共产党执政规律、社会主义建设规律和人类社会发展规律的认识水平,不断提高自觉运用这三个规律的能力,更好促进社会主义物质文明、政治文明、精神文明、社会文明的协调发展。要通过学习历史知识,深入了解党的基本理论、基本路线、基本纲领和基本经验产生的历史背景和实践基础,进一步增强贯彻党和国家大政方针的主动性和自觉性,更加积极主动地在实践中把它们坚持好、贯彻好、运用好。要十分珍惜我国在革命、建设和改革的长期实践中积累的宝贵经验,认真研究和借鉴其他国家历史发展提供的经验教训,进一步认清当今世界风云变幻的规律性趋势,进一步认清我国的基本国情和发展大势,更好掌握加快我国发展的主动权。坚持把推进党的

① 《中共中央关于加强和改进新形势下党的建设若干重大问题的决定》,2009 年 9 月 18 日。

建设伟大工程同推进党领导的伟大事业紧密结合起来，保证党始终成为社会主义事业的坚强领导核心。党的建设必须紧紧围绕和服务党领导的伟大事业，按照党的政治路线来进行，围绕党的中心任务来展开，朝着党的建设总目标来加强，着力提高党的创造力、凝聚力、战斗力，为抓好发展这个党执政兴国的第一要务、建设富强民主文明和谐的社会主义现代化国家、坚持和发展中国特色社会主义提供根本保证。

可见，科学发展观作为马克思主义关于发展的世界观和方法论的集中体现，作为指导中国共产党自身建设、指导整个国家工作、指导整个建设中国特色社会主义事业的一个重要纲领，科学阐明了党的性质、宗旨和历史任务，使党的纲领思想的理论与实践的方向和目标更加具体，赋予了党的纲领思想以新的时代内容和时代特征，进一步继承、丰富、发展和创新了马克思主义关于党的纲领思想，实现了马克思主义最高纲领与最低纲领的辩证统一。明确指出我们党在革命、建设和改革的各个历史阶段中，既有每个阶段的基本纲领，也有确定长远奋斗目标的最高纲领，我们党是最低纲领与最高纲领的统一论者，为马克思主义的科学思想理论宝库增写了新的辉煌篇章。

一、深入学习和了解党的纲领产生的历史背景和实践基础

1848 年初，马克思恩格斯亲自为领导的世界上第一个工人阶级政党组织——共产主义者同盟起草《共产党宣言》，这是无产阶级政党第一个“周详的理论和实践的党纲”①，也是整个无产阶级革命事业的共同纲领。他们对于共产主义者同盟，他们在同盟《章程》中明确宣布：“同盟的目的：推翻资产阶级政权，建立无产

① 《马克思恩格斯选集》第 1 卷，第 228 页。

阶级统治,消灭旧的以阶级对立为基础的资产阶级社会和建立没有阶级、没有私有制的新社会。"[①]马克思恩格斯在《宣言》中进一步强调指出:党的最终目的,就是要彻底消灭私有制,建立一个没有剥削、没有压迫、没有阶级对立的共产主义社会,"在共产主义高级阶段上,在迫使人们奴隶般地服从分工的情形已经消失,从而脑力劳动和体力劳动的对立也随之消失之后,在劳动已经不仅仅是谋生的手段,而且本身成了生活的第一需要之后;在随着个人的全面发展生产力也增长起来,而集体财富的一切源泉都充分涌流之后,——只有在那个时候,才能完全超出资产阶级法权的狭隘眼界,社会才能在自己的旗帜上写上:各尽所能,按需分配!"[②]"在那里,每个人的自由发展是一切人的自由发展的条件"[③],而共产党人的最近目的是和其他一切无产阶级政党的最近目的一样的:使无产阶级形成阶级,推翻资产阶级的统治,由无产阶级夺取政权。从实现党的最近目的到实现党的最终目的,中间还存在一个过渡时期,这是一个逐步改造社会的过程。在这一时期,无产阶级将利用自己的政治统治,一步一步地夺取资产阶级的全部资本,把一切生产工具集中在国家即组织成为统治阶级的无产阶级手里,并且尽可能快地增加社会生产力的总量,他们为此还提出了一系列具体措施,并强调这些措施在不同的国家里应该是灵活运用和掌握的。此后,马克思恩格斯总是十分关注和指导无产阶级政党纲领的制定和实践,并始终高度强调党的纲领建设,对于马克思主义政党的重要意义。1875 年,马克思在《给威·白拉克的信》中,他仍然非常明确地指出:"制定一个原则性纲领(应该把这件事推迟到由较长时间的共同工作准备好了的时候),这就是在全世界面前

① 《马克思恩格斯全集》第 4 卷,第 572 页。

② 《马克思恩格斯选集》第 3 卷,第 12 页。

③ 《马克思恩格斯选集》第 1 卷,第 273 页。

竖立起可供人们来衡量党的运动水平的里程碑。”①恩格斯也强调指出:“一个新的纲领毕竟总是一面公开树立起来的旗帜,而外界就根据它来判断这个党。”②实践已经证明,马克思恩格斯起草的《共产党宣言》,它是世界上第一个国际性的无产阶级政党的纲领,它以“天才的透彻而鲜明的语言描述了新的世界观”③,从而创造了一个时代,成为全世界无产阶级事业解放运动的伟大旗帜和不朽篇章,也是后来所有无产阶级政党所遵循的共同纲领。

马克思恩格斯之后,列宁在领导和创建俄国无产阶级政党的过程中,同样为制定和实践党的纲领倾注了大量心血,他极其深刻地指出:“一个政党如果没有纲领,就不可能成为政治上比较完整的、能够在事态发生任何转折时始终坚持自己路线的有机体。”④因此,列宁从1895年到1899年,他先后在《社会民主党纲领草案及其说明》、《我们的纲领》、《我们党的纲领草案》等光辉著述中,对党的纲领的内容、实质、意义作了科学的论述。1905年4月,他在《无产阶级和农民的革命民主专政》一文中,坚持以马克思主义的纲领思想为指导,明确地提出了最高纲领和最低纲领这两个科学概念,这不仅为经济文化比较落后的国家的无产阶级革命指明了前进方向,也是对马克思主义政党的党建学说和党的纲领思想作出的重大贡献。总体说来,无产阶级领袖马克思、恩格斯、列宁关于马克思主义政党的纲领思想和一系列科学论述,为全世界无产阶级和劳动人民树立了永久的光辉榜样,并增强了他们的斗争勇气和胜利信心,有力地推动了各国无产阶级的革命和建设,特别是有力地推动了新中国革命建设改革的科学发展,因而具有极为深远的历史意义。同时,无产阶级领袖马克思、恩格斯、列宁关于党的纲领思想及

---

① 《马克思恩格斯选集》第3卷,第296页。

② 《马克思恩格斯选集》第3卷,第325页。

③ 《列宁全集》第2卷,第416页。

④ 《列宁全集》第20卷,第357页。

其科学论述，还对后来的新中国领袖毛泽东、邓小平、江泽民、胡锦涛等马克思主义经典作家产生了极为巨大的影响。

中国共产党从诞生之日起，在领导全国各族人民进行革命建设改革的伟大进程中，历来高度重视党的纲领建设，以毛泽东为杰出代表的中国共产党人，在探索党的最低纲领与最高纲领结合的过程中，付出极大的艰辛与努力。这是因为，在"在旧中国这样的半殖民地半封建的东方大国，毛泽东同志等中国共产党的缔造者面对着农民占人口的绝大多数，分散的小农经济、小生产广泛存在，又遭受着西方列强侵略和压迫的特殊国情，中国革命的条件与马克思、恩格斯、列宁所分析的西方资本主义国家进行无产阶级革命的条件极为不同，要真正运用马克思列宁主义来指导中国革命，必须紧密结合当时的中国国情和时代条件，寻找适合中国实际的革命道路和革命方略，并作出科学的理论概括。这是关系中国革命能否取得成功的极为关键的问题，也是无产阶级革命史上极其复杂的新课题。毛泽东同志创造性地运用马克思列宁主义基本原理，深刻分析中国社会形态和阶级状况，经过艰苦的实践和探索，明确了中国革命的性质、对象、任务和动力，提出通过新民主主义革命走向社会主义的两步走的战略，制定了新民主主义革命的总路线，开辟了以农村包围城市、最后夺取全国胜利的革命道路"，"彻底结束了100多年来中国人民受压迫、受奴役、受侵略的黑暗历史，彻底结束了旧中国四分五裂、民不聊生的黑暗历史，彻底结束了在中国绵延几千年的封建专制统治的黑暗历史"①，进而开启了中华民族发展的新的纪元。

在革命和建设的长期实践中，以毛泽东为主要代表的中国共产党人，努力推进马克思主义的中国化，创立形成了具有鲜明中国

---

① 胡锦涛：《在纪念毛泽东同志诞辰110周年座谈会上的讲话》，2003年12月26日。

特点的科学指导思想，这就是毛泽东思想。毛泽东思想在新民主主义革命、社会主义革命和建设，革命军队建设、军事战略和国防建设，政策和策略，思想政治工作和文化工作，外交工作和党的建设等方面，以独创性的理论丰富和发展了马克思列宁主义。时代的条件、人民的实践孕育了毛泽东思想，毛泽东思想指引和推动了中国社会的前进。毛泽东思想是马克思列宁主义在中国的创造性运用和发展，是被实践证明了的关于中国革命和建设的正确的理论原则和经验总结，是中国共产党集体智慧的结晶。在任何时候任何情况下，我们都要始终高举毛泽东思想的伟大旗帜。

党的十一届三中全会以来，我国进入了改革开放的新的历史时期，以邓小平为核心的第二代中央领导集体，创造性地将马克思列宁主义、毛泽东思想中关于纲领思想的理论与实践经验同中国国情和时代特征相结合，并集中全党全国人民的智慧，创立了邓小平理论。邓小平理论抓住什么是社会主义，怎样建设社会主义这个根本问题，深刻揭示了社会主义本质，系统回答了中国特色社会主义建设的一系列基本问题，把对社会主义的认识提高到新的水平，也把我们党的纲领理论提到新的高度。邓小平理论中关于党的纲领的思想，把最高纲领和最低纲领的统一置于社会主义初级阶段和社会主义本质理论的基础之上，并使之更加具体和明确。同时，邓小平还指出“应当把发展问题提到全人类的高度来认识，要从这个高度去观察问题和解决问题。只有这样，才会明了发展问题既是发展中国家自己的责任，也是发达国家的责任。”[①]由此可见，“邓小平同志留给我们的最可宝贵的财富，就是他创立的邓小平理论和在这个理论指导下制定的党在社会主义初级阶段的基本路线。邓小平理论是马克思列宁主义基本原理与当代中国实

① 《邓小平文选》第3卷，第282页。

际和时代特征相结合的产物,是毛泽东思想的继承和发展,是当代中国的马克思主义,是马克思主义在中国发展的新阶段,是全党全国人民集体智慧的结晶。邓小平理论是指导中国人民胜利实现社会主义现代化的科学理论,是我们党必须长期坚持的指导思想。"①

党的十三届四中全会特别是党的十四大以来,以江泽民为核心的第三代中央领导集体,始终坚定不移地高举马克思列宁主义、毛泽东思想、邓小平理论的伟大旗帜,准确把握历史时代特征,科学判断我们党所处的历史方位,进一步发展了马克思主义的纲领思想、进一步回答了什么是社会主义、怎样建设社会主义的问题,进一步回答了建设什么样的党、怎样建设党的问题,并集中全党和全国各族人民智慧,形成了"三个代表"重要思想。因此,"'三个代表'重要思想同马克思列宁主义、毛泽东思想、邓小平理论是一脉相承而又与时俱进的科学体系,是马克思主义在中国发展的最新成果,是新世纪新阶段全党全国人民实现全面建设小康社会宏伟目标的根本指针",也"是指引我们胜利前进的伟大旗帜",我们无论在什么时候和什么情况下,都必须始终坚持用马克思列宁主义、毛泽东思想、邓小平理论和"三个代表"重要思想"武装全党、教育人民,坚定不移地贯彻党的基本路线、基本纲领、基本经验,在全面建设小康社会的伟大征程上继续开创中国特色社会主义事业发展的新局面。"②

总体说来,我们根据胡锦涛深入学习党的纲领思想的要求,比较系统地考察自1848年《共产党宣言》的发表以来的党的纲领思想理论与实践,这对更好地领会科学发展观中关于党的纲领思想的理论内涵,坚持以科学发展观为指导,牢固树立辩证唯物主义和

① 胡锦涛:《在邓小平同志诞辰100周年纪念大会上的讲话》,2004年8月22日。

② 胡锦涛:《在邓小平同志诞辰100周年纪念大会上的讲话》,2004年8月22日。

历史唯物主义世界观和方法论，系统掌握中国特色社会主义理论体系，用中国特色社会主义理论体系武装全党，坚持把思想理论建设放在首位，始终以思想理论建设为根本建设，着力提高全党马克思主义水平，切实提高战略思维、创新思维、辩证思维能力，着力提高运用科学理论改造主观世界和客观世界能力，坚持党的思想路线，解放思想、实事求是、与时俱进，不断推进马克思主义中国化、时代化、大众化，使党的理论和实践始终体现时代性、把握规律性、富于创新性，带头探索回答重大理论和实践问题，形成有利于学习研究和贯彻落实科学发展观的政策导向、舆论导向、用人导向和体制机制，不断推动学习实践科学发展观的活动向深度和广度发展，进一步增强工作的原则性、系统性、预见性、创造性，将具有重大的理论意义和实践意义。

二、党的发展方向就是建设团结和谐的马克思主义执政党

伟大的中国共产党从诞生之日起，就公开宣布实现全人类的最终解放和实现共产主义的理想社会，是我们党的最高纲领，因而党在各个历史时期具体纲领的制定和实施，都是朝着党的最高纲领所指引的方向前进的。因此，坚持党的最低纲领与最高纲领的有机统一，不仅是马克思主义党建学说的本质属性，同时也决定着党的根本建设方向。1939 年，毛泽东在《中国革命和中国共产党》中明确指出，一切共产主义者的最后目的，就是在于力争社会主义社会和共产主义社会的最后的完成。邓小平认为："我们共产党人的最高理想是实现共产主义，在不同历史阶段又有代表那个阶段最广大人民利益的奋斗纲领。因此我们才能够团结和动员最广大的人民群众，叫做万众一心。有了这样的团结，任何困难和挫折都能克服。"①江泽民指出：

① 《邓小平文选》第 3 卷，190 页。

"在发展社会主义有计划的商品经济中,决不能对共产主义的理想、信念和道德有丝毫动摇。"①新世纪新阶段,胡锦涛进一步强调,全面推进党的建设新的伟大工程,关键在坚持与时俱进,核心在坚持党的先进性,本质在坚持执政为民,这是切实做好新世纪新阶段党建工作的根本要求。"全党同志要从党和国家兴旺发达、长治久安的高度,充分认识加强和改进党的建设的极端重要性。"②因为,"当今世界政治、经济、文化、科技、军事等领域出现了一系列新变化、新矛盾、新问题,我国改革发展也面临着一系列新任务、新情况、新课题。"③"全党同志必须清醒地认识到,面对复杂多变的国际环境,面临艰巨繁重的国内建设任务,面对我们党肩负的历史使命,必须坚持立党为公、执政为民,始终保持党同人民群众的血肉联系,切实把最广大人民群众的根本利益实现好、维护好和发展好,要坚持用好的工作作风,一步一个脚印地做好工作,扎扎实实地把改革开放和现代化建设推向前进。必须以改革创新精神推进党的建设新的伟大工程,对于全面贯彻党的十七大精神,深入贯彻落实科学发展观,有效应对国际金融危机冲击、保持经济平稳较快发展,夺取全面建设小康社会新胜利、开创中国特色社会主义事业新局面,具有重大而深远的意义。"

因此,胡锦涛指出,党的纲领思想和党的宗旨已经决定了党的建设方向,就是要建设团结和谐的马克思主义执政党。要坚决反对那些同我们党的宗旨格格不入的各种消极现象,必须要着眼于提高全党的马克思主义理论水平,始终坚定不移地用科学发展观武装全党特别是各级领导干部的头脑,以统一思想,形成共识,广

① 江泽民:《为把党建设成更加坚强的工人阶级先锋队而斗争》,1989 年 12 月 29 日。

② 胡锦涛:《在全国组织工作会议上的讲话》,2002 年 12 月 17 日。

③ 胡锦涛:《在会见中央实施马克思主义理论研究和建设工程工作会议代表时的讲话》,2004 年 4 月 27 日。

大党员干部要用科学发展观切实指导党建工作的实践，要始终坚持不懈地抓好党的思想建设；要着眼于形成朝气蓬勃、奋发有为的领导层，进一步增强党组织的创造力、凝聚力和战斗力，始终保持党员队伍的先进性和纯洁性，坚持不懈地抓好党的组织建设；要着眼于保持党同人民群众的血肉联系，必须着力解决思想作风、理论学风、工作作风、领导作风和干部生活作风方面的突出问题，坚持不懈地抓好党的作风建设；要着眼于提高党的领导水平和执政水平，巩固党的执政地位，坚持不懈地抓好党的执政能力建设；要着眼于增强党的活力和团结统一，以保障党员民主权利为基础，以完善党的代表大会制度和党的委员会制度为重点，健全民主集中制，坚持不懈地抓好党的制度建设；要着眼于全面建设小康社会、社会主义现代化建设的实际情况，围绕当前改革发展稳定工作中存在的突出问题和薄弱环节，必须始终坚持以科学发展观为指导，切实增强全党全国各族人民团结奋斗的共同思想基础；进一步推动改革开放和发展社会主义市场经济，不断增强综合国力、改善人民生活；进一步推进社会主义民主政治建设，保证人民群众依法实行民主选举、民主决策、民主管理、民主监督；党员、干部模范学习践行社会主义核心价值体系，进一步发展和谐文化，切实为全面建设小康社会提供强大的精神动力和智力支持；进一步加强建设社会主义和谐社会的各项工作，努力形成全体人民各尽其能、各得其所而又和谐相处的社会；进一步妥善应对国际局势和处理国际事务，不断提高我国的国际地位和国际影响力，进一步加强和改进党的建设特别是党的执政能力建设和党的先进性建设，必须全面贯彻党的十七大关于党的建设总体部署，按照党章要求，着眼于继续解放思想、坚持改革开放、推动科学发展、促进社会和谐，着眼于提高党的执政能力、保持和发展党的先进性，着眼于增强全党为党和人民事业不懈奋斗的使命感和责任感，着眼于保持党同人民群众的血肉联系，突出重点，突破难点，全面推进思想建设、组织建设、作风建设、制度建设和反腐倡廉建设,提高党的建设科学化水平;进一步把党建设成为立党为公、执政为民,求真务实、改革创新,艰苦奋斗、清正廉洁,富有活力、团结和谐的马克思主义执政党,确保党始终是中国工人阶级的先锋队、同时是中国人民和中华民族的先锋队,不断提高党的创造力、凝聚力、战斗力,使党始终成为团结和谐的马克思主义执政党,始终成为团结带领全国各族人民进行改革开放和社会主义现代化建设的坚强领导核心。

三、始终以脚踏实地的精神努力实现党在现阶段的基本纲领

党在现阶段的基本纲领,即党在社会主义初级阶段的基本纲领,它是在改革开放和社会主义现代化建设的实践中逐步形成的,从党的十一届三中全会作出把党的工作中心转移到经济建设开始,我们党围绕着什么是中国特色社会主义、怎样建设中国特色社会主义这个核心问题,我们党经历了近 20 年的实践和探索,最终在 1997 年党的十五大基本形成了关于社会主义初级阶段的基本纲领。党的十五大根据邓小平理论和党的基本路线,围绕建设富强民主文明的社会主义国家的目标,正式提出了党在社会主义初级阶段的经济、政治、文化纲领,这个纲领把我们党关于进行经济体制改革、政治体制改革和精神文明建设的建设经验,用党的基本纲领的形式将之固定下来,更加全面具体地回答了什么是社会主义、怎样建设社会主义的问题。2002 年,"党的十六报告在阐述全面建设小康社会的宏伟目标时强调,建设更高水平的小康社会,就是要使经济更加发展、民主更加健全、科教更加进步、文化更加繁荣、社会更加和谐、人民生活更加殷实,还强调要努力形成全体人民各尽其能、各得其所而又和谐相处的局面,巩固和发展民主团结、生动活泼、安定和谐的政治局面。把社会更加和谐作为我们党要为之奋斗的一个重要目标明确提出来,这在我们党历次代表大会的报告中是第一次。党的十六届四中全会,进一步提出了构建

社会主义和谐社会的任务，强调形成全体人民各尽其能、各得其所而又和谐相处的社会是巩固党执政的社会基础、实现党执政的历史任务的必然要求，要适应我国社会的深刻变化，把和谐社会建设摆在重要位置，并明确了构建社会主义和谐社会的主要内容。我们党明确提出构建社会主义和谐社会的重大任务，就是要求全党同志在建设中国特色社会主义的伟大实践中更加自觉地加强社会主义和谐社会建设，使社会主义物质文明、政治文明、精神文明建设与和谐社会建设全面发展。”[①]这表明，随着我国经济社会的不断发展，中国特色社会主义事业的总体布局，已经更加明确地发展为社会主义经济建设、政治建设、文化建设、社会建设四位一体。可见，建设社会主义和谐社会，是我们党从全面建设小康社会、开创中国特色社会主义事业新局面的全局出发提出的一项重大任务，适应了我国改革发展进入关键时期的客观要求，体现了广大人民群众的根本利益和共同愿望。

对此，胡锦涛认为：“新中国成立55年来特别是改革开放以来，我们党团结带领全国各族人民不懈奋斗，使国家面貌发生了巨大变化。这些成就的取得，是我们坚持党的基本理论、基本路线、基本纲领、基本经验的结果，是全国各族人民同心同德、团结奋斗的结果”[②]，也是我们党始终坚定不移地走中国特色社会主义道路的结果。因此，他更加明确地强调指出：“当今世界和中国的实践都表明，一个国家要实现经济社会发展、实现长治久安，必须找到一条既适合自己国情、又符合时代要求的发展道路。从改革开放的伟大实践中，从历史比较和国际观察中，我们更加深刻地认识到，中国特色社会主义道路是我国进一步实现民族振兴、国家富强

① 胡锦涛：《在省部级主要领导干部提高构建社会主义和谐社会能力专题研讨班上的讲话》，2005年2月19日。

② 胡锦涛：《在北京市考察工作时的讲话》，2004年10月2日。

和人民幸福的必由之路、成功之路、胜利之路。我们必须从党和国家兴旺发达和长治久安的高度,从中华民族伟大复兴的高度,进一步增强坚持走中国特色社会主义道路的自觉性和坚定性,坚定不移地坚持党的基本理论、基本路线、基本纲领、基本经验,团结带领全国各族人民把中国特色社会主义事业不断推向前进。"[①]这样,胡锦涛强调,要在始终明确党的纲领产生的历史背景和实践基础上,真正以求真务实的工作作风和脚踏实地的奋斗精神,在建设社会主义和谐社会的伟大实践中,努力做好党在现阶段的基本纲领所确定的各项任务。这是因为,中国特色社会主义的实践在发展,我们党对共产党执政规律、社会主义建设规律和人类社会发展规律认识也在不断深化。我们要尊重实践、尊重群众,在人民创造历史的伟大实践中,要不断深化对"三大规律"的认识,并创造性地运用规律来指导研究和解决我国改革开放和现代化建设中的重大问题,使我们的思想和行动更加符合客观实际、更加符合社会主义初级阶段的国情和时代发展的要求、更加符合人民群众的愿望和利益。同时,一定要坚持从我国国情出发,始终坚持以宽广的眼界观察世界,科学分析和判断我国社会主义社会的主要矛盾,全面把握我国经济、政治、文化和社会发展的基本特征,努力从推动我国生产关系同社会生产力、上层建筑同经济基础相适应的实践中深化对"三大规律"的认识,必须要坚定不移地坚持以人为本、全面协调可持续的科学发展观,并坚持以科学发展观统领经济社会发展全局,要在科学发展观的指导下,始终正确认识和处理好社会主义物质文明、政治文明、精神文明与和谐社会建设的关系,从牢固树立和全面落实科学发展观的实践中深化对"三大规律"的认识,从促进经济社会协调发展和人的全面发展的实践中深化对"三大

① 胡锦涛:《在中共中央政治局第十七次集体学习时的讲话》,2004 年 12 月 1 日。

规律”的认识，从动员和组织全国各族人民投身社会主义事业的历史创造中，不断深化对“三大规律”的认识。要始终坚持全心全意为人民服务的宗旨，要始终坚持以最广大人民的根本利益为各项工作的出发点和落脚点，正确反映和兼顾不同方面群众的利益，要“最广泛最充分地调动一切积极因素，形成全国上下心往一处想、劲往一处使的生动局面，凝聚起全面建设小康社会的强大合力。”①只有这样，才能实现全面建设小康社会和中华民族伟大复兴的宏伟目标。

这样，胡锦涛明确要求，要做好党在现阶段基本纲领的各项任务，要始终牢记党的基本理论、基本路线、基本纲领和基本经验，以艰苦奋斗的精神做好各项工作。发扬艰苦奋斗的作风，要同贯彻落实党的基本理论、基本路线、基本纲领和基本经验紧密结合起来，“把党的事业不断推向前进，需要有正确理论、路线和方针政策的指引，还要有良好的精神状态和扎实的作风，经过艰苦奋斗，把各项工作落到实处。我们讲要聚精会神搞建设，一心一意谋发展，不下真工夫、苦工夫是不行的。所有领导干部要保持昂扬向上的精神状态，发扬百折不挠的斗志，坚定不移地在工作中贯彻落实党的理论、路线和方针政策，扎扎实实地做好各项工作。要坚持实现远大目标和切实做好当前工作的统一，坚持发扬共产党人的革命精神和坚持科学务实态度的统一，脚踏实地，埋头苦干，讲实效，办实事，坚决反对形式主义和官僚主义。要不畏艰难，奋力拼搏，勇于开拓，善于创新，在带领群众战胜困难的过程中，切实落实党的方针政策，全面做好改革发展稳定的各项工作”②，要始终坚持“求真务实、艰苦奋斗、团结民主的精神”，要做到“准确把握人民群众的利益所在，作出切实可行的工作部署，努力把科学发展观落

① 胡锦涛：《在全国政协新年茶话会上的讲话》，2006年1月1日。

② 胡锦涛：《在西柏坡学习考察时的讲话》，2002年12月6日。

到实处,把中央的方针政策和决策部署落到实处,把维护好、实现好、发展好最广大人民的根本利益落到实处。""深刻认识我国正处于并将长期处于社会主义初级阶段的基本国情,深刻认识社会主义现代化建设的长期性和艰巨性,进一步增强忧患意识,始终牢记'两个务必',为不断夺取中国特色社会主义事业的新胜利而不懈奋斗"①,要切实做到在万众一心和和衷共济中,"进一步明确今后工作的思路和努力方向,以更好地团结带领全党全国各族人民深入贯彻党的基本理论、基本路线、基本纲领、基本经验,为全面建设小康社会、开创中国特色社会主义事业新局面而奋斗"②,始终以求真务实和脚踏实地的精神,努力地做好党在现阶段基本纲领所规定的各项任务,"矢志不渝地为实现党在社会主义初级阶段的基本路线、基本纲领而奋斗"③,切实保证中国特色社会主义事业沿着正确的航向前进。

可见,我们在新的历史条件下,要实现党在现阶段的基本纲领,必须坚持以科学发展观为指导,"坚持以经济建设为中心,促进社会主义经济建设、政治建设、文化建设与和谐社会建设全面发展,不断增强我国的经济实力、科技实力、国防实力和民族凝聚力"④,切实把科学发展作为党执政兴国的第一要务。必须坚持社会主义市场经济的改革方向,进一步推动制度创新,不断深化改革,激发全社会的创造活力,增强经济社会发展的内在动力。必须坚持对外开放的基本国策,建立更加开放的市场体系,在更大范围、更广领域、更高层次上参与国际经济技术合作和竞争。必须坚持走新型工业化道路,加快转变经济发展方式,着力调整经济结

① 胡锦涛:《在全国政协新年茶话会上的讲话》,2005 年 1 月 1 日。

② 胡锦涛:《在中共中央政治局常委召开座谈会上的讲话》,2005 年 2 月 22 日。

③ 胡锦涛:《在中纪委第六次全会上的讲话》,2006 年 1 月 6 日。

④ 胡锦涛:《在纪念中国人民抗日战争暨世界反法西斯战争胜利 60 周年大会上的讲话》,2005 年 9 月 3 日。

构，提高经济发展的质量和效益，大力发展循环经济、低碳经济、绿色经济，建设资源节约型、环境友好型社会，坚定不移地走生产发展、生活富裕、生态良好的文明科学发展道路，始终以脚踏实地和求真务实的精神，努力实现好和发展好党在现阶段基本纲领所规定的各项奋斗目标。

四、永远坚定马克思主义最高纲领必然会实现的理想信念

马克思主义认为，无产阶级政党的最高纲领，就是要彻底解放全人类和引导全人类最终实现共产主义，这是无产阶级政党肩负的历史使命。而对于共产党人来说，实现共产主义这个远大理想和信念，也是共产党人的强大精神支柱，这个理想和信念，要在任何时候都绝不能有丝毫的动摇，要始终坚持“把壮丽的共产主义事业作为终生不渝的奋斗目标”，要始终做到对“社会主义、共产主义的信念始终坚贞不渝”，要始终“表现出共产党人不可动摇的意志和坚强的无产阶级党性”①，要始终在建设科学社会主义的伟大实践中，体现出共产党人对共产主义崇高理想的执著追求和为人民利益而不懈奋斗达到完美的统一，“直到人类社会制度的最后形式——共产主义得以实现为止。”②

中国共产党从诞生之日起，就把实现共产主义的社会制度作为自己的最高纲领和最终奋斗目标。毛泽东明确指出：“共产主义譬如一面旗子，旗子立起来了，大家才有所指望，才知所趋赴”③，“我们共产党人从来不隐瞒自己的政治主张。我们的将来纲领或最高纲领，是要将中国推进到社会主义社会和共产主义社

① 胡锦涛：《在陈云同志诞辰100周年纪念大会上的讲话》，2005年6月13日。

② 《马克思恩格斯全集》第7卷，第605页。

③ 《毛泽东早期文稿》，第554页。

会去的,这是确定的和毫无疑义的。”[1]邓小平在社会主义建设和改革的新时期,他也极为明确地强调指出:“封建社会代替奴隶社会,资本主义代替封建主义,社会主义经历一个长过程发展后必然代替资本主义。这是社会历史发展不可逆转的总趋势,……从一定意义上说,某种暂时复辟也是难以完全避免的规律性现象。一些国家出现严重曲折,社会主义好像被削弱了,但人民经受锻炼,从中吸取教训,将促使社会主义向着更加健康的方向发展。因此,不要惊慌失措,不要认为马克思主义就消失了,没用了,失败了。哪有这回事!”[2]江泽民认为:“各级领导干部尤其是高级干部务必带头加强党性锻炼,在改造客观世界的同时改造主观世界”[3],要始终坚定不移地树立正确的世界观和人生观,无论过去、现在和将来,对于每一个干部和党员来说,都是首要的问题。这个问题不解决,或解决得不牢靠,不论搞革命,还是搞建设,是不可能兢兢业业的,也不可能做出什么成绩来。

胡锦涛进一步指出,面对复杂多变的国际环境,面临艰巨繁重的国内建设任务,面对我们党肩负的历史使命,“要进一步增强党的宗旨意识”,必须“要进一步深化对共产党执政规律、社会主义建设规律和人类社会发展规律的认识”[4],必须“坚持马克思主义的最终奋斗目标,树立共产主义的远大理想和坚定信念”,“要紧密联系自己的思想实际,坚定共产党人的思想信念,提高思想政治水平”,“真正做到在改造客观世界的同时改造主观世界,寓改造主观世界于改造客观世界的过程中,用改造主观世界的成效来推进客观世界的改造。”[5]我们只有这样,才能在新形势下,不断提高

① 《毛泽东选集》第3卷,第1059页。
② 《邓小平文选》第3卷,第382、383页。
③ 江泽民:《论中国特色社会主义》第442页,中央文献出版社2002年版。
④ 胡锦涛:《在中纪委第三次全会上的讲话》,2004年1月12日。
⑤ 胡锦涛:《在“三个代表”重要思想理论研讨会上的讲话》,2003年7月1日。

自身素质，始终发挥先锋模范作用，才能“使我们党保持与时俱进的品质、始终走在时代前列，不断提高执政能力、巩固执政地位、完成执政使命”①，才能始终做到“坚持立党为公、执政为民，坚持以人为本、全面协调可持续的科学发展观，坚持发展为了人民、发展依靠人民、发展成果由人民共享，切实解决人民群众最关心、最直接、最现实的利益问题，千方百计为困难群众多办好事实事”②，才能使我们党始终得到最广大人民群众的拥护和坚决支持，才能使党永远立于不败之地，才能进一步凝聚起广大人民群众的力量，共同为全面建设小康社会而努力奋斗。

胡锦涛正是从认识到共产党人能否始终坚定共产主义理想和中国特色社会主义的信念，这是关系到无产阶级政党是否能够最终实现马克思主义的最高纲领，关系到无产阶级政党能否永远保持党的先进性，关系到无产阶级政党能否永远保持与人民群众的血肉联系，关系到无产阶级政党能否完成肩负执政使命极端重要性的思想高度出发，因而他科学阐述了党的先进性建设和坚定共产主义理想信念之间的辩证关系。他极其深刻地强调指出：“加强党的先进性建设，始终是我们党生存、发展、壮大的根本性建设。抓住了先进性建设，就抓住了党的建设的根本，就抓住了加强党的执政能力建设、巩固党的执政地位的关键。加强党的先进性建设，需要同实现党的历史任务紧密联系起来。必须坚持立党为公、执政为民，全面落实科学发展观，始终抓好发展这个党执政兴国的第一要务，把党的先进性要求转化为全党的实际行动、贯彻到党的全部执政活动中去，切实落实到发展先进生产力、发展民主政治、发展先进文化、构建和谐社会、实现最广大人民的根本利益上来。加

① 胡锦涛：《在新时期保持共产党员先进性专题报告会上的讲话》，2005 年 1 月 14 日。

② 胡锦涛：《在青海考察工作时的讲话》，2005 年 12 月 13 日。

强党的先进性建设，在执政特别是长期执政的条件下任务更为艰巨。必须居安思危，增强忧患意识，永不自满，永不懈怠，不断把马克思主义中国化推向前进，不断把中国特色社会主义事业推向前进。加强党的先进性建设，是加强和改进党的建设的长期任务和永恒课题。"①

因此，胡锦涛明确要求，加强党的先进性建设，根本目的就是不断提高执政能力、巩固执政地位、完成执政使命。要把先进性建设的要求贯穿于党的建设新的伟大工程的各个方面，从党的思想建设、组织建设、作风建设和制度建设上全面加以推进，引导全体党员坚定共产主义理想和中国特色社会主义信念，根本目的就是要使我们党始终顺应时代的发展和人民的要求，"努力使党的全部理论和工作体现时代性、把握规律性、富于创造性，使我们党始终与时代发展同步伐、与人民群众共命运。"②实践证明，一个社会是否和谐，一个国家能否实现长治久安，很大程度上取决于全体社会成员的思想道德素质。没有共同的理想信念，没有良好的道德规范，是无法实现社会和谐的。要切实加强社会主义先进文化建设，不断增强人们的精神力量，不断丰富人们的精神世界。要加强马克思主义理论研究和建设，着力回答重大理论和实际问题，巩固马克思主义在我国意识形态领域的指导地位，引导全体人民坚定中国特色社会主义信念。"要深入开展党的基本理论、基本路线、基本纲领、基本经验教育，弘扬以爱国主义为核心的民族精神和以改革创新为核心的时代精神，弘扬集体主义、社会主义思想，使全体人民正确认识社会发展规律和国家、民族的前途命运，始终保持

---

① 胡锦涛：《在新时期保持共产党员先进性专题报告会上的讲话》，2005 年 1 月 14 日。

② 胡锦涛：《在中共中央政治局第十九次集体学习时的讲话》，2005 年 1 月 24 日。

昂扬向上、开拓进取的精神状态。”①这就需要全党同志特别是各级领导干部,始终坚持以科学发展观为指导,做到“任何时候任何情况下都确保在理想信念上不犹疑、不含糊、不动摇”②,不断“以自己的坚定意志和模范行动”③,切实在推动科学发展、促进社会和谐中发挥出中流砥柱的重要作用。

胡锦涛正是站在这样的战略高度,不仅要求全党同志在整个无产阶级事业的历史进程中,要始终坚定共产主义的理想和信念,为实现全面建设小康社会的宏伟目标与建设社会主义和谐社会、全面实现中华民族的伟大复兴而奋斗。他还以无产阶级领袖和新中国领袖特有的、历史的、世界的、深邃的大战略视野,从站在保证人类文明和中华文明一代接一代地永续发展的思想高度,胡锦涛始终高度重视对我国广大青年、大学生和未成年人的共产主义理想信念教育的问题。他极其深刻地指出,进一步加强广大青年、大学生和未成年人的理想信念教育,进一步加强和改进他们的思想道德建设,这是党中央“从推进新世纪新阶段党和国家事业发展、实现党和国家长治久安出发作出的一项重大决策,对于确保我国在激烈的国际竞争中始终立于不败之地,确保实现全面建设小康社会、进而实现现代化的宏伟目标,确保中国特色社会主义事业兴旺发达、后继有人,确保实现中华民族的伟大复兴,具有重大而深远的战略意义。”④对此,他在当前新的历史时期和新形势下,明确提出了三点希望:“一是要勤于学习。学习是进步的根基。青年

① 胡锦涛:《在省部级主要领导干部提高构建社会主义和谐社会能力专题研讨班上的讲话》,2005 年 2 月 19 日。

② 胡锦涛:《在中纪委第六次全会上的讲话》,2006 年 1 月 6 日。

③ 胡锦涛:《在纪念中国人民抗日战争暨世界反法西斯战争胜利 60 周年大会上的讲话》,2005 年 9 月 3 日。

④ 胡锦涛:《在全国加强和改进未成年人思想道德建设工作会议上的讲话》,2004 年 5 月 10 日。

处在学习的关键时期，一定要珍惜大好时光，发愤学习、刻苦钻研，打牢人生成长进步的根基。青年需要掌握丰富的知识，具有适应社会发展需要的技能和本领，更要有坚定的信念、顽强的意志和崇高的精神追求。广大青年要注重学习马克思列宁主义、毛泽东思想、邓小平理论和‘三个代表’重要思想，注重砥砺品格、磨炼意志，树立正确的理想信念，培养高尚的道德情操。二是要善于创造。青年时期是最富有生命力和创造力的时期。全国广大青年都要努力培养自己的创造能力、充分发挥自身的创造潜能，紧密结合全面建设小康社会的伟大实践，在不断认识和把握客观规律的基础上，勇于创造、善于创造、不断创造。三是要甘于奉献。奉献是崇高的精神境界，是美好的人生追求，也是成就事业的前提。广大青年要自觉把个人的命运同祖国和民族的命运紧紧联系在一起，把个人的理想追求同全面建设小康社会的伟大事业紧紧联系在一起，自觉服务祖国，无私奉献社会，艰苦奋斗，不懈进取，在火热的社会实践中创造出无悔的青春、永恒的青春。”①

我们从站在科学发展观的战略高度来看，胡锦涛对我国广大青年、大学生和未成年人的谆谆教诲和殷切期望，在整个无产阶级革命事业和在建设中国特色社会主义事业波澜壮阔的伟大历史进程中，对于建设和发展科学社会主义的伟大事业，能否世世代代地永续发展，能否一代接一代地永续发展，将具有普遍的思想指导意义。从特定的中华民族层面看，这对于全国各族广大青年能否坚定不移地高举中国特色社会主义伟大旗帜，能否坚定不移地深入贯彻落实科学发展观，能否坚定不移地用发展着的马克思主义指导新的伟大实践，能否坚定共产主义理想和中国特色社会主义信念，坚定不移地用科学发展观武装头脑，自觉担负起历史赋予的神

① 胡锦涛：《在同团中央新一届领导班子成员和团十五大部分代表座谈时的讲话》，2003 年 7 月 25 日。

圣使命，积极响应党中央的号召，跟党走中国特色社会主义道路，积极投身于推动科学发展、促进社会和谐的伟大实践中，奉献青春，始终坚持高举爱国主义和社会主义的伟大旗帜，以实现祖国的繁荣富强为己任，在踊跃投身于革命建设改革的伟大历史实践中，坚定不移地走科学发展道路，并在各条战线上开拓弘扬科学发展精神，不断为建设和发展中国特色社会主义事业建功立业，必然具有重要的现实意义和深远的历史意义。

第四节　科学发展观倡导各国人民携手建设共同缔造和谐世界

胡锦涛始终认为："人类只有一个地球，各国人民共同生活在一个'地球村'里"①，"我们这个星球是世界各国人民的共同家园，人类发展面临的挑战和问题需要世界各国人民共同应对。"②因此，他明确指出，新世纪新阶段，经济全球化趋势加速发展，已成为当今世界形势一个最显著的特征，经济全球化趋势的加速发展既带来了难得的机遇，又带来了严峻的挑战。在这机遇和挑战并存的时刻，如何共同应对所面临的各种全球性问题的挑战，怎样才能使世界更安全、更和谐、更稳定、更繁荣，怎样才能促进经济全球化朝着均衡、普惠、共赢方向科学发展，怎样才能推动建立公正的国际政治经济新秩序，这是摆在世界各国人民面前的重大课题。

对此，胡锦涛在当今世界正处在大发展大变革大调整之中，世界多极化、经济全球化深入发展，科技进步日新月异，国际金融危

① 胡锦涛:《在莫斯科国际关系学院的演讲》,2003 年 5 月 28 日。

② 胡锦涛:《在纪念中国人民抗日战争暨世界反法西斯战争胜利 60 周年大会上的讲话》,2005 年 9 月 3 日。

机影响深远,综合国力竞争更趋激烈,不稳定不确定因素增多,由此带来的国际经济政治格局演变十分深刻复杂的新形势下,通过对国际局势深入研究分析后,他认为当今世界各国虽然由于历史文化、社会制度和发展模式的不同,而引发起意识形态的差异,但仍然有一种比社会制度、发展模式、意识形态更为本质的力量,这就是世界人民向往和平发展的强烈精神诉求,以及整个人类社会所共同的经济关系和经济利益。这样,胡锦涛就审时度势、因势利导并创造性地倡导各国人民携手建设和谐世界,不仅明确指出了人类社会和平发展的历史总趋势,而且,其符合人类社会历史发展规律的和谐世界观,作为科学发展观科学理论体系的有机组成部分,不仅全面开创了全人类共同缔造和谐世界的新纪元,也使科学发展观理论体系,集中体现马克思主义博大精深和仪态万方的科学本质,集中体现出马克思主义的真理性、强大的生命力、独特的思想魅力和与时俱进的理论品质,必然会永久贯穿于全人类共同缔造和谐世界的全过程。

一、高举和平发展合作旗帜已经成为当今世界的时代潮流

新世纪新阶段,胡锦涛进一步继承、丰富和发展了马克思、恩格斯、列宁、毛泽东、邓小平、江泽民等马克思主义经典作家,关于科学判断和把握时代主题的思想观念。他在通过对当前国际形势的现状、发展趋势和当前国际局势发生深刻变化进行分析之后,明确指出和平与发展已经成为当今世界的时代潮流,并从各个层面对这个时代主题作出了新的重要论述,从而为当今人类社会的发展指明方向。对此,他明确指出,“国际形势复杂多变,但和平与发展仍是时代的主题”①,“世界要和平,人民要合作,国家要发展,

① 胡锦涛:《在出席南北领导人非正式对话会议前会见法国总统希拉克时的讲话》,2003年6月1日。

社会要进步，这是不可阻挡的时代潮流”①，这也是世界各国人民的共同期盼。当前，“世界多极化和经济全球化的趋势继续在曲折中发展。加强交流，谋求合作，促进发展，推动不同文明、不同发展模式相互借鉴、共存互补的潮流不可逆转。”②因此，“维护世界和平，促进共同发展，是世界各国人民的共同愿望。科学技术的突飞猛进，世界多极化和经济全球化趋势的深入发展，给世界的和平与发展带来了新的机遇和有利条件。世界的基本格局和发展方向没有改变，国际形势总体稳定、局部动荡的基本态势也没有改变。但是，我们也必须看到，影响世界和平与发展的不确定因素在增加，传统安全威胁和非传统安全威胁的因素交织在一起，恐怖主义危害上升，单边主义倾向抬头，地区冲突时起时伏，南北差距仍在扩大，人类还面临着一些深刻矛盾和突出问题。我们如何应对所面临的各种挑战？怎样才能使我们这个世界更安全、更稳定、更繁荣？这是摆在各国人民面前的重大课题”③，同时，也是“摆在发展中国家面前的共同课题。”④

胡锦涛正是基于这样深刻的科学思想认识，进而从代表全人类利益的战略思想高度出发，深刻指出和平与发展虽然是当今时代的主题，但是我们必须要看到，实现人类社会的持久和平与普遍发展任重道远，各国有远见、负责任的政治家应遵从世界各国人民的意愿，为积极促进和平与发展这两大问题的解决而不懈努力。这是因为，在整个人类社会的伟大历史进程中，“和平是全人类最大的福祉”⑤，“发展是人类文明进步的基础，是解决全球面临的各

① 胡锦涛：《创造世界和平繁荣的美好明天，2004 年新年贺词》，2003 年 12 月 31 日。

② 胡锦涛：《在会见越共中央总书记农德孟时的讲话》，2003 年 4 月 7 日。

③ 胡锦涛：《在莫斯科国际关系学院的演讲》，2003 年 5 月 28 日。

④ 胡锦涛：《在会见阿尔及利亚总统布特弗利卡时的讲话》，2004 年 2 月 3 日。

⑤ 胡锦涛：《在法国国民议会的演讲》，2004 年 1 月 27 日。

种矛盾和问题的关键所在。只有实现全球协调、平衡、普遍发展，才能实现世界的持久和平与稳定。我们应全面深入地探讨这一课题，齐心协力地解决这一课题”①，“为人类和平与发展的崇高事业作出自己的贡献。”②对此，胡锦涛明确强调：“中国的发展有利于亚洲和世界的和平与发展”③，“中国早就向世界庄严宣告，不论现在还是将来，中国永远不称霸，永远都是维护世界和平的坚定力量”④，“中国将坚定不移地高举和平、发展、合作的旗帜，坚定不移地走和平发展道路，坚定不移地奉行独立自主的和平外交政策，在和平共处五项原则的基础上同世界各国发展友好合作关系。中国将始终不渝地把自身的发展与人类共同进步联系在一起，既充分利用世界和平发展带来的机遇发展自己，又以自身的发展更好地维护世界和平、促进共同发展。中国将一如既往地遵守联合国宪章的宗旨和原则，积极参与国际事务，履行国际义务，同各国一道推动建立公正合理的国际政治经济新秩序。中华民族是热爱和平的民族。中国的发展不会妨碍任何人，也不会威胁任何人，只会有利于世界的和平稳定、共同繁荣。”⑤中国永远都是为建设和谐世界的积极力量，“我们坚信，人类发展的前景是光明的。不管国际风云如何变幻，中国将始终站在人类正义事业一边，同各国人民一道，共同推进人类和平与发展的崇高事业，创造世界和平繁荣的美好明天。”⑥

---

① 胡锦涛：《在南北领导人非正式对话会议上的讲话》，2003 年 6 月 1 日。

② 胡锦涛：《在出席泰国华侨华人各界在中华总商会举行欢迎午宴时的讲话》，2003 年 10 月 18 日。

③ 胡锦涛：《在纪念毛泽东同志诞辰 110 周年座谈会上的讲话》，2003 年 12 月 26 日。

④ 胡锦涛：《在法国国民议会的演讲》，2004 年 1 月 27 日。

⑤ 胡锦涛：《在联合国成立 60 周年首脑会议上的讲话》，2005 年 9 月 15 日。

⑥ 胡锦涛：《创造世界和平繁荣的美好明天，2004 年新年贺词》，2003 年 12 月 31 日。

我们从胡锦涛的科学论述中,可以认识到在当前新的历史时期和新的历史条件下,要全面实现中华民族的伟大复兴,就必须要有一个和平与稳定的国际环境,就必须要对当前的国际形势和时代特征进行科学的判断和总体的把握。改革开放以来特别是党的十七大以来的实践已经证明,“正确认识和科学判断形势,始终是我们党制定和贯彻正确的路线方针政策的重要依据。面对深刻变化的国际形势,我们要抓住和用好战略机遇期,做好改革发展稳定的各项工作,不断把我国的现代化建设推向前进,就必须科学判断国际形势的发展变化,正确应对世界多极化和经济全球化以及科技进步的发展趋势,妥善处理影响世界和平发展的各种复杂问题和不确定因素。这是我们在实现全面建设小康社会宏伟目标的征程上将长期面对的重大课题,也是在新的历史条件下加强党的执政能力建设、提高党的领导水平和执政水平的必然要求。”①这就要求我们以科学发展观做指导,就必须要始终站在科学发展观的战略思维高度,多掌握一些国际问题的基本知识,多了解一些国际社会的基本情况,始终坚持以宽广的眼界观察世界,善于进行战略思维,才能切实提高科学判断国际形势的能力,正确把握时代发展的趋势,从国际国内形势的相互联系中把握发展方向,从国际国内条件的相互转化中用好发展机遇,从国际国内资源的优势互补中创造发展条件,从国际国内因素的综合作用中掌握科学发展全局。只有这样,才能在正确认识和科学把握当今世界正在发生复杂而深刻变化的时代特征中,始终把国家的主权和安全放在第一位,坚决维护国家的主权和领土完整,坚决维护国家的安全和根本利益,才能坚持维护世界和平和促进共同发展的宗旨,才能在和平共处五项原则的基础上同各国友好相处,才能在平等互利的基础上积

① 胡锦涛:《在中共中央政治局第十次集体学习时的讲话》,2004年2月23日。

极开展同各国的交流和合作,才能在国际舞台上高举和平、发展、合作的旗帜,并为人类和平与发展的崇高事业不断作出新的更大的贡献。

二、倡导学习型创新型社会必将推动建设和谐世界的进程

胡锦涛在新形势下,始终高度重视科学技术在人类社会的历史演进中,在整个国际社会与世界各国携手共建和谐世界的伟大实践中,特别是对我国切实在对内实现和谐发展,对外实现和平发展的伟大历史进程中的决定性意义。这是因为,“中国的发展关乎中国各族人民的根本利益,也同世界的和平与发展事业紧密相关。中国的发展需要和平稳定的周边和国际环境,同时也为世界各国特别是周边国家创造了更多的合作机遇和良好的发展环境。近13亿中国人民彻底摆脱贫困、走向繁荣,有利于促进地区及世界的和平、稳定和发展。”①也就是说,中国的和谐对于实现整个世界的和谐将具有十分重要的意义。因此,他始终高度强调中国必须要不断通过高科技和切实提高自主创新能力,在实现自身和谐的基础上,不断为建设和谐世界作出新的贡献。

对此,胡锦涛指出:“当今时代,人类社会步入了一个科技创新不断涌现的重要时期,也步入了一个经济结构加快调整的重要时期。发轫于上个世纪中叶的新科技革命及其带来的科学技术的重大发现发明和广泛应用,推动世界范围内生产力、生产方式、生活方式和经济社会发展观发生了前所未有的深刻变革,也引起全球生产要素流动和产业转移加快,经济格局、利益格局和安全格局发生了前所未有的重大变化。进入21世纪,世界新科技革命发展的势头更加迅猛,正孕育着新的重大突破。信息科技将进一步成

① 胡锦涛:《在莫斯科国际关系学院的演讲》,2003年5月28日。

为推动经济增长和知识传播应用进程的重要引擎，生命科学和生物技术将进一步对改善和提高人类生活质量发挥关键作用，能源科技将进一步为化解世界性能源和环境问题开辟途径，纳米科技将进一步带来深刻的技术变革，空间科技将进一步促进人类对太空资源的开发和利用，基础研究的重大突破将进一步为人类认知客观规律、推动技术和经济发展展现新的前景。"①因此，"在这样的大背景下，如果看清世界科技进步的大势，能够制定出正确的科技发展战略，奋力跟上科技发展的时代潮流，就可以在未来的发展中进一步把握住机遇、赢得主动。反之，如果没有看清世界科技进步的大势，不能制定出正确的科技发展战略，在全球激烈的科技竞争中落伍了，那就会失去机遇、陷于被动。机遇和挑战并存，关键看我们能不能把握住机遇、加快发展，开创事业发展的新局面。"②

胡锦涛正是深刻认识到科学技术对于人类社会、对于积极促进人类文明的进步、对于当今整个国际社会和世界各国携手共建和谐世界的历史进程、对于一个国家和民族的荣辱兴衰起着极为至关重要的推动作用，他既积极地肯定了新中国成立以来特别是改革开放以来，由于我们党和国家采取了一系列加快我国科技事业发展的重大战略举措和经过广大科技人员顽强拼搏，我国的科技水平显著提高，不仅为推动经济社会发展和改善人民生活提供了有力的支撑，而且，也显著增强了我国的综合国力和国际竞争力。同时，他也从我国正处于社会主义初级阶段，经济社会发展水平不高，人均资源相对不足，进一步发展还面临着一些突出的问题和矛盾的实际情况出发，更加科学地指出了我国目前科技的总体水平同世界先进水平相比仍有较大差距，还同我国经济社会发展

① 胡锦涛：《在全国科学技术大会上的讲话》，2006年1月9日。

② 胡锦涛：《在中国科学院第十二次院士大会、中国工程院第七次院士大会上的讲话》，2004年6月2日。

的要求还有许多不相适应的地方："关键技术自给率低，自主创新能力不强，特别是企业核心竞争力不强；农业和农村经济的科技水平还比较低，高新技术产业在整个经济中所占的比例还不高，产业技术的一些关键领域存在着较大的对外技术依赖，不少高技术含量和高附加值产品主要依赖进口；科学研究实力不强，优秀拔尖人才比较匮乏；科技投入不足，体制机制还存在不少弊端。总之，我国科技事业发展的状况，与完成调整经济结构、转变经济增长方式的迫切要求还不相适应，与把经济社会发展切实转入以人为本、全面协调可持续的轨道的迫切要求还不相适应，与实现全面建设小康社会、不断提高人民生活水平的迫切要求还不相适应。我们必须下更大的气力、做更大的努力，进一步深化科技改革，大力推进科技进步和创新，带动生产力质的飞跃，推动我国经济增长从资源依赖型转向创新驱动型，推动经济社会发展切实转入科学发展的轨道。这是摆在我们面前的一项刻不容缓的重大使命。"①

这样，他就明确强调："科学技术是第一生产力，是经济社会发展的重要推动力量。当今世界，全球性科技革命蓬勃发展，高新技术成果向现实生产力的转化越来越快，特别是一些战略高技术越来越成为经济社会发展的决定性力量。我们必须认清形势，居安思危，奋起直追，按照科学发展观的要求，加快发展我国的科学技术，为推进经济结构调整优化、实现经济增长方式的根本性转变，为推动经济社会全面协调可持续发展，提供更加有力的科技支撑。"②必须要"全面落实科学发展观，大力实施科教兴国战略和人才强国战略，把提高自主创新能力摆在全部科技工作的突出位置，

① 胡锦涛：《在全国科学技术大会上的讲话》，2006 年 1 月 9 日。

② 胡锦涛：《在中共中央政治局第十八次集体学习时的讲话》，2004 年 12 月 27 日。

在实践中走出一条中国特色自主创新之路"①，必须要"深化科技教育体制改革，推动科技教育创新，大力发展科学教育事业，更好地培养德智体美全面发展的社会主义建设者和接班人，更好地发挥科学技术在促进经济社会发展中的重大作用"②，使科学技术真正成为我国经济社会实现和谐发展的决定性力量，使科技自主创新能力进一步成为国家竞争力的核心。同时，必须要充分认识到"人才是科技发展的根本，是科技创新的关键"③，必须要始终"坚持以人为本，充分发挥广大科技人员的创造性"，必须要"坚持贯彻尊重劳动、尊重知识、尊重人才、尊重创造的方针，全面贯彻人才强国战略，完善适合我国科技发展需要的人才结构，不断发展壮大我国科技人才队伍。要坚持在创新实践中识别人才，在创新活动中培育人才，在创新事业中凝聚人才，努力造就一批德才兼备、国际一流的科技创新人才，建设一支高素质的科技创新队伍，特别是要为年轻人才脱颖而出、施展才干提供更大的舞台和更多的机会。要大力加强科技创新文化建设，形成能够极大提高创新能力和创新效率的体制机制，最大限度地激发科研人员的创新激情和活力。要在全社会培育创新意识，倡导创新精神，完善创新机制，充分营造鼓励科技人员积极创新、支持科技人员实现创新的社会氛围。"④

此外，他还进一步强调，必须要积极地开展国际科技交流和合作，进一步推动广大发展中国家加快发展。这是因为，科技文明是各国人民共同创造的，是人类创造力的集中体现，是世界各民族智

① 胡锦涛：《在会见中科院院士座谈会代表时的讲话》，2005 年 6 月 3 日。

② 胡锦涛：《在纪念毛泽东同志诞辰 110 周年座谈会上的讲话》，2003 年 12 月 26 日。

③ 胡锦涛：《在看望著名科学家朱光亚、杨乐时的讲话》，2004 年 12 月 24 日。

④ 胡锦涛：《在中国科学院第十二次院士大会、中国工程院第七次院士大会上的讲话》，2004 年 6 月 2 日。

慧和多种文化交汇共生的结晶,也是人类的共同财富。但是长期以来,广大发展中国家由于社会历史等方面的原因,发展中国家的经济文化发展水平同发达国家相比还有较大差距,科技发展水平差距更大。发展中国家应奋起直追,学习先进,全力以赴地加快科技事业的发展。发展中国家应采取适合本国国情的科技发展战略,发挥拥有大批科技人才潜力、市场对科技的巨大需求和丰富多样的资源等有利条件,借鉴发达国家科技发展的成功经验,学习、引进、消化和吸收先进的科技知识,从较高的起点开始,不懈努力,后来居上,争取早日实现跨越式发展。而发达国家科技水平比较高,应该更多地支持发展中国家的科技发展。发展中国家也要积极地参与国际科技合作和竞争,加速发展自己的科技事业,增强自身的科技实力,为更有效地利用先进科技不断创造条件。因此,他始终认为:“历史充分表明,加强各种文明的交流,有利于激发整个人类的创新活力,有利于推动世界科技进步”①,“有利于推动各国人民共享世界科技进步的创新成果,有利于促进世界和平与发展的崇高事业。”②当今时代,信息技术发展迅速,人们的交往十分广泛和密切,我们更应大力加强科技领域的交流和合作,使我们这个世界更加充满创新活力,以造福各国人民。中国已确定了未来20年的发展目标,这就是全面建设惠及十几亿人口的更高水平的小康社会。为了实现这一目标,我们将继续大力实施科教兴国战略和可持续发展战略。中国高度重视同其他国家和地区开展科技交流和合作,并同广大发展中国家在科技领域开展了形式多样、富有成效的交流和合作。我们将继续通过官民并举、技贸结合等方

① 胡锦涛:《在第三世界科学院第十四届院士大会上的致词》,2003年10月16日。

② 胡锦涛:《中科院与德国马普学会科学合作30周年庆祝大会的贺词》,2004年5月24日。

式,多形式、多层次、多渠道地开展国际科技交流和合作。

因此,胡锦涛指出,综观当今世界,尽管各国在历史文化、发展水平、社会制度等方面存在着这样那样的差异,但普遍关注和重视科技进步,特别是各大国都高度关注科学技术的发展趋势,纷纷加强科学展望和技术预见,认真思考和积极实施新的科技发展战略和科技政策,希望通过科技进步来推动本国的经济发展和社会进步。同时,当前国际形势继续发生深刻而复杂的变化,世界多极化和经济全球化的趋势在曲折中发展,我们既面临着必须紧紧抓住的发展机遇,也面临着必须认真应对的严峻挑战。这种机遇和挑战并存的情况,不仅表现在经济、政治、文化等领域,也突出地表现在科学技术领域。这样,必须以科学发展观指导科学技术工作,坚持依靠科技进步和创新来解决经济社会发展中急需解决的科技问题,切实按照科学发展观的要求,立足当前,着眼长远,要始终坚持用改革和发展的办法,建立健全与现代化建设相适应,与世界先进水平相适应的有利于科技进步和创新的充满活力的体制机制,有利于科技成果更快更好地向现实生产力转化的有效机制,真正使科学技术成为经济社会发展的一个重要基础资源和引领未来发展的主导力量,争取早日实现科学技术现代化,切实使科学技术在全面建设小康社会、全面建设社会主义和谐社会、加快推进社会主义现代化的进程中更好地发挥作用,切实通过高科技和切实提高科技创新能力,形成科学技术不断促进经济社会切实转入全面协调可持续发展的科学发展轨道,真正在实现自身和谐的物质基础上,不断为共同缔造和谐世界作出新的更大的贡献。

三、始终认为人类文明要在相互交流借鉴中促进共同繁荣

胡锦涛始终认为,在迄今以来人类社会漫长的历史发展进程中,在这个纷繁复杂的世界上,世界文化和文明的多样性是全人类的财富。整个人类历史发展的过程,就是各种文明不断交流、融合

创新的过程。要充分尊重世界文明的多样性,既是人类社会的一个基本特征,也是人类文明进步的重要动力,同时这也是马克思主义的一个基本观点。因此,他不仅全面继承和发展了马克思主义关于世界文明多样性的思维观,而且从站在维护世界和平和积极倡导世界各国共同建设和谐世界的新的历史高度出发,再次深刻地阐述了世界文明多样性原则的价值和意义,其科学文明观和科学文化观的科学思想理论,既为向往和平与发展的世界人民开辟了更为宽广的视野,也为当今人类社会的科学发展指明了前进方向。对此,他极其深刻地指出,历史昭示我们要始终"坚持包容精神,共建和谐世界。文明多样性是人类社会的基本特征,也是人类文明进步的重要动力。在人类历史上,各种文明都以自己的方式为人类文明进步作出了积极贡献。存在差异,各种文明才能相互借鉴、共同提高;强求一律,只会导致人类文明失去动力、僵化衰落。各种文明有历史长短之分,无高低优劣之别。历史文化、社会制度和发展模式的差异不应成为各国交流的障碍,更不应成为相互对抗的理由。"①

胡锦涛从携手建设和谐世界的思想出发,他历来主张:"我们应该维护和尊重世界的多样性。世界各国人民在漫长的历史进程中创造了各自独特的文化、传统、信仰和价值观。多样性是世界文明的基本特征。多样性意味着差异,差异需要交流,交流促进发展。各种文明在交流中相互学习和借鉴,不断丰富和发展,将使我们的世界更加绚丽多彩,更加充满生机和活力。"②并进一步指出:"加强交流,谋求合作,促进发展,推动不同文明、不同发展模式相互借鉴、共存互补的潮流不可逆转"③,"加强文明对话,有利于各

① 胡锦涛:《在联合国成立60周年首脑会议上的讲话》,2005年9月15日。

② 胡锦涛:《在莫斯科国际关系学院的演讲》,2003年5月28日。

③ 胡锦涛:《在会见越共中央总书记农德孟时的讲话》,2003年4月7日。

国、各民族的相互了解和相互学习，有利于促进世界和平与发展的崇高事业。”①因而，他多次强调：“中国主张维护人类文明的多样性，世界上各种文明、不同社会制度和发展道路应该彼此尊重，在竞争比较中取长补短，在求同存异中共同发展。”②我们在切实尊重文化、信仰和价值观的多样性的基础上，积极“倡导和睦相处，维护世界多样性。应该充分利用经济全球化趋势的发展带来的机遇，促进世界不同文明和不同发展模式的相互交流和借鉴，在竞争比较中取长补短，在求同存异中共同发展，为世界经济发展注入活力。”③同时，要充分“尊重各国根据各自国情选择的发展道路和发展模式，尊重各国人民在历史进程中创造的多彩文明和生活方式，促进不同文明的相互借鉴和取长补短，以促进世界多样性和人类社会全面进步”④，在维护尊重世界的多样性和“顺应时代潮流，遵从人民意愿，实现合作共赢，共同推进人类和平与发展的崇高事业”⑤的伟大历史进程中，共同为建设和谐世界而努力。胡锦涛的科学论述，全面科学地揭示了当今世界和人类社会发展的本质特征。

从胡锦涛的论述中可以看到，“世界上有近200个国家、60多亿人口，民族传统、宗教文化、经济发展水平和社会制度各式各样，不可能只采用一种文明形态、一种制度、一种发展模式”⑥，世界和人类各种文明的多样性，是人类社会发展的本质特征，也是人类文

---

① 胡锦涛：《致第二十八届世界遗产委员会会议的贺辞》，2004年6月26日。

② 胡锦涛：《在上海合作组织成员国元首莫斯科会议上的讲话》，2003年5月29日。

③ 胡锦涛：《在南北领导人非正式对话会议上的讲话》，2003年6月1日。

④ 胡锦涛：《在罗马尼亚议会的演讲》，2004年6月14日。

⑤ 胡锦涛：《在中国印度巴西南非墨西哥五国领导人集体会晤时的讲话》，2005年7月7日。

⑥ 胡锦涛：《在出席南北领导人非正式对话会议前会见法国总统希拉克时的讲话》，2003年6月1日。

明进步的重要动力。客观世界是丰富多彩的，世界各国由于历史条件不同，思想文化不同，风俗习惯不同，意识形态不同，这必然会导致各国的社会制度、发展道路、思想道德等各个方面，都具有自身鲜明的特色。而这些特色特别是社会制度的差异，不应当成为世界各国之间发展友好关系和进行经济文化交流往来的障碍。这是因为，世界各国在不同的历史时期，各国人民在自身的发展过程中创造了丰富多彩的文明，人类社会的共同追求只能通过不同的文明来表达和诉求，各国人民追求美好的生活理想，可以通过不同的发展道路和发展模式来实现，世界各种文明和社会制度应该长期共存，在竞争比较中取长补短，在求同存异中共同发展。实际上，人类社会在漫长的历史发展进程中，人类社会的发展过程，同时也是世界各种文明相互借鉴、共同发展的过程。在人类历史上，不同文明之间的交流与融合是始终存在的现象，随着近代以来世界体系的形成，特别是在经济全球化的国际大环境下，东西方两大文明的交流和融合进一步扩大，并在不同程度地相互吸纳各种有益成果，从而使自身文明不断得到丰富和更新。当前，随着经济全球化的迅猛发展，世界各种文明的相互交流和影响越来越大，我们只有尊重世界的多样性，人类的各种文明和不同的社会制度，世界各个民族和各种文化才能和谐相处，彼此尊重，相互学习，相互借鉴和相得益彰，世界任何一个国家都不能将自己的价值观强加于人，只有这样才有可能造就人类持久和平、共同繁荣的和谐世界。

因此，我们必须以科学发展观为指导，按照“统筹城乡发展、统筹区域发展、统筹经济社会发展、统筹人与自然和谐发展、统筹国内发展和对外开放的要求”①，切实站在科学发展观的战略高度，在当前经济全球化和区域经济一体化进程加快的新形势下，充

① 胡锦涛：《在中共中央政治局第九次集体学习时的讲话》，2003 年 11 月 24 日。

分认识到人类社会的各种文明都是全人类智慧的结晶，而由世界文明的多样性所产生的文明互补性，这无论是在全球范围内还是在地区范围内都是显而易见的。这样，我们必须要超越社会制度和意识形态的差异，积极与国际社会接轨，寻求共同利益的汇合点，扩大互利合作，共同对付当今人类生存和发展面临的挑战，要以更加积极的姿态走向世界，完善全方位、多层次、宽领域的对外开放格局，发展开放型经济，增强综合国力和国际竞争力，加快转变经济发展方式，促进经济结构优化和国民经济素质提高。同时，必须要大胆吸收和利用国外的资金、先进技术和一切进步的东西，积极借鉴当今一切先进的经营方式、管理方法。要紧紧抓住重要的战略发展机遇期，进一步实施“走出去”的战略，要把“引进来”和“走出去”紧密结合起来，更好地利用国内外两种资源、两个市场，使之为中国特色社会主义现代化建设服务。但是，我们在与不同民族和文明的互相接触交流学习过程中，“对人类社会创造的一切文明成果包括政治文明的有益成果，我们要积极借鉴，但不照搬别国政治体制的模式”①，决不搞西方多党制的一套。我们要始终坚持马克思主义的指导地位，要始终坚持中国共产党的领导，要始终坚定不移地坚持人民当家做主，要始终坚持社会主义制度的特点和优势，继续“发展社会主义民主政治、建设社会主义政治文明，必须把坚持党的领导、人民当家做主和依法治国有机统一起来，既借鉴人类政治文明的有益成果，又坚持走中国共产党和中国人民自己选择的政治发展道路”②，始终坚定不移地抓好科学发展这个党执政兴国的第一要务，切实做好改革发展稳定的各项工作，

① 胡锦涛：《在首都各界纪念全国人民代表大会成立50周年大会上的讲话》，2004年9月15日。

② 胡锦涛：《在庆祝中国人民政治协商会议成立55周年大会上的讲话》，2004年9月21日。

不断开创党和国家事业发展的新局面。

四、在共同缔造和谐世界中使全球经济转入科学发展轨道

新世纪新阶段，胡锦涛面对世情、国情、党情发生深刻变化，我国正处在改革发展的关键时期，中国的前途命运日益紧密地同整个世界的前途命运联系在一起，针对当今世界和平发展仍然面临诸多问题和挑战，局部冲突和热点问题时起时伏，传统安全威胁和非传统安全威胁相互交织，特别是国际金融市场剧烈动荡，能源、粮食安全问题突出，通货膨胀压力增大，对全球发展构成了严峻挑战的新形势下，从站在"怎样才能使我们这个世界更安全、更稳定、更繁荣"①的战略高度，不仅明确指出要"支持反映人类社会发展规律、符合各国共同利益的共识"②，而且他始终认为，"发展是人类文明进步的基础，是解决全球面临的各种矛盾和问题的关键所在。只有实现全球协调、平衡、普遍发展，才能实现世界的持久和平与稳定。我们应全面深入地探讨这一课题，齐心协力地解决这一课题。"③

胡锦涛指出，经济全球化和区域经济一体化的加速发展，已经成为当今世界经济的显著特征。在经济全球化趋势的推动下，世界各国、各地区的联系日益密切，市场更为开放，资金、技术、人才等流动更加广泛和迅速，这些都为加强国际合作、促进共同发展带来了前所未有的机遇。同时他也指出，经济全球化的深入发展也带来了严峻挑战，南北差距拉大，一些发展中国家面临被进一步边缘化的危险，经济和金融风险增大，这一切又增加了开展国际合作、共同应对挑战的紧迫性。在这机遇和挑战并存的时刻，我们应

① 胡锦涛：《在莫斯科国际关系学院的演讲》，2003 年 5 月 28 日。

② 胡锦涛：《在第十次驻外使节会议上的讲话》，2004 年 8 月 25 日。

③ 胡锦涛：《在南北领导人非正式对话会议上的讲话》，2003 年 6 月 1 日。

该抓住机遇、共同应对挑战，求同存异、扩大合作，全面促进世界经济实现共同发展繁荣和可持续发展，"为建设一个更加繁荣稳定的世界作出贡献。"[①]这样，他明确强调实现世界经济可持续发展与和谐发展，是一个具有现实意义和长远意义的重大课题，既关乎世界各国当前的发展进程，也关乎全人类的发展未来，我们的共同目标只能是实现可持续发展。并深刻指出了每个国家的发展都是一个持续的过程，今天的发展既是昨天发展的继续，又是明天发展的基础。要实现国家发展的长远目标，在制订发展规划、选择发展战略、确定发展道路和实施发展举措时，必须既要考虑眼前的发展要求，又要考虑未来的发展需要，既着力改善民众的现实生活，又重视发展的长远利益，世界各国有远见的政治家和负责任的企业家，都应该为此而共同努力，"致力于促进世界经济增长、促进人类文明进步，继续同世界各国一道推动建设持久和平、共同繁荣的和谐世界"[②]，并提出切实可行的建议和措施。

"第一，支持和推动发展中国家更好地发展，努力保持全球经济稳定增长。发展是解决发展中国家各种问题的根本之策，也是解决全球各种问题的基础条件。要推进合作共赢、实现可持续发展，首先要积极推进发展中国家的发展，发达国家应该更多地关注和考虑广大贫穷国家的需求，尤其要下气力帮助发展中国家加快发展步伐，尽快缩小日益拉大的南北发展差距。这是实现合作共赢的必然要求，也是实现可持续发展的必然要求。促进发展中成员的发展，应该成为亚太经合组织的一项重要任务。发达国家应切实减免发展中国家的债务，增加对它们的不附加条件的官方援助；应帮助发展中国家加强人才资源开发，增强科技发展能力，挖

① 胡锦涛：《在法国国民议会的演讲》，2004年1月27日。

② 胡锦涛：《共同促进世界和平稳定繁荣——2009年新年贺词》，2008年12月31日。

掘市场潜力,使发展中国家形成自我发展的能力。应采取更为积极的措施改革国际经济、贸易、金融体制,消除形形色色的贸易保护主义,为广大发展中国家的发展创造良好的外部环境;应在平等的基础上推进南北对话,同时广泛开展南南合作,加强多种形式的经济技术合作,减少经济全球化可能给发展中国家带来的风险,推动实现共同发展繁荣的目标。

第二,树立和落实科学的发展观,努力实现经济社会全面进步和人的全面发展。经验表明,一个国家坚持什么样的发展观,对这个国家的发展会产生重大影响,不同的发展观往往会导致不同的发展结果。在当今新的时代条件下,应该坚持以人为本,实现全面、协调、可持续的发展。要以实现人的全面发展为目标,从广大民众的根本利益出发谋发展、促发展,不断满足他们日益增长的物质文化需要,让发展的成果惠及全体人民。要以经济建设为中心,全面推进经济、政治、文化建设,实现经济发展和社会全面进步。要统筹城乡发展、统筹区域发展、统筹经济社会发展、统筹人与自然和谐发展、统筹国内发展和对外开放。要实现经济发展和人口、资源、环境相协调,坚持走生产发展、生活富裕、生态良好的文明发展道路,保证世世代代永续发展。

第三,构建资源节约型的经济发展模式,努力发展循环经济。人类发展的历史经验表明,发展绝不能以浪费资源、破坏环境为代价。否则,将使人们付出沉重代价,最终也会危及发展本身。发展要坚持走科技含量高、经济效益好、资源消耗低、环境污染少、人力资源得到充分发挥的道路。要注重优化经济结构,转变增长方式,大力抓好资源的节约和综合利用,提倡绿色生产方式、生活方式、消费方式,实现自然生态系统和社会经济系统的良性循环。要在资源开采、加工、运输、消费等环节建立全过程和全面节约的管理制度,构建资源节约型国民经济体系和资源节约型社会。良好的生态环境是实现社会生产力持续发展和提高人们生存质量的重要基础。要尊重自然规律，根据自然的承载能力和承受能力规划经济社会发展，同时要积极开展生态环境保护和建设，降低污染物排放，加强对废弃物的再次利用，加快治理环境污染和促进生态修复，保护生物多样性，坚决禁止各种掠夺自然、破坏自然的做法。

第四，加强国际经济技术合作，努力创造公平合理的竞争环境。世界的持久和平和持续发展，必须建立在经济增长的成果被公正、公平、合理地广泛分享的基础上。世界各国相互学习和借鉴发展的经验，加强资金、先进技术、管理经验和人才资源等领域的交流和合作，对推动各国各地区经济发展具有重要意义。要广泛开展国际合作，进一步开放市场，放开技术出口限制，继续推进贸易和投资自由化，消除各种贸易壁垒。要通过平等协商、求同存异，建设开放的以规则为基础的多边贸易体制。亚太经合组织应该继续推进贸易目标的实现，按照世贸组织规则和亚太经合组织原则，积极开展双边和区域自由贸易安排，加快本地区经济发展，增强共同抵御经济风险的能力。要加强各国企业界的交流，支持企业更加主动地开拓对方市场，积极探索高新技术领域的合作，扩大相互投资。要扩大国际经济决策的基础，使发展中国家充分参与国际经济决策和合作。"①

可见，"世界经济的发展，说到底，源于各国经济的发展。"②新世纪新阶段，只有积极推动世界经济平衡有序的发展，才能切实做到尊重发展模式的多样性，支持各国根据本国国情选择适合自身条件的发展道路，同时促进世界不同发展模式在竞争比较中取长补短、在求同存异中共同发展，不断为世界经济发展注入新的活力；才能切实做到真正加强各国宏观经济政策的对话和协调，特别

① 胡锦涛：《在亚太经合组织工商领导人峰会上的演讲》，2004年11月19日。

② 胡锦涛：《在20国集团财长和央行行长会议开幕式上的讲话》，2005年10月15日。

是要加强在一些涉及世界经济发展全局和各国共同利益的重大问题上的协调,以共同促进世界经济平衡有序发展;才能切实做到加强和完善国际经济贸易体制和规则,支持完善国际金融体系,共同稳定国际能源市场,使世界各国特别是发展中国家能从中受益;才能切实做到真诚帮助发展中国家加快发展,加强南北对话,并着眼于逐步建立长期、全面的新型南北合作伙伴关系,完善发展援助机制,鼓励更多发展资源向发展中国家转移,才能努力实现互利共赢,共同繁荣发展。才能使全球经济真正转入全面协调可持续的科学发展轨道,使新的千年真正成为人人享有科学发展的新千年,使新的世纪真正成为人人享有科学发展的新世纪。实践已经证明,"只有发达国家和发展中国家共同发展,世界才能真正实现和平、稳定、繁荣"①,如果没有世界各国的"普遍发展和共同繁荣,世界难享太平"②,这既是世界各国人民的共同心愿,也是人类历史发展的普遍规律。

① 胡锦涛:《在墨西哥参议院的演讲》,2005年9月12日。

② 胡锦涛:《在联合国成立60周年首脑会议上的讲话》,2005年9月15日。

后 记

在迄今以来人类社会漫长的历史演进中，科学发展观作为马克思主义一脉相承、与时俱进而又永续发展的科学理论体系，作为马克思主义关于发展的世界观和方法论的集中体现，它对于进入新世纪新阶段仍然共同面临着各种全球性问题严峻挑战的当今人类社会来说，具有重大的思想理论意义。因此，我们在世情国情党情发生深刻变化，当今世界正处在大发展大变革大调整时期，当代中国正在新的历史起点上向前迈进的新形势下，坚持以科学发展观为指导，深入贯彻落实科学发展观，进一步深化对科学发展观的时代背景、科学内涵、精神实质、根本要求的认识与研究，这不仅是当代中国全面建设小康社会、全面建设社会主义和谐社会、全面建设社会主义创新型国家和全面实现中华民族伟大复兴的迫切需要，也是当今人类社会和各国人民携手建设、共同缔造和谐世界的迫切需要。

今年是中国共产党建党90周年，也是“十二五”规划的开局之年。当前，中国特色社会主义现代化建设，将全面进入“十二五”时期。“十二五”时期是全面建设小康社会的关键时期，是深化改革开放、加快转变经济发展方式的攻坚时期。深刻认识并准确把握科学发展观的指导作用，对于推动科学发展、促进社会和谐，对于把握发展规律、创新发展理念、转变发展方式、破解发展难题，对于继续抓住和用好我国发展的重要战略机遇期、促进经济长期平稳较快发展，对于夺取全面建设小康社会新胜利、推进中国特色社会主义伟大事业，具有十分重要的理论意义和实践意义。

我在撰写本书的过程中，深感弄清科学发展观理论体系的科学内涵和精神实质是件极不容易的浩大工程，决非某一社会时代、某一社会发展阶段、某一社会形态实践中的理论研究所能完全解决的大问题。这样，我在写作中虽然尽了很大努力，特别是在"创先争优"活动中，天津市政府副秘书长、市政府研究室主任刘剑刚同志多次明确批示支持，给予悉心指导，为本书的成稿和出版倾注了大量心血。但是由于我自身学力所限且识见尚浅，本书并未达到预想的理论面貌和学术境界。因而，不断深化对科学发展观理论体系的研究，这应当是以后学术追求的目标。我真诚感谢对我指导的各位领导和专家，同时，也真诚恳请各位专家学者和广大读者予以教诲和帮助。

周卫东

2011年5月1日